小译林中小学阅读丛书

名人传

[法国] 罗曼·罗兰 著　傅雷 译

译林出版社

图书在版编目（CIP）数据

名人传/（法）罗曼·罗兰著；傅雷译．—南京：译林出版社，2020.9

（小译林中小学阅读丛书）

ISBN 978-7-5447-8044-5

Ⅰ.①名… Ⅱ.①罗… ②傅… Ⅲ.①贝多芬（Beethoven, ludwing Van 1770－1827）－传记②米开朗琪罗（Michelangelo, Buonarroti 1475－1564）－传记③托尔斯泰（Tolstoy, Leo Nikolayevich 1828－1910）－传记 Ⅳ.①K811

中国版本图书馆CIP数据核字（2019）第224774号

名人传 ［法国］罗曼·罗兰 ／ 著 傅 雷 ／ 译

责任编辑 彭 波
特约编辑 张 亮 唐洋洋
装帧设计 黄 晨
校 对 孙玉兰
责任印制 颜 亮

出版发行 译林出版社
地 址 南京市湖南路1号A楼
邮 箱 yilin@yilin.com
网 址 www.yilin.com
市场热线 025-86633278
排 版 南京展望文化发展有限公司
印 刷 江苏苏中印刷有限公司
开 本 718毫米 × 1000毫米 1/16
印 张 27.5
版 次 2020年9月第1版
印 次 2020年9月第1次印刷
书 号 ISBN 978-7-5447-8044-5
定 价 32.00元

名家 名作 名译

小译林

中小学阅读丛书

序　言

《贝多芬传》《米开朗琪罗传》《托尔斯泰传》同出罗曼·罗兰之手。传记里的三人，虽然一是音乐家，一是雕塑家兼画家，一是小说家，各有自己的园地。三部传记都着重记载伟大的天才，他们在人生忧患困顿的征途上，为寻求真理和正义，为创造能表现真善美的不朽杰作，献出了毕生精力。他们或由病痛的折磨，或由遭遇的悲惨，或由内心的惶惑矛盾，或三者交叠加于一身，深重的苦恼，几乎窒息了呼吸，毁灭了理智。他们所以能坚持自己艰苦的历程，全靠他们对人类的爱、对人类的信心。贝多芬供大家享乐的音乐，是他“用痛苦换来的欢乐”。米开朗琪罗留给后世的不朽杰作，是他一生血泪的凝聚。托尔斯泰在他的小说里，描述了万千生灵的渺小与伟大，描述了他们的痛苦和痛苦中得到的和谐，借以播送爱的种子，传达自己的信仰：“一切不是为了自己，而是为了上帝生存的人”；“当一切人都实现了幸福的时候，尘世才能有幸福存在”。罗曼·罗兰把这三位伟大的天才称为“英雄”。他所谓英雄，不是通常所称道的英雄人物。那种人凭借强力，在虚荣或个人野心的驱策下，能为人类酿造巨大的灾害。罗曼·罗兰所指的英雄，只不过是“人类的忠仆”，只因为具有伟大的品格；他们之所以伟大，是因为能倾心为公众服务。

罗曼·罗兰认为在这个腐朽的社会上，鄙俗的环境里，稍有理想而不甘于庸庸碌碌的人，日常都在和周围的压力抗争。但他们彼此间隔，不能互相呼应，互相安慰和支援。他要向一切为真理、为正义奋斗的志士发一声喊：“我们在斗争中不是孤军！”他要打破时代的间隔和国界的间隔——当然，他也泯灭了阶级的间隔，号召“英雄”们汲取前辈“英雄”的勇力，结成一支共同奋斗的队伍。

杨　绛

……故天将降大任于斯人也，必先苦其心志，劳其筋骨，饿其体肤，空乏其身，行拂乱其所为，所以动心忍性，曾益其所不能。

——**孟子**（译者录）

总目录

贝多芬传

目　录

译者序

唯有真实的苦难，才能驱除浪漫底克的幻想的苦难；唯有看到克服苦难的壮烈的悲剧，才能帮助我们担受残酷的命运；唯有抱着“我不入地狱谁入地狱”的精神，才能挽救一个萎靡而自私的民族：这是我十五年前初次读到本书时所得的教训。

不经过战斗的舍弃是虚伪的，不经劫难磨炼的超脱是轻佻的，逃避现实的明哲是卑怯的；中庸，苟且，小智小慧，是我们的致命伤：这是我十五年来与日俱增的信念。而这一切都由于贝多芬的启示。

我不敢把这样的启示自秘，所以十年前就迻译了本书。现在阴霾遮蔽了整个天空，我们比任何时都更需要精神的支持，比任何时都更需要坚忍、奋斗、敢于向神明挑战的大勇主义。现在，当初生的音乐界只知训练手的技巧，而忘记了培养心灵的神圣工作的时候，这部《贝多芬传》对读者该有更深刻的意义。——由于这个动机，我重译了本书。＊这部书的初译稿，成于一九三二年，在存稿堆下埋藏了有几十年之久。——出版界坚持本书已有译本，不愿接受。但已出版的译本绝版已久，我始终未曾见到。然而我深深地感谢这件在当时使我失望的事故,使我现在能全部重译,把少年时代幼稚的翻译习作一笔勾销。

此外,我还有个人的理由。疗治我青年时世纪病的是贝多芬,扶植我在人生中的战斗意志的是贝多芬,在我灵智的成长中给我大影响的是贝多芬,多少次的颠扑曾由他搀扶,多少的创伤曾由他抚慰,——且不说引我进音乐王国的这件次要的恩泽。除了把我所受的恩泽转赠给比我年轻的一代之外,我不知还有什么方法可以偿还我对贝多芬,和对他伟大的传记家罗曼·罗兰所负的债务。表示感激的最好的方式,是施予。

为完成介绍的责任起见,我在译文以外,附加了一篇分析贝多芬作品的文字。我明知道是一件越俎的工作,但望这番力不从心的努力,能够发生抛砖引玉的作用。

译者

一九四二年三月

原　序

二十五年前，当我写这本小小的《贝多芬传》时，我不曾想要完成什么音乐学的著作。那是一九〇二年。我正经历着一个骚乱不宁的时期，充满着兼有毁灭与更新作用的雷雨。我逃出了巴黎，来到我童年的伴侣，曾经在人生的战场上屡次撑持我的贝多芬那边，寻觅十天的休息。我来到波恩，他的故里。我重复找到了他的影子和他的老朋友们，就是说在我到科布伦茨访问的韦格勒的孙子们身上，重又见到了当年的韦格勒夫妇。在美因兹，我又听到他的交响乐大演奏会，是魏因加特纳指挥的。＊Weingartner Felix(1863—1942)，系指挥贝多芬作品之权威。然后我又和他单独相对，倾吐着我的衷曲，在多雾的莱茵河畔，在那些潮湿而灰色的四月天，浸淫着他的苦难，他的勇气，他的欢乐，他的悲哀；我跪着，由他用强有力的手搀扶起来，给我的新生儿约翰·克利斯朵夫行了洗礼；＊罗曼·罗兰名著《约翰·克利斯朵夫》，最初数卷的事实和主人翁的性格，颇多取材于贝多芬的事迹与为人。且全书的战斗精神与坚忍气息，尤多受贝多芬的感应。在他祝福之下，我重又踏上巴黎的归路，得到了鼓励，和人生重新缔了约，一路向神明唱着病愈者的感谢曲。那感谢曲便是这本小册子。先由《巴黎杂志》发表，后又被贝玑拿去披露。* 贝玑（Charles Peguy, 1873—1914），法国近代大诗人，与作者同辈，早死。本书全文曾在贝玑主编的《半月刊》上发表。我不曾想到本书会流传到朋友们的小范围以外。可是“各有各的命运……”

恕我叙述这些枝节。但今日会有人在这支颂歌里面寻求以严格的史学方法写成的渊博的著作，对于他们，我不得不有所答复。我自有我做史家的时间。我在《韩德尔》和关于歌剧研究的几部书内，已经对音乐学尽了相当的义务。但《贝多芬传》绝非为了学术而写的。它是受伤而窒息的心灵的一支歌，在苏生与振作之后感谢救主的，我知道，这救主已经被我改换面目。但一切从信仰和爱情出发的行为都是如此的。而我的《贝多芬传》便是这样的行为。大家人手一编地拿了去，给这册小书走上它不曾希望的好运。那时候，法国几百万的生灵，被压迫的理想主义者的一代，焦灼地等待着一声解放的讯号。这讯号，他们在贝多芬的音乐中听到了，他们便去向他呼吁。经历过那个时代的人，谁不记得那些四重奏音乐会，仿佛弥撒祭中唱《神之羔羊》* 按此系弥撒祭典礼中之一节时的教堂，——谁不记得那些痛苦的脸，注视着祭献礼，因它的启示而受着光辉的烛照？生在今日的人们已和生在昨日的人们离得远远了。（但生在今日的人们是否能和生在明日的离得更近？）在本世纪初期的这一代里，多少行列已被歼灭：战争开了一个窟窿，他们和他们最优秀的儿子都失了踪影。我的小小的《贝多芬传》保留着他们的形象。出自一个孤独者的手笔，它不知不觉地竟和他们相似。而他们早已在其中认出自己。这小册子，由一个无名的人写的，从一家无名的店铺里出来，几天之内在大众手里传播开去，它已不再属于我了。

我把本书重读了一遍，虽然残缺，我也不拟有所更易。作者预备另写一部历史性的和专门性的书，以研究贝多芬的艺术和他创造性的人格。*按此书早已于一九二八年正月在巴黎出版。因为它应当保存原来的性质，和伟大的一代神圣的形象。在贝多芬百年祭的时候，*按一九二七年适为贝多芬百年死忌。我纪念那一代，同时颂扬它伟大的同伴，正直与真诚的大师，教我们如何生如何死的大师。

罗曼·罗兰

一九二七年三月

初版序

我愿证明，凡是行为善良与高尚的人，定能因之而担当患难。

——贝多芬

（一八一九年二月一日在维也纳市政府语）

我们周围的空气多沉重。老大的欧罗巴在重浊与腐败的气氛中昏迷不醒。鄙俗的物质主义镇压着思想，阻挠着政府与个人的行动。社会在乖巧卑下的自私自利中窒息以死。人类喘不过气来。——打开窗子罢！让自由的空气重新进来！呼吸一下英雄们的气息。

人生是艰苦的。在不甘于平庸凡俗的人，那是一场无日无之的斗争，往往是悲惨的，没有光华的，没有幸福的，在孤独与静寂中展开的斗争。贫穷，日常的烦虑，沉重与愚蠢的劳作，压在他们身上，无益地消耗着他们的精力，没有希望，没有一道欢乐之光，大多数还彼此隔离着，连对患难中的弟兄们一援手的安慰都没有，他们不知道彼此的存在。他们只能依靠自己；可是有时连最强的人都不免在苦难中蹉跌。他们求助，求一个朋友。

为了援助他们，我才在他们周围集合一般英雄的友人，一般为了善而受苦的伟大的心灵。这些“名人传”不是向野心家的骄傲申说的，而是献给受难者的。＊按作者另有《米开朗琪罗传》、《托尔斯泰传》，皆与本书同列在“名人传”这总标题内。并且实际上谁又不是受难者呢？让我们把神圣的苦痛的油膏，献给苦痛的人罢！我们在战斗中不是孤军。世界的黑暗，受着神光烛照。即是今日，在我们近旁，我们也看到闪耀着两朵最纯洁的火焰，正义与自由：毕加大佐和蒲尔民族。＊按一八九四至一九〇六年间，法国有一历史性的大冤狱，即史家所谓“德雷福斯事件”。德雷福斯大尉被诬通敌罪，判处苦役。一八九五年陆军部秘密警察长发觉前案系罗织诬陷而成，竭力主张平反，致触怒军人，连带下狱。著名文豪左拉亦以主张正义而备受迫害，流亡英伦。迨一八九九年，德雷福斯方获军事法庭更审，改判徒刑十年，复由大总统下令特赦。一九〇六年，德雷福斯再由最高法院完全平反，撤消原判。毕加大佐为昭雪此冤狱之最初殉难者，故作者以之代表正义。——蒲尔民族为南非好望角一带的荷兰人，自维也纳会议，荷兰将好望角割让于英国后，英人虐待蒲尔人甚烈，卒激成一八九九至一九〇二年间的蒲尔战争。结果英国让步，南非联盟宣告成立，为英国自治领地之一。作者以之代表自由的火焰。即使他们不曾把浓密的黑暗一扫而空，至少他们在一闪之下已给我们指点了大路。跟着他们走罢，跟着那些散在各个国家、各个时代、孤独奋斗的人走罢。让我们来摧毁时间的阻隔，使英雄的种族再生。

我称为英雄的，并非以思想或强力称雄的人，而只是靠心灵而伟大的人。好似他们之中最伟大的一个，就是我们要叙述他的生涯的人所说的：“除了仁慈以外，我不承认还有什么优越的标记。”没有伟大的品格，就没有伟大的人，甚至也没有伟大的艺术家，伟大的行动者；所有的只是些空虚的偶像，匹配下贱的群众的：时间会把他们一齐摧毁。成败又有什么相干？主要是成为伟大，而非显得伟大。

这些传记中人的生涯，几乎都是一种长期的受难。或是悲惨的命运，把他们的灵魂在肉体与精神的苦难中磨折，在贫穷与疾病的铁砧上锻炼；或是，目击同胞受着无名的羞辱与劫难，而生活为之戕害，内心为之碎裂，他们永远过着磨难的日子；他们固然由于毅力而成为伟大，可是也由于灾患而成为伟大。所以不幸的人啊！切勿过于怨叹，人类中最优秀的和你们同在。汲取他们的勇气做我们的养料罢；倘使我们太弱，就把我们的头枕在他们膝上休息一会罢。他们会安慰我们。在这些神圣的心灵中，有一股清明的力和强烈的慈爱，像激流一般飞涌出来。甚至毋须探询他们的作品或倾听他们的声音，就在他们的眼里，他们的行述里，即可看到生命从没像处于患难时的那么伟大，那么丰满，那么幸福。

在此英勇的队伍内，我把首席给予坚强与纯洁的贝多芬。他在痛苦中间即曾祝望他的榜样能支持别的受难者，“但愿不幸的人，看到一个与他同样不幸的遭难者，不顾自然的阻碍，竭尽所能地成为一个不愧为人的人，而能藉以自慰”。经过了多少年超人的斗争与努力，克服了他的苦难，完成了他所谓“向可怜的人类吹嘘勇气”的大业之后，这位胜利的普罗米修斯，*神话中的火神，人类文明最初的创造者。作者常用以譬喻贝多芬。回答一个向他提及上帝的朋友时说道：“噢，人啊，你当自助！”

我们对他这句豪语应当有所感悟。依着他的先例，我们应当重新鼓起对生命对人类的信仰！

罗曼·罗兰

一九〇三年一月

贝多芬传

竭力为善，爱自由甚于一切，即使为了王座，也永勿欺妄真理。

——贝多芬

（一七九二年手册）

他短小臃肿，外表结实，生就运动家般的骨骼。一张土红色的宽大的脸，到晚年才皮肤变得病态而黄黄的，尤其是冬天，当他关在室内远离田野的时候。额角隆起，宽广无比。乌黑的头发，异乎寻常的浓密，好似梳子从未在上面光临过，到处逆立，赛似"梅杜萨头上的乱蛇"。以上据英国游历家罗素一八二二年时记载。——一八〇一年，车尔尼尚在幼年，看到贝多芬蓄着长发和多日不剃的胡子，穿着羊皮衣裤，以为遇到了小说中的鲁滨逊。*按梅杜萨系神话中三女妖之一，以生有美发著名。后以得罪火神，美发尽变毒蛇。车尔尼（1791—1857）为奥国有名的钢琴家，为肖邦至友，其钢琴演奏当时与肖邦齐名。眼中燃烧着一股奇异的威力，使所有见到他的人为之震慑；但大多数人不能分辨它们微妙的差别。因为在褐色而悲壮的脸上，这双眼睛射出一道犷野的光，所以大家总以为是黑的；其实却是灰蓝的。据画家克勒贝尔记载。他曾于一八一八年为贝多芬画像。平时又细小又深陷，兴奋或愤怒的时光才大张起来，在眼眶中旋转，那才奇妙地反映出它们真正的思想。据医生米勒一八二〇年记载：他的富于表情的眼睛，时而妩媚温柔，时而惘然，时而气焰逼人，可怕非常。他往往用忧郁的目光向天凝视。宽大的鼻子又短又方，竟是狮子的相貌。一张细腻的嘴巴，但下唇常有比上唇前突的倾向。牙床结实得厉害，似乎可以嗑破核桃。左边的下巴有一个深陷的小窝，使他的脸显得古怪地不对称。据莫舍勒斯＊＊莫舍勒斯（Ignaz Moscheles，1794—1870），英国钢琴家。说："他的微笑是很美的，谈话之间有一副往往可爱而令人高兴的神气。但另一方面，他的笑却是不愉快的，粗野的，难看的，并且为时很短"，——那是一个不惯于欢乐的人的笑。他通常的表情是忧郁的，显示出"一种无可疗治的哀伤"。一八二五年，雷斯塔伯说看见"他温柔的眼睛及其剧烈的痛苦"时，他需要竭尽全力才能止住眼泪。＊＊雷斯塔伯（Ludwig Rellstab，1799—1860），德国诗人。一年以后，布劳恩·冯·布劳恩塔尔在一家酒店里遇见他，坐在一隅抽着一支长烟斗，闭着眼睛，那是他临死以前与日俱增的习惯。一个朋友向他说话。他悲哀地微笑，从袋里掏出一本小小的谈话手册；然后用着聋子惯有的尖锐的声音，教人家把要说的话写下来。——他的脸色时常变化，或是在钢琴上被人无意中撞见的时候，或是突然有所感应的时候，有时甚至在街上，使路人大为出惊。"脸上的肌肉突然隆起，血管膨胀；犷野的眼睛变得加倍可怕；嘴巴发抖；仿佛一个魔术家召来了妖魔而反被妖魔制服一般"，那是莎士比亚式的面目。克勒贝尔说是莪相的面目。以上的细节皆采自贝多芬的朋友，及见过他的游历家的记载。＊按莪相为三世纪时苏格兰行吟诗人。尤利乌斯·贝内迪克特说他无异"李尔王"。＊李尔王系莎士比亚名剧中的人物。

路德维希·凡·贝多芬，一七七〇年十二月十六日生于科隆附近的波恩，一所破旧屋子的阁楼上。他的出身是佛兰芒族。他的祖父名叫路德维希，是家族里最优秀的人物，生在安特卫普，直到二十岁时才住到波恩来，做当地大公的乐长。贝多芬的性格和他最像。我们必须记住这个祖父的出身，才能懂得贝多芬奔放独立的天性，以及别的不全是德国人的特点。*按今法国与比利时交界之一部及比利时西部之地域，古称佛兰德。佛兰芒即居于此地域内之人种名。安特卫普为今比利时北部之一大城名。父亲是一个不聪明而酗酒的男高音歌手。母亲是女仆，一个厨子的女儿，初嫁男仆，夫死再嫁贝多芬的父亲。

艰苦的童年，不像莫扎特般享受过家庭的温情。一开始，人生于他就显得是一场悲惨而残暴的斗争。父亲想开拓他的音乐天分，把他当作神童一般炫耀。四岁时，他就被整天地钉在洋琴前面，或和一架提琴一起关在家里，几乎被繁重的工作压死。*按洋琴为钢琴以前的键盘乐器，形式及组织大致与钢琴同。他的不致永远厌恶这艺术总算是万幸的了。父亲不得不用暴力来迫使贝多芬学习。他少年时代就得操心经济问题，打算如何挣取每日的面包，那是来得过早的重任。十一岁，他加入戏院乐队；十三岁，他当大风琴手。一七八七年，他丧失了他热爱的母亲。“她对我那么仁慈，那么值得爱戴，我的最好的朋友！噢！当我能叫出母亲这甜蜜的名字而她能听见的时候，谁又比我更幸福？”以上见一七八九年九月十五日贝多芬致奥格斯堡地方的沙德医生书信。她是肺病死的；贝多芬自以为也染着同样的病症；他已常常感到痛楚；再加比病魔更残酷的忧郁。他一八一六年时说：“不知道死的人真是一个可怜虫！我十五岁上已经知道了。”十七岁，他做了一家之主，负着两个兄弟的教育之责；他不得不羞惭地要求父亲退休，因为他酗酒，不能主持门户：人家恐怕他浪费，把养老俸交给儿子收领。这些可悲的事实在他心上留下了深刻的创痕。他在波恩的一个家庭里找到了一个亲切的依傍，便是他终身珍视的布罗伊宁一家。可爱的埃莱奥诺雷·特·布罗伊宁比他小二岁。他教她音乐，领她走上诗歌的路。她是他的童年伴侣；也许他们之间曾有相当温柔的情绪。后来埃莱奥诺雷嫁了韦格勒医生，他也成为贝多芬的知己之一；直到最后，他们之间一直保持着恬静的友谊，那是从韦格勒、埃莱奥诺雷和贝多芬彼此的书信中可以看到的。当三个人到了老年的时候，情爱格外动人，而心灵的年轻却又不减当年。他们的书信，读者可参看本书《书信集》。他的老师 C. G. 内夫（C. G. Neefe, 1748—1798）也是他最好的朋友和指导：他的道德的高尚和艺术胸襟的宽广，都对贝多芬留下极其重要的影响。

贝多芬的童年尽管如是悲惨，他对这个时代和消磨这时代的地方，永远保持着一种温柔而凄凉的回忆。不得不离开波恩，几乎终身都住在轻佻的都城维也纳及其惨淡的近郊，他却从没忘记莱茵河畔的故乡，壮严的父性的大河，像他所称的"我们的父亲莱茵"；的确，它是那样的生动，几乎赋有人性似的，仿佛一颗巨大的灵魂，无数的思想与力量在其中流过；而且莱茵流域中也没有一个地方比细腻的波恩更美、更雄壮、更温柔的了，它的浓荫密布、鲜花满地的坂坡，受着河流的冲击与抚爱。在此，贝多芬消磨了他最初的二十年；在此，形成了他少年心中的梦境，——慵懒地拂着水面的草原上，雾氛笼罩着的白杨，丛密的矮树，细柳和果树，把根须浸在静寂而湍急的水流里，——还有是村落，教堂，墓园，懒洋洋地睁着好奇的眼睛俯视两岸，——远远里，蓝色的七峰在天空画出严峻的侧影，上面矗立着废圮的古堡，显出一些瘦削而古怪的轮廓。他的心对于这个乡土是永久忠诚的；直到生命的终了，他老是想再见故园一面而不能如愿。"我的家乡，我出生的美丽的地方，在我眼前始终是那样的美，那样的明亮，和我离开它时毫无两样。"以上见一八〇一年六月二十九日致韦格勒书。

大革命爆发了，泛滥全欧，占据了贝多芬的心。波恩大学是新思想的集中点。一七八九年五月十四日，贝多芬报名入学，听有名的厄洛热·施奈德讲德国文学，——他是未来的下莱茵州的检察官。当波恩得悉巴斯底狱攻陷时，施奈德在讲坛上朗诵一首慷慨激昂的诗，鼓起了学生们如醉如狂的热情。诗的开首是："专制的铁链斩断了……幸福的民族！……"次年，他又印行了一部革命诗集。我们可举其中一首为例："唾弃偏执，摧毁愚蠢的幽灵，为着人类而战斗……啊，这，没有一个亲王的臣仆能够干。这，需要自由的灵魂，爱死甚于爱谄媚，爱贫穷甚于爱奴颜婢膝……须知在这等灵魂内我决非最后一个。"＊按施奈德生于巴伐利亚邦，为斯特拉斯堡雅各宾党首领。一七九四年，在巴黎上断头台。在预约者的名单中，＊从前著作付印时必先售预约。因印数不多，刊行后不易购得。我们可以看到贝多芬和布罗伊宁的名字。

一七九二年十一月，正当战事蔓延到波恩时，＊按此系指法国大革命后奥国为援助法国王室所发动之战争。贝多芬离开了故乡，住到德意志的音乐首都维也纳去。一七八七年春，他曾到维也纳作过一次短期旅行，见过莫扎特，但他对贝多芬似乎不甚注意。——他于一七九〇年在波恩结识的海顿，曾经教过他一些功课。贝多芬另外曾拜过阿尔布雷希茨贝格（J. G. Albrechtsberger, 1736—1809）与萨列里（Antonio Salieri, 1750—1825）为师。路上他遇见开向法国的黑森军队。＊按黑森为当时日耳曼三联邦之一，后皆并入德意志联邦。无疑的，他受着爱国情绪的鼓动，在一七九六与九七两年内，他把弗里贝格的战争诗谱成音乐：一阕是《行军曲》；一阕是《我们是伟大的德意志族》。但他尽管讴歌大革命的敌人也是徒然：大革命已征服了世界，征服了贝多芬。从一七九八年起，虽然奥国和法国的关系很紧张，贝多芬仍和法国人有亲密的往还，和使馆方面，和才到维也纳的贝尔纳多德。在贝氏周围，还有提琴家鲁道夫·克勒策（Rodolphe Kreutzer, 1766—1831），即后来贝多芬把有名的奏鸣曲题赠给他的。＊按贝氏为法国元帅，在大革命时以战功显赫；后与拿破仑为敌，与英、奥诸国勾结。在那些谈话里，他的拥护共和的情绪愈益肯定，在他以后的生活中，我们更可看到这股情绪的有力的发展。

这时代施泰因豪泽替他画的肖像，把他当时的面目表现得相当准确。这一幅像之于贝多芬以后的肖像，无异介朗的拿破仑肖像之于别的拿破仑像，那张严峻的脸，活现出波拿巴充满着野心的火焰。＊按介朗（Pierre-Narcisse Guerin, 1774—1833）为法国名画家，所作拿破仑像代表拿翁少年时期之姿态。贝多芬在画上显得很年轻，似乎不到他的年纪，瘦削的，笔直的，高领使他头颈僵直，一副睥睨一切和紧张的目光。他知道他的意志所在；他相信自己的力量。一七九六年，他在笔记簿上写道："勇敢啊！虽然身体不行，我的天才终究会获胜……二十五岁！不是已经临到了吗？……就在这一年上，整个的人应当显示出来了。"那时他才初露头角，在维也纳的首次钢琴演奏会是一七九五年三月三十日举行的。特·伯恩哈德夫人和葛林克说他很高傲，举止粗野，态度抑郁，带着非常强烈的内地口音。但他藏在这骄傲的笨拙之下的慈悲，唯有几个亲密的朋友知道。他写信给韦格勒叙述他的成功时，第一个念头是："譬如我看见一个朋友陷于窘境：倘若我的钱袋不够帮助他时，我只消坐在书桌前面；顷刻之间便解决了他的困难……你瞧这多美妙。"以上见一八〇一年六月二十九日致韦格勒书。一八〇一年左右致里斯书中又言："只要我有办法，我的任何朋友都不该有何匮乏。"随后他又道："我的艺术应当使可怜的人得益。"

然而痛苦已在叩门；它一朝住在他身上之后永远不再退隐。一七九六年至一八〇〇年，耳聋已开始它的酷刑。在一八〇二年的遗嘱内，贝多芬说耳聋已开始了六年，——所以是一七九六年起的。同时我们可注意他的作品目录，唯有包括三支三重奏的作品第一号，是一七九六年以前的制作。包括三支最初的奏鸣曲的作品第二号，是一七九六年三月刊行的。因此贝多芬全部的作品可说都是耳聋后写的。关于他的耳聋，可以参看一九〇五年五月十五日德国医学丛报上克洛兹-福雷斯脱医生的文章。他认为这病是受一般遗传的影响,也许他母亲的肺病也有关系。他分析贝多芬一七九六年所患的耳咽管炎,到一七九九年变成剧烈的中耳炎,因为治疗不善,随后成为慢性的中耳炎,随带一切的后果。耳聋的程度逐渐增加,但从没完全聋。贝多芬对于低而深的音比高音更易感知。在他晚年,据说他用一支小木杆,一端插在钢琴箱内,一端咬在牙齿中间,用以在作曲时听音。一九一〇年,柏林-莫皮特市立医院主任医师雅各布松发表一篇出色的文章,说他可证明贝多芬的耳聋是源于梅毒的遗传。一八一〇年左右,机械家梅尔策尔为贝多芬特制的听音器,至今尚保存于波恩城内贝多芬博物院。耳朵日夜作响;他内脏也受剧烈的痛楚磨折。听觉越来越衰退。在好几年中他瞒着人家,连对最心爱的朋友们也不说;他避免与人见面,使他的残废不致被人发见;他独自守着这可怕的秘密。但到一八〇一年,他不能再缄默了;他绝望地告诉两个朋友:韦格勒医生和阿门达牧师:

“我的亲爱的、我的善良的、我的恳挚的阿门达……我多希望你能常在我身旁!你的贝多芬真是可怜已极。得知道我的最高贵的一部分,我的听觉,大大地衰退了。当我们同在一起时,我已觉得许多病象,我瞒着;但从此越来越恶劣……还会痊愈吗?我当然如此希望,可是非常渺茫;这一类的病是无药可治的。我得过着凄凉的生活,避免我心爱的一切人物,尤其是在这个如此可怜、如此自私的世界上!……我不得不在伤心的隐忍中找栖身!固然我曾发誓要超临这些祸害;但又如何可能?……”以上见诺尔编贝多芬书信集第十三。

他写信给韦格勒时说:“我过着一种悲惨的生活。两年以来我躲避着一切交际,因为我不可能与人说话:我聋了。要是我干着别的职业,也许还可以;但在我的行当里!这是可怕的遭遇啊。我的敌人们又将怎么说,他们的数目又是相当可观!……在戏院里,我得坐在贴近乐队的地方，才能懂得演员的说话。我听不见乐器和歌唱的高音，假如我的座位稍远的话。……人家柔和地说话时，我勉强听到一些，人家高声叫喊时，我简直痛苦难忍……我时常诅咒我的生命……普卢塔克＊按系纪元一世纪时希腊伦理学家与史家。教我学习隐忍。我却愿和我的命运挑战，只要可能；但有些时候，我竟是上帝最可怜的造物……隐忍！多伤心的避难所！然而这是我唯一的出路！”以上见贝多芬书信集第十四。

这种悲剧式的愁苦，在当时一部分的作品里有所表现，例如作品第十三号的《悲怆奏鸣曲》（一七九九年），尤其是作品第一号（一七九八）之三的奏鸣曲中的Largo（广板）。奇怪的是并非所有的作品都带忧郁的情绪，还有许多乐曲，如欢悦的《七重奏》（一八〇〇），明澈如水的《第一交响曲》（一八〇〇），都反映着一种青年人的天真。无疑的，要使心灵惯于愁苦也得相当的时间。它是那样的需要欢乐，当它实际没有欢乐时就自己来创造。当“现在”太残酷时，它就在“过去”中生活。往昔美妙的岁月，一下子是消灭不了的；它们不复存在时，光芒还会悠久地照耀。独自一人在维也纳遭难的辰光，贝多芬便隐遁在故园的忆念里；那时代他的思想都印着这种痕迹。《七重奏》内以变奏曲（Variation）出现的Andante（行板）的主题，便是一支莱茵的歌谣。《第一交响曲》也是一件颂赞莱茵的作品，是青年人对着梦境微笑的诗歌。它是快乐的，慵懒的；其中有取悦于人的欲念和希望。但在某些段落内，在引子（Introduction）里，在低音乐器的明暗的对照里，在神圣的Scherzo（谐谑曲）里，我们何等感动地，在青春的脸上看到未来的天才的目光。那是波提切利＊按系文艺复兴前期意大利名画家。在《圣家庭》中所画的幼婴的眼睛，其中已可窥到他未来的悲剧。＊按此处所谓幼婴系指儿时的耶稣，故有未来的悲剧之喻。

在这些肉体的痛苦之上，再加另外一种痛苦。韦格勒说他从没见过贝多芬不抱着一股剧烈的热情。这些爱情似乎永远是非常纯洁的。热情与欢娱之间毫无连带关系。现代的人们把这两者混为一谈，实在是他们全不知道何谓热情，也不知道热情之如何难得。贝多芬的心灵里多少有些清教徒气息；粗野的谈吐与思想，他是厌恶的；他对于爱情的神圣抱着毫无假借的观念。据说他不能原谅莫扎特，因为他不惜屈辱自己的天才去写《唐·璜》。＊按唐·璜为西洋传说中有名的登徒子，莫扎特曾采为歌剧的题材。他的密友申德勒确言"他一生保着童贞，从未有何缺德需要忏悔"。这样的一个人是生来受爱情的欺骗，做爱情的牺牲品的。他的确如此。他不断地钟情，如醉如狂般颠倒，他不断地梦想着幸福，然而立刻幻灭，随后是悲苦的煎熬。贝多芬最丰满的灵感，就当在这种时而热爱、时而骄傲地反抗的轮回中去探寻根源；直到相当的年龄，他的激昂的性格，才在凄恻的隐忍中趋于平静。

一八〇一年时，他热情的对象是朱丽埃塔·圭恰迪妮，为他题赠那著名的作品第二十七号之二的《月光奏鸣曲》（一八〇二），而知名于世的。＊按通俗音乐书上所述《月光奏鸣曲》的故事是毫无根据的。他写信给韦格勒说："现在我生活比较甜美，和人家来往也较多了些……这变化是一个亲爱的姑娘的魅力促成的；她爱我，我也爱她。这是两年来我初次遇到的幸运的日子。"以上见一八〇一年十一月十六日信。可是他为此付了很高的代价。第一，这段爱情使他格外感到自己的残疾，境况的艰难，使他无法娶他所爱的人。其次，圭恰迪妮是风骚的，稚气的，自私的，使贝多芬苦恼；一八〇三年十一月，她嫁了加伦贝格伯爵。随后她还利用贝多芬从前的情爱，要他帮助她的丈夫。贝多芬立刻答应了。他在一八二一年和申德勒会见时在谈话手册上写道："他是我的敌人，所以我更要尽力帮助他。"但他因之而更瞧不起她。"她到维也纳来找我，一边哭着，但是我瞧不起她。"——这样的热情是摧残心灵的；而像贝多芬那样，心灵已因疾病而变得虚弱的时候，狂乱的情绪更有把它完全毁灭的危险。他一生就只是这一次，似乎到了颠蹶的关头；他经历着一个绝望的苦闷时期，只消读他那时写给兄弟卡尔与约翰的遗嘱便可知道，遗嘱上注明“等我死后开拆”。时为一八〇二年十月六日。参见本书《贝多芬遗嘱》。这是惨痛之极的呼声，也是反抗的呼声。我们听着不由不充满着怜悯，他差不多要结束他的生命了。就只靠着他坚强的道德情操才把他止住。他的遗嘱里有一段说：“把德性教给你们的孩子；使人幸福的是德性而非金钱。这是我的经验之谈。在患难中支持我的是道德，使我不曾自杀的，除了艺术以外也是道德。”又一八一〇年五月二日致韦格勒书中：“假如我不知道一个人在能完成善的行为时就不该结束生命的话，我早已不在人世了，而且是由于我自己的处决。”他对病愈的最后的希望没有了。“连一向支持我的卓绝的勇气也消失了。噢，神！给我一天真正的欢乐罢，就是一天也好！我没有听到欢乐的深远的声音已经多久！什么时候，噢！我的上帝，什么时候我再能和它相遇？……永远不？——不？——不，这太残酷了！”

这是临终的哀诉；可是贝多芬还活了二十五年。他的强毅的天性不能遇到磨难就屈服。“我的体力和智力突飞猛进……我的青春，是的，我感到我的青春不过才开始。我窥见我不能加以肯定的目标，我每天都迫近它一些。……噢！如果我摆脱了这疾病，我将拥抱世界！……一些休息都没有！除了睡眠以外我不知还有什么休息；而可怜我对于睡眠不得不花费比从前更多的时间。但愿我能在疾病中解放出一半：那时候！……不，我受不了。我要扼住命运的咽喉。它决不能使我完全屈服……噢！能把人生活上千百次，真是多美！”以上见致韦格勒书，书信集第十八。

这爱情，这痛苦，这意志，这时而颓丧时而骄傲的转换，这些内心的悲剧，都反映在一八〇二年的大作品里：附有葬礼进行曲的奏鸣曲（作品第二十六号）；俗称为《月光曲》的《幻想奏鸣曲》（作品第二十七号之二);作品第三十一号之二的奏鸣曲,——其中戏剧式的吟诵体恍如一场伟大而凄婉的独白;——题献亚历山大皇的提琴奏鸣曲(作品第三十号);《克勒策奏鸣曲》(作品第四十七号);依着格勒特的词句所谱的六支悲壮惨痛的宗教歌(作品第四十八号)。* * 格勒特(Christian Fürchtegott Gellert, 1715—1769),德国启蒙运动作家和诗人。至于一八〇三年的《第二交响曲》,却反映着他年少气盛的情爱;显然是他的意志占了优势。一种无可抵抗的力把忧郁的思想一扫而空。生命的沸腾掀起了乐曲的终局。贝多芬渴望幸福;不肯相信他无可救药的灾难;他渴望痊愈,渴望爱情,他充满着希望。一八〇二年赫内曼为贝多芬所作之小像上,他作着当时流行的装束,留着鬓脚,四周的头发剪得同样长,坚决的神情颇像拜仑式的英雄,同时表示一种拿破仑式的永不屈服的意志。* 按此处小像系指面积极小之釉绘像,通常至大不过数英寸,多数画于珐琅质之饰物上,为西洋画中一种特殊的肖像画。

这些作品里有好几部,进行曲和战斗的节奏特别强烈。这在《第二交响曲》的 Allegro(快板)与终局内已很显著,但尤其是献给亚历山大皇的奏鸣曲的第一章,更富于英武壮烈的气概。这种音乐所特有的战斗性,令人想起产生它的时代。大革命已经到了维也纳。* 按拿破仑于一七九三、一七九七、一八〇〇年数次战败奥国,兵临维也纳城下。贝多芬被它煽动了。骑士赛弗里德说:"他在亲密的友人中间,很高兴地谈论政局,用着非常的聪明下判断,目光犀利而且明确。"他所有的同情都倾向于革命党人。在他生命晚期最熟知他的申德勒说:"他爱共和的原则。他主张无限制的自由与民族的独立……他渴望大家协力同心地建立国家的政府 * 按意谓共和民主的政府……渴望法国实现普选,希望波拿巴建立起这个制度来,替人类的幸福奠定基石。"他仿佛一个革命的古罗马人,受着普卢塔克的熏陶，梦想着一个英雄的共和国，由胜利之神建立的：而所谓胜利之神便是法国的首席执政；于是他接连写下《英雄交响曲：波拿巴》（一八〇四），大家知道《英雄交响曲》是以波拿巴为题材而献给他的。最初的手稿上还写着“波拿巴”这题目。这期间，他得悉了拿破仑称帝之事。于是他大发雷霆，嚷道：“那么他也不过是一个凡夫俗子！”愤慨之下，他撕去了题献的词句，换上一个含有报复意味而又是非常动人的题目：“英雄交响曲……纪念一个伟大的遗迹。”申德勒说他以后对拿破仑的恼恨也消解了，只把他看做一个值得同情的可怜虫，一个从天上掉下来的“伊加”。（*按神话载伊加用蜡把翅翼胶住在身上，从克里特岛上逃出，飞近太阳，蜡为日光熔化，以致堕海而死。）当他在一八二一年听到幽禁圣埃莱娜岛的悲剧时，说道：“十七年前我所写的音乐正适用于这件悲惨的事故。”他很高兴地发觉在交响曲的葬曲内（*按系交响曲之第二章）对此盖世豪雄的结局有所预感。——因此很可能，在贝多芬的思想内，第三交响曲，尤其是第一章，是波拿巴的一幅肖像，当然和实在的人物不同，但确是贝多芬理想中的拿破仑；换言之，他要把拿破仑描写为一个革命的天才。一八〇一年，贝多芬曾为标准的革命英雄，自由之神普罗米修斯，作过乐曲，其中有一主句，他又在《英雄交响曲》的终局里重新采用。帝国的史诗；和《第五交响曲》（一八〇五—〇八）的终局，光荣的叙事歌。第一阕真正革命的音乐：时代之魂在其中复活了，那么强烈，那么纯洁，因为当代巨大的变故在孤独的巨人心中是显得强烈与纯洁的，这种印象即和现实接触之下也不会减损分毫。贝多芬的面目，似乎都受着这些历史战争的反映。在当时的作品里，到处都有它们的踪影，也许作者自己不曾觉察，在《科里奥兰序曲》（一八〇七）内，有狂风暴雨在呼啸，《第四四重奏》（作品第十八号）的第一章，和上述的序曲非常相似；《热情奏鸣曲》（作品第五十七号，一八〇四），俾斯麦曾经说过：“倘我常听到它，我的勇气将永远不竭。”曾任德国驻意大使的罗伯特·特·科伊德尔，著有《俾斯麦及其家庭》一书，一九〇一版。以上事实即引自该书。一八七〇年十月三十日，科伊德尔在凡尔赛的一架很坏的钢琴上,为俾斯麦奏这支奏鸣曲。对于这件作品的最后一句,俾斯麦说:“这是整整一个人生的斗争与嚎恸。”他爱贝多芬甚于一切旁的音乐家,他常常说:“贝多芬最适合我的神经。”还有《哀格蒙特序曲》;甚至《降E大调钢琴协奏曲》(作品第七十三号,一八〇九),其中炫耀技巧的部分都是壮烈的,仿佛有人马奔突之势。——而这也不足为怪。在贝多芬写作品第二十六号奏鸣曲中的“英雄葬曲”时,比《英雄交响曲》的主人翁更配他讴歌的英雄,霍赫将军,正战死在莱茵河畔,他的纪念像至今屹立在科布伦茨与波恩之间的山岗上,——即使当时贝多芬不曾知道这件事,但他在维也纳也已目击两次革命的胜利。*按拿破仑曾攻陷维也纳两次。——霍赫为法国大革命时最纯洁的军人,为史所称。一七九七年战死科布伦茨附近。一八〇五年十一月,当《菲岱里奥》*贝多芬的歌剧。初次上演时,在座的便有法国军佐。于兰将军,巴斯底狱的胜利者,住在洛布科维兹家里,*洛氏为波希米亚世家,以武功称。做着贝多芬的朋友兼保护人,受着他《英雄交响曲》与《第五交响曲》的题赠。一八〇九年五月十日,拿破仑驻节在舍恩布伦。贝多芬的寓所离维也纳的城堡颇近,拿破仑攻下维也纳时曾炸毁城垣。一八〇九年六月二十六日,贝多芬致布赖特科普夫与埃泰尔两出版家书信中有言:“何等野蛮的生活,在我周围多少的废墟颓垣!只有鼓声,喇叭声,以及各种惨象!”一八〇九年有一个法国人在维也纳见到他,保留着他的一幅肖像。这位法国人叫做特雷蒙男爵。他曾描写贝多芬寓所中凌乱的情形。他们一同谈论着哲学、政治,特别是“他的偶像,莎士比亚”。贝多芬几乎决定跟男爵上巴黎去,他知道那边的音乐院已在演奏他的交响曲,并且有不少佩服他的人。*按舍恩布伦为一奥国乡村,一八〇九年的维也纳条约,即在此处签订。不久贝多芬便厌恶法国的征略者。但他对于法国人史诗般的狂热,依旧很清楚地感觉到;所以凡是不能像他那样感觉的人,对于他这种行动与胜利的音乐决不能彻底了解。

贝多芬突然中止了他的《第五交响曲》，不经过惯有的拟稿手续，一口气写下了《第四交响曲》。幸福在他眼前显现了。一八〇六年五月，他和特雷泽·特·布伦瑞克订了婚。一七九六至九九年间，贝多芬在维也纳认识了布伦瑞克一家。朱丽埃塔·圭恰迪妮是特雷泽的表姊妹。贝多芬有一个时期似乎也钟情于特雷泽的姊妹约瑟菲娜，她后来嫁给戴姆伯爵，又再嫁给施塔克尔贝格男爵。关于布伦瑞克一家的详细情形，可参看安德烈·特·海来西氏著《贝多芬及其不朽的爱人》一文，载一九一〇年五月一日及十五日的《巴黎杂志》。她老早就爱上他。从贝多芬卜居维也纳的初期，和她的哥哥弗朗索瓦伯爵为友，她还是一个小姑娘，跟着贝多芬学钢琴时起，就爱他的。一八〇六年，他在他们匈牙利的马尔托伐萨家里作客，在那里他们才相爱起来。关于这些幸福的日子的回忆，还保存在特雷泽·特·布伦瑞克的一部分叙述里。她说："一个星期日的晚上，用过了晚餐，在月光下贝多芬坐在钢琴前面。先是他放平着手指在键盘上来回抚弄。我和弗朗索瓦都知道他这种习惯。他往往是这样开场的。随后他在低音部分奏了几个和弦；接着，慢慢地，他用一种神秘的庄严的神气，奏着赛巴斯蒂安·巴赫的一支歌：'若愿素心相赠，无妨悄悄相传；两情脉脉，勿为人知。'这首美丽的歌是在巴赫的夫人安娜·玛格达兰娜的手册上的，原题为《乔瓦尼尼之歌》。有人疑非巴赫原作。

"母亲和教士都已就寝；＊按欧洲贵族家中，皆有教士供养。哥哥严肃地凝眸睇视着；我的心被他的歌和目光渗透了，感到生命的丰满。——明天早上，我们在园中相遇。他对我说：'我正在写一本歌剧。主要的人物在我心中，在我面前，不论我到什么地方，停留在什么地方，他总和我同在。我从没到过这般崇高的境界。一切都是光明和纯洁。在此以前，我只像童话里的孩子，只管捡取石子，而不看见路上美艳的鲜花……'一八〇六年五月，只获得我最亲爱的哥哥的同意，我和他订了婚。"

这一年所写的《第四交响曲》，是一朵精纯的花，蕴藏着他一生比较平静的日子的香味。人家说："贝多芬那时竭力要把他的天才，和一般人在前辈大师留下的形式中所认识与爱好的东西，加以调和。"见诺尔著《贝多芬传》。这是不错的。同样渊源于爱情的妥协精神，对他的举动和生活方式也发生了影响。赛弗里德和格里尔巴策＊＊赛弗里德(Ignaz Von Seyfried, 1776—1841)系奥地利音乐家；格里尔巴策(Franz Grillparzer, 1791—1872)为奥地利剧作家。说他兴致很好，心灵活跃，处世接物彬彬有礼，对可厌的人也肯忍耐，穿着很讲究；而且他巧妙地瞒着大家，甚至令人不觉得他耳聋；他们说他身体很好，除了目光有些近视之外。贝多芬是近视眼。赛弗里德说他的近视是痘症所致，使他从小就得戴眼镜。近视使他的目光常有失神的样子。一八二三——一八二四年间，他在书信中常抱怨他的眼睛使他受苦。在梅勒替他画的肖像上，我们也可看到一种浪漫底克的风雅，微微有些不自然的神情。贝多芬要博人欢心，并且知道已经博得人家欢心。猛狮在恋爱中：它的利爪藏起来了。但在他的眼睛深处，甚至在《第四交响曲》的幻梦与温柔的情调之下，我们仍能感到那可怕的力，任性的脾气，突发的愤怒。

这种深邃的和平并不持久；但爱情的美好的影响一直保存到一八一〇年。无疑是靠了这个影响贝多芬才获得自主力，使他的天才产生了最完满的果实，例如那古典的悲剧：《第五交响曲》；——那夏日的神明的梦：《田园交响曲》(一八〇八)。把歌德的剧本《哀格蒙特》谱成的音乐是一八〇九年开始的。他也想制作《威廉·退尔》的音乐，但人家宁可请教别的作曲家。还有他自认为他奏鸣曲中最有力的，从莎士比亚的《暴风雨》感悟得来的：《热情奏鸣曲》(一八〇七)，为他题献给特雷泽的。见贝多芬和申德勒的谈话。申德勒问贝多芬："你的D小调奏鸣曲和F小调奏鸣曲的内容究竟是什么？"贝多芬答道："请你读读莎士比亚的《暴风雨》去吧！"贝多芬《第十七钢琴奏鸣曲》

(D小调,作品第三十一号之二)的别名《暴风雨奏鸣曲》即由此来。《第二十三钢琴奏鸣曲》(F小调,作品第五十七号)的别名《热情奏鸣曲》,是出版家克兰兹所加,这首奏鸣曲创作于一八〇四至一八〇五年,一八〇七年出版,贝多芬把这首奏鸣曲题献给特雷泽的哥哥弗兰茨·冯·布伦瑞克伯爵。作品第七十八号的富于幻梦与神秘气息的奏鸣曲(一八〇九),也是献给特雷泽的。写给"不朽的爱人"的一封没有日期的信,所表现的他的爱情的热烈,也不下于《热情奏鸣曲》:

"我的天使,我的一切,我的我……我心头装满了和你说不尽的话……啊!不论我在哪里,你总和我同在……当我想到你星期日以前不曾接到我初次的消息时,我哭了。——我爱你,像你的爱我一样,但还要强得多……啊!天哪!——没有了你是怎样的生活啊!——咫尺,天涯。——……我的不朽的爱人,我的思念一齐奔向你,有时是快乐的,随后是悲哀的,问着命运,问它是否还有接受我们的愿望的一天。——我只能同你在一起过活,否则我就活不了……永远无人再能占有我的心。永远!——永远!——噢,上帝!为何人们相爱时要分离呢?可是我现在的生活是忧苦的生活。你的爱使我同时成为最幸福和最苦恼的人。——安静罢……安静——爱我呀!——今天,——昨天,——多少热烈的憧憬,多少的眼泪对你,——你,——你,——我的生命——我的一切!别了!——噢!继续爱我呀,——永勿误解你亲爱的L的心。——永久是你的——永久是我的——永远是我们的。"见书信集第十五。

什么神秘的理由,阻挠着这一对相爱的人的幸福?——也许是没有财产,地位的不同。也许贝多芬对人家要他长时期的等待,要他把这段爱情保守秘密,感到屈辱而表示反抗。

也许以他暴烈、多病、愤世嫉俗的性情,无形中使他的爱人受难,而他自己又因之感到绝望。——婚约毁了;然而两人中间似乎没有一个忘却这段爱情。直到她生命的最后一刻,特雷泽·特·

布伦瑞克还爱着贝多芬。她死于一八六一年。*按她比贝多芬多活三十四年。

一八一六年时贝多芬说:“当我想到她时,我的心仍和第一天见到她时跳得一样的剧烈。”同年,他制作六阕《献给遥远的爱人》的歌。他在笔记内写道:“我一见到这个美妙的造物,我的心情就泛滥起来,可是她并不在此,并不在我旁边!”——特雷泽曾把她的肖像赠与贝多芬,题着:“给希有的天才,伟大的艺术家,善良的人。T. B.”这幅肖像至今还在波恩的贝多芬家。在贝多芬晚年,一位朋友无意中撞见他独自拥抱着这幅肖像,哭着,高声地自言自语着(这是他的习惯):“你这样的美,这样的伟大,和天使一样!”朋友退了出去,过了一会再进去,看见他在弹琴,便对他说:“今天,我的朋友,你的脸上全无可怕的气色。”贝多芬答道:“因为我的好天使来访问过我了。”——创伤深深地铭刻在他心上。他自己说:“可怜的贝多芬,此世没有你的幸福。只有在理想的境界里才能找到你的朋友。”致格莱兴施泰因书。书信集第三十一。

他在笔记上又写着:“屈服,深深地向你的运命屈服:你不复能为你自己而存在,只能为着旁人而存在;为你,只在你的艺术里才有幸福。噢,上帝!给我勇气让我征服我自己!”

爱情把他遗弃了。一八一〇年,他重又变成孤独;但光荣已经来到,他也显然感到自己的威力。他正当盛年。*按贝多芬此时四十岁。他完全放纵他的暴烈与粗犷的性情,对于社会,对于习俗,对于旁人的意见,对一切都不顾虑。他还有什么需要畏惧,需要敷衍?爱情,没有了;野心,没有了。所剩下的只有力,力的欢乐,需要应用它,甚至滥用它。“力,这才是和寻常人不同的人的精神!”他重复不修边幅,举止也愈加放肆。他知道他有权言所欲言,即对世间最大的人物亦然。“除了仁慈以外,我不承认还有什么优越的标记”，这是他一八一二年七月十七日所写的说话。他写给G.D.李里奥的信中又道：“心是一切伟大的起点。”书信集一〇八。贝蒂娜·布伦塔诺那时看见他，说“没有一个皇帝对于自己的力有他这样坚强的意识”。*按贝系歌德的青年女友，贝母曾与歌德相爱；故贝成年后竭力追求歌德。贝对贝多芬备极崇拜，且对贝多芬音乐极有了解。贝兄克莱门斯(1778—1892)为德国浪漫派领袖之一。贝丈夫阿宁亦为有名诗人。她被他的威力慑服了，写信给歌德时说道：“当我初次看见他时，整个世界在我面前消失了，贝多芬使我忘记了世界，甚至忘记了你，噢，歌德！……我敢断言这个人物远远地走在现代文明之前，而我相信我这句话是不错的。”*按贝蒂娜写此信时，约为一八〇八年，尚未满二十九岁。此时贝多芬未满四十岁，歌德年最长，已有六十岁左右。

歌德设法要认识贝多芬。一八一二年，终于他们在波希米亚的浴场特普利兹地方相遇，结果却不很投机。贝多芬热烈佩服着歌德的天才；一八一一年二月十九日他写给贝蒂娜的信中说：“歌德的诗使我幸福。”一八〇九年八月八日他在旁的书信中也说：“歌德与席勒，是我在莪相与荷马之外最心爱的诗人。”——值得注意的是，贝多芬幼年的教育虽不完全，但他的文学口味极高。在他认为“伟大，庄严，D小调式的”歌德以外而看做高于歌德的，只有荷马、普卢塔克、莎士比亚三人。在荷马作品中，他最爱《奥德赛》。莎士比亚的德译本是常在他手头的，我们也知道莎士比亚的《科里奥兰》和《暴风雨》被他多么悲壮地在音乐上表现出来。至于普卢塔克，他和大革命时代的一般人一样，受有很深的影响。古罗马英雄布鲁图斯是他的英雄，这一点他和米开朗琪罗相似。他爱柏拉图，梦想在全世界上能有柏拉图式的共和国建立起来。一八一九—二〇年间的谈话册内，他曾言：“苏格拉底与耶稣是我的模范。”但他过于自由和过于暴烈的性格，不能和歌德的性格融和，而不免于伤害它。他曾叙述他们一同散步的情景，当时这位骄傲的共和党人，把魏玛大公的枢密参赞*按此系歌德官衔。教训了一顿，使歌德永远不能原谅。

“君王与公卿尽可造成教授与机要参赞，尽可赏赐他们头衔与勋章;但他们不能造成伟大的人物,不能造成超临庸俗社会的心灵;……而当像我和歌德这样两个人在一起时,这般君侯贵胄应当感到我们的伟大。——昨天,我们在归路上遇见全体的皇族。*按系指奥国王室,特普利兹为当时避暑胜地,中欧各国的亲王贵族麇集。我们远远里就已看见。歌德挣脱了我的手臂,站在大路一旁。我徒然对他说尽我所有的话,不能使他再走一步。于是我按了一按帽子,扣上外衣的钮子,背着手,往最密的人丛中撞去。亲王与近臣密密层层;太子鲁道夫*按系贝多芬的钢琴学生。对我脱帽;皇后先对我招呼。——那些大人先生是认得我的。——为了好玩起计,我看着这队人马在歌德面前经过。他站在路边上,深深地弯着腰,帽子拿在手里。事后我大大地教训了他一顿,毫不同他客气。……"以上见贝多芬致贝蒂娜书。这些书信的真实性虽有人怀疑,但大体是准确的。

而歌德也没有忘记。歌德写信给策尔特说:"贝多芬不幸是一个倔强之极的人;他认为世界可憎,无疑是对的;但这并不能使世界对他和对旁人变得愉快些。我们应当原谅他,替他惋惜,因为他是聋子。"歌德一生不曾做什么事反对贝多芬,但也不曾做什么事拥护贝多芬;对他的作品,甚至对他的姓氏,抱着绝对的缄默。骨子里他是钦佩而且惧怕他的音乐:它使他骚乱。他怕它会使他丧失心灵的平衡,那是歌德以多少痛苦换来的。——年轻的门德尔松,于一八三〇年经过魏玛,曾经留下一封信,表示他确曾参透歌德自称为"骚乱而热烈的灵魂"深处,那颗灵魂是被歌德用强有力的智慧镇压着的。门德尔松在信中说:"……他先是不愿听人提及贝多芬;但这是无可避免的(*按门德尔松那次是奉歌德之命替他弹全部音乐史上的大作品)他听了《第五交响曲》的第一章后大为骚动。他竭力装做镇静,和我说:'这毫不动人,不过令人惊异而已。'过了一会,他又道:'这是巨大的——*按歌德原词是 Grandiose,含有伟大或夸大的模棱两可的意义,令人猜不透他这里到底是颂赞(假如他的意思是"伟大"的话)还是贬抑(假如他的意思是"夸大"的话)——狂妄的,竟可说屋宇为之震动。'接着是晚膳,其间他神思恍惚,若有所思,直到我们再提起贝多芬时,他开始询问我,考问我。我明明看到贝多芬的音乐已经发生了效果……”＊按策尔特为一平庸的音乐家，早年反对贝多芬甚烈，直到后来他遇见贝多芬时，为他的人格大为感动，对他的音乐也一变往昔的谩骂口吻，转而为热烈的颂扬。策氏为歌德一生至友，歌德早期对贝多芬的印象，大半受策氏误解之影响，关于贝多芬与歌德近人颇多撰文讨论。罗曼·罗兰亦有《歌德与贝多芬》一书，一九三〇版。

《第七交响曲》和《第八交响曲》便是这时代的作品，就是说一八一二年在特普利兹写的：前者是节奏的大祭乐，后者是诙谑的交响曲，他在这两件作品内也许最是自在，像他自己所说的，最是“尽量”，那种快乐与狂乱的激动，出其不意的对比，使人错愕的夸大的机智，巨人式的、使歌德与策尔特惶骇的爆发，见策尔特一八一二年九月二日致歌德书，又同年九月十四日歌德致策尔特书：“是的，我也是用着惊愕的心情钦佩他。”一八一九年策尔特给歌德信中说：“人家说他疯了。”使德国北部流行着一种说数，说《第七交响曲》是一个酒徒的作品。——不错，是一个沉醉的人的作品，但也是力和天才的产物。

他自己也说：“我是替人类酿制醇醪的酒神。是我给人以精神上至高的热狂。”

我不知他是否真如瓦格纳所说的，想在《第七交响曲》的终局内描写一个酒神的庆祝会。这至少是贝多芬曾经想过的题目，因为他在笔记内曾经说到，尤其他在《第十交响曲》的计划内提及。在这阕豪放的乡村节会音乐中，我特别看到他佛兰芒族的遗传；同样，在以纪律和服从为尚的国家，他的肆无忌惮的举止谈吐，也是渊源于他自身的血统。不论在哪一件作品里，都没有《第七交响曲》那么坦白，那么自由的力。这是无目的地，单为了娱乐而浪费着超人的精力，宛如一条洋溢泛滥的河的欢乐。在《第八交响曲》内，力量固没有这样的夸大，但更加奇特，更表现出作者的特点，交融着悲剧与滑稽，力士般的刚强和儿童般的任性。和写作这些作品同时，他在一八一一至一二年间在特普利兹认识一个柏林的青年女歌唱家,和她有着相当温柔的友谊,也许对这些作品不无影响。

一八一四年是贝多芬幸运的顶点。在维也纳会议中,人家看他做欧罗巴的光荣。他在庆祝会中非常活跃。亲王们向他致敬,像他自己高傲地向申德勒所说的,他听任他们追逐。

他受着独立战争的鼓动。在这种事故上和贝多芬大异的,是舒伯特的父亲,在一八〇七年时写了一阕应时的音乐,《献给拿破仑大帝》,且在拿破仑御前亲自指挥。*按拿破仑于一八一二年征俄败归后,一八一三年奥国兴师讨法,不久普鲁士亦接踵而起,是即史家所谓独立战争,亦称解放战争。一八一三年,他写了一阕《威灵顿之胜利交响曲》;一八一四年初,写了一阕战士的合唱:《德意志的再生》;一八一四年十一月二十九日,他在许多君主前面指挥一支爱国歌曲:《光荣的时节》;一八一五年,他为攻陷巴黎*按系指一八一四年三月奥德各邦联军攻入巴黎。写一首合唱:《大功告成》。这些应时的作品,比他一切旁的音乐更能增加他的声名。布莱修斯·赫弗尔依着弗朗索瓦·勒特龙的素描所作的木刻,和一八一三年弗兰兹·克莱因塑的脸型(Masque),活泼泼地表现出贝多芬在维也纳会议时的面貌。狮子般的脸上,牙床紧咬着,刻画着愤怒与苦恼的皱痕,但表现得最明显的性格是他的意志,早年拿破仑式的意志:“可惜我在战争里不像在音乐中那么内行!否则我将战败他!”

但是他的王国不在此世,像他写信给弗朗索瓦·特·布伦瑞克时所说的:“我的王国是在天空。”他在维也纳会议时写信给考卡说:“我不和你谈我们的君王和王国,在我看来,思想之国是一切国家中最可爱的:那是此世和彼世的一切王国中的第一个。”

在此光荣的时间以后,接踵而来的是最悲惨的时期。

维也纳从未对贝多芬抱有好感。像他那样一个高傲而独立的天才，在此轻佻浮华、为瓦格纳所痛恶的都城里是不得人心的。瓦格纳在一八七〇年所著的《贝多芬评传》中有言："维也纳，这不就说明了一切？——全部的德国新教痕迹都已消失，连民族的口音也失掉而变成意大利化。德国的精神，德国的态度和风俗，全经意大利与西班牙输入的指南册代为解释……这是一个历史、学术、宗教都被篡改的地方……轻浮的怀疑主义，毁坏而且埋葬了真理之爱，荣誉之爱，自由独立之爱！……"十九世纪的奥国戏剧诗人格里尔帕策曾说生为奥国人是一桩不幸。十九世纪末住在维也纳的德国大作曲家，都极感苦闷。那时奥国都城的思想全被勃拉姆斯伪善的气息笼罩。布鲁克纳的生活是长时期的受难，雨果·沃尔夫终生奋斗，对维也纳表示极严厉的批评。＊按布鲁克纳（1824—1896）与雨果·沃尔夫（1860—1903）皆为近代德国大音乐家。勃拉姆斯在当时为反动派音乐之代表。他抓住可以离开维也纳的每个机会；一八〇八年，他很想脱离奥国，到威斯特伐利亚王热罗姆·波拿巴的宫廷里去。热罗姆王愿致送贝多芬终身俸每年六百杜加（＊按每杜加约合九先令），外加旅费津贴一百五十银币，唯一的条件是不时在他面前演奏，并指挥室内音乐会，那些音乐会是历时很短而且不常举行的。贝多芬差不多决定动身了。＊按热罗姆王为拿破仑之弟，被封为威斯特伐利亚王。但维也纳的音乐泉源是那么丰富，我们也不该抹煞那边常有一般高贵的鉴赏家，感到贝多芬之伟大，不肯使国家蒙受丧失这天才之羞。一八〇九年，维也纳三个富有的贵族：贝多芬的学生鲁道夫太子，洛布科维兹亲王，金斯基亲王，答应致送他四千弗洛令的年俸，只要他肯留在奥国。＊弗洛令为奥国银币名，每单位约合一先令又半。他们说："显然一个人只在没有经济烦虑的时候才能整个地献身于艺术，才能产生这些崇高的作品为艺术增光，所以我们决意使路德维希·凡·贝多芬获得物质的保障，避免一切足以妨害他天才发展的阻碍。"

不幸结果与诺言不符。这笔津贴并未付足；不久又完全停止。且从一八一四年维也纳会议起，维也纳的性格也转变了。社会的目光从艺术移到政治方面，音乐口味被意大利作风破坏了，时尚所趋的是罗西尼，把贝多芬视为迂腐。罗西尼的歌剧《唐克雷迪》足以撼动整个的德国音乐。一八一六年时维也纳沙龙里的意见，据鲍恩费尔德的日记所载是："莫扎特和贝多芬是老学究，只有荒谬的上一代赞成他们；但直到罗西尼出现，大家方知何谓旋律。《菲岱里奥》是一堆垃圾，真不懂人们怎会不怕厌烦地去听它。"——贝多芬举行的最后一次钢琴演奏会是一八一四年。贝多芬的朋友和保护人，分散的分散，死亡的死亡：金斯基亲王死于一八一二，李希诺夫斯基亲王死于一八一四，洛布科维兹死于一八一六。受贝多芬题赠作品第五十九号的美丽的四重奏的拉苏莫夫斯基，在一八一五年举办了最后的一次音乐会。同年，贝多芬和童年的朋友，埃莱奥诺雷的哥哥，斯特凡·冯·布罗伊宁失和。同年，贝多芬的兄弟卡尔死。他写信给安东尼·布伦塔诺说："他如此地执着生命，我却如此地愿意舍弃生命。"从此他孤独了。此时唯一的朋友，是玛丽亚·冯·埃尔德迪，他和她维持着动人的友谊，但她和他一样有着不治之症，一八一六年，她的独子又暴卒。贝多芬题赠给她的作品，有一八〇九年作品第七十号的两支三重奏，一八一五至一七年间作品第一〇二号的两支大提琴奏鸣曲。在一八一六年的笔记上，他写道："没有朋友，孤零零地在世界上。"

耳朵完全聋了。丢开耳聋不谈，他的健康也一天不如一天。从一八一六年十月起，他患着重伤风。一八一七年夏天，医生说他是肺病。一八一七至一八年间的冬季，他老是为这场所谓的肺病担心着。一八二〇至二一年间他患着剧烈的关节炎。一八二一年患黄热病。一八二三年又患结膜炎。从一八一五年秋天起，他和人们只有笔上的往还。最早的谈话手册是一八一六年的。值得注意的是，同年起他的音乐作风改变了，表示这转折点的是作品第一〇一号的奏鸣曲。贝多芬的谈话册，共有一一〇〇〇页的手写稿，今日全部保存于柏林国家图书馆。一九二三年诺尔开始印行他一八一九年三月至一八二〇年三月的谈话册，可惜以后未曾续印。关于一八二二年《菲岱里奥》预奏会的经过，有申德勒的一段惨痛的记述可按。

"贝多芬要求亲自指挥最后一次的预奏……从第一幕的二部唱起,显而易见他全没听见台上的歌唱。他把乐曲的进行延缓很多;当乐队跟着他的指挥棒进行时,台上的歌手自顾自地匆匆向前。结果是全局都紊乱了。经常的,乐队指挥乌姆劳夫不说明什么理由,提议休息一会,和歌唱者交换了几句说话之后,大家重新开始。同样的紊乱又发生了。不得不再休息一次。在贝多芬指挥之下,无疑是干不下去的了;但怎样使他懂得呢?没有一个人有心肠对他说:'走罢,可怜虫,你不能指挥了。'贝多芬不安起来,骚动之余,东张西望,想从不同的脸上猜出症结所在:可是大家都默不作声。他突然用命令的口吻呼唤我。我走近时,他把谈话手册授给我,示意我写。我便写着:'恳求您勿再继续,等回去再告诉您理由。'于是他一跃下台;对我嚷道:'快走!'他一口气跑回家里去;进去,一动一动地倒在便榻上,双手捧着他的脸;他这样一直到晚饭时分。用餐时他一言不发,保持着最深刻的痛苦的表情。晚饭以后,当我想告别时,他留着我,表示不愿独自在家。等到我们分手的辰光,他要我陪着去看医生,以耳科出名的……在我和贝多芬的全部交谊中,没有一天可和这十一月里致命的一天相比。他心坎里受了伤,至死不曾忘记这可怕的一幕的印象。"申德勒从一八一四年起就和贝多芬来往,但到一八一九以后方始成为他的密友。贝多芬不肯轻易与之结交,最初对他表示高傲轻蔑的态度。

两年以后,一八二四年五月七日,他指挥着(或更准确地,像节目单上所注明的"参与指挥事宜")《合唱交响曲》时,* 即《第九交响曲》。他全没听见全场一致的彩声;他丝毫不曾觉察,直到一个女歌唱演员牵着他的手,让他面对着群众时,他才突然看见全场起立,挥舞着帽子,向他鼓掌。——一个英国游历家罗素,一八二五年时看见过他弹琴,说当他要表现柔和的时候,琴键不曾发声,在这静寂中看着他情绪激动的神气,脸部和手指都抽搐起来,真是令人感动。

隐遁在自己的内心生活里，和其余的人类隔绝着，参看瓦格纳的《贝多芬评传》，对他的耳聋有极美妙的叙述。他只有在自然中觅得些许安慰。特雷泽·布伦瑞克说："自然是他唯一的知己。"它成为他的托庇所。一八一五年时认识他的查理·纳德，说他从未见过一个人像他这样的爱花木，云彩，自然……他似乎靠着自然生活。他爱好动物，非常怜悯它们。有名的史家弗里梅尔的母亲，说她不由自主地对贝多芬怀有长时期的仇恨，因为贝多芬在她儿时把她要捕捉的蝴蝶用手帕赶开。贝多芬写道："世界上没有一个人像我这样的爱田野……我爱一株树甚于爱一个人……"在维也纳时，每天他沿着城墙绕一个圈子。在乡间，从黎明到黑夜，他独自在外散步，不戴帽子，冒着太阳，冒着风雨。"全能的上帝！——在森林中我快乐了，——在森林中我快乐了，——每株树都传达着你的声音。——天哪！何等的神奇！——在这些树林里，在这些岗峦上，——一片宁谧，供你役使的宁谧。"

他的精神的骚乱在自然中获得了一些苏慰。他的居处永远不舒服。在维也纳三十五年，他迁居三十次。他为金钱的烦虑弄得困惫不堪。一八一八年时他写道："我差不多到了行乞的地步，而我还得装做日常生活并不艰窘的神气。"此外他又说："作品第一〇六号的奏鸣曲是在紧急情况中写的。要以工作来换取面包实在是一件苦事。"施波尔说他往往不能出门，为了靴子洞穿之故。*路德维希·施波尔(Ludwig Spohr, 1784—1859)，当时德国的提琴家兼作曲家。他对出版商负着重债，而作品又卖不出钱。《D调弥撒曲》发售预约时，只有七个预约者，其中没有一个是音乐家。贝多芬写信给凯鲁比尼，"为他在同时代的人中最敬重的"。可是凯鲁比尼置之不理。*按凯氏为意大利人，为法国音乐院长、作曲家，在当时音乐界中极有势力。他全部美妙的奏鸣曲——每曲都得花费他三个月的工作——只给他挣了三十至四十杜加。*按贝多芬钢琴奏鸣曲一项,列在全集内的即有三十二首之多。加利钦亲王要他制作的四重奏(作品第一二七、一三〇、一三二号),也许是他作品中最深刻的,仿佛用血泪写成的,结果是一文都不曾拿到。把贝多芬煎熬完的是,日常的窘况,无穷尽的讼案:或是要人家履行津贴的诺言,或是为争取侄儿的监护权,因为他的兄弟卡尔于一八一五年死于肺病,遗下一个儿子。

他心坎间洋溢着的温情全部灌注在这个孩子身上。这儿又是残酷的痛苦等待着他。仿佛是境遇的好意,特意替他不断地供给并增加苦难,使他的天才不致缺乏营养。——他先是要和他那个不入流品的弟妇争他的小卡尔,他写道:

"噢,我的上帝,我的城墙,我的防卫,我唯一的托庇所!我的心灵深处,你是一览无余的,我使那些和我争夺卡尔的人受苦时,我的苦痛,你是鉴临的。他写信给施特赖谢尔夫人说:"我从不报复。当我不得不有所行动来反对旁人时,我只限于自卫,或阻止他们作恶。"请你听我呀,我不知如何称呼你的神灵!请你接受我热烈的祈求,我是你造物之中最不幸的可怜虫。"

"噢,神哪!救救我罢!你瞧,我被全人类遗弃,因为我不愿和不义妥协!接受我的祈求罢,让我,至少在将来,能和我的卡尔一起过活!……噢,残酷的命运,不可摇撼的命运!不,不,我的苦难永无终了之日!"

然后,这个热烈地被爱的侄子,显得并不配受伯父的信任。贝多芬给他的书信是痛苦的、愤慨的,宛如米开朗琪罗给他的兄弟们的信,但是更天真更动人:

"我还得再受一次最卑下的无情义的酬报吗?也罢,如果我们之间的关系要破裂,就让它破裂罢!一切公正的人知道这回事以后,都将恨你……如果连系我们的约束使你不堪担受,那么凭着上帝的名字——但愿一切都照着他的意志实现——我把你交给至圣至高的神明了；我已尽了我所有的力量；我敢站在最高的审判之前……”见诺尔编贝多芬书信集三四三。

“像你这样娇养坏的孩子，学一学真诚与朴实决计于你无害；你对我的虚伪的行为，使我的心太痛苦了，难以忘怀……上帝可以作证，我只想跑到千里之外，远离你，远离这可怜的兄弟和这丑恶的家庭……我不能再信任你了。”下面的署名是：“不幸的是：你的父亲，——或更好：不是你的父亲。”见诺尔编书信集三一四。

但宽恕立刻接踵而至：

“我亲爱的儿子！——一句话也不必再说，——到我臂抱里来罢，你不会听到一句严厉的说话……我将用同样的爱接待你。如何安排你的前程，我们将友善地一同商量。——我以荣誉为担保，决无责备的言辞！那是毫无用处的。你能期待于我的只有殷勤和最亲切的帮助。——来罢——来到你父亲的忠诚的心上。——来罢，一接到信立刻回家罢。”（在信封上又用法文写着：“如果你不来，我定将为你而死。”）见书信集三七〇。

他又哀求道：“别说谎，永远做我最亲爱的儿子！如果你用虚伪来报答我，像人家使我相信的那样，那真是何等丑恶何等刺耳！……别了，我虽不曾生下你来，但的确抚养过你，而且竭尽所能地培植过你精神的发展，现在我用着有甚于父爱的情爱，从心坎里求你走上善良与正直的唯一的大路。你的忠诚的老父。”以上见书信集三六二—三六七。另外一封信，是一八一九年二月一日的，里面表示贝多芬多么热望把他的侄子造成“一个于国家有益的公民”。

这个并不缺少聪明的侄儿，贝多芬本想把他领上高等教育的路，然而替他筹划了无数美妙的前程之梦以后，不得不答应他去习商。但卡尔出入赌场，负了不少债务。

由于一种可悲的怪现象，比人们想像中更为多见的怪现象，伯父的精神的伟大，对侄儿非但无益，而且有害，使他恼怒，使他反抗，如他自己所说的："因为伯父要我上进，所以我变得更下流"；这种可怕的说话，活活显出这个浪子的灵魂。他甚至在一八二六年时在自己头上打了一枪。然而他并不死，倒是贝多芬几乎因之送命：他为这件事情所受的难堪，永远无法摆脱。当时看见他的申德勒，说他突然变得像一个七十岁的老人，精神崩溃，没有力量，没有意志。倘卡尔死了的话，他也要死的了。——不多几月之后，他果然一病不起。卡尔痊愈了，他自始至终使伯父受苦，而对于这伯父之死，也未始没有关系；贝多芬临终的时候，他竟没有在场。——几年以前，贝多芬写给侄子的信中说："上帝从没遗弃我。将来终有人来替我阖上眼睛。"——然而替他阖上眼睛的，竟不是他称为"儿子"的人。

在此悲苦的深渊里，贝多芬从事于讴歌欢乐。

这是他毕生的计划。从一七九三年他在波恩时起就有这个念头。见一七九三年一月菲舍尼希致夏洛特·席勒书。席勒的《欢乐颂》是一七八五年写的。贝多芬所用的主题，先后见于一八〇八作品第八十号的《钢琴、乐队、合唱幻想曲》，及一八一〇依歌德诗谱成的"歌"。——在一八一二年的笔记内，在《第七交响曲》的拟稿和《麦克佩斯前奏曲》的计划之间，有一段乐稿是采用席勒原词的，其音乐主题，后来用于作品第一一五号的《纳门斯弗尔前奏曲》。——《第九交响曲》内有些乐旨在一八一五年以前已经出现。定稿中欢乐颂歌的主题和其他部分的曲调，都是一八二二年写下的，以后再写 Trio（中段）部分，然后又写 Andante（行板）、Moderato（中板）部分，直到最后才写成 Adagio（柔板）。他一生要歌唱欢乐，把这歌唱作为他某一大作品的结局。颂歌的形式，以及放在哪一部作品里这些问题，他踌躇了一生。即在《第九交响曲》内，他也不曾打定主意。直到最后一刻，他还想把欢乐颂歌留下来，放在第十或第十一的交响曲中去。我们应当注意《第九交响曲》的原题，并非今日大家所习用的《合唱交响曲》，而是"以欢乐颂歌的合唱为结局的交响曲"。《第九交响曲》可能而且应该有另外一种结束。一八二三年七月，贝多芬还想给它以一个器乐的结束，这一段结束，他以后用在作品第一三二号的四重奏内。车尔尼和松莱特纳确言，即在演奏过后（一八二四年五月），贝多芬还未放弃改用器乐结束的意思。

要在一阕交响曲内引进合唱，有极大的技术上的困难，这是可从贝多芬的稿本上看到的，他作过许多试验，想用别种方式，并在这件作品的别的段落引进合唱。在Adagio（柔板）的第二主题的稿本上，他写道："也许合唱在此可以很适当地开始。"但他不能毅然决然地和他忠诚的乐队分手。他说："当我看见一个乐思的时候，我总是听见乐器的声音，从未听见人声。"所以他把运用歌唱的时间尽量延宕；甚至先把主题交给器乐来奏出，不但终局的吟诵体为然，贝多芬说这一部分"完全好像有歌词在下面"。连"欢乐"的主题亦是如此。

对于这些延缓和踌躇的解释，我们还得更进一步：它们还有更深刻的原因。这个不幸的人永远受着忧患折磨，永远想讴歌"欢乐"之美；然而年复一年，他延宕着这桩事业，因为他老是卷在热情与哀伤的漩涡内。直到生命的最后一日他才完成了心愿，可是完成的时候是何等的伟大！

当欢乐的主题初次出现时，乐队忽然中止；出其不意地一片静默；这使歌唱的开始带着一种神秘与神明的气概。而这是不错的：这个主题的确是一个神明。"欢乐"自天而降，包裹在非现实的宁静中间：它用柔和的气息抚慰着痛苦；而它溜滑到大病初愈的人的心坎中时，第一下的抚摩又是那么温柔，令人如贝多芬的那个朋友一样，禁不住因"看到他柔和的眼睛而为之下泪"。当主题接着过渡到人声上去时，先由低音表现，带着一种严肃而受压迫的情调。慢慢地，"欢乐"抓住了生命。这是一种征服，一场对痛苦的斗争。然后是进行曲的节奏，浩浩荡荡的军队，男高音热烈急促的歌，在这些沸腾的乐章内，我们可以听到贝多芬的气息，他的呼吸，与他受着感应的呼喊的节奏，活现出他在田野间奔驰，作着他的乐曲，受着如醉如狂的激情鼓动，宛如大雷雨中的李尔老王。在战争的欢乐之后，是宗教的醉意；随后又是神圣的宴会，又是爱的兴奋。整个的人类向天张着手臂，大声疾呼着扑向“欢乐”，把它紧紧地搂在怀里。

巨人的巨著终于战胜了群众的庸俗。维也纳轻浮的风气，被它震撼了一刹那，这都城当时是完全在罗西尼与意大利歌剧的势力之下的。贝多芬颓丧忧郁之余，正想移居伦敦，到那边去演奏《第九交响曲》。像一八〇九年一样，几个高贵的朋友又来求他不要离开祖国。他们说：“我们知道您完成了一部新的圣乐，*按系指《D调弥撒曲》。表现着您深邃的信心感应给您的情操。渗透着您的心灵的超现实的光明，照耀着这件作品。我们也知道您的伟大的交响曲的王冠上，又添了一朵不朽的鲜花……您近几年来的沉默，使一切关注您的人为之凄然。贝多芬为琐碎的烦恼，贫穷，以及各种的忧患所困，在一八一六至一八二一的五年中间，只写了三支钢琴曲（作品第一〇一、一〇二、一〇六号）。他的敌人说他才力已尽。一八二一年起他才重新工作。大家都悲哀地想到，正当外国音乐移植到我们的土地上，令人遗忘德国艺术的产物之时，我们的天才，在人类中占有那么崇高的地位的，竟默无一言。……唯有在您身上，整个的民族期待着新生命，新光荣，不顾时下的风气而建立起真与美的新时代……但愿您能使我们的希望不久即实现……但愿靠了您的天才，将来的春天，对于我们，对于人类，加倍的繁荣！”这是一八二四年的事，署名的有C.李希诺夫斯基亲王等二十余人。这封慷慨陈辞的信，证明贝多芬在德国优秀阶级中所享有的声威，不但是艺术方面的，而且是道德方面的。他的崇拜者称颂他的天才时，所想到的第一个字既非学术，亦非艺术，而是“信仰”。一八一九年二月一日，贝多芬要求对侄子的监护权时,在维也纳市政府高傲地宣称:"我的道德的品格是大家公认的。"

贝多芬被这些言辞感动了,决意留下。一八二四年五月七日,在维也纳举行《D调弥撒曲》和《第九交响曲》的第一次演奏会,获得空前的成功。情况之热烈,几乎含有暴动的性质。当贝多芬出场时,受到群众五次鼓掌的欢迎;在此讲究礼节的国家,对皇族的出场,习惯也只用三次的鼓掌礼。因此警察不得不出面干涉。交响曲引起狂热的骚动。许多人哭起来。贝多芬在终场以后感动得晕去;大家把他抬到申德勒家,他朦朦胧胧地和衣睡着,不饮不食,直到次日早上。可是胜利是暂时的,对贝多芬毫无盈利。音乐会不曾给他挣什么钱。物质生活的窘迫依然如故。他贫病交迫,孤独无依,可是战胜了——战胜了人类的平庸,战胜了他自己的命运,战胜了他的痛苦。一八二四年秋,他很担心要在一场暴病中送命。"像我亲爱的祖父一样,我和他有多少地方相似。"他胃病很厉害。一八二四—二五年间的冬天,他又重病。一八二五年五月,他吐血,流鼻血。同年六月九日他写信给侄儿说:"我衰弱到了极点,长眠不起的日子快要临到了。"德国首次演奏《第九交响曲》,是一八二五年四月一日在法兰克福;伦敦是一八二五年三月二十五日;巴黎是一八三一年五月二十七日,在国立音乐院。十七岁的门德尔松,在柏林猎人大厅于一八二六年十一月十四日用钢琴演奏。瓦格纳在莱比锡大学教书时,全部手抄过;且在一八三〇年十月六日致书出版商肖特,提议由他把交响曲改成钢琴曲。可说《第九交响曲》决定了瓦格纳的生涯。

"牺牲,永远把一切人生的愚昧为你的艺术去牺牲!艺术,这是高于一切的上帝!"

因此他已达到了终身想望的目标。他已抓住欢乐。但在这控制着暴风雨的心灵高峰上,他是否能长此逗留?——当然,他还得不时堕入往昔的怆痛里。当然,他最后的几部四重奏里充满着异样的阴影。可是《第九交响曲》的胜利，似乎在贝多芬心中已留下它光荣的标记。他未来的计划是：一八二四年九月十七日致肖特兄弟信中，贝多芬写道："艺术之神还不愿死亡把我带走；因为我还负欠甚多！在我出发去天国之前，必得把精灵启示我而要我完成的东西留给后人，我觉得我才开始写了几个音符。"书信集二七二。《第十交响曲》，一八二七年三月十八日贝多芬写信给莫舍勒斯说："初稿全部写成的一部交响曲和一支前奏曲放在我的书桌上。"但这部初稿从未发现。我们只在他的笔记上读到："用 Andante(行板)写的 Can-tique——用古音阶写的宗教歌，或是用独立的形式，或是作为一支赋格曲的引子。这部交响曲的特点是引进歌唱，或者用在终局，或从 Adagio(柔板)起就插入。乐队中小提琴等等都当特别加强最后几段的力量。歌唱开始时一个一个地，或在最后几段中复唱 Adagio(柔板)——Adagio(柔板)的歌词用一个希腊神话或宗教颂歌，Allegro(快板)则用酒神庆祝的形式。"(以上见一八一八年笔记)由此可见以合唱终局的计划是预备用在第十而非第九交响曲的。后来他又说要在《第十交响曲》中，把现代世界和古代世界调和起来，像歌德在第二部《浮士德》中所尝试的。《纪念巴赫的前奏曲》，为格里尔巴策的《曼吕西纳》谱的音乐，诗人原作是叙述一个骑士，恋爱着一个女神而被她拘囚着；他念着家乡与自由，这首诗和《汤豪舍》(*按系瓦格纳的名歌剧)颇多相似之处，贝多芬在一八二三—二六年间曾经从事工作。为克尔纳的《奥德赛》、歌德的《浮士德》谱的音乐，贝多芬从一八〇八起就有意为《浮士德》写音乐。(《浮士德》以悲剧的形式出现是一八〇七年秋。)这是他一生最重视的计划之一。《大卫与扫罗的清唱剧》，这些都表示他的精神倾向于德国古代大师的清明恬静之境：巴赫与韩德尔——尤其是倾向于南方，法国南部，或他梦想要去游历的意大利。贝多芬的笔记中有："法国南部！对啦！对啦！""离开这里，只要办到这一着，你便能重新登上你艺术的高峰。……写一部交响曲，然后出发，出发，出发……夏天，为了旅费工作着，然后周游意大利，西西里，和几个旁的艺术家一起……"(出处同前)

施皮勒医生于一八二六年看见他，说他气色变得快乐而旺盛了。同年,当格里尔巴策最后一次和他晤面时,倒是贝多芬来鼓励这颓丧的诗人:"啊,他说,要是我能有千分之一的你的体力和强毅的话!"时代是艰苦的。专制政治的反动,压迫着思想界。格里尔巴策呻吟道:"言论检查把我杀害了。倘使一个人要言论自由,思想自由,就得往北美洲去。"但没有一种权力能钳制贝多芬的思想。诗人库夫纳写信给他说:"文字是被束缚了;幸而声音还是自由的。"贝多芬是伟大的自由之声,也许是当时德意志思想界唯一的自由之声。他自己也感到。他时常提起,他的责任是把他的艺术来奉献于"可怜的人类","将来的人类",为他们造福利,给他们勇气,唤醒他们的迷梦,斥责他们的懦怯。他写信给侄子说:"我们的时代,需要有力的心灵把这些可怜的人群加以鞭策。"一八二七年,米勒医生说"贝多芬对于政府、警察、贵族,永远自由发表意见,甚至在公众面前也是如此。在谈话手册里,我们可以读到:(一八一九年份的)"欧洲政治目前所走的路,令人没有金钱没有银行便什么事都不能做。""统治者的贵族,什么也不曾学得,什么也不曾忘记。""五十年内,世界上到处都将有共和国。"警察当局明明知道,但将他的批评和嘲讽认为无害的梦呓,因此也就让这个光芒四射的天才太平无事"。一八一九年他几次被警察当局起诉,因为他公然声言:"归根结蒂,基督不过是一个被钉死的犹太人。"那时他正写着《D调弥撒曲》。由此可见他的宗教感应是极其自由的。他在政治方面也是一样的毫无顾忌,很大胆地抨击他的政府之腐败。他特别指斥几件事情:法院组织的专制与依附权势,程序繁琐,完全妨害诉讼的进行;警权的滥用;官僚政治的腐化与无能;颓废的贵族享有特权,霸占着国家最高的职位。从一八一五年起,他在政治上是同情英国的。据申德勒说,他非常热烈地读着英国国会的记录。英国的乐队指挥西普里亚尼·波特,一八一七年到维也纳,说:"贝多芬用尽一切诅咒的字眼痛骂奥国政府。他一心要到英国来看看下院的情况。他说:'你们英国人,你们的脑袋的确在肩膀上。'"*按一八一四年拿破仑失败,列强举行维也纳会议,重行瓜分欧洲。奥国首相梅特涅雄心勃勃,颇有只手左右天下之志。对于奥国内部，厉行压迫，言论自由剥削殆尽。其时欧洲各国类皆趋于反动统治，虐害共和党人。但法国大革命的精神早已弥漫全欧，到处有蠢动之象。一八二〇年的西班牙、葡萄牙、那不勒斯的革命开其端，一八二一年的希腊独立战争接踵而至，降至一八三〇年法国又有七月革命，一八四八年又有二月革命……贝多芬晚年的政治思想，正反映一八一四——一八三〇年间欧洲知识分子的反抗精神。读者于此，必须参考当时国际情势，方能对贝多芬的思想有一估价准确之认识。

因此，什么都不能使这股不可驯服的力量屈膝。如今它似乎玩弄痛苦了。在此最后几年中所写的音乐，虽然环境恶劣，例如侄子之自杀。往往有一副簇新的面目，嘲弄的，睥睨一切的，快乐的。他逝世以前四个月，在一八二六年十一月完成的作品，作品第一三〇号的四重奏的新的结束是非常轻快的。实在这种快乐并非一般人所有的那种。时而是莫舍勒斯所说的嬉笑怒骂；时而是战胜了如许痛苦以后的动人的微笑。总之，他是战胜了。他不相信死。

然而死终于来了。一八二六年十一月终，他得着肋膜炎性的感冒；为侄子奔走前程而旅行回来，他在维也纳病倒了。他的病有两个阶段：（一）肺部的感冒，那是六天就结束的。“第七天上，他觉得好了一些，从床上起来，走路，看书，写作。”（二）消化器病，外加循环系病。医生说：“第八天，我发现他脱了衣服，身体发黄色。剧烈地泄泻，外加呕吐，几乎使他那天晚上送命。”从那时起，水肿病开始加剧。这一次的复病还有我们迄今不甚清楚的精神上的原因。华洛赫医生说：“一件使他愤慨的事，使他大发雷霆，非常苦恼，这就促成了病的爆发。打着寒噤，浑身战抖，因内脏的痛楚而起拘挛。”关于贝多芬最后一次的病情，从一八四二年起就有医生详细的叙述公开发表。朋友都在远方。他打发侄儿去找医生。据说这麻木不仁的家伙竟忘记了使命，两天之后才重新想起来。医生来得太迟，而且治疗得很恶劣。三个月内，他运动家般的体格和病魔挣扎着。一八二七年一月三日，他把至爱的侄儿立为正式的承继人。他想到莱茵河畔的亲爱的友人；写信给韦格勒说：“我多想和你谈谈！但我身体太弱了，除了在心里拥抱你和你的洛亨以外，我什么都无能为力了。”*按洛亨即韦格勒夫人埃莱奥诺雷的亲密的称呼。要不是几个豪侠的英国朋友，贫穷的苦难几乎笼罩到他生命的最后一刻。他变得非常柔和，非常忍耐。一个名叫路德维希·克拉莫利尼的歌唱家，说他看见最后一次病中的贝多芬，觉得他心地宁静，慈祥恺恻，达于极点。一八二七年二月十七日，躺在弥留的床上，经过了三次手术以后，等待着第四次，他在等待期间还安详地说：“我耐着性子，想道：一切灾难都带来几分善。”据格哈得·冯·布罗伊宁的信，说他在弥留时，在床上受着臭虫的骚扰。——他的四次手术是一八二六年十二月二十日，一八二七年正月八日、二月二日和二月二十七日。

这个善，是解脱，是像他临终时所说的“喜剧的终场”，——我们却说是他一生悲剧的终场。

他在大风雨中，大风雪中，一声响雷中，咽了最后一口气。一只陌生的手替他阖上了眼睛（一八二七年三月二十六日）。这陌生人是青年音乐家安塞尔姆·许滕布伦纳。——布罗伊宁写道：“感谢上帝！感谢他结束了这长时期悲惨的苦难。”贝多芬的手稿、书籍、家具，全部拍卖掉，代价不过一百七五弗洛令。拍卖目录上登记着二五二件音乐手稿和音乐书籍，共售九八二弗洛令。谈话手册只售一弗洛令二十。

亲爱的贝多芬！多少人已颂赞过他艺术上的伟大。但他远不止是音乐家中的第一人，而是近代艺术的最英勇的力。对于一般受苦而奋斗的人，他是最大而最好的朋友。当我们对着世界的劫难感到忧伤时，他会到我们身旁来，好似坐在一个穿着丧服的母亲旁边，一言不发，在琴上唱着他隐忍的悲歌，安慰那哭泣的人。当我们对德与善的庸俗，斗争到疲惫的辰光，到此意志与信仰的海洋中浸润一下，将获得无可言喻的裨益。他分赠我们的是一股勇气，一种奋斗的欢乐，他致“不朽的爱人”信中有言：“当我有所克服的时候，我总是快乐的。”一八〇一年十一月十六日致韦格勒信中又言：“我愿把生命活上千百次……我非生来过恬静的日子的。”一种感到与神同在的醉意。仿佛在他和大自然不息的沟通之下，他竟感染了自然的深邃的力。申德勒有言：“贝多芬教了我大自然的学问，在这方面的研究，他给我的指导和在音乐方面没有分别。使他陶醉的并非自然的律令Law，而是自然的基本威力。”格里尔巴策对贝多芬是钦佩之中含有惧意的，在提及他时说：“他所到达的那种境界，艺术竟和犷野与古怪的原素混合为一。”舒曼提到《第五交响曲》时也说：“尽管你时常听到它，它对你始终有一股不变的威力，有如自然界的现象，虽然时时发生，总教人充满着恐惧与惊异。”他的密友申德勒说：“他抓住了大自然的精神。”——这是不错的：贝多芬是自然界的一股力；一种原始的力和大自然其余的部分接战之下，便产生了荷马史诗般的壮观。

他的一生宛如一天雷雨的日子。——先是一个明净如水的早晨。仅仅有几阵懒懒的微风。但在静止的空气中，已经有隐隐的威胁，沉重的预感。然后，突然之间巨大的阴影卷过，悲壮的雷吼，充满着声响的可怖的静默，一阵复一阵的狂风，《英雄交响曲》与《第五交响曲》。然而白日的清纯之气尚未受到损害。欢乐依然是欢乐，悲哀永远保存着一缕希望。但自一八一〇年后，心灵的均衡丧失了。日光变得异样。最清楚的思想，也看来似乎水汽一般在升华：忽而四散，忽而凝聚，它们的又凄凉又古怪的骚动，罩住了心；往往乐思在薄雾之中浮沉了一二次以后，完全消失了，淹没了，直到曲终才在一阵狂飙中重新出现。即是快乐本身也蒙上苦涩与犷野的性质。所有的情操里都混合着一种热病，一种毒素。贝多芬一八一〇年五月二日致韦格勒书中有言：“噢，人生多美，但我的是永远受着毒害……”黄昏将临，雷雨也随着酝酿。随后是沉重的云，饱蓄着闪电，给黑夜染成乌黑，挟带着大风雨，那是《第九交响曲》的开始。——突然，当风狂雨骤之际，黑暗裂了缝，夜在天空给赶走，由于意志之力,白日的清明重又还给了我们。

什么胜利可和这场胜利相比?波拿巴的哪一场战争,奥斯特利茨*按系拿破仑一八〇五年十二月大获胜利之地。哪一天的阳光,曾经达到这种超人的努力的光荣?曾经获得这种心灵从未获得的凯旋?一个不幸的人,贫穷,残废,孤独,由痛苦造成的人,世界不给他欢乐,他却创造了欢乐来给予世界!他用他的苦难来铸成欢乐,好似他用那句豪语来说明的,——那是可以总结他一生,可以成为一切英勇心灵的箴言的:

"用痛苦换来的欢乐。"一八一五年十月十日贝多芬致埃尔德迪夫人书。

贝多芬遗嘱

Adagio

Al-lein　Al-lein　Al-lein

孤　独，孤　独，孤　独

一八一四年九月十二日致李希诺夫斯基

海林根施塔特遗嘱[△]

给我的兄弟卡尔与约翰·贝多芬

噢,你们这般人,把我当做或使人把我看做心怀怨恨的,疯狂的,或愤世嫉俗的,他们真是诬蔑了我!你们不知道在那些外表之下的隐秘的理由!从童年起,我的心和精神都倾向于慈悲的情操。甚至我老是准备去完成一些伟大的事业。可是你们想,六年以来我的身体何等恶劣,没有头脑的医生加深了我的病,年复一年地受着骗,空存着好转的希望,终于不得不看到一种"持久的病症",即使痊愈不是完全无望,也得要长久的年代。生就一副热烈与活动的性格,甚至也能适应社会的消遣,我却老早被迫和人类分离,过着孤独生活。如果有时我要克服这一切,噢!总是被我残废这个悲惨的经验挡住了路!可是我不能对人说:"讲得高声一些,叫喊罢;因为我是聋子!"啊!我怎能让人知道我的"一种感官"出了毛

△ 海林根施塔特为维也纳近郊小镇名。贝多芬在此曾作勾留。

病，这感官在我是应该特别比人优胜，而我从前这副感官确比音乐界中谁都更完满的！——噢！这我办不到！——所以倘你们看见我孤僻自处，请你们原谅，因为我心中是要和人们作伴的。我的灾祸对我是加倍的难受，因为我因之被人误解。在人群的交接中，在微妙的谈话中，在彼此的倾吐中去获得安慰，于我是禁止的。孤独，完全的孤独。越是我需要在社会上露面，越是我不能冒险。我只能过着亡命者的生活。如果我走近一个集团，我的心就惨痛欲裂，唯恐人家发觉我的病。

因此我最近在乡下住了六个月。我的高明的医生劝我尽量保护我的听觉，他迎合我的心意。然而多少次我觉得非与社会接近不可时，我就禁不住要去了。但当我旁边的人听到远处的笛声而"我听不见"时，或"他听见牧童歌唱"而我一无所闻时，真是何等的屈辱！原关于这段痛苦的怨叹，我要提出一些意见，为谁都不曾提过的。大家知道在《田园交响曲》第二章之末，乐队奏出夜莺、杜鹃、鹌鹑的歌声；而且可说整个交响曲都是用自然界的歌唱与喁语组成的。美学家们发表过许多议论，要决定应否赞成这一类模仿音乐的尝试。没有一个人注意到贝多芬实在并未模仿，既然他什么都已无法听见：他只在精神上重造一个于他已经死灭的世界。就是这一点使他乐章中唤引起群鸟歌唱的部分显得如此动人。要听到它们的唯一的方法，是使它们在他心中歌唱。这一类的经验几乎使我完全陷于绝望：我的不致自杀也是间不容发的事了。——"是艺术"，就只是艺术留住了我。啊！在我尚未把我感到的使命全部完成之前，我觉得不能离开这个世界。这样我总挨延着这种悲惨的——实在是悲惨的——生活，这个如是虚弱的身体，些少变化就曾使健康变为疾病的身体！——"忍耐啊！"——人家这么说着，我如今也只能把它来当做我的向导了。我已经有了耐性。——但愿我抵抗的决心长久支持，直到无情的死神来割断我的生命线的时候。——也许这倒更好，也许并不：总之我已端整好了。——二十八岁上，我已不得不看破一切，这不是容易的；保持这种态度，在一个艺术家比别人更难。

神明啊！你在天上渗透着我的心，你认识它，你知道它对人类抱着热爱，抱着行善的志愿！噢，人啊，要是你们有一天读到这些，别忘记你们曾对我不公平；但愿不幸的人，看见一个与他同样的遭难者，不顾自然的阻碍，竭尽所能地厕身于艺术家与优秀之士之列，而能藉以自慰。

你们，我的兄弟卡尔和约翰，我死后倘施密特教授尚在人世的话，用我的名义去请求他，把我的病状详细叙述，在我的病史之外再加上现在这封信，使社会在我死后尽可能的和我言归于好。——同时我承认你们是我的一些薄产的承继者。公公平平地分配，和睦相爱，缓急相助。你们给我的损害，你们知道我久已原谅。你，兄弟卡尔，我特别感谢你近来对我的忠诚。我祝望你们享有更幸福的生活，不像我这样充满着烦恼。把"德性"教给你们的孩子：使人幸福的是德性而非金钱。这是我的经验之谈。在患难中支持我的是道德，使我不曾自杀的，除了艺术以外也是道德。——别了，相亲相爱罢！——我感谢所有的朋友，特别是李希诺夫斯基亲王和施密特教授。——我希望李希诺夫斯基的乐器能保存在你们之中任何一个的手里。＊按系指李氏送给他的一套弦乐四重奏乐器。但切勿因之而有何争论。倘能有助于你们，那么尽管卖掉它，不必迟疑。要是我在墓内还能帮助你们，我将何等欢喜！

若果如此，我将怀着何等的欢心飞向死神。——倘使死神在我不及发展我所有的官能之前便降临，那么，虽然我命途多舛，我还嫌它来得过早，我祝祷能展缓它的出现。——但即使如此，我也快乐了。它岂非把我从无穷的痛苦之中解放了出来？——死亡愿意什么时候来就什么时候来罢，我将勇敢地迎接你。——别了，切勿把我在死亡中完全忘掉；我是值得你们思念的，因为我在世时常常思念你们,想使你们幸福。但愿你们幸福!

路德维希·凡·贝多芬

一八〇二年十月六日海林根施塔特

给我的兄弟卡尔和约翰在我死后开拆并执行

海林根施塔特,一八〇二年十月十日。——这样,我向你们告别了,——当然是很伤心地。——是的,我的希望,——至少在某程度内痊愈的希望,把我遗弃了。好似秋天的树叶摇落枯萎一般,——这希望于我也枯萎死灭了。几乎和我来时一样。——我去了。——即是最大的勇气,——屡次在美妙的夏天支持过我的,它也消逝了。——噢,万能的主宰,给我一天纯粹的快乐罢!——我没有听到欢乐的深远的声音已经多久!——噢!什么时候,噢,神明!什么时候我再能在自然与人类的庙堂中感觉到欢乐?——永远不?——不!——噢!这太残酷了!

书信集

贝多芬致阿门达牧师书△

我的亲爱的，我的善良的阿门达，我的心坎里的朋友，接读来信，我心中又是痛苦又是欢喜。你对于我的忠实和恳挚，能有什么东西可以相比？噢！你始终对我抱着这样的友情，真是太好了。是的，我把你的忠诚作过试验，而我是能把你和别个朋友辨别的。你不是一个维也纳的朋友，不，你是我的故乡所能产生的人物之一！我多祝望你能常在我身旁！因为你的贝多芬可怜已极。得知道我的最高贵的一部分，我的听觉，大大地衰退了。当你在我身边时，我已觉得许多征象，我瞒着；但从此越来越恶化。是否会医好，目前还不得而知；这大概和我肚子的不舒服有关。但那差不多已经痊愈；可是我的听觉还有告痊之望么？我当然如此希望；但非常渺茫，因为这一类的病是无药可治的。我得过着凄凉的生活，避免我一切心爱的人物，尤其是在这个如此可怜、如此自私的世界上！……——在所有的人中，我可以说最可靠的朋友是李希诺夫斯基。自从去年到现在，他给了我六百弗洛令；这个数目之外，再

△ 时期约为一八〇一年。

加上我作品售得的钱，使我不致为每天的面包发愁了。我如今所写的东西，立刻可有四五家出版商要，卖得很好的代价。——我近来写了不少东西；既然我知道你在××铺子里定购钢琴，我可把各种作品和钢琴一起打包寄给你，使你少费一些钱。

现在，我的安慰是来了一个朋友，和他我可享受一些谈心的乐趣，和纯粹的友谊：那是少年时代的朋友之一。斯特凡·冯·布罗伊宁。我和他时常谈到你，我告诉他，自从我离了家乡以后，你是我衷心选择的朋友之一。——他也不欢喜××；他素来太弱，担当不了友谊。疑系指兹梅什卡尔，他在维也纳当宫廷秘书，对贝多芬极忠诚。我把他和××完全认为高兴时使用一下的工具：但他们永远不能了解我崇高的活动，也不能真心参加我的生活；我只依着他们为我所尽的力而报答他们。噢！我将多幸福，要是我能完满地使用我的听觉的话！那时我将跑到你面前来。但我不得不远离着一切；我最美好的年龄虚度了，不曾实现我的才具与力量所能胜任的事情。——我不得不在伤心的隐忍中找栖身！固然我曾发愿要超临这些祸害；但又如何可能？是的，阿门达，倘六个月内我的病不能告痊，我要求你丢下一切而到我这里来；那时我将旅行(我的钢琴演奏和作曲还不很受到残废的影响；只有在与人交际时才特别不行)；你将做我的旅伴：我确信幸福不会缺少；现在有什么东西我不能与之一较短长？自你走后，我什么都写，连歌剧和宗教音乐都有。是的，你是不会拒绝的，你会帮助你的朋友担受他的疾病和忧虑。我的钢琴演奏也大有进步，我也希望这旅行能使你愉快。然后，你永久留在我身旁。——你所有的信我全收到；虽然我复信极少，你始终在我眼前；我的心也以同样的温情为你跳动着。——关于我听觉的事，请严守秘密，对谁都勿提。——多多来信。即使几行也能使我安慰和得益。希望不久就有信来，我最亲爱的朋友。——我没有把你的四重奏作品第十八号之一寄给你，因为从我知道正式写作四重奏之后，已把它大为修改：将来你自己会看到的。——如今，别了，亲爱的好人！倘我能替你做些使你愉快的事，不用说你当告诉忠实的贝多芬，他是真诚地爱你的。

贝多芬致弗兰茨·格哈得·韦格勒书

维也纳，一八〇一年六月二十九日

我的亲爱的好韦格勒，多谢你的关注！我真是不该受，而且我的行为也不配受你的关注；然而你竟如此好心，即是我不可原恕的静默也不能使你沮丧；你永远是忠实的，慈悲的，正直的朋友。——说我能忘记你，忘记你们，忘记我如是疼爱如是珍视的你们，不，这是不可信的！有时我热烈地想念你们，想在你们旁边消磨若干时日。——我的故乡，我出生的美丽的地方，至今清清楚楚的在我眼前，和我离开你们时一样。当我能重见你们，向我们的父亲莱茵致敬时，将是我一生最幸福的岁月的一部分。——何时能实现，我还不能确言。——至少我可告诉你们，那时你将发觉我更长大：不说在艺术方面，而是在为人方面，你们将发觉我更善良更完满；如果我们的国家尚未有何进步，我的艺术应当用以改善可怜的人们的命运……

你要知道一些我的近况，那么，还不坏。从去年起，李希诺夫斯基(虽然我对你说了你还觉得难于相信)一直是我最热烈的朋友,——(我们中间颇有些小小的误会,但更加强了我们的友谊)——他给我每年六百弗洛令的津贴,直到将来我找到一个相当的美事时为止。我的乐曲替我挣了不少钱,竟可说人家预定的作品使我有应接不暇之势。每件作品有六七个出版商争着要。人家不再跟我还价了;我定了一个价目,人家便照付。你瞧这多美妙。譬如我看见一个朋友陷入窘境,倘我的钱袋不够帮助他:我只消坐在书桌前面;顷刻之间便解决了他的困难。——我也比从前更省俭了……

不幸,嫉妒的恶魔,我的羸弱的身体,竟来和我作难。三年以来,我的听觉逐渐衰退。这大概受我肚子不舒服的影响,那是你知道我以前已经有过,而现在更加恶劣的;因为我不断地泄泻,接着又是极度的衰弱。法朗克想把补药来滋补我,用薄荷油来医治我的耳朵。可是一无用处;听觉越来越坏,肚子也依然如故。这种情形一直到去年秋天,那时我常常陷于绝望。一个其蠢似驴的医生劝我洗冷水浴;另一个比较聪明的医生,劝我到多瑙河畔去洗温水浴:这倒大为见效。肚子好多了,但我的耳朵始终如此,或竟更恶化。去年冬天,我的身体简直糟透:我患着剧烈的腹痛,完全是复病的样子。这样一直到上个月,我去请教韦林;因为我想我的病是该请外科医生诊治的,而且我一直相信他。他差不多完全止住我的泄泻,又劝我洗温水浴,水里放一些健身的药酒;他不给我任何药物,直到四天前才给我一些治胃病药丸,和治耳朵的一种茶。我觉得好了一些,身体也强壮了些;只有耳朵轰轰作响,日夜不息。两年来我躲避一切交际,我不能对人说:“我是聋子。”倘我干着别种职业,也许还可以;但在我的行当里,这是可怕的遭遇。敌人们将怎么说呢,而且他们的数目又是相当可观!

使你对我这古怪的耳聋有个概念起计,我告诉你,在戏院内我得坐在贴近乐队的地方才能懂得演员的说话。我听不见乐器和歌唱的高音，假如座位稍远的话。在谈话里，有些人从未觉察我的病，真是奇怪。人家柔和地谈话时，我勉强听到一些；是的，我听到声音，却听不出字句；但当人家高声叫喊时，我简直痛苦难忍了。结果如何，只有老天知道。韦林说一定会好转，即使不能完全复原。——我时常诅咒我的生命和我的造物主。普卢塔克教我学习隐忍，我却要和我的命运挑战，只要可能；但有些时候我竟是上帝最可怜的造物。——我求你勿把我的病告诉任何人，连对洛亨都不要说；我是把这件事情当做秘密般交托给你的。你能写信给韦林讨论这个问题，我很高兴。倘我的现状要持续下去，我将在明春到你身边来；你可在什么美丽的地方替我租一所乡下屋子，我愿重做六个月的乡下人。也许这对我有些好处。隐忍！多伤心的栖留所！然而这是我唯一的出路！——原谅我在你所有的烦恼中再来加上一重友谊的烦恼。

斯特凡·布罗伊宁此刻在这里，我们几乎天天在一起。回念当年的情绪，使我非常安慰！他已长成为一个善良而出色的青年，颇有些智识，（且像我们一样，）心地很纯正。……

我也想写信给洛亨。即使我毫无音信，我也没有忘掉你们之中任何一个，亲爱的好人们；但是写信，你知道，素来非我所长；我最好的朋友都成年累月的接不到我一封信。我只在音符中过生活；一件作品才完工，另一件又已开始。照我现在的工作方式，我往往同时写着三四件东西。——时时来信罢；我将寻出一些时间来回答你。替我问候大家……

别了，我的忠实的，好韦格勒。相信你的贝多芬的情爱与友谊。

致韦格勒书

维也纳，一八〇一年十一月十六日

我的好韦格勒！谢谢你对我表示的新的关切，尤其因为我的不该承受。——你要知道我身体怎样，需要什么。虽然谈论这个问题于我是那么不快，但我极乐意告诉你。

韦林几个月来老把发泡药涂在我的两臂上……这种治疗使我极端不快；痛苦是不必说，我还要一两天不能运用手臂……得承认耳朵里的轰轰声比从前轻减了些，尤其是左耳，那最先发病的一只；但我的听觉，迄今为止丝毫没有改善；我不敢决定它是否变得更坏。——肚子好多了；特别当我洗了几天温水浴后，可有八天或十天的舒服。每隔多少时候，我服用一些强胃的药；我也遵从你的劝告，把草药敷在腹上。——韦林不愿我提到淋雨浴。此外我也不大乐意他。他对于这样的一种病实在太不当心太不周到了，倘我不到他那边去，——而这于我又是多费事——就从来看不见他。——你想施密特如何？我不是乐于换医生；但似乎韦林太讲究手术，不肯从书本上去补充他的学识。——在这一点上施密特显得完全两样，也许也不像他那么大意。——人家说直流电有神效；你以为怎样？有一个医生告诉我，他看见一个聋而且哑的孩子恢复听觉，一个聋了七年的人也医好。——我正听说施密特在这方面有过经验。

我的生活重又愉快了些；和人们来往也较多了些。你简直难于相信我两年来过的是何等孤独与悲哀的生活。我的残疾到处挡着我，好似一个幽灵，而我逃避着人群。旁人一定以为我是憎恶人类，其实我并不如此！——如今的变化，是一个亲爱的、可人的姑娘促成的；她爱我，我也爱她；这是两年来我重又遇到的幸福的日子；也是第一次我觉得婚姻可能给人幸福。不幸，她和我境况不同；——而现在，老实说我还不能结婚：还得勇敢地挣扎一下才行。要不是为了我的听觉，我早已走遍半个世界；而这是我应当做的。——琢磨我的艺术，在人前表现：对我再没更大的愉快了。——勿以为我在你们家里会快乐。谁还能使我快乐呢？连你们的殷勤，于我都将是一种重负：我将随时在你们脸上看到同情的表示，使我更苦恼。——我故园的美丽的乡土，什么东西在那里吸引我呢？不过是环境较好一些的希望罢了；而这个希望，倘没有这病，早已实现的了！噢！要是我能摆脱这病魔，我愿拥抱世界！我的青春，是的，我觉得它不过才开始；我不是一向病着么？近来我的体力和智力突飞猛进。我窥见我不能加以肯定的目标，我每天都更迫近它一些。唯有在这种思想里，你的贝多芬方能存活。一些休息都没有！——除了睡眠以外，我不知还有什么休息；而可怜我对睡眠不得不花费比从前更多的时间。但愿我能在疾病中解放出一半，那时候，——我将以一个更能自主、更成熟的人的姿态，来到你们面前，加强我们永久的友谊。

我应当尽可能地在此世得到幸福，——决不要苦恼。——不，这是我不能忍受的！我要扼住命运的咽喉。它决不能使我完全屈服。——噢！能把生命活上千百次真是多美！——我非生来过恬静的日子的。

……替我向洛亨致千万的情意……——你的确有些爱我的，不是吗？相信我的情爱和友谊。

你的　贝多芬

韦格勒与埃莱奥诺雷·冯·布罗伊宁致贝多芬书△

科布伦茨，一八二五年十二月二十八日

亲爱的老友路德维希：

在我送里斯的十个儿子之一上维也纳的时候，不由不想起你。*按里斯（1784—1838）为德国钢琴家兼作曲家。从我离开维也纳二十八年以来，如果你不曾每隔两月接到一封长信，那么你该责备在我给你最后两信以后的你的缄默。这是不可以的，尤其是现在；因为我们这般老年人多乐意在过去中讨生活，我们最大的愉快莫过于青年时代的回忆。至少对于我，由于你的母亲（上帝祝福她！）之力而获致的对你的认识和亲密的友谊，是我一生光明的一点，为我乐于回顾的……我远远里瞩视你时，仿佛瞩视一个英雄似的，我可以自豪地说："我对他的发展并非全无影响；他曾对我吐露他的愿

△ 作者认为在此插入以下两封书信并非没有意义，因为它们表现出这些卓越的人物，贝多芬最忠实的朋友。而且从朋友身上更可以认识贝多芬的面目。

意和幻梦；后来当他常常被人误解时，我才明白他的志趣所在。”感谢上帝使我能和我的妻子谈起你，现在再和我的孩子们谈起你！对于你，我岳母的家比你自己的家还要亲切，尤其从你高贵的母亲死后。再和我们说一遍呀：“是的，在欢乐中，在悲哀中，我都想念你们。”一个人即使像你这样升得高，一生也只有一次幸福：就是年青的时光。波恩，克罗伊茨贝格，戈德斯贝格，佩比尼哀等等，应该是你的思念欢欣地眷恋的地方。

现在我要对你讲起我和我们，好让你写复信时有一个例子。

一七九六年从维也纳回来之后，我的境况不大顺利；好几年中我只靠了行医糊口；而在此可怜的地方，直要经过多少年月我才差堪温饱。以后我当了教授，有了薪给，一八〇二年结了婚。一年以后我生了一个女儿，至今健在，教育也受完全了。她除了判断正直以外，秉受着她父亲清明的气质，她把贝多芬的奏鸣曲弹奏得非常动人。在这方面她不值得什么称誉，那完全是靠天赋。一八〇七年，我有了一个儿子，现在柏林学医。四年之内，我将送他到维也纳来：你肯照顾他么？……今年八月里我过了六十岁的生辰，来了六十位左右的朋友和相识，其中有城里第一流的人物。从一八〇七年起，我住在这里，如今我有一座美丽的屋子和一个很好的职位。上司对我表示满意，国王颁赐勋章和封绶。洛亨和我，身体都还不差。——好了，我已把我们的情形完全告诉了你，轮到你了！……

你永远不愿把你的目光从圣艾蒂安教堂＊按系维也纳名教堂之一。上移向别处吗？旅行不使你觉得愉快吗？你不愿再见莱茵了吗？——洛亨和我，向你表示无限恳切之意。

你的老友　韦格勒

科布伦茨，一八二五年十二月二十九日

亲爱的贝多芬，多少年来亲爱的人！要韦格勒重新写信给您是我的愿望。——如今这愿望实现以后，我认为应当添加几句，——不但为特别使您回忆我，而且为加重我们的请求，问您是否毫无意思再见莱茵和您的出生地，——并且给韦格勒和我最大的快乐。我们的朗亨＊按系她的女儿。感谢您给了她多少幸福的时间；——她多高兴听我们谈起您；——她详细知道我们青春时代在波恩的小故事，——争吵与和好……她将多少乐意看见您！——不幸这妮子毫无音乐天才；但她曾用过不少功夫，那么勤奋那么有恒，居然能弹奏您的奏鸣曲和变奏曲等等了；又因音乐对于韦始终是最大的安慰，所以她给他消磨了不少愉快的光阴。尤利乌斯颇有音乐才具，但目前还不知用功，——六个月以来，他很快乐地学习着大提琴；既然柏林有的是好教授，我相信他能有进步。——两个孩子都很高大，像父亲；——韦至今保持着的——感谢上帝！——和顺与快活的心情，孩子们也有。韦最爱弹您的变奏曲里的主题；老人们自有他们的嗜好，但他也奏新曲，而且往往用着难以置信的耐性。——您的歌，尤其为他爱好；韦从没有进他的房间而不坐上钢琴的。——因此，亲爱的贝多芬，您可看到，我们对您的思念是多么鲜明多么持久。——但望您告诉我们，说这对您多少有些价值，说我们不曾被您完全忘怀。——要不是我们最热望的意愿往往难于实现的话，我们早已到维也纳我的哥哥家里来探望您了；——但这旅行是不能希望的了，因为我们的儿子现在柏林。——韦已把我们的情况告诉了您：——我们是不该抱怨的了。——对于我们，连最艰难的时代也比对多数其余的人好得多。——最大的幸福是我们身体健康，有着很好而纯良的儿女。——是的，他们还不曾使我们有何难堪，他们是快乐的、善良的孩子。——朗亨只有一桩大的悲伤，即当我们可怜的布尔沙伊德死去的时候，——那是我们大家不会忘记的。别了，亲爱的贝多芬，请您用慈悲的心情想念我们罢。

埃莱奥诺雷·韦格勒

贝多芬致韦格勒书△

维也纳，一八二六年十二月七日

亲爱的老朋友！

你和你洛亨的信给了我多少欢乐，我简直无法形容。当然我应该立刻回复的；但我生性疏懒，尤其在写信方面，因为我想最好的朋友不必我写信也能认识我。我在脑海里常常答复你们；但当我要写下来时，往往我把笔丢得老远，因为我不能写出我的感觉。我记得你一向对我表示的情爱，譬如你教人粉刷我的房间，使我意外地欢喜了一场。我也不忘布罗伊宁一家。彼此分离是事理之常：各有各的前程要趱奔；就只永远不能动摇的为善的原则，把我们永远牢固地连在一起。不幸今天我不能称心如意地给你写信，因为我躺在床上……

你的洛亨的倩影，一直在我的心头，我这样说是要你知道，我

△ 贝多芬答复韦格勒夫妇的信，已在十个月之后；可见当时的朋友，即使那样的相爱，他们的情爱也不像我们今日这样的急切。

年青时代一切美好和心爱的成分于我永远是宝贵的。

……我的箴言始终是：无日不动笔；如果我有时让艺术之神瞌睡，也只为要使它醒后更兴奋。我还希望再留几件大作品在世界上；然后和老小孩一般，我将在一些好人中间结束我尘世的途程。贝多芬毫未想到那时他所写的，作品第一三〇号的四重奏的改作的终局部分，已是他最后的作品。那时他在兄弟家里，在多瑙河畔小镇上。

……在我获得的荣誉里面，——因为知道你听了会高兴，所以告诉你——有已故的法王赠我的勋章，镌着："王赠与贝多芬先生"；此外还附有一封非常客气的信，署名的是："王家侍从长，夏特勒大公"。

亲爱的朋友，今天就以这几行为满足罢。过去的回忆充满我的心头，寄此信的时候，我禁不住涕泪交流。这不过是一个引子；不久你可接到另一封信；而你来信越多，就越使我快活。这是无须疑惑的，当我们的交谊已到了这个田地的时候。别了。请你温柔地为我拥抱你亲爱的洛亨和孩子们。想念我啊。但愿上帝与你们同在！

永远尊敬你的，忠实的，真正的朋友。

贝多芬

致韦格勒书

维也纳，一八二七年二月十七日

我的正直的老友！

我很高兴地从布罗伊宁那里接到你的第二封信。我身体太弱，不能作复；但你可想到，你对我所说的一切都是我欢迎而渴望的。至于我的复原，如果我可这样说的话，还很迟缓；虽然医生们没有说，我猜到还须施行第四次手术。我耐着性子，想道：一切灾难都带来几分善……今天我还有多少话想对你说！但我太弱了：除了在心里拥抱你和你的洛亨以外，什么都无能为力。你的忠实的老朋友对你和你一家表示真正的友谊和眷恋。

贝多芬

贝多芬致莫舍勒斯书△

维也纳，一八二七年三月十四日

我的亲爱的莫舍勒斯：

……二月十七日，我受了第四次手术；现又发现确切的征象，需要不久等待第五次手术。长此以往，这一切如何结束呢？我将临到些什么？——我的一份命运真是艰苦已极。但我听任命运安排，只求上帝，以它神明的意志让我在生前受着死的磨难的期间，不再受生活的窘迫。这可使我有勇气顺从着至高的神的意志去担受我的命运，不论它如何艰苦，如何可怕。

……您的朋友

L. v. 贝多芬

△ 贝多芬此时快要不名一文了，他写信给伦敦的音乐协会和当时在英国的莫舍勒斯，要求他们替他举办一个音乐会筹一笔款子。伦敦的音乐协会慷慨地立即寄给他一百镑作为预支。贝多芬衷心感动。据一个朋友说："他收到这封信的时候，合着双手，因快乐与感激而嚎啕大哭起来，在场的人都为之心碎。"感动之下，旧创又迸发了，但他还要念出信稿，教人写信去感谢"豪侠的英国人分担他悲惨的命运"；他答应他们制作一支大曲：《第十交响曲》，一支前奏曲，还有听他们指定就是。他说："我将心中怀着从未有过的热爱替他们写作那些乐曲。"这封复信是三月十八日写的。同月二十六日他就死了。

思想录

关于音乐

没有一条规律不可为获致“更美”的效果起计而破坏。

音乐当使人类的精神爆出火花。

音乐是比一切智慧一切哲学更高的启示……谁能参透我音乐的意义,便能超脱寻常人无以振拔的苦难。

（一八一〇年致贝蒂娜）

最美的事,莫过于接近神明而把它的光芒散播于人间。

为何我写作？——我心中所蕴蓄的必得流露出来,所以我才写作。

你相信吗：当神明和我说话时,我是想着一架神圣的提琴,而写下它所告诉我的一切？

（致舒潘齐希）

照我作曲的习惯，即在制作器乐的时候，我眼前也摆好着全部的轮廓。

（致特赖奇克）

不用钢琴而作曲是必须的……慢慢地可以养成一种机能，把我们所愿望的、所感觉的，清清楚楚映现出来，这对于高贵的灵魂是必不可少的。

（致奥太子鲁道夫）

描写是属于绘画的。在这一方面，诗歌和音乐比较之下，也可说是幸运的了；它的领域不像我的那样受限制；但另一方面，我的领土在旁的境界内扩张得更远；人家不能轻易达到我的王国。

（致威廉·格哈得）

自由与进步是艺术的目标，如在整个人生中一样。即使我们现代人不及我们祖先坚定，至少有许多事情已因文明的精炼而大为扩张。

（致奥太子鲁道夫）

我的作品一经完成，就没有再加修改的习惯。因为我深信部分的变换足以改易作品的性格。

（致汤姆森）

除了“荣耀归主”和类乎此的部分以外，纯粹的宗教音乐只能用声乐来表现。所以我最爱帕莱斯特里纳；但没有他的精神和他的宗教观念而去模仿他，是荒谬的。

（致大风琴手弗罗伊登贝格）

当你的学生在琴上指法适当，节拍准确，弹奏音符也相当合拍时，你只须留心风格，勿在小错失上去阻断他，而只等一曲终了时告诉他。——这个方法可以养成“音乐家”，而这是音乐艺术的第一个目的。一八〇九年特雷蒙男爵曾言：“贝多芬的钢琴技术并不准确，指法往往错误；音的性质也被忽视。但谁会想到他是一个演奏家呢？人家完全沉浸在他的思想里，至于表现思想的他的手法，没有人加以注意。”……至于表现技巧的篇章，可使他轮流运用全部手指……当然，手指用得较少时可以获得人家所谓“圆转如珠”的效果；但有时我们更爱别的宝物。

（致钢琴家车尔尼）

在古代大师里，唯有德国人韩德尔和赛巴斯蒂安·巴赫真有天才。

（一八一九致鲁道夫）

我整个的心为着赛巴斯蒂安·巴赫的伟大而崇高的艺术跳动，他是和声之王。

（一八〇一年致霍夫迈斯特）

我素来是最崇拜莫扎特的人，直到我生命的最后一刻，我还是崇拜他的。

（一八二六年致神甫斯塔德勒）

我敬重您的作品，甚于一切旁的戏剧作品。每次我听到您的一件新作时，我总是非常高兴，比对我自己的更感兴趣：总之，我敬重您，爱您……您将永远是我在当代的人中最敬重的一个。如果您肯给我几行，您将给我极大的快乐和安慰。艺术结合人类，尤其是真正的艺术家们;也许您肯把我归入这个行列之内。这封信,我们以前提过,凯鲁比尼置之不理。

（一八二三年致凯鲁比尼）

关于批评

在艺术家的立场上，我从没对别人涉及我的文字加以注意。

（一八二五年致肖特）

我和伏尔泰一样的想："几个苍蝇咬几口，决不能羁留一匹英勇的奔马。"

（一八二六年致克莱因）

至于那些蠢货，只有让他们去说。他们的嚼舌决不能使任何人不朽，也决不能使阿波罗指定的人丧失其不朽。

（一八〇一致霍夫迈斯特）

附录　贝多芬的作品及其精神

傅　雷

一　贝多芬与力

十八世纪是一个兵连祸结的时代,也是歌舞升平的时代,是古典主义没落的时代,也是新生运动萌芽的时代——新陈代谢的作用在历史上从未停止：最混乱最秽浊的地方就有鲜艳的花朵在探出头来。法兰西大革命,展开了人类史上最惊心动魄的一页：十九世纪！多悲壮,多灿烂！仿佛所有的天才都降生在一时期……从拿破仑到俾斯麦,从康德到尼采,从歌德到左拉,从达维德到塞尚,从贝多芬到俄国五大家;北欧多了一个德意志;南欧多了一个意大利,民主和专制的搏斗方终,社会主义的殉难生活已经开始：人类几曾在一百年中走过这么长的路！而在此波澜壮阔、峰峦重叠的旅程的起点,照耀着一颗巨星：贝多芬。在音响的世界中,他预言了一个民族的复兴——德意志联邦,——他象征着一世纪中人类活动的基调——力！

一个古老的社会崩溃了,一个新的社会在酝酿中。在青黄不接的过程内,第一先得解放个人。这是文艺复兴发轫而未完成的基业。反抗一切约束,争取一切自由的个人主义,是未来世界的先驱。各有各的时代。第一是：我！然后是：社会。

要肯定这个“我”，在帝王与贵族之前解放个人，使他们承认个个人都是帝王贵族，或个个帝王贵族都是平民，就须先肯定“力”，把它栽培，扶养，提出，具体表现，使人不得不接受。每个自由的“我”要指挥。倘他不能在行动上，至少能在艺术上指挥。倘他不能征服王国像拿破仑，至少他要征服心灵、感觉和情操，像贝多芬。是的，贝多芬与力，这是一个天生就的题目。我们不在这个题目上作一番探讨，就难能了解他的作品及其久远的影响。

从罗曼·罗兰所作的传记里，我们已熟知他运动家般的体格。平时的生活除了过度艰苦以外，没有旁的过度足以摧毁他的健康。健康是他最珍视的财富，因为它是一切“力”的资源。当时见过他的人说“他是力的化身”，当然这是含有肉体与精神双重的意义的。他的几件无关紧要的性的冒险，这一点，我们毋须为他隐讳。传记里说他终身童贞的话是靠不住的，罗曼·罗兰自己就修正过。贝多芬一八一六年的日记内就有过性关系的记载。既未减损他对于爱情的崇高的理想，也未减损他对于肉欲的控制力。他说：“要是我牺牲了我的生命力，还有什么可以留给高贵与优越？”力，是的，体格的力，道德的力，是贝多芬的口头禅。“力是那般与寻常人不同的人的道德，也便是我的道德。”一八〇〇年语。这种论调分明已是“超人”的口吻。而且在他三十岁前后，过于充溢的力未免有不公平的滥用。不必说他暴烈的性格对身份高贵的人要不时爆发，即对他平辈或下级的人也有枉用的时候。他胸中满是轻蔑：轻蔑弱者，轻蔑愚昧的人，轻蔑大众，然而他又是热爱人类的人！甚至轻蔑他所爱好而崇拜他的人。在他致阿门达牧师信内，有两句说话便是诬蔑一个对他永远忠诚的朋友的。参看书信集。在他青年时代帮他不少忙的李希诺夫斯基公主的母亲，曾有一次因为求他弹琴而下跪，他非但拒绝，甚至在沙发上立也不立起来。后来他和李希诺夫斯基亲王反目，临走时留下的条子是这样写的：“亲王，您之为您，是靠了偶然的出身;我之为我,是靠了我自己。亲王们现在有的是,将来也有的是。至于贝多芬,却只有一个。"这种骄傲的反抗,不独用来对另一阶级和同一阶级的人,且也用来对音乐上的规律:

——"照规则是不许把这些和弦连用在一块的……"人家和他说。

——"可是我允许。"他回答。

然而读者切勿误会,切勿把常人的狂妄和天才的自信混为一谈,也切勿把力的过剩的表现和无理的傲慢视同一律。以上所述,不过是贝多芬内心蕴蓄的精力,因过于丰满之故而在行动上流露出来的一方面;而这一方面,——让我们说老实话——也并非最好的一方面。缺陷与过失,在伟人身上也仍然是缺陷与过失。而且贝多芬对世俗对旁人尽管傲岸不逊,对自己却竭尽谦卑。当他对车尔尼谈着自己的缺点和教育的不够时,叹道:"可是我并非没有音乐的才具!"二十岁时摒弃的大师,他四十岁上把一个一个的作品重新披读。晚年他更说:"我才开始学得一些东西……"青年时,朋友们向他提起他的声名,他回答说:"无聊!我从未想到声名和荣誉而写作。我心坎里的东西要出来,所以我才写作!"这是车尔尼的记载。——这一段希望读者,尤其是音乐青年,作为座右铭。

可是他精神的力,还得我们进一步去探索。

大家说贝多芬是最后一个古典主义者,又是最先一个浪漫主义者。浪漫主义者,不错,在表现为先,形式其次上面,在不避剧烈的情绪流露上面,在极度的个人主义上面,他是的。但浪漫主义的感伤气氛与他完全无缘,他生平最厌恶女性的男子。和他性格最不相容的是没有逻辑和过分夸张的幻想。他是音乐家中最男性的。罗曼·罗兰甚至不大受得了女子弹奏贝多芬的作品,除了极少的例外。他的钢琴即兴,素来被认为具有神奇的魔力。当时极优秀的钢琴家里斯和车尔尼辈都说："除了思想的特异与优美之外，表情中间另有一种异乎寻常的成分。"他赛似狂风暴雨中的魔术师，会从"深渊里"把精灵呼召到"高峰上"。听众嚎啕大哭，他的朋友雷夏尔特流了不少热泪，没有一双眼睛不湿……当他弹完以后看见这些泪人儿时，他耸耸肩，放声大笑道："啊，疯子！你们真不是艺术家。艺术家是火，他是不哭的。"以上都见车尔尼记载。又有一次，他送一个朋友远行时，说："别动感情。在一切事情上，坚毅和勇敢才是男儿本色。"这种控制感情的力，是大家很少认识的！"人家想把他这株橡树当作萧飒的白杨，不知萧飒的白杨是听众。他是力能控制感情的。"罗曼·罗兰语。

音乐家，光是做一个音乐家，就需要有对一个意念集中注意的力，需要西方人特有的那种控制与行动的铁腕：因为音乐是动的构造，所有的部分都得同时抓握。他的心灵必须在静止(immobilité)中作疾如闪电的动作。清明的目光，紧张的意志，全部的精神都该超临在整个梦境之上。那么，在这一点上，把思想抓握得如是紧密，如是恒久，如是超人式的，恐怕没有一个音乐家可和贝多芬相比。因为没有一个音乐家有他那样坚强的力。他一朝握住一个意念时，不到把它占有决不放手。他自称那是"对魔鬼的追逐"。——这种控制思想，左右精神的力，我们还可从一个较为浮表的方面获得引证。早年和他在维也纳同住过的赛弗里德曾说："当他听人家一支乐曲时，要在他脸上去猜测赞成或反对是不可能的；他永远是冷冷的，一无动静。精神活动是内在的，而且是无时或息的；但躯壳只像一块没有灵魂的大理石。"

要是在此灵魂的探险上更往前去，我们还可发现更深邃更神化的面目。如罗曼·罗兰所说的：提起贝多芬，不能不提起上帝。注意：此处所谓上帝系指十八世纪泛神论中的上帝。贝多芬的力不但要控制肉欲，控制感情，控制思想，控制作品，且竟与运命挑战，与上帝搏斗。“他可把神明视为平等，视为他生命中的伴侣，被他虐待的；视为磨难他的暴君，被他诅咒的；再不然把它认为他的自我之一部，或是一个冷酷的朋友，一个严厉的父亲……而且不论什么，只要敢和贝多芬对面，他就永不和它分离。一切都会消逝，他却永远在它面前。贝多芬向它哀诉，向它怨艾，向它威逼，向它追问。内心的独白永远是两个声音的。从他初期的作品起，作品第九号之三的三重奏的Allegro，作品第十八号之四的四重奏的第一章，及《悲怆奏鸣曲》等。我们就听见这些两重灵魂的对白，时而协和，时而争执，时而扭殴，时而拥抱……但其中之一总是主子的声音，决不会令你误会。”以上引罗曼·罗兰语。倘没有这等持久不屈的“追逐魔鬼”、挝住上帝的毅力，他哪还能在“海林根施塔特遗嘱”之后再写《英雄交响曲》和《命运交响曲》？哪还能战胜一切疾病中最致命的——耳聋？

耳聋，对平常人是一部分世界的死灭，对音乐家是整个世界的死灭。整个的世界死灭了而贝多芬不曾死！并且他还重造那已经死灭的世界，重造音响的王国，不但为他自己，而且为着人类，为着“可怜的人类”！这样一种超生和创造的力，只有自然界里那种无名的、原始的力可以相比。在死亡包裹着一切的大沙漠中间，唯有自然的力才能给你一片水草！

一八〇〇年，十九世纪第一页。那时的艺术界，正如行动界一样，是属于强者而非属于微妙的机智的。谁敢保存他本来面目，谁敢威严地主张和命令，社会就跟着他走。个人的强项，直有吞噬一切之势；并且有甚于此的是：个人还需要把自己溶化在大众里，溶化在宇宙里。所以罗曼·罗兰把贝多芬和上帝的关系写得如是壮烈，决不是故弄玄妙的文章，而是窥透了个人主义的深邃的意识。艺术家站在“无意识界”的最高峰上，他说出自己的胸怀，结果是唱出了大众的情绪。贝多芬不曾下功夫去认识的时代意识，时代意识就在他自己的思想里。拿破仑把自由、平等、博爱当作幌子踏遍了欧洲，实在还是替整个时代的“无意识界”做了代言人。感觉早已普遍散布在人们心坎间，虽有传统、盲目的偶像崇拜，竭力高压也是徒然，艺术家迟早会来揭幕！《英雄交响曲》！即在一八〇〇年以前，少年贝多芬的作品，对于当时的青年音乐界，也已不下于《少年维特之烦恼》那样的诱人。莫舍勒斯说他少年在音乐院里私下问同学借抄贝多芬的《悲怆奏鸣曲》，因为教师是绝对禁止“这种狂妄的作品”的。然而《第三交响曲》是第一声洪亮的信号。力解放了个人，个人解放了大众，——自然，这途程还长得很，有待于我们，或以后几代的努力；但力的化身已经出现过，悲壮的例子写定在历史上，目前的问题不是否定或争辩，而是如何继续与完成……

当然，我不否认力是巨大无比的，巨大到可怕的东西。普罗米修斯的神话存在了已有二十余世纪。使大地上五谷丰登、果实累累的，是力；移山倒海，甚至使星球击撞的，也是力！在人间如在自然界一样，力足以推动生命，也能促进死亡。两个极端摆在前面：一端是和平、幸福、进步、文明、美；一端是残杀、战争、混乱、野蛮、丑恶。具有“力”的人宛如执握着一个转折乾坤的钟摆，在这两极之间摆动。往哪儿去？……瞧瞧先贤的足迹罢。贝多芬的力所推动的是什么？锻炼这股力的洪炉又是什么？——受苦，奋斗，为善。没有一个艺术家对道德的修积，像他那样的兢兢业业；也没有一个音乐家的生涯，像贝多芬这样的酷似一个圣徒的行述。天赋给他的犷野的力，他早替它定下了方向。它是应当奉献于同情、怜悯、自由的；它是应当教人隐忍、舍弃、欢乐的。对苦难，命运，应当用“力”去反抗和征服；对人类，应当用“力”去鼓励，去热烈地爱。——所以《弥撒曲》里的泛神气息，代卑微的人类呼吁，为受难者歌唱……《第九交响曲》里的欢乐颂歌，又从痛苦与斗争中解放了人，扩大了人。解放与扩大的结果，人与神明迫近，与神明合一。

那时候，力就是神，力就是力，无所谓善恶，无所谓冲突，力的两极性消灭了。人已超临了世界，跳出了万劫，生命已经告终，同时已经不朽！这才是欢乐，才是贝多芬式的欢乐！

二　贝多芬的音乐建树

现在，我们不妨从高远的世界中下来，看看这位大师在音乐艺术内的实际成就。

在这件工作内，最先仍须从回顾以往开始。一切的进步只能从比较上看出。十八世纪是讲究说话的时代，在无论何种艺术里，这是一致的色彩。上一代的古典精神至此变成纤巧与雕琢的形式主义，内容由微妙而流于空虚，由富丽而陷于贫弱。不论你表现什么，第一要“说得好”，要巧妙，雅致。艺术品的要件是明白、对称、和谐、中庸；最忌狂热、真诚、固执，那是“趣味恶劣”的表现。海顿的宗教音乐也不容许有何种神秘的气氛，它是空洞的，世俗气极浓的作品。因为时尚所需求的弥撒曲，实际只是一个变相的音乐会；由歌剧曲调与悦耳的技巧表现混合起来的东西，才能引起听众的趣味。流行的观念把人生看作肥皂泡，只顾享受和鉴赏它的五光十色，而不愿参透生与死的神秘。所以海顿的旋律是天真地、结实地构成的，所有的乐句都很美妙和谐；它特别魅惑你的耳朵，满足你的智的要求，却从无深切动人的言语诉说。即使海顿是一个善良的、虔诚的“好爸爸”，也逃不出时代感觉的束缚：缺乏热情。幸而音乐在当时还是后起的艺术,连当时那么浓厚的颓废色彩都阻遏不了它的生机。十八世纪最精彩的面目和最可爱的情调,还找到一个旷世的天才做代言人:莫扎特。他除了歌剧以外,在交响乐方面的贡献也不下于海顿,且在精神方面还更走前了一步。音乐之作为心理描写是从他开始的。他的《G 小调交响曲》在当时批评界的心目中已是艰涩难解(!)之作。但他的温柔与妩媚,细腻入微的感觉,匀称有度的体裁,我们仍觉是旧时代的产物。

而这是不足为奇的。时代精神既还有最后几朵鲜花需要开放,音乐曲体大半也还在摸索着路子。所谓古奏鸣曲的形式,确定了不过半个世纪。最初,奏鸣曲的第一章只有一个主题(thème),后来才改用两个基调(tonalité)不同而互有关连的两个主题。当古典奏鸣曲的形式确定以后,就成为三鼎足式的对称乐曲,主要以三章构成,即:快——慢——快。第一章 Allegro 本身又含有三个步骤:(一)破题(exposition),即披露两个不同的主题;(二)发展(développement),把两个主题作种种复音的配合,作种种的分析或综合——这一节是全曲的重心;(三)复题(récapitulation),重行披露两个主题,而第二主题亦称副句,第一主题亦称主句以和第一主题相同的基调出现,因为结论总以第一主题的基调为本。这第一章部分称为奏鸣曲典型:forme-sonate。第二章 Andante 或 Adagio,或 Larghetto,以歌(Lied)体或变奏曲(Variation)写成。第三章 Allegro 或 Presto,和第一章同样用两句三段组成;再不然是 Rondo,由许多复奏(répétition)组成,而用对比的次要乐句作穿插。这就是三鼎足式的对称。但第二与第三章间,时或插入 Menuet 舞曲。

这个格式可说完全适应着时代的趣味。当时的艺术家首先要使听众对一个乐曲的每一部分都感兴味,而不为单独的任何部分着迷。所以特别重视均衡。第一章 Allegro 的美的价值,特别在于明白、均衡和有规律：不同的乐旨总是对比的，每个乐旨总在规定的地方出现，它们的发展全在典雅的形式中进行。第二章 Andante，则来抚慰一下听众微妙精炼的感觉，使全曲有些优美柔和的点缀；然而一切剧烈的表情是给庄严稳重的 Menuet 挡住去路的，——最后再来一个天真的 Rondo，用机械式的复奏和轻盈的爱娇，使听的人不至把艺术当真，而明白那不过是一场游戏。渊博而不迂腐，敏感而不着魔，在各种情绪的表皮上轻轻拂触，却从不停留在某一固定的感情上：这美妙的艺术组成时，所模仿的是沙龙里那些翩翩蛱蝶，组成以后所供奉的也仍是这般翩翩蛱蝶。

我所以冗长地叙述这段奏鸣曲史，因为奏鸣曲尤其是其中奏鸣曲典型那部分是一切交响曲、四重奏等纯粹音乐的核心。贝多芬在音乐上的创新也是由此开始。而且我们了解了他的奏鸣曲组织，对他一切旁的曲体也就有了纲领。古典奏鸣曲虽有明白与构造结实之长，但有呆滞单调之弊。乐旨（motif）与破题之间，乐节（période）与复题之间，凡是专司联络之职的过板（conduit）总是无美感与表情可言的。当乐曲之始，两个主题一经披露之后，未来的结论可以推想而知：起承转合的方式，宛如学院派的辩论一般有固定的线索，一言以蔽之，这是西洋音乐上的八股。

贝多芬对奏鸣曲的第一件改革，便是推翻它刻板的规条，给以范围广大的自由与伸缩，使它施展雄辩的机能。他的三十二阕钢琴奏鸣曲中，十三阕有四章，十三阕只有三章，六阕只有两章，每阕各章的次序也不依“快——慢——快”的成法。两个主题在基调方面的关系，同一章内各个不同的乐旨间的关系，都变得自由了。即是奏鸣曲的骨干——奏鸣曲典型——也被修改。连接各个乐旨或各个小段落的过板，到贝多芬手里大为扩充，且有了生气，有了更大的和更独立的音乐价值，甚至有时把第二主题的出现大为延缓，而使它以不重要的插曲的形式出现。前人作品中纯粹分立而仅有乐理关系即副句与主句互有关系,例如以主句基调的第五度音作为副句的主调音等等的两个主题,贝多芬使它们在风格上统一,或者出之以对照,或者出之以类似。所以我们在他作品中常常一开始便听到两个原则的争执,结果是其中之一获得了胜利;有时我们却听到两个类似的乐旨互相融和,这就是上文所谓的两重灵魂的对白。例如作品第七十一号之一的《告别奏鸣曲》,第一章内所有旋律的原素,都是从最初三音符上衍变出来的。奏鸣曲典型部分原由三个步骤组成,详见前文。贝多芬又于最后加上一节结局(coda),把全章乐旨作一有力的总结。

贝多芬在即兴(improvisation)方面的胜长,一直影响到他奏鸣曲的曲体。据约翰·桑太伏阿纳近代法国音乐史家的分析,贝多芬在主句披露完后,常有无数的延音(point d'orgue),无数的休止,仿佛他在即兴时继续寻思,犹疑不决的神气。甚至他在一个主题的发展中间,会插入一大段自由的诉说,缥缈的梦境,宛似替声乐写的旋律一般。这种作风不但加浓了诗歌的成分,抑且加强了戏剧性。特别是他的 Adagio,往往受着德国歌谣的感应。——莫扎特的长句令人想起意大利风的歌曲(Aria);海顿的旋律令人想起节奏空灵的法国的歌(Romance);贝多芬的 Adagio 却充满着德国歌谣(Lied)所特有的情操:简单纯朴,亲切动人。

在贝多芬心目中,奏鸣曲典型并非不可动摇的格式,而是可以用作音乐上的辩证法的:他提出一个主句,一个副句,然后获得一个结论,结论的性质或是一方面胜利,或是两方面调和。在此我们可以获得一个理由,来说明为何贝多芬晚年特别运用赋格曲。Fugue 这是巴赫以后在奏鸣曲中一向遭受摈弃的曲体。贝多芬中年时亦未采用。由于同一乐旨以音阶上不同的等级三四次地连续出现,由于参差不一的答句,由于这个曲体所特有的迅速而急促的演绎法,这赋格曲的风格能完满地适应作者的情绪,或者:原来孤立的一缕思想慢慢地渗透了心灵，终而至于占据全意识界；或者，凭着意志之力，精神必然而然地获得最后胜利。

总之，由于基调和主题的自由的选择，由于发展形式的改变，贝多芬把硬性的奏鸣曲典型化为表白情绪的灵活的工具。他依旧保存着乐曲的统一性，但他所重视的不在于结构或基调之统一，而在于情调和口吻（accent）之统一；换言之，这统一是内在的而非外在的。他是用内容来确定形式的；所以当他觉得典雅庄重的Menuet束缚难忍时，他根本换上了更快捷、更欢欣、更富于诙谑性、更宜于表现放肆姿态的Scherzo。按此字在意大利语中意为joke，贝多芬原有粗犷的滑稽气氛，故在此体中的表现尤为酣畅淋漓。当他感到原有的奏鸣曲体与他情绪的奔放相去太远时，他在题目下另加一个小标题：Quasi una Fantasia。意为："近于幻想曲"。（作品第二十七号之一、之二——后者即俗称《月光曲》）

此外，贝多芬还把另一个古老的曲体改换了一副新的面目。变奏曲在古典音乐内，不过是一个主题周围加上无数的装饰而已。但在五彩缤纷的衣饰之下，本体即主题的真相始终是清清楚楚的。贝多芬却把它加以更自由的运用，后人称贝多芬的变奏曲为大变奏曲，以别于纯属装饰味的古典变奏曲。甚至使主体改头换面，不复可辨。有时旋律的线条依旧存在，可是节奏完全异样。有时旋律之一部被作为另一个新的乐思的起点。有时，在不断地更新的探险中，单单主题的一部分节奏或是主题的和声部分，仍和主题保持着渺茫的关系。贝多芬似乎想以一个题目为中心，把所有的音乐联想搜罗净尽。

至于贝多芬在配器法（orchestration）方面的创新，可以粗疏地归纳为三点：（一）乐队更庞大，乐器种类也更多；但庞大的程度最多不过六十八人：弦乐器五十四人，管乐、铜乐、敲击乐器十四人。这是从贝多芬手稿上——现存柏林国家图书馆——录下的数目。现代乐队演奏他的作品时，人数往往远过于此，致为批评家诟病。桑太伏阿纳有言："扩大乐队并不使作品增加伟大。"（二）全部乐器的更自由的运用，——必要时每种乐器可有独立的效能；以《第五交响曲》为例，Andante 里有一段，basson 占着领导地位。在 Allegro 内有一段，大提琴与 doublebasse 又当着主要角色。素不被重视的鼓，在此交响曲内的作用，尤为人所共知。（三）因为乐队的作用更富于戏剧性，更直接表现感情，故乐队的音色不独变化迅速，且臻于前所未有的富丽之境。

在归纳他的作风时，我们不妨从两方面来说：素材包括旋律与和声与形式即曲体，详见本文前段分析。前者极端简单，后者极端复杂，而且有不断的演变。

以一般而论，贝多芬的旋律是非常单纯的；倘若用线来表现，那是没有多少波浪，也没有多大曲折的。往往他的旋律只是音阶中的一个片段（a fragment of scale），而他最美最知名的主题即属于这一类；如果旋律上行或下行，也是用自然音音程的（diatonic interval）。所以音阶组成了旋律的骨干。他也常用完全和弦的主题和转位法（inverting）。但音阶、完全和弦、基调的基础，都是一个音乐家所能运用的最简单的原素。在旋律的主题（melodic theme）之外，他亦有交响的主题（symphonic theme）作为一个"发展"的材料，但仍是绝对的单纯：随便可举的例子，有《第五交响曲》最初的四音符，sol-sol-sol-mi^{b}。或《第九交响曲》开端的简单的下行五度音。因为这种简单，贝多芬才能在"发展"中间保存想像的自由，尽量利用想像的富藏。而听众因无需费力就能把握且记忆基本主题，所以也能追随作者最特殊最繁多的变化。

贝多芬的和声，虽然很单纯很古典，但较诸前代又有很大的进步。不和协音的运用是更常见更自由了：在《第三交响曲》，《第八交响曲》，《告别奏鸣曲》等某些大胆的地方，曾引起当时人的毁谤（！）。他的和声最显著的特征，大抵在于转调（modulation）之自由。上面已经述及他在奏鸣曲中对基调间的关系，同一乐章内各个乐旨间的关系，并不遵守前人规律。这种情形不独见于大处，亦且见于小节。某些转调是由若干距离穹远的音符组成的，而且出之以突兀的方式，令人想起大画家所常用的“节略”手法，色彩掩盖了素描，旋律的继续被遮蔽了。

至于他的形式，因繁多与演变的迅速，往往使分析的工作难于措手。十九世纪中叶，若干史家把贝多芬的作风分成三个时期，大概是把《第三交响曲》以前的作品列为第一期，钢琴奏鸣曲至作品第二十二号为止，两部奏鸣曲至作品第三十号为止。第三至第八交响曲被列入第二期，又称为贝多芬盛年期，钢琴奏鸣曲至作品第九十号为止。作品第一百号以后至贝多芬死的作品为末期。这个观点至今非常流行，但时下的批评家均嫌其武断笼统。一八五二年十二月二日，李斯特答复主张三期说的史家兰兹时，曾有极精辟的议论，足资我们参考，他说：

“对于我们音乐家，贝多芬的作品仿佛云柱与火柱，领导着以色列人在沙漠中前行，——在白天领导我们的是云柱，——在黑夜中照耀我们的是火柱，使我们夜以继日地趱奔。他的阴暗与光明同样替我们划出应走的路；它们俩都是我们永久的领导，不断的启示。倘使我要把大师在作品里表现的题旨不同的思想加以分类的话，我决不采用现下流行按系指当时而为您采用的三期论法。我只直截了当地提出一个问题，那是音乐批评的轴心，即传统的、公认的形式，对于思想的机构的决定性，究竟到什么程度？

“用这个问题去考察贝多芬的作品，使我自然而然地把它们分做两类：第一类是传统的公认的形式包括而且控制作者的思想的；第二类是作者的思想扩张到传统形式之外，依着他的需要与灵感而把形式与风格或是破坏，或是重造，或是修改。无疑的，这种观点将使我们涉及‘权威’与‘自由’这两个大题目。但我们毋须害怕。在美的国土内，只有天才才能建立权威，所以权威与自由的冲突,无形中消灭了,又回复了它们原始的一致,即权威与自由原是一件东西。”

这封美妙的信可以列入音乐批评史上最精彩的文章里。由于这个原则,我们可说贝多芬的一生是从事于以自由战胜传统而创造新的权威的。他所有的作品都依着这条路线进展。

贝多芬对整个十九世纪所发生的巨大的影响,也许至今还未告终。上一百年中面目各异的大师,门德尔松,舒曼,勃拉姆斯,李斯特,柏辽兹,瓦格纳,布鲁克纳,弗兰克,全都沾着他的雨露。谁曾想到一个父亲能有如许精神如是分歧的儿子?其缘故就因为有些作家在贝多芬身上特别关切权威这个原则,例如门德尔松与勃拉姆斯;有些则特别注意自由这个原则,例如李斯特与瓦格纳。前者努力维持古典的结构,那是贝多芬在未曾完全摒弃古典形式以前留下最美的标本的。后者,尤其是李斯特,却继承着贝多芬在交响曲方面未完成的基业,而用着大胆和深刻的精神发现交响诗的新形体。自由诗人如舒曼,从贝多芬那里学会了可以表达一切情绪的弹性的音乐语言。最后,瓦格纳不但受着《菲岱里奥》的感应,且从他的奏鸣曲、四重奏、交响曲里提炼出“连续的旋律”(mélodie continue)和“领导乐旨”(leit-motiv),把纯粹音乐搬进了乐剧的领域。

由此可见,一个世纪的事业,都是由一个人撒下种子的。固然,我们并未遗忘十八世纪的大家所给予他的粮食,例如海顿老人的主题发展,莫扎特的旋律的广大与丰满。但在时代转折之际,同时开下这许多道路,为后人树立这许多路标的,的确除贝多芬外无第二人。所以说贝多芬是古典时代与浪漫时代的过渡人物,实在是估低了他的价值,估低了他的艺术的独立性与特殊性。他的行为的光轮,照耀着整个世纪,孵育着多少不同的天才!音乐,由贝多芬从刻板严格的枷锁之下解放了出来,如今可自由地歌唱每个人的痛苦与欢乐了。由于他，音乐从死的学术一变而为活的意识。所有的来者，即使绝对不曾模仿他，即使精神与气质和他的相反，实际上也无异是他的门徒，因为他们享受着他用痛苦换来的自由！

三　重要作品浅释

为完成我这篇粗疏的研究起计,我将选择贝多芬最知名的作品加一些浅显的注解。当然,以作者的外行与浅学,既谈不到精密的技术分析,也谈不到微妙的心理解剖。我不过摭拾几个权威批评家的论见,加上我十余年来对贝多芬作品亲炙所得的观念,作一个概括的叙述而已。我的希望是:爱好音乐的人能在欣赏时有一些启蒙式的指南,在探宝山时稍有凭借;专学音乐的青年能从这些简单的引子里,悟到一件作品的内容是如何精深宏博,如何在手与眼的训练之外,需要加以深刻的体会,方能仰攀创造者的崇高的意境。——我国的音乐研究,十余年来尚未走出幼稚园;向升堂入室的路出发,现在该是时候了罢!

一　钢琴奏鸣曲

作品第十三号:《悲怆奏鸣曲》(Sonate "Pathétique" in C min.)——这是贝多芬早年奏鸣曲中最重要的一阕,包括

Allegro—Adagio—Rondo 三章。第一章之前冠有一节悲壮严肃的引子,这一小节,以后又出现了两次:一在破题之后,发展之前;一在复题之末,结论之前。更特殊的是,副句与主句同样以小调为基础。而在小调的 Adagio 之后,Rondo 仍以小调演出。——第一章表现青年的火焰,热烈的冲动;到第二章,情潮似乎安定下来,沐浴在宁静的气氛中,但在第三章泼辣的 Rondo 内,激情重又抬头。光与暗的对照,似乎象征着悲欢的交替。

作品第二十七号之二:《月光奏鸣曲》(Sonate "quasi una fantasia"〔"Moonlight"〕in C# min.)——奏鸣曲体制在此不适用了。原应位于第二章的 Adagio,占了最重要的第一章。开首便是单调的、冗长的、缠绵无尽的独白,赤裸裸地吐露出凄凉幽怨之情。紧接着的是 Allegretto,把前章痛苦的悲吟挤逼成紧张的热情。然后是激昂迫促的 Presto,以奏鸣曲典型的体裁,如古悲剧般作一强有力的结论:心灵的力终于镇服了痛苦。情操控制着全局,充满着诗情与戏剧式的波涛,一步紧似一步。十几年前国内就流行着一种浅薄的传说,说这曲奏鸣曲是即兴之作,而且在小说式的故事中组成的。这完全是荒诞不经之说。贝多芬作此曲时绝非出于即兴,而是经过苦心的经营而成。这有他遗下的稿本为证。

作品第三十一号之二:《"暴风雨"奏鸣曲》(Sonate "Tempest" in D min.)——一八〇二—〇三年间,贝多芬给友人的信中说:"从此我要走上一条新的路。"这支乐曲便可说是证据。音节,形式,风格,全有了新面目,全用着表情更直接的语言。第一章末戏剧式的吟诵体(récitatif),宛如庄重而激昂的歌唱。Adagio 尤其美妙,兰兹说:"它令人想起韵文体的神话;受了魅惑的蔷薇,不,不是蔷薇,而是被女巫的魅力催眠的公主……"那是一片天国的平和,柔和黝暗的光明。最后的 Allegretto 则是泼辣奔放的场面,一个"仲夏夜之梦",如罗曼·罗兰所说。

作品第五十三号:《黎明奏鸣曲》(Sonate l'Aurore in C)——黎明这个俗称,和月光曲一样,实在并无确切的根据。也许开始一章里的crescendo,也许Rondo之前短短的Adagio,——那种曙色初现的气氛,莱茵河上舟子的歌声,约略可以唤起"黎明"的境界。然而可以肯定的是:在此毫无贝多芬悲壮的气质,他仿佛在田野里闲步,悠然欣赏着云影,鸟语,水色,怅惘地出神着。到了Rondo,慵懒的幻梦又转入清明高远之境。罗曼·罗兰说这支奏鸣曲是《第六交响曲》之先声,也是田园曲。通常称为田园曲的奏鸣曲,是作品第十四号;但那是除了一段乡妇的舞蹈以外,实在并无旁的田园气息。

作品第五十七号:《热情奏鸣曲》(Sonate "Appassionna-ta" in F min.)——壮烈的内心的悲剧,石破天惊的火山爆裂,莎士比亚的《暴风雨》式的气息,伟大的征服……在此我们看到了贝多芬最光荣的一次战争。——从一个乐旨上演化出来的两个主题:犷野而强有力的"我",命令着,威镇着;战栗而怯弱的"我",哀号着,乞求着。可是它不敢抗争,追随着前者,似乎坚忍地接受了运命一段大调的旋律。然而精力不继,又倾倒了,在苦痛的小调上忽然停住……再起……再仆……一大段雄壮的"发展",力的主题重又出现,滔滔滚滚地席卷着弱者,——它也不复中途蹉跌了。随后是英勇的结局(coda)。末了,主题如雷雨一般在辽远的天际消失,神秘的pianissimo。第二章,单纯的Andante,心灵获得须臾的休息,两片巨大的阴影第一与第三章中间透露一道美丽的光。然而休战的时间很短,在变奏曲之末,一切重又骚乱,吹起终局(Finale-Rondo)的旋风……在此,怯弱的"我"虽仍不时发出悲怆的呼吁,但终于被狂风暴雨犷野的我淹没了。最后的结论,无殊一片沸腾的海洋……人变了一颗原子,在吞噬一切的大自然里不复可辨。因为犷野而有力的"我"就代表着原始的自然。在第一章里犹图挣扎的弱小的"我",此刻被贝多芬交给了原始的"力"。

作品第八十一号之 A:《告别奏鸣曲》(Sonate“Les Adieux”in E^b)本曲印行时就刊有告别、留守、重叙这三个标题。所谓告别系指奥太子鲁道夫一八〇九年五月之远游。——第一乐章全部建筑在 sol-fa-mi 三个音符之上,所有的旋律都从这简单的乐旨出发;这一点加强了全曲情绪之统一。复题之末的结论中,告别即前述的三音符更以最初的形式反复出现。——同一主题的演变,代表着同一情操的各种区别:在引子内,“告别”是凄凉的,但是镇静的,不无甘美的意味;在 Allegro 之初,第一章开始时为一段迟缓的引子,然后继以 Allegro。它又以击撞抵触的节奏与不和协弦重现:这是匆促的分手。末了,以对白方式再三重复的“告别”几乎合为一体地以 diminuento 告终。两个朋友最后的扬巾示意,愈离愈远,消失了。——“留守”是短短的一章 Adagio,彷徨,问询,焦灼,朋友在期待中。然后是 vivacissimamente,热烈轻快的篇章,两个朋友互相投在怀抱里。——自始至终,诗情画意笼罩着乐曲。

作品第九十号:《E 小调奏鸣曲》(Sonate in E min.)——这是题赠李希诺夫斯基伯爵的,他不顾家庭的反对,娶了一个女伶。贝多芬自言在这支乐曲内叙述这桩故事。第一章题作“头脑与心的交战”,第二章题作“与爱人的谈话”。故事至此告终,音乐也至此完了。而因为故事以吉庆终场,故音乐亦从小调开始,以大调结束。再以乐旨而论,在第一章内的戏剧情调和第二章内恬静的倾诉,也正好与标题相符。诗意左右着乐曲的成分,比《告别奏鸣曲》更浓厚。

作品第一〇六号:《降 B 大调奏鸣曲》(Sonate in B^b)——贝多芬写这支乐曲时是为了生活所迫;所以一开始便用三个粗野的和弦,展开这首惨痛绝望的诗歌。“发展”部分是头绪万端的复音配合,象征着境遇与心绪的艰窘。作曲年代是一八一八,贝多芬正为了侄儿的事弄得焦头烂额。“发展”中间两次运用赋格曲体式(Fugato)

的作风,好似要寻觅一个有力的方案来解决这堆乱麻。一会儿是光明,一会儿是阴影。——随后是又古怪又粗犷的 Scherzo,恶梦中的幽灵。——意志的超人的努力,引起了痛苦的反省:这是 Adagio Appassionnato,慷慨的陈辞,凄凉的哀吟。三个主题以大变奏曲的形式铺叙。当受难者悲痛欲绝之际,一段 Largo 引进了赋格曲,展开一个场面伟大、经纬错综的“发展”,运用一切对位与轮唱曲(Canon)的巧妙,来陈诉心灵的苦恼。接着是一段比较宁静的插曲,预先唱出了《D 调弥撒曲》内谢神的歌。——最后的结论,宣告患难已经克服,命运又被征服了一次。在贝多芬全部奏鸣曲中,悲哀的抒情成分,痛苦的反抗的吼声,从没有像在这件作品里表现得惊心动魄。

二　提琴与钢琴奏鸣曲

在“两部奏鸣曲”中,即提琴与钢琴,或大提琴与钢琴奏鸣曲。贝多芬显然没有像钢琴奏鸣曲般的成功。软性与硬性的两种乐器,他很难觅得完善的驾驭方法。而且十阕提琴与钢琴奏鸣曲内,九阕是《第三交响曲》以前所作;九阕之内五阕又是《月光奏鸣曲》以前的作品。一八一二年后,他不再从事于此种乐曲。在此我只介绍最特出的两曲。

作品第三十号之二:《C 小调奏鸣曲》(Sonate in C min.)题赠俄皇亚历山大二世。——在本曲内,贝多芬的面目较为显著。暴烈而阴沉的主题,在提琴上演出时,钢琴在下面怒吼。副句取着威武而兴奋的姿态,兼具柔媚与遒劲的气概。终局的激昂奔放,尤其标明了贝多芬的特色。赫里欧法国现代政治家兼音乐批评家有言:“如果在这件作品里去寻找胜利者按系指俄皇的雄姿与战败者的哀号,未免穿凿的话，我们至少可认为它也是英雄式的乐曲，充满着力与欢畅，堪与《第五交响曲》相比。”

作品第四十七号：《克勒策奏鸣曲》（Sonate à Kreutzer in A min.）克勒策为法国人，为王家教堂提琴手。曾随军至维也纳与贝多芬相遇。贝多芬遇之甚善，以此曲题赠。但克氏始终不愿演奏，因他的音乐观念迂腐守旧，根本不了解贝多芬。——贝多芬一向无法安排的两种乐器，在此被他找到了一个解决的途径：它们俩既不能调和，就让它们冲突；既不能携手，就让它们争斗。全曲的第一与第三乐章，不啻钢琴与提琴的肉搏。在旁的“两部奏鸣曲”中，答句往往是轻易的、典雅的美；这里对白却一步紧似一步，宛如两个仇敌的短兵相接。在 Andante 的恬静的变奏曲后，争斗重新开始，愈加紧张了，钢琴与提琴一大段急流奔泻的对位，由钢琴的洪亮的呼声结束。“发展”奔腾飞纵，忽然凝神屏息了一会，经过几节 Adagio，然后消没在目眩神迷的结论中间。——这是一场决斗，两种乐器的决斗，两种思想的决斗。

三　四重奏

弦乐四重奏是以奏鸣曲典型为基础的曲体，所以在贝多芬的四重奏里，可以看到和他在奏鸣曲与交响曲内相同的演变。他的趋向是旋律的强化，发展与形式的自由；且在弦乐器上所能表现的复音配合，更为富丽更为独立。他一共制作十六阕四重奏，但在第十一与第十二阕之间，相隔有十四年之久，一八一〇—一八二四。故最后五阕形成了贝多芬作品中一个特殊面目，显示他最后的艺术成就。当第十二阕四重奏问世之时，《D 调弥撒曲》与《第九交响曲》都已诞生。他最后几年的生命是孤独、尤其是艺术上的孤独，连亲近的友人都不了解他了……疾病、困穷、烦恼侄子的不长进煎熬他最甚的时代。他慢慢地隐忍下去,一切悲苦深深地沉潜到心灵深处。他在乐艺上表现的,是更为肯定的个性。他更求深入,更爱分析,尽量汲取悲欢的灵泉,打破形式的桎梏。音乐几乎变成歌辞与语言一般,透明地传达着作者内在的情绪,以及起伏微妙的心理状态。一般人往往只知鉴赏贝多芬的交响曲与奏鸣曲;四重奏的价值,至近数十年方始被人赏识。因为这类纯粹表现内心的乐曲,必须内心生活丰富而深刻的人才能体验;而一般的音乐修养也须到相当的程度方不至在森林中迷路。

作品第一二七号:《降E大调四重奏》(Quatuor in E^b)第十二阕。——第一章里的"发展",着重于两个原则:一是纯粹节奏的,一个强毅的节奏与另一个柔和的节奏对比。一是纯粹音阶的。两重节奏从E^{b}转到明快的G,再转到更加明快的C。以静穆的徐缓的调子出现的Adagio包括六支连续的变奏曲,但即在节奏复杂的部分内,也仍保持默想的气息。奇谲的Scherzo以后的"终局",含有多少大胆的和声,用节略手法的转调。——最美妙的是那些Adagio,包括着Adagio ma non troppo; Andante con molto; Adagio molto espressivo。好似一株树上开满着不同的花,各有各的姿态。在那些吟诵体内,时而清明,时而绝望——清明时不失激昂的情调,痛苦时并无疲倦的气色。作者在此的表情,比在钢琴上更自由;一方面传统的形式似乎依然存在,一方面给人的感应又极富于启迪性。

作品第一三〇号:《降B大调四重奏》(Quatuor in B^b)第十三阕。——第一乐章开始时,两个主题重复演奏了四次,——两个在乐旨与节奏上都相反的主题:主句表现悲哀,副句由第二小提琴演出的表现决心。两者的对白引入奏鸣曲典型的体制。在诙谑的Presto之后,接着一段插曲式的Andante:凄凉的幻梦与温婉的惆怅,轮流控制着局面。此后是一段古老的Menuet,予人以古风与现代风交错的韵味。然后是著名的 Cavatinte—Adagio molto espressivo,为贝多芬流着泪写的:第二小提琴似乎模仿着起伏不已的胸脯,因为它满贮着叹息;继以凄厉的悲歌,不时杂以断续的呼号……受着重创的心灵还想挣扎起来飞向光明。——这一段倘和终局作对比,就愈显得惨恻。——以全体而论,这支四重奏和以前的同样含有繁多的场面,Allegro 里某些句子充满着欢乐与生机,Presto 富有滑稽意味,Andante 笼罩在柔和的微光中,Menuet 借用着古德国的民歌的调子,终局则是波希米亚人放肆的欢乐。但对照更强烈,更突兀,而且全部的光线也更神秘。

作品第一三一号:《升 C 小调四重奏》(Quatuor in C# min.)第十四阕。——开始是凄凉的 Adagio,用赋格曲写成的,浓烈的哀伤气氛,似乎预告着一篇痛苦的诗歌。瓦格纳认为这段 Adagio 是音乐上从来未有的最忧郁的篇章。然而此后的 Allegro molto vivace 却又是典雅又是奔放,尽是出人不意的快乐情调。Andante 及变奏曲,则是特别富于抒情的段落,中心感动的,微微有些不安的情绪。此后是 Presto, Adagio, Allegro,章节繁多,曲折特甚的终局。——这是一支千绪万端的大曲,轮廓分明的插曲即已有十三四支之多,仿佛作者把手头所有的材料都集合在这里了。

作品第一三二号:《A 小调四重奏》(Quatuor in A min.)第十五阕。——这是有名的"病愈者的感谢曲"。贝多芬在 Allegro 中先表现痛楚与骚乱,第一小提琴的兴奋,和对位部分的严肃。然后阴沉的天边渐渐透露光明,一段乡村舞曲代替了沉闷的冥想,一个牧童送来柔和的笛声。接着是 Allegro,四种乐器合唱着感谢神恩的颂歌。贝多芬自以为病愈了。他似乎跪在地下,合着双手。在赤裸的旋律之上(Andante),我们听见从徐缓到急促的言语,赛如大病初愈的人试着软弱的步子,逐渐回复了精力。多兴奋!多快慰!合唱的歌声再起,一次热烈一次。虔诚的情意,预示瓦格纳的《帕西发尔》歌剧。接着是 Allegro alla marcia,激发着青春的冲动。之后是终局。动作活泼,节奏明朗而均衡,但小调的旋律依旧很凄凉。病是痊愈了,创痕未曾忘记。直到旋律转入大调,低音部乐器繁杂的节奏慢慢隐灭之时,贝多芬的精力才重新获得了胜利。

作品第一三五号:《F 大调四重奏》(Quatuor in F)第十六阕。——这是贝多芬一生最后的作品。未完成的稿本不计在内。第一章 Allegretto 天真,巧妙,充满着幻想与爱娇,年代久远的海顿似乎复活了一刹那:最后一朵蔷薇,在萎谢之前又开放了一次。Vivace 是一篇音响的游戏,一幅纵横无碍的素描。而后是著名的 Lento,原稿上注明着"甘美的休息之歌,或和平之歌",这是贝多芬最后的祈祷,最后的颂歌,照赫里欧的说法,是他精神的遗嘱。他那种特有的清明的心境,实在只是平复了的哀痛。单纯而肃穆,虔敬而和平的歌,可是其中仍有些急促的悲叹,最后更高远的和平之歌把它抚慰下去,——而这缕恬静的声音,不久也朦胧入梦了。终局是两个乐句剧烈争执以后的单方面的结论,乐思的奔放,和声的大胆,是这一部分的特色。

四　协奏曲

贝多芬的钢琴与乐队协奏曲共有五支,重要的是第四与第五。提琴与乐队协奏曲共只一阕,在全部作品内不占何等地位,因为国人熟知,故亦选入。

作品第五十八号:《G 大调钢琴协奏曲》(Concerto pour Piano et Orchestre in G)第四协奏曲,一八〇六年作。——单纯的主题先由钢琴提出,然后继以乐队的合奏,不独诗意浓郁,抑且气势雄伟,有交响曲之格局。"发展"部分由钢琴表现出一组轻盈而大胆的面目,再以飞舞的线条(arabesque)作为结束。——但全曲最精彩的当推短短的Andante con molto,全无技术的炫耀,只有钢琴与乐队剧烈对垒的场面。乐队奏出威严的主题,肯定是强暴的意志;胆怯的琴声,柔弱地,孤独地,用着哀求的口吻对答。对话久久继续,钢琴的呼吁越来越迫切,终于获得了胜利。全场只有它的声音,乐队好似战败的敌人般,只在远方发出隐约叫吼的回声。不久琴声也在悠然神往的和弦中缄默。——此后是终局,热闹的音响中杂有大胆的碎和声(arpeggio)。

作品第七十三号:《"帝皇"钢琴协奏曲》(Concerto "Empereur" in E^b)第五协奏曲,一八〇九年作。"帝皇"二字为后人所加的俗称。——滚滚长流的乐句,像瀑布一般,几乎与全乐队的和弦同时揭露了这件庄严的大作。一连串的碎和音,奔腾而下,停留在$A^\#$的转调上。浩荡的气势,雷霆万钧的力量,富丽的抒情成分,灿烂的荣光,把作者当时的勇敢、胸襟、怀抱、骚动,一八〇九为拿破仑攻入维也纳之年。全部宣泄了出来。谁听了这雄壮瑰丽的第一章不联想到《第三交响曲》里的crescendo?——由弦乐低低唱起的Adagio,庄严静穆,是一股宗教的情绪。而Adagio与Finale之间的过渡,尤令人惊叹。在终局的Rondo内,豪华与温情,英武与风流,又奇妙地熔冶于一炉,完成了这部大曲。

作品第六十一号:《D大调提琴协奏曲》(Concerto pour Violon et Orchestre in D)第一章Adagio,开首一段柔媚的乐队合奏,令人想起《第四钢琴协奏曲》的开端。两个主题的对比内,一个$C^\#$音的出现,在当时曾引起非难。Larghetto的中段一个纯朴的主题唱着一支天真的歌,但奔放的热情不久替它展开了广大的场面,增加了表情的丰满。最后一章Rondo则是欢欣的驰骋,不时杂有柔情的倾诉。

五　交响曲

作品第二十一号：《第一交响曲》（in C）一八〇〇年作。一八〇〇年四月二日初次演奏。——年轻的贝多芬在引子里就用了F的不和协弦，与成法背驰。照例这引子是应该肯定本曲的基调的。虽在今日看来，全曲很简单，只有第三章的Menuet及其三重奏部分较为特别；以Allegro molto vivace奏出来的Menuet实际已等于Scherzo。但当时批评界觉得刺耳的，尤其是管乐器的运用大为推广。timbale在莫扎特与海顿，只用来产生节奏，贝多芬却用以加强戏剧情调。利用乐器各别的音色而强调它们的对比，可说是从此奠定的基业。

作品第三十六号：《第二交响曲》（in D）一八〇一——一八〇二年作。一八〇三年四月五日演奏。——制作本曲时，正是贝多芬初次的爱情失败，耳聋的痛苦开始严重地打击他的时候。然而作品的精力充溢饱满，全无颓丧之气。——引子比《第一交响曲》更有气魄：先由低音乐器演出的主题，逐渐上升，过渡到高音乐器，终于由整个乐队合奏。这种一步紧一步的手法，以后在《第九交响曲》的开端里简直达到超人的伟大。——Larghetto显示清明恬静、胸境宽广的意境。Scherzo描写兴奋的对话，一方面是弦乐器，一方面是管乐和敲击乐器。终局与Rondo相仿，但主题之骚乱，情调之激昂，是与通常流畅的Rondo大相径庭的。

作品第五十五号：《第三交响曲》（《英雄交响曲》in E^b）一八〇三年作。一八〇五年四月七日初次演奏。——巨大的迷宫，深密的丛林，剧烈的对照，不但是音乐史上划时代的建筑，回想一下海顿和莫扎特罢。亦且是空前绝后的史诗。可是当心啊，初步的听众多容易在无垠的原野中迷路！——控制全局的乐句，实在只是：

不问次要的乐句有多少，它的巍峨的影子始终矗立在天空。罗曼·罗兰把它当做一个生灵，一缕思想，一个意志，一种本能。因为我们不能把英雄的故事过于看得现实，这并非叙事或描写的音乐。拿破仑也罢，无名英雄也罢，实际只是一个因子，一个象征。真正的英雄还是贝多芬自己。第一章通篇是他双重灵魂的决斗，经过三大回合第一章内的三大段方始获得一个综合的结论：钟鼓齐鸣，号角长啸，狂热的群众拽着英雄欢呼。然而其间的经过是何等曲折：多少次的颠扑与多少次的奋起。多少次的 crescendo！这是浪与浪的冲击，巨人式的战斗！发展部分的庞大，是本曲最显著的特征，而这庞大与繁杂是适应作者当时的内心富藏的。——第二章，英雄死了！然而英雄的气息仍留在送葬者的行列间。谁不记得这幽怨而凄惶的主句：

当它在大调上时，凄凉之中还有清明之气，酷似古希腊的薤露歌。但回到小调上时，变得阴沉，凄厉，激昂，竟是莎士比亚式的悲怆与郁闷了。挽歌又发展成史诗的格局。最后，在 pianissimo 的结局中，呜咽的葬曲在痛苦的深渊内静默。——Scherzo 开始时是远方隐约的波涛似的声音，继而渐渐宏大，继而又由朦胧的号角通常的三重奏部分吹出无限神秘的调子。——终局是以富有舞曲风味的主题作成的变奏曲，仿佛是献给欢乐与自由的。但第一章的主句，英雄，重又露面，而死亡也重现了一次：可是胜利之局已定。剩下的只有光荣的结束了。

作品第六十号：《第四交响曲》（in B^{b}）一八〇六年作。一八〇七年三月初次演奏。——是贝多芬和特雷泽·布伦瑞克订婚的一年，诞生了这件可爱的、满是笑意的作品。引子从 B^{b} 小调转到大调，遥远的哀伤淡忘了。活泼而有飞纵跳跃之态的主句，由大管（basson）、双簧管（hautbois）与长笛（flûte）高雅的对白构成的副句，流利自在的“发展”，所传达的尽是快乐之情。一阵模糊的鼓声，把开朗的心情微微搅动了一下，但不久又回到主题上来，以强烈的欢乐结束。——至于 Adagio 的旋律，则是徐缓的，和悦的，好似一叶扁舟在平静的水上滑过。而后是 Menuet，保存着古称而加速了节拍。号角与双簧管传达着缥缈的诗意。最后是 Allegro ma non troppo，愉快的情调重复控制全局，好似突然露脸的阳光；强烈的生机与意志，在乐队中间作了最后一次爆发。——在这首热烈的歌曲里，贝多芬泄露了他爱情的欢欣。

作品第六十七号：《第五交响曲》（in C min.）俗称《命运交响曲》。一八〇七—〇八年间作。一八〇八年十二月二十二日初次演奏。——开首的 sol-sol-sol-mi^{b} 是贝多芬特别爱好的乐旨，在《第五奏鸣曲》作品第九号之一，《第三四重奏》作品第十八号之三，《热情奏鸣曲》中，我们都曾见过它的轮廓。他曾对申德勒说：“命运便是这样地来叩门的。”命运二字的俗称即渊源于此。它统率着全部乐曲。渺小的人得凭着意志之力和它肉搏，——在运命连续呼召之下，回答的永远是幽咽的问号。人挣扎着，抱着一腔的希望和毅力。但运命的口吻愈来愈威严，可怜的造物似乎战败了，只有悲叹之声。——之后，残酷的现实暂时隐灭了一下，Andante 从深远的梦境内传来一支和平的旋律。胜利的主题出现了三次。接着是行军的节奏，清楚而又坚定，扫荡了一切矛盾。希望抬头了，屈服的人恢复了自信。然而 Scherzo 使我们重新下地去面对阴影。运命再现，可是被粗野的舞曲与诙谐的 staccati 和 pizziccati 挡住。突然，一片黑暗，唯有隐约的鼓声，乐队延续奏着七度音程的和弦，然后迅速的crescendo唱起凯旋的调子。这时已经到了终局。运命虽再呼喊，Scherzo的主题又出现了一下。不过如恶梦的回忆，片刻即逝。胜利之歌再接再厉地响亮。意志之歌切实宣告了终篇。——在全部交响曲中，这是结构最谨严，部分最均衡，内容最凝炼的一阕。批评家说："从未有人以这么少的材料表达过这么多的意思。"

作品第六十八号：《第六交响曲》(《田园交响曲》in F)一八〇七—〇八年间作。一八〇八年十二月二十二日初次演奏。——这阕交响曲是献给自然的。原稿上写着："纪念乡居生活的田园交响曲，注重情操的表现而非绘画式的描写。"由此可见作者在本曲内并不想模仿外界，而是表现一组印象。——第一章Allegro，题为"下乡时快乐的印象"。在提琴上奏出的主句，轻快而天真，似乎从斯拉夫民歌上采来的。这个主题的冗长的"发展"，始终保持着深邃的平和，恬静的节奏，平衡的转调；全无次要乐曲的羼入。同样的乐旨和面目来回不已。这是一个人面对着一幅固定的图画悠然神往的印象。——第二章Andante，"溪畔小景"，中音弦乐，第二小提琴，次高音提琴，两架大提琴。象征着潺湲的流水，是"逝者如斯，往者如彼，而盈虚者未尝往也"的意境。林间传出夜莺长笛表现、鹌鹑双簧管表现、杜鹃单簧管表现的啼声，合成一组三重奏。——第三章Scherzo，"乡人快乐的宴会"。先是三拍子的华尔兹，——乡村舞曲，继以二拍子的粗野的蒲雷舞。法国一种地方舞。突然远处一种隐雷，低音弦乐。一阵静默……几道闪电。小提琴上短短的碎和音。俄而是暴雨和霹雳一齐发作。然后雨散云收，青天随着C大调的上行音阶还有笛音点缀重新显现。——而后是第四章Allegretto，"牧歌，雷雨之后的快慰与感激"。——一切重归宁谧：潮湿的草原上发出清香，牧人们歌唱，互相应答，整个乐曲在平和与喜悦的空气中告终。——贝多芬在此忘记了忧患，心上反映着自然界的甘美与闲适，抱着泛神的观念，颂赞着田野和农夫牧子。

作品第九十二号：《第七交响曲》（in A）一八一二年作。一八一三年十二月八日初次演奏。——开首一大段引子，平静的，庄严的，气势是向上的，但是有节度的。多少的和弦似乎推动着作品前进。用长笛奏出的主题，展开了第一乐章的中心：Vivace。活跃的节奏控制着全曲，所有的音域，所有的乐器，都由它来支配。这儿分不出主句或副句；参加着奔腾飞舞的运动的，可说有上百的乐旨，也可说只有一个。——Allegretto 却把我们突然带到另一个世界。基本主题和另一个忧郁的主题轮流出现，传出苦痛和失望之情。——然后是第三章，在戏剧化的 Scherzo 以后，紧接着美妙的三重奏，似乎均衡又恢复了一刹那。终局则是快乐的醉意，急促的节奏，再加一个粗犷的旋律，最后达于 crescendo 这紧张狂乱的高潮。——这支乐曲的特点是：一些单纯而显著的节奏产生出无数的乐旨；而其兴奋动乱的气氛，恰如瓦格纳所说的，有如"祭献舞神"的乐曲。

作品第九十三号：《第八交响曲》（in F）一八一二年作。一八一四年二月二十七日初次演奏。——在贝多芬的交响曲内，这是一支小型的作品，宣泄着兴高采烈的心情。短短的 Allegro，纯是明快的喜悦、和谐而自在的游戏。——在 Scherzo 部分，第三章内。作者故意采用过时的 Menuet，来表现端庄娴雅的古典美。——到了终局的 Allegro vivace 则通篇充满着笑声与平民的幽默。有人说，是"笑"产生这部作品的。我们在此可发现贝多芬的另一副面目，像儿童一般，他作着音响的游戏。

作品第一二五号：《第九交响曲》（《合唱交响曲》，Choral Symphony in D min.）一八二二——一八二四年间作。一八二四年五月七日初次演奏。——《第八》之后十一年的作品，贝多芬把他过去在音乐方面的成就作了一个综合，同时走上了一条新路。——乐曲开始时，Allegro ma non troppo。la-mi 的和音，好似从远方传来的呻吟，也好似从深渊中浮起来的神秘的形象，直到第十七节，才响亮地停留在D小调的基调上。而后是许多次要的乐旨，而后是本章的副句 B^b 大调……《第二》、《第五》、《第六》、《第七》、《第八》各交响曲里的原子，迅速地露了一下脸，回溯着他一生的经历，把贝多芬完全笼盖住的阴影，在作品中间移过。现实的命运重新出现在他脑海里。巨大而阴郁的画面上，只有若干简短的插曲映入些微光明。——第二章 Molto vivace，实在便是 Scherzo。句读分明的节奏，在《弥撒曲》和《菲岱里奥序曲》内都曾应用过，表示欢畅的喜悦。在中段，单簧管与双簧管引进一支细腻的牧歌，慢慢地传递给整个的乐队，使全章都蒙上明亮的色彩。——第三章 Adagio 似乎使心灵远离了一下现实。短短的引子只是一个梦。接着便是庄严的旋律，虔诚的祷告逐渐感染了热诚与平和的情调。另一旋律又出现了，凄凉的，惆怅的。然后远处吹起号角，令你想起人生的战斗。可是热诚与平和未曾消灭，最后几节的 pianissimo 把我们留在甘美的凝想中。——但幻梦终于像水泡似的隐灭了，终局最初七节的 Presto 又卷起激情与冲突的漩涡。全曲的原素一个一个再现，全溶解在此最后一章内。先是第一章的神秘的影子，继而是 Scherzo 的主题，Adagio 的乐旨，但都被 doublebasse 上吟诵体的问句阻住去路。从此起，贝多芬在调整你的情绪，准备接受随后的合唱了。大提琴为首，渐渐领着全乐队唱起美妙的精纯的乐句，铺陈了很久；于是犷野的引子又领出那句吟诵体，但如今非复最低音提琴，而是男中音的歌唱了："噢，朋友，毋须这些声音，且来听更美更愉快的歌声。"这是贝多芬自作的歌词，不在席勒原作之内。——接着，乐队与合唱同时唱起《欢乐颂》的"欢乐，神明的美丽的火花，天国的女儿……"——每节诗在合唱之前，先由乐队传出诗的意境。合唱是由四个独唱员和四部男女合唱组成的。欢乐的节会由远而近，然后大众唱着："拥抱啊，千千万万的生灵……"当乐曲终了之时，乐器的演奏者和歌唱员赛似两条巨大的河流，汇合成一片音响的海。——在贝多芬的意念中，欢乐是神明在人间的化身，它的使命是把习俗和刀剑分隔的人群重行结合。它的口号是友谊与博爱。它的象征是酒，是予人精力的旨酒。由于欢乐，我们方始成为不朽。所以要对天上的神明致敬，对使我们入于更苦之域的痛苦致敬。在分裂的世界之上，——一个以爱为本的神。在分裂的人群之中，欢乐是唯一的现实。爱与欢乐合为一体。这是柏拉图式的又是基督教式的爱。——除此以外，席勒的《欢乐颂》，在十九世纪初期对青年界有着特殊的影响。贝多芬属意于此诗篇，前后共有二十年之久。第一是诗中的民主与共和色彩在德国自由思想者的心目中，无殊《马赛曲》之于法国人。无疑的，这也是贝多芬的感应之一。其次，席勒诗中颂扬着欢乐，友爱，夫妇之爱，都是贝多芬一生渴望而未能实现的，所以尤有共鸣作用。——最后，我们更当注意，贝多芬在此把字句放在次要地位；他的用意是要使器乐和人声打成一片，——而这人声既是他的，又是我们大众的，——使音乐从此和我们的心融和为一，好似血肉一般不可分离。

六　宗教音乐

作品第一二三号：《D 调弥撒曲》（Missa Solemnis in D）——这件作品始于一八一七，成于一八二三。当初是为奥皇太子鲁道夫兼任大主教的典礼写的，结果非但失去了时效，作品的重要也远远地超过了酬应的性质。贝多芬自己说这是他一生最完满的作品。——以他的宗教观而论，虽然生长在基督旧教的家庭里，他的信念可不完全合于基督教义。他心目之中的上帝是富有人间气息的。他相信精神不死须要凭着战斗、受苦与创造，和纯以皈依、服从、忏悔为主的基督教哲学相去甚远。在这一点上他与米开朗琪罗有些相似。他把人间与教会的篱垣撤去了，他要证明“音乐是比一切智慧与哲学更高的启示”。在写作这件作品时，他又说：“从我的心里流出来，流到大众的心里。”

全曲依照弥撒祭曲礼的程序，按弥撒祭歌唱的词句，皆有经文——拉丁文的——规定，任何人不能更易一字，各段文字大同小异，而节目繁多，谱为音乐时部门尤为庞杂。凡不解经典及不知典礼的人较难领会。分成五大颂曲：（一）吾主怜我（Kyrie）；（二）荣耀归主（Glo-ria）；（三）我信我主（Credo）；（四）圣哉圣哉（Sanctus）；（五）神之羔羊（Agnus Dei）。全曲以四部独唱与管弦乐队及大风琴演出。乐队的构成如下：2 flûtes；2 hautbois；2 clarinettes；2 bassons；1 contrebasse；4 cors（horns）；2 trompettes；2 trombones；timbale 外加弦乐五重奏，人数之少非今人想像所及。——第一部以热诚的祈祷开始，继以 Andante 奏出“怜我怜我”的悲叹之声，对基督的呼吁，在各部合唱上轮流唱出。五大部每部皆如奏鸣曲式分成数章，兹不详解。——第二部表示人类俯伏卑恭，颂赞上帝，歌颂主荣，感谢恩赐。——第三部，贝多芬流露出独有的口吻了。开始时的庄严巨大的主题，表现他坚决的信心。结实的节奏，特殊的色彩，trompette 的运用，作者把全部乐器的机能用来证实他的意念。他的神是胜利的英雄，是半世纪后尼采所宣扬的“力”的神。贝多芬在耶稣的苦难上发现了他自身的苦难。在受难、下葬等壮烈悲哀的曲调以后，接着是复活的呼声，英雄的神明胜利了！——第四部，贝多芬参见了神明，从天国回到人间，散布一片温柔的情绪。然后如《第九交响曲》一般，是欢乐与轻快的爆发。紧接着祈祷，苍茫的，神秘的。虔诚的信徒匍匐着，已经蒙到主的眷顾。——第五部，他又代表着遭劫的人类祈求着“神之羔羊”，祈求“内的和平与外的和平”，像他自己所说。

七　其　他

作品第一三八号之三：《雷奥诺序曲第三》(Ouverture de Leonore No. 3)贝多芬完全的歌剧只此一出。但从一八〇三起到他死为止,二十四年间他一直断断续续地为这件作品花费着心血。一八〇五年十一月初次在维也纳上演时,剧名叫做《菲岱里奥》,演出的结果很坏。一八〇六年三月,经过修改后,换了《雷奥诺》的名字再度出演,仍未获得成功。一八一四年五月,又经一次大修改,仍用《菲岱里奥》之名上演。从此,本剧才算正式被列入剧院的戏目里。但一八二七年,贝多芬去世前数星期,还对朋友说他有一部《菲岱里奥》的手稿压在纸堆下。可知他在一八一四以后仍在修改。现存的《菲岱里奥》,共只二幕,为一八一四年稿本,目前戏院已不常贴演。在音乐会中不时可以听到的,只是片段的歌唱。至今仍为世人熟知的,乃是它的序曲。——因为名字屡次更易,故序曲与歌剧之名今日已不统一。普通于序曲多称《雷奥诺》,于歌剧多称《菲岱里奥》;但亦不一定如此。再本剧序曲共有四支,以后贝多芬每改一次,即另作一次序曲。至今最著名的为第三序曲。脚本出于一极平庸的作家,贝多芬所根据的乃是原作的德译本。事述西班牙人弗洛雷斯当向法官唐·法尔南控告毕萨尔之罪,而反被诬陷,蒙冤下狱。弗妻雷奥诺化名菲岱里奥西班牙文,意为忠贞入狱救援,终获释放。故此剧初演时,戏名下另加小标题:“一名夫妇之爱”。——序曲开始时(Adagio),为弗洛雷斯当忧伤的怨叹。继而引入Allegro。在trompette宣告释放的信号法官登场一场之后,雷奥诺与弗洛雷斯当先后表示希望、感激、快慰等各阶段的情绪。结束一节,尤暗示全剧明快的空气。

在贝多芬之前,格鲁克与莫扎特,固已在序曲与歌剧之间建立密切的关系;但把戏剧的性格,发展的路线归纳起来,而把序曲构成交响曲式的作品,确从《雷奥诺》开始。以后韦伯、舒曼、瓦格纳等在歌剧方面，李斯特在交响诗方面，皆受到极大的影响，称《雷奥诺》为“近世抒情剧之父”。它在乐剧史上的重要，正不下于《第五交响曲》之于交响乐史。

附录：

（一）贝多芬另有两支迄今知名的序曲：一是《科里奥兰序曲》（Ouverture de Coriolan），作品第六十二号。根据莎士比亚的本事，述一罗马英雄名科里奥兰者，因不得民众欢心，愤而率领异族攻略罗马，及抵城下，母妻遮道泣谏，卒以罢兵。把两个主题作成强有力的对比：一方面是母亲的哀求，一方面是儿子的固执。同时描写这顽强的英雄在内心里的争斗。——另一支是《哀格蒙特序曲》（Ouverture d'Egmont），作品第八十五号。根据歌德的悲剧，述十六世纪荷兰贵族哀格蒙特伯爵，领导民众反抗西班牙统治之史实。描写一个英雄与一个民族为自由而争战，而高歌胜利。

（二）在贝多芬所作的声乐内，当以歌（Lied）为最著名。如《悲哀的快感》，传达亲切深刻的诗意；如《吻》充满着幽默；如《鹌鹑之歌》，纯是写景之作。——至于《弥侬》歌德原作的热烈的情调，尤与诗人原作吻合。此外尚有《致久别的爱人》，作品第九十八号。四部合唱的《挽歌》，作品第一一八号。与以歌德的诗谱成的《平静的海》与《快乐的旅行》等，均为知名之作。

一九四三年作

米开朗琪罗传

目　录

译者弁言

本书之前，有《贝多芬传》；本书之后，有《托尔斯泰传》：合起来便是罗曼·罗兰的不朽的"名人传"。迻译本书的意念是和迻译《贝多芬传》的意念一致的，在此不必多说。在一部不朽的原作之前，冠上不伦的序文是件亵渎的行为。因此，我只申说下列几点：

一、本书是依据原本第十一版全译的。但附录的米氏诗选因其为意大利文原文（译者无能），且在本文中已引用甚多，故擅为删去。

二、附录之后尚有详细参考书目（英、德、美、意四国书目），因非目下国内读书界需要，故亦从略。

三、原文注解除删去最不重要的十余则外，余皆全译，所以示西人治学之严，为我人作一榜样耳。

一九三四年一月五日

原　序

在翡冷翠的国家美术馆中，有一座为米开朗琪罗称为《胜利者》的白石雕像。这是一个裸露的青年，生成美丽的躯体，低低的额上垂覆着鬈曲的头发。昂昂地站着，他的膝盖踞曲在一个胡髭满面的囚人背上，囚人蜷伏着，头伸向前面，如一匹牛。可是胜利者并不注视他。即在他的拳头将要击下去的一刹那，他停住了，满是沉郁之感的嘴巴和犹豫的目光转向别处去了。手臂折转去向着肩头：身子往后仰着；他不再要胜利，胜利使他厌恶。他已征服了，但亦被征服了。

这幅英雄的惶惑之像，这个折了翅翼的胜利之神，在米开朗琪罗全部作品中是永留在工作室中的唯一的作品，以后，达涅尔·特·沃尔泰雷想把它安置在米氏墓上。* *达涅尔·特·沃尔泰雷(1509？—1566)，意大利画家和雕塑家，米开朗琪罗挚友之一，也是最有才能的追随者之一。——它即是米开朗琪罗自己，即是他全生涯的象征。

痛苦是无穷的，它具有种种形式。有时，它是由于物质的凌虐，如灾难、疾病、命运的褊枉、人类的恶意。有时，它即蕴藏在人的内心。在这种情境中的痛苦，是同样的可悯，同样的无可挽救；因为人不能自己选择他的人生，人既不要求生，也不要求成为他所成为的样子。

米开朗琪罗的痛苦，即是这后一种。他有力强，他生来便是为战斗为征服的人；而且他居然征服了。——可是，他不要胜利。他所要的并不在此。——真是哈姆莱特式的悲剧呀！赋有英雄的天才而没有实现的意志；赋有专断的热情，而并无奋激的愿望：这是多么悲痛的矛盾！

人们可不要以为我们在许多别的伟大之外，在此更发现一桩伟大！我们永远不会说是因为一个人太伟大了，世界于他才显得不够。精神的烦闷并非伟大的一种标识。即在一般伟大的人物，缺少生灵与万物之间、生命与生命律令之间的和谐并不算是伟大：却是一桩弱点。——为何要隐蔽这弱点呢？最弱的人难道是最不值得人家爱恋吗？——他正是更值得爱恋，因为他对于爱的需求更为迫切。我绝不会造成不可几及的英雄范型。我恨那懦怯的理想主义，它只教人不去注视人生的苦难和心灵的弱点。我们当和太容易被梦想与甘言所欺骗的民众说：英雄的谎言只是懦怯的表现。世界上只有一种英雄主义：便是注视世界的真面目——并且爱世界。

我在此所要叙述的悲剧，是一种与生俱来的痛苦，从生命的核心中发出的，它毫无间歇地侵蚀生命，直到把生命完全毁灭为止。这是巨大的人类中最显著的代表之一，一千九百余年来，我们的西方充塞着他的痛苦与信仰的呼声，——这代表便是基督徒。

将来，有一天，在多少世纪的终极，——如果我们尘世的事迹还能保存于人类记忆中的话——会有一天，那些生存的人们，对于这个消逝的种族，会倚凭在他们堕落的深渊旁边，好似但丁俯在地狱第八层的火坑之旁那样，充满着惊叹、厌恶与怜悯。

但对于这种又惊又佩又恶又怜的感觉，谁还能比我们感得更真切呢？因为我们自幼便渗透这些悲痛的情操，便看到最亲爱的人们相斗，我们一向识得这基督教悲观主义的苦涩而又醉人的味道，我们曾在怀疑踌躇的辰光，费了多少力量，才止住自己不致和多少旁人一样堕入虚无的幻象中去。

神呀！永恒的生呀！这是一般在此世无法生存的人们的荫庇！信仰，往往只是对于人生对于前途的不信仰，只是对于自己的不信仰，只是缺乏勇气与欢乐！……啊！信仰！你的苦痛的胜利，是由多少的失败造成的呢！

基督徒们，为了这，我才爱你们，为你们抱憾。我为你们怨叹，我也叹赏你们的悲愁。你们使世界变得凄惨，又把它装点得更美。当你的痛苦消灭的时候，世界将更加枯索了。在这满着卑怯之徒的时代，——在苦痛前面发抖，大声疾呼地要求他们的幸福，而这幸福往往便是别人的灾难，——我们应当敢于正视痛苦，尊敬痛苦！欢乐固然值得颂赞，痛苦亦何尝不值得颂赞！这两位是姊妹，而且都是圣者。她们锻炼人类开展伟大的心魂。她们是力，是生，是神。凡是不能兼爱欢乐与痛苦的人，便是既不爱欢乐，亦不爱痛苦。凡能体味她们的，方懂得人生的价值和离开人生时的甜蜜。

罗曼·罗兰

米开朗琪罗传

导　言

这是一个翡冷翠城中的中产者，——

——那里，满是阴沉的宫殿，矗立着崇高的塔尖如长矛一般，柔和而又枯索的山岗细腻地映在天际，岗上摇曳着杉树的圆盖形的峰巅，和闪闪作银色、波动如水浪似的橄榄林；

——那里，一切都讲究极端的典雅。洛伦佐·特·梅迪契的讥讽的脸相，马基雅弗利的阔大的嘴巴，* *马基雅弗利（Niccolò Machiavel，1469—1527），意大利政治家。波提切利画上的黄发，* *波提切利（Sandro Botticelli，1445—1510），意大利文艺复兴时期画家。贫血的维纳斯，都会合在一起；

——那里，充满着热狂、骄傲、神经质的气息，易于沉溺在一切盲目的信仰中，受着一切宗教的和社会的狂潮耸动，在那里，个个人是自由的，个个人是专制的，在那里，生活是那么舒适，可是那里的人生无异是地狱；

——那里，居民是聪慧的、顽固的、热情的、易怒的，口舌如钢一般尖利，心情是那么多疑，互相试探、互相嫉忌、互相吞噬；

——那里，容留不下莱奥纳多·达·芬奇般的自由思想者，

* * 莱奥纳多·达·芬奇（Leonardo da Vinci，1452—1519），意大利文艺复兴时期著名画家、雕塑家、建筑家和工程师。那里，波提切利只能如一个苏格兰的清教徒般在幻想的神秘主义中终其天年，那里，萨伏那洛拉受了一般坏人的利用，举火焚烧艺术品，使他的僧徒们在火旁舞蹈——三年之后，这火又死灰复燃地烧死了他自己。* * 萨伏那洛拉（Girolamo Savonarola，1452—1498），中世纪后期意大利宗教改革家。

在这个时代的这个城市中，他是他们的狂热的对象。

"自然，他对于他的同胞们没有丝毫温婉之情，他的豪迈宏伟的天才蔑视他们小组的艺术、矫饰的精神、平凡的写实主义，他们的感伤情调与病态的精微玄妙。他对待他们的态度很严酷；但他爱他们。他对于他的国家，并无达·芬奇般的微笑的淡漠。远离了翡冷翠，便要为怀乡病所苦。""我不时堕入深切的悲苦中，好似那些远离家庭的人一样。"（见罗马，一四九七年八月十九日书）

一生想尽方法要住在翡冷翠，在战争的悲惨的时期中，他留在翡冷翠；他要"至少死后能回到翡冷翠，既然生时是不可能"。"死之于我，显得那么可爱；因为它可以使我获得生前所不能得到的幸福：即回到我的故乡。"

因为他是翡冷翠的旧家，故他对于自己的血统与种族非常自傲。博纳罗蒂·西莫内，裔出塞蒂尼亚诺，在翡冷翠地方志上自十二世纪起即已有过记载。米开朗琪罗当然知道这一点。"我们是中产阶级，是最高贵的世裔。"（一五四六年十二月致他的侄子利奥那多书）——他不赞成他的侄子要变得更高贵的思念："这决非是自尊的表示。大家知道我们是翡冷翠最老最高贵的世家。"（一五四九年二月）——他试着要重振他的门第，教他的家庭恢复他的旧姓西莫内，在翡冷翠创立一族庄；但他老是被他兄弟们的平庸所沮丧。他想起他的弟兄中有一个（西吉斯蒙多）还推车度日，如乡下人一般地生活着，他不禁要脸红。一五二〇年，亚历山德罗·特·卡诺萨伯爵写信给他，说在伯爵的家谱上查出他们原是亲戚的证据。这消息是假的，米开朗琪罗却很相信，他竟至要购买卡诺萨的宫邸。据说那是他的祖先的发祥地。

他的传记作者孔迪维依了他的指点把法王亨利二世的姊妹和玛尔蒂尔德大伯爵夫人都列入他的家谱之内。一五一五年,教皇利奥十世到翡冷翠的时候,米开朗琪罗的兄弟博纳罗托受到教皇的封绶。甚至比对于他的天才更加自傲。他不答应人家当他艺术家看待:

"我不是雕塑家米开朗琪罗……我是米开朗琪罗·博纳罗蒂……"他又说:"我从来不是一个画家,也不是雕塑家,——作艺术商业的人。我永远保留着我世家的光荣。"(一五四八年五月二日致利奥那多书)

他精神上便是一个贵族,而且具有一切阶级的偏见。他甚至说:"修炼艺术的,当是贵族而非平民。"他的传记作者孔迪维所述语。

他对于家族抱有宗教般的、古代的、几乎是野蛮的观念。他为它牺牲一切,而且要别人和他一样牺牲。他将,如他所说的,"为了它而卖掉自己,如奴隶一般"。一四九七年八月十九日致他的父亲书。——他在一五〇八年三月十三日三十三岁时才从父亲那里获得成丁独立权。在这方面,为了些微的事情,他会激动感情。他轻蔑他的兄弟们,的确他们应该受他轻蔑。他轻蔑他的侄子,——他的继承人。但对于他的侄子和兄弟们,他仍尊敬他们代表世系的身份。这种言语在他的信札中屡见不鲜:

"我们的世系……维持我们的世系……不要令我们的血统中断……"

凡是这强悍的种族的一切迷信、一切盲从,他都全备。这些仿佛是一个泥团,(有如上帝捏造人类的泥团,)米开朗琪罗即是在这个泥团中形成的。但在这个泥团中却涌跃出澄清一切的成分:天才。

"不相信天才,不知天才为何物的人,请看一看米开朗琪罗吧!从没有人这样为天才所拘囚的了。这天才的气质似乎和他的气质完全不同;这是一个征服者投入他的怀中而把他制服了。他的意志简直是一无所能；甚至可说他的精神与他的心也是一无所能。这是一种狂乱的爆发，一种骇人的生命，为他太弱的肉体与灵魂所不能胜任的。

“他在继续不断的兴奋中过生活。他的过分的力量使他感到痛苦，这痛苦逼迫他行动，不息地行动，一小时也不得休息。”

他写道：“我为了工作而筋疲力尽，从没有一个人像我这样地工作过，我除了夜以继日地工作之外，什么都不想。”

这种病态的需要活动不特使他的业务天天积聚起来，不特使他接受他所不能实行的工作，而且也使他堕入偏执的僻性中去。他要雕琢整个的山头。当他要建造什么纪念物时，他会费掉几年的光阴到石厂中去挑选石块，建筑搬运石块的大路；他要成为一切：工程师、手工人、斫石工人；他要独个子干完一切；建造宫邸、教堂，由他一个人来。这是一种判罚苦役的生活。他甚至不愿分出时间去饮食睡眠。在他信札内，随处看得到同样可怜的语句：

“我几乎没有用餐的时间……我没有时间吃东西……十二年以来，我的肉体被疲倦所毁坏了，我缺乏一切必需品……我没有一个铜子，我是裸体了，我感受无数的痛苦……我在悲惨与痛苦中讨生活……我和患难争斗……”见一五〇七、一五〇九、一五一二、一五一三、一五二五、一五四七诸年信札。

这患难其实是虚幻的。米开朗琪罗是富有的；他拼命使自己富有，十分富有。他死后，人家在他罗马寓所发现他的藏金有七千至八千金币，约合今日四十或五十万法郎。史家瓦萨里说他两次给他的侄儿七千小金元，给他的侍役乌尔比诺二千小金元。他在翡冷翠亦有大批存款。一五三四年时，他在翡冷翠及附近各地置有房产六处，田产七处。他酷爱田。一五〇五、一五〇六、一五一二、一五一五、一五一七、一五一八、一五一九、一五二〇各年他购置不少田地。这是他乡下人的遗传性。然而他的储蓄与置产并非为了他自己，而是为别人花去，他自己却什么都不舍得享用。但富有对于他有何用处？他如一个穷人一样生活，被劳作束缚着好似一匹马被磨轮的轴子系住一般。没有人会懂得他如此自苦的原因。没有人能懂得他为何不能自主地使自己受苦，也没有人能懂得他的自苦对于他实是一种需要。即是脾气和他极相似的父亲也埋怨他：

“你的弟弟告诉我，你生活得十分节省，甚至节省到悲惨的程度：节省是好的；但悲惨是坏的；这是使神和人都为之不悦的恶行；它会妨害你的灵魂与肉体。只要你还年轻，这还可以；但当你渐渐衰老的时光，这悲惨的坏生活所能产生的疾病与残废，全都会显现。应当避免悲惨，中庸地生活，当心不要缺乏必需的营养，留意自己不要劳作过度……”这封信后面又加上若干指导卫生的话，足见当时的野蛮程度：“第一，保护你的头，到它保有相当的温暖，但不要洗：你应当把它揩拭，但不要洗。”（一五〇〇年十二月十九日信）

但什么劝告也不起影响。他从不肯把自己的生活安排得更合人性些。他只以极少的面包与酒来支持他的生命。他只睡几小时。当他在博洛尼亚进行尤利乌斯二世的铜像时，他和他的三个助手睡在一张床上，因为他只有一张床而又不愿添置。见一五〇六年信。他睡时衣服也不脱，皮靴也不卸。有一次，腿肿起来了，他不得不割破靴子；在脱下靴子的时候，腿皮也随着剥下来了。

这种骇人的卫生，果如他的父亲所预料，使他老是患病。在他的信札中，人们可以看出他生过十四或十五次大病。一五一七年九月，在他从事于圣洛伦佐的坟墓雕塑与《米涅瓦基督》的时候，他病得几乎死去。一五一八年九月，在塞拉韦扎石厂中，他因疲劳过度与烦闷而病了。一五二〇年拉斐尔逝世的时候，他又病倒了。一五二一年年终，一个友人利奥那多·塞拉约祝贺他：“居然从一场很少人能逃过的痛症中痊愈了。”一五三一年六月，翡冷翠城陷落后，他失眠，饮食不进，头和心都病了；这情景一直延长到年终；他的朋友们以为他是没有希望的了。一五三九年，他从西斯廷教堂的高架上堕下，跌破了腿。一五四四年六月，他患了一场极重的热病。一五四五年十二月至一五四六年正月，他旧病复发，使他的身体极度衰弱。一五四九年三月，他为石淋症磨难极苦。一五五五年七月，他患风痛。一五五九年七月，他又患石淋与其他种种疾病：他衰弱得厉害。一五六一年八月，他"晕倒了，四肢拘挛着"。他好几次发热，几乎要死去。他眼睛有病，牙齿有病，头痛，心病。见他的诗集卷八十二。他常为神经痛所苦，尤其当他睡眠的时候；睡眠对于他竟是一种苦楚。他很早便老了。四十二岁，他已感到衰老。一五一七年七月致多梅尼科·博宁塞尼书。四十八岁时，他说他工作一天必得要休息四天。一五二三年七月致巴尔特·安吉奥利尼书。他又固执着不肯请任何医生诊治。

他的精神所受到这苦役生活的影响，比他的肉体更甚。悲观主义侵蚀他。这于他是一种遗传病。青年时，他费尽心机去安慰他的父亲，因为他有时为狂乱的苦痛纠缠着。在他致父亲的信中，时时说："你不要自苦……"（一五〇九年春）——"你在这种悲痛的情操中生活真使我非常难过；我祈求你不要再去想这个了。"（一五〇九年正月二十七日）——"你不要惊惶，不要愁苦。"（一五〇九年九月十五日）他的父亲博纳罗蒂和他一样时时要发神经病。一五二一年，他突然从他自己家里逃出来，大声疾呼地说他的儿子把他赶出了。可是米开朗琪罗的病比他所照顾的人感染更深。这没有休止的活动，累人的疲劳，使他多疑的精神陷入种种迷乱状态。他猜疑他的敌人，他猜疑他的朋友。"在完满的友谊中，往往藏着毁损名誉与生命的阴谋。"（见他致他的朋友卢伊吉·德尔·里乔——把他从一五四六年那场重病中救出来的朋友——的十四行诗）参看一五六一年十一月十五日，他的忠实的朋友卡瓦列里为他褊枉的猜忌之后给他的声辩信："我敢确言我从没得罪过你；但你太轻信那般你最不应该相信的人……"他猜疑他的家族、他的兄弟、他的嗣子；他猜疑他们不耐烦地等待他的死。

一切使他不安；"我在继续的不信任中过生活……不要相信任何人，张开了眼睛睡觉……"他的家族也嘲笑这永远的不安。一五一五年九月与十月致他的兄弟博纳罗托信中有言:"……不要嘲笑我所写的一切……一个人不应当嘲笑任何人;在这个时代,为了他的肉体与灵魂而在恐惧与不安中过活是并无害处的……在一切时代,不安是好的……"他如自己所说的一般,在"一种悲哀的或竟是癫狂的状态"中过生活。在他的信中,他常自称为"忧愁的与疯狂的人","老悖","疯子与恶人"。——但他为这疯狂辩白,说道只对于他个人有影响。痛苦久了,他竟嗜好有痛苦,他在其中觅得一种悲苦的乐趣:

"愈使我受苦的我愈欢喜。"诗集卷一百五十二。

对于他,一切都成为痛苦的题目,——甚至爱,十四行诗卷一百九十第四十八首:"些少的幸福对于恋爱中人是一种丰满的享乐,但它会使欲念绝灭,不若灾患会使希望长大。"甚至善。"一切事物使我悲哀,"他写道,"……即是善,因为它存在的时间太短了,故给予我心灵的苦楚不减于恶。"

"我的欢乐是悲哀。"诗集卷八十一。

没有一个人比他更不接近欢乐而更倾向于痛苦的了。他在无垠的宇宙中所见到的所感到的只有它。世界上全部的悲观主义都包含在这绝望的呼声,这极端褊枉的语句中。

"千万的欢乐不值一单独的苦恼!……"诗集卷七十四。

"他的猛烈的力量,"孔迪维说,"把他和人群几乎完全隔离了。"* *孔迪维(Ascano Condivi,? —1574),意大利画家、雕塑家和作家。米开朗琪罗的学生和好友。一五五三年出版了《米开朗琪罗传记》。

他是孤独的。——他恨人;他亦被人恨。他爱人;他不被人爱。人们对他又是钦佩,又是畏惧。晚年,他令人发生一种宗教般的尊敬。他威临着他的时代。那时,他稍微镇静了些。他从高处看人,人们从低处看他。他从没有休息,也从没有最微贱的生灵所享受的温柔——即在一生能有一分钟的时间在别人的爱抚中睡眠。妇人的爱情于他是无缘的。在这荒漠的天空,只有维多利亚·科隆娜的冷静而纯洁的友谊，如明星一般照耀了一刹那。
**维多利亚·科隆娜(Vitto-ria Colonna，1492—1547)，意大利女诗人。周围尽是黑夜，他的思想如流星一般在黑暗中剧烈旋转，他的意念与幻梦在其中回荡。贝多芬却从没有这种情境。因为这黑夜即在米开朗琪罗自己的心中。贝多芬的忧郁是人类的过失；他天性是快乐的，他希望快乐。米开朗琪罗却是内心忧郁，这忧郁令人害怕，一切的人本能地逃避他。他在周围造成一片空虚。

这还算不得什么。最坏的并非是成为孤独，却是对自己亦孤独了，和自己也不能生活，不能为自己的主宰，而且否认自己，与自己斗争，毁坏自己。他的心魂永远在欺妄他的天才。人们时常说起他有一种“反对自己”的宿命，使他不能实现他任何伟大的计划。这宿命便是他自己。他的不幸的关键足以解释他一生的悲剧——而为人们所最少看到或不敢去看的关键，——只是缺乏意志和赋性懦怯。

在艺术上、政治上，在他一切行动和一切思想上，他都是优柔寡断的。在两件作品、两项计划、两个部分中间，他不能选择。关于尤利乌斯二世的纪念建筑、圣洛伦佐的屋面、梅迪契的墓等等的历史都足以证明他这种犹豫。他开始，开始，却不能有何结果。他要，他又不要。他才选定，他已开始怀疑。在他生命终了的时光，他什么也没有完成：他厌弃一切。人家说他的工作是强迫的；人家把朝三暮四、计划无定之责，加在他的委托人身上。其实如果他决定拒绝的话，他的主使人正无法强迫他呢。可是他不敢拒绝。

他是弱者。他在种种方面都是弱者，为了德性和为了胆怯。他是心地怯弱的。他为种种思虑而苦闷，在一个性格坚强的人，这一切思虑全都可以丢开的。因为他把责任心夸大之故，便自以为不得不去干那最平庸的工作，为任何匠人可以比他做得更好的工作。他雕塑圣洛伦佐的墓像时，在塞拉韦扎石厂中过了几年。他既不能履行他的义务，也不能把它忘掉。他一五一四年承受下来的米涅瓦寺中的基督像，到一五一八年还未动工。“我痛苦死了……我做了如窃贼一般的行为……”一五〇一年，他和锡耶纳的皮科洛米尼寺签订契约，订明三年以后交出作品。可是六十年后，一五六一年，他还为了没有履行契约而苦恼。

他为了谨慎与恐惧而变得怯弱。为尤利乌斯二世所称为“可怕的人”，同样可被瓦萨里称做“谨慎者”，——“使任何人，甚至使教皇也害怕的”人会害怕一切。塞巴斯蒂阿诺·德尔·皮翁博信中语。(一五二〇年十月二十七日) * * 皮翁博(Sebastiano del Piombo, 1485—1547)，意大利威尼斯派画家。他在亲王权贵面前是怯弱的，——可是他又最瞧不起在亲王权贵面前显得怯弱的人，他把他们叫做“亲王们的荷重的驴子”。和瓦萨里谈话时所言。——他要躲避教皇；他却留着，他服从教皇。一五三四年，他要逃避教皇保罗三世，结果仍是听凭工作把他系住。他容忍他的主人们的蛮横无理的信，他恭敬地答复他们。一五一八年二月二日，大主教尤利乌斯·梅迪契猜疑他被卡拉伊人收买，送一封措辞严厉的信给他。米开朗琪罗屈服地接受了，回信中说他“在世界上除了专心取悦他以外，再没有别的事务了”。有时，他反抗起来，他骄傲地说话；——但他永远让步。直到死，他努力挣扎，可没有力量奋斗。教皇克雷芒七世——和一般的意见相反——在所有的教皇中是对他最慈和的人，他认识他的弱点；他也怜悯他。参看在翡冷翠陷落之后，他和塞巴斯蒂阿诺·德尔·皮翁博的通信。他为了他的健康为了他的苦闷抱着不安。

他的全部的尊严会在爱情面前丧失。他在坏蛋面前显得十分卑怯。他把一个可爱的但是平庸的人，如托马索·卡瓦列里当做一个了不得的天才。“……我不能和你相比。你在一切学问方面是独一无二的。”(一五三三年正月一日米开朗琪罗致托马索·卡瓦列里书) * * 卡瓦列里(Tommaso de Cavalieri)，意大利贵族，米氏挚友之一。他们的友谊一直保持到米氏离世。

至少，爱情使他这些弱点显得动人。当他为了恐惧之故而显得怯弱时，这怯弱只是——人们不敢说是可耻的——痛苦得可怜的表现。他突然陷入神志错乱的恐怖中。于是他逃了，他被恐怖逼得在意大利各处奔窜。一四九四年，为了某种幻象，吓得逃出翡冷翠。一五二九年，翡冷翠被围，负有守城之责的他，又逃亡了。他一直逃到威尼斯。几乎要逃到法国去。以后他对于这件事情觉得可耻，他重新回到被围的城里，尽他的责任，直到围城终了。但当翡冷翠陷落，严行流戍放逐，雷厉风行之时，他又是多么怯弱而发抖！他甚至去恭维法官瓦洛里，那个把他的朋友、高贵的巴蒂斯塔·德拉·帕拉处死的法官。可怜啊！他甚至弃绝他的友人，翡冷翠的流戍者。“……一向我留神着不和被判流戍的人谈话，不和他们有何来往；将来我将更加留意……我不和任何人谈话；尤其是翡冷翠人。如果有人在路上向我行礼，在理我不得不友善地和他们招呼，但我竟不理睬。如果我知道谁是流戍的翡冷翠人，我简直不回答他……”这是他的侄儿通知他被人告发与翡冷翠的流戍者私自交通后，他自罗马发的复信（一五四八年）中语。——更甚于此的，他还做了忘恩负义的事情；他否认他病剧时受过斯特罗齐一家的照拂：“至于人家责备我曾于病中受斯特罗齐家的照拂，那么，我并不认为我是在斯特罗齐家中而是在卢伊吉·德尔·里乔的卧室中，他是和我极友善的。”（卢伊吉·德尔·里乔是在斯特罗齐邸中服役）米开朗琪罗曾在斯特罗齐家中作客是毫无疑义的事，他自己在两年以前即送给罗伯托·斯特罗齐一座《奴隶》（现存法国卢浮宫），表示对于他的盛情的感谢。

他怕。他对于他的恐怖感到极度的羞耻。他瞧不起自己。他憎厌自己以致病倒了。他要死。人家也以为他快死了。那是一五三一年，在翡冷翠陷落后，他屈服于教皇克雷芒七世和谄媚法官瓦洛里之后。

但他不能死。他内心有一种癫狂的求生的力量，这力量每天会苏醒，求生，为的要继续受苦。——他如果能不活动呢？但他不能如此。他不能不有所行动。他行动。他应得要行动。——他自己行动么？——他是被动！他是卷入他的癫痫的热情与矛盾中，好似但丁的狱囚一般。

他应得要受苦啊！

“使我苦恼吧！苦恼！在我过去，没有一天是属于我的！”诗集卷四十九。（一五三二年）

他向神发出这绝望的呼号：

“神哟！神哟！谁还能比我自己更透入我自己？”诗集卷六。（一五〇四——一五一一年间）

如果他渴望死，那是因为他认为死是这可怕的奴隶生活的终极之故。他讲起已死的人时真是多么艳羡！

“你们不必再恐惧生命的嬗变和欲念的转换……后来的时间不再对你们有何强暴的行为了；必须与偶然不再驱使你们……言念及此，能不令我艳羡？”诗集卷五十八。（一五三四年纪念他父亲之死的作品）

“死！不再存在！不再是自己！逃出万物的桎梏！逃出自己的幻想！”

“啊！使我，使我不再回复我自己！”诗集卷一百三十五。

他的烦躁的目光还在京都博物馆中注视我们，在痛苦的脸上，我更听到这悲怆的呼声。以下的描写根据米开朗琪罗的各个不同的肖像。弗朗切斯科·拉卡瓦晚近发现《最后之审判》中有他自己的画像，四百年来，多少人在他面前走过而没有看见他。但一经见到，便永远忘不了。

他是中等的身材，肩头很宽，骨骼与肌肉突出很厉害。因为劳作过度，身体变了形，走路时，头往上仰着，背伛偻着，腹部突向前面。这便是画家弗朗西斯科·特·奥兰达**弗朗西斯科·特·奥兰达（Francisco de Hollande，1517—1584），葡萄牙微型画画家和作家的肖像中的形象：那是站立着的侧影，穿着黑衣服；肩上披着一件罗马式大氅；头上缠着布巾；布巾之上覆着一顶软帽。一五六四年，人们把他的遗骸自罗马运回到翡冷翠去的时候，曾经重开他的棺龛，那时头上便戴着这种软帽。

头颅是圆的，额角是方的，满着皱痕，显得十分宽大。黑色的头发乱蓬蓬地虬结着。眼睛很小，又悲哀，又强烈，光彩时时在变化，或是黄的或是蓝的。鼻子很宽很直，中间隆起，曾被托里贾尼的拳头击破。这是一四九〇—一四九二年间事。＊＊托里贾尼（Pietro Torrigiani，1472—1528），翡冷翠派雕刻家和画家。一五一一年移居英国后，成为英国第一个意大利文艺复兴风格的倡导者。从鼻孔到口角有很深的皱痕，嘴巴生得很细腻，下唇稍稍前突，鬓毛稀薄，牧神般的胡须簇拥着两片颧骨前突的面颊。

全部脸相上笼罩着悲哀与犹豫的神情，这确是诗人塔索时代的面目，表现着不安的、被怀疑所侵蚀的痕迹。＊＊塔索（Torquato Tasso，1544—1595），意大利文艺复兴后期最伟大的诗人。凄惨的目光引起人们的同情。

同情，我们不要和他斤斤较量了吧。他一生所希望而没有获到的这爱情，我们给了他吧。他尝到一个人可能受到的一切苦难。他目击他的故乡沦陷。他目击意大利沦于野蛮民族之手。他目击自由之消灭。他眼见他所爱的人一个一个地逝世。他眼见艺术上的光明，一颗一颗地熄灭。

在这黑夜将临的时光，他孤独地留在最后。在死的门前，当他回首瞻望的时候，他不能说他已做了他所应做与能做的事以自安慰。他的一生于他显得是白费的。一生没有欢乐也是徒然。他也徒然把他的一生为艺术的偶像牺牲了。“……热情的幻梦，使我把艺术当作一个偶像与一个王国……”（诗集卷一百四十七）

没有一天快乐，没有一天享受到真正的人生，九十年间的巨大的劳作，竟不能实现他梦想的计划于万一。他认为最重要的作品没有一件是完成的。运命嘲弄他，使这位雕塑家有始有终地完成的事业，只是他所不愿意的绘画。他自称为“雕塑家”而非“画家”。一五〇八年三月十日他写道：“今日，我雕塑家米开朗琪罗，开始西斯廷教堂的绘画。”——“这全不是我的事业，”一年以后他又写道，“……我毫无益处地费掉我的时间。”（一五〇九年正月二十七日）关于这个见解，他从没变更。在那些使他骄傲使他苦恼的大工程中，有些——如《比萨之战》的图稿、尤利乌斯二世的铜像——在他生时便毁掉了，有些——尤利乌斯二世的坟墓，梅迪契的家庙——是可怜地流产了：现在我们所看到的只是他的思想的速写而已。

雕塑家吉贝尔蒂＊＊吉贝尔蒂（Lorenzo Ghiberti，1378—1455），意大利文艺复兴初期翡冷翠主要青铜雕刻家。在他的注解中讲述一桩故事，说德国安永公爵的一个镂银匠，具有可和“希腊古雕塑家相匹敌”的手腕，暮年时眼见他灌注全生命的一件作品毁掉了。——“于是他看到他的一切疲劳都是枉费；他跪着喊道：‘哟吾主，天地的主宰，不要再使我迷失，不要让我再去跟从除你以外的人；可怜我吧！’立刻，他把所有的财产分给了穷人，退隐到深山中去，死了……”

如这个可怜的德国镂银家一样，米开朗琪罗到了暮年，悲苦地看着他的一生、他的努力都是枉费，他的作品未完的未完，毁掉的毁掉。

于是，他告退了。文艺复兴睥睨一切的光芒，宇宙的自由的至高至上的心魂，和他一起遁入“这神明的爱情中，他在十字架上张开着臂抱迎接我们”。

“颂赞欢乐”的丰满的呼声，没有嘶喊出来。于他直到最后的一呼吸永远是“痛苦的颂赞”、“解放一切的死的颂赞”。他整个地战败了。

这便是世界的战胜者之一。我们,享受他的天才的结晶品时,和享受我们祖先的功绩一般,再也想不起他所流的鲜血。

我愿把这血渗在大家眼前,我愿举起英雄们的红旗在我们的头上飘扬。

上编　战　斗

一　力

一四七五年三月六日，他生于卡森蒂诺地方的卡普雷塞。荒确的乡土，“飘逸的空气”，米开朗琪罗欢喜说他的天才是由于他的故乡的“飘逸的空气”所赐。岩石，桐树，远处是亚平宁山。不远的地方，便是阿西西的圣方济各在阿尔佛尼阿山头看见基督显灵的所在。

父亲是卡普雷塞与丘西地方的法官。他的名字叫做洛多维科·迪·利奥那多·博纳罗蒂·西莫内——他们一家真正的姓字是西莫内。这是一个暴烈的、烦躁的、“怕上帝”的人。母亲弗朗西斯卡·迪·奈丽·迪·米尼阿托·德尔·塞拉在米开朗琪罗六岁时便死了。父亲在一四八五年续娶卢克蕾齐亚·乌巴尔迪妮，她死于一四九七年。他们共是弟兄五人：利奥那多、米开朗琪罗、博纳罗托、乔凡·西莫内、西吉斯蒙多。利奥那多生于一四七三年，博纳罗托生于一四七七年，乔凡·西莫内生于一四七九年，西吉斯蒙多生于一四八一年。利奥那多做了教士。因此米开朗琪罗成为长子了。

他幼时寄养在一个石匠的妻子家里。以后他把做雕塑家的志愿好玩地说是由于这幼年的乳。人家把他送入学校：他只用功素描。“为了这，他被他的父亲与伯叔瞧不起，而且有时打得很凶，他们都恨艺术家这职业,似乎在他们的家庭中出一个艺术家是可羞的。”据孔迪维记载。因此,他自幼便认识人生的残暴与精神的孤独。

可是他的固执战胜了父亲的固执。十三岁时,他进入多梅尼科·吉兰达约的画室——那是当代翡冷翠画家中最大最健全的一个。* * 吉兰达约(Domenico Ghirlandajo,1449—1494),文艺复兴早期翡冷翠重要画家,擅长画富有故事情节和大量人物肖像的层次分明的大型壁画。他初时的成绩非常优异,据说甚至令他的老师也嫉妒起来。实在,一个那样大的艺术家曾对他的学生嫉妒是很难令人置信的。我不信这是米开朗琪罗离开吉兰达约的原因。他到暮年还保存着对于他的第一个老师的尊敬。一年之后他们分手了。

他已开始憎厌绘画。他企慕一种更英雄的艺术。他转入雕塑学校。那个学校是洛伦佐·特·梅迪契所主办的,设在圣马可花园内。这个学校由多那太罗的学生贝尔托尔多所主持。那亲王很赏识他:叫他住在宫邸中,允许他和他的儿子们同席;童年的米开朗琪罗一下子便处于意大利文艺复兴运动的中心,处身于古籍之中,沐浴着柏拉图研究的风气。他们的思想,把他感染了,他沉湎于怀古的生活中,心中也存了崇古的信念:他变成一个希腊雕塑家。在“非常钟爱他”的波利齐亚诺的指导之下,他雕了《半人半马怪与拉庇泰人之战》。此像现存翡冷翠。《微笑的牧神面具》一作,亦是同时代的,它引起洛伦佐·特·梅迪契对于米开朗琪罗的友谊。《梯旁的圣母》亦是那时所作的浮雕。* * 波利齐亚诺(Poliziano,1454—1494),意大利诗人,人文主义者,文艺复兴时期古典文学研究先驱之一。

这座骄傲的浮雕,这件完全给力与美统治着的作品,反映出他成熟时期的武士式的心魂与粗犷坚强的手法。

他和洛伦佐·迪·克雷蒂、布贾尔迪尼、格拉纳奇、托里贾诺·德尔·托里贾尼等到卡尔米尼寺中去临摹马萨乔的壁画。

＊＊马萨乔(Masaccio,1401—1428),翡冷翠画家。将人文主义引入艺术,摆脱了中世纪神权艺术的禁锢,技术上为意大利绘画开辟了新征途。他不能容忍他的同伴们的嘲笑。一天,他和虚荣的托里贾尼冲突起来。托里贾尼一拳把他的脸击破了,后来,他以此自豪:"我紧握着拳头,"他讲给贝韦努托·切利尼听,"我那么厉害地打在他的鼻子上,我感到他的骨头粉碎了,这样,我给了他一个终身的纪念。"一四九一年事。＊＊切利尼(Benvenuto Cellini,1500—1571),翡冷翠金饰匠和雕刻家。

然而异教色彩并未抑灭米开朗琪罗的基督教信仰。两个敌对的世界争夺米开朗琪罗的灵魂。

一四九〇年,教士萨伏那洛拉,依据了多明我派的神秘经典《启示录》开始说教。他三十七岁,米开朗琪罗十五岁。他看到这短小羸弱的说教者,充满着热烈的火焰,被神的精神燃烧着,在讲坛上对教皇作猛烈的攻击,向全意大利宣扬神的威权。翡冷翠人心动摇。大家在街上乱窜,哭着喊着如疯子一般。最富的市民如鲁切拉伊、萨尔维亚蒂、阿尔比齐、斯特罗齐辈都要求加入教派。博学之士、哲学家也承认他有理。那时的学者皮克·德拉·米兰多莱和波利齐亚诺等都表示屈服于萨伏那洛拉的教义。不久之后,他们都死了(一四九四)。波利齐亚诺遗言死后要葬在多明我派的圣马可寺中——即萨伏那洛拉的寺院。皮克·德拉·米兰多莱死时特地穿着多明我派教士的衣装。米开朗琪罗的哥哥利奥那多便入了多明我派修道。一四九一年事。

米开朗琪罗也没有免掉这惊惶的传染。萨伏那洛拉自称为预言者,他说法兰西王查理八世将是神的代表,这时候,米开朗琪罗不禁害怕起来。

他的一个朋友,诗人兼音乐家卡尔迪耶雷有一夜看见洛伦佐·特·梅迪契的黑影在他面前显现,穿着褴褛的衣衫身体半裸着;死者命他预告他的儿子彼得,说他将要被逐出他的国土,永远不得回转。洛伦佐·特·梅迪契死于一四九二年四月八日;他的儿子彼得承袭了他的爵位。米开朗琪罗离开了爵邸,回到父亲那里,若干时内没有事做。以后,彼得又叫他去任事,委托他选购浮雕与凹雕的细石。于是他雕成巨大的白石像《力行者》,最初放在斯特罗齐宫中,一五二九年被法兰西王弗朗西斯一世购藏于枫丹白露,但在十七世纪时便不见了。放在圣灵修院的十字架木雕亦是此时之作,为这件作品,米开朗琪罗用尸身研究解剖学,研究得那么用功,以致病倒了(一四九四)。卡尔迪耶雷把这幕幻象告诉了米开朗琪罗,米氏劝他去告诉亲王;但卡尔迪耶雷畏惧彼得,绝对不敢。一个早上,他又来找米开朗琪罗,惊悸万分地告诉他说,死者又出现了:他甚至穿了特别的衣装,卡尔迪耶雷睡在床上,静默地注视着,死人的幽灵便来把他批颊,责罚他没有听从他。米开朗琪罗大大地埋怨他,逼他立刻步行到梅迪契别墅。半路上,卡尔迪耶雷遇到了彼得:他就讲给他听。彼得大笑,喊马弁把他打开。亲王的秘书别纳和他说:"你是一个疯子。你想洛伦佐爱哪一个呢?爱他的儿子呢还是爱你?"卡尔迪耶雷遭了侮辱与嘲笑,回到翡冷翠,把他倒霉的情形告知米开朗琪罗,并把翡冷翠定要逢到大灾难的话说服了米开朗琪罗,两天之后,米开朗琪罗逃走了。据孔迪维的记载:米开朗琪罗于一四九四年十月逃亡。一个月之后,彼得·特·梅迪契因为群众反叛也逃跑了;平民政府便在翡冷翠建立,萨伏那洛拉力予赞助,预言翡冷翠将使全世界都变成共和国。但这共和国将承认一个国王,便是耶稣-基督。

这是米开朗琪罗第一次为迷信而大发神经病,他一生,这类事情不知发生了多少次,虽然他自己也觉得可羞,但他竟无法克制。

他一直逃到威尼斯。

他一逃出翡冷翠,他的骚乱静了下来。——回到博洛尼亚,过了冬天,他把预言者和预言全都忘掉了。在那里他住在高贵的乔凡尼·弗朗切斯科·阿尔多弗兰迪家里作客。在和博洛尼亚警察当局发生数次的纠葛中,都得到他的不少帮助。这时候他雕了几座宗教神像,但全无宗教意味,只是骄傲的力的表现而已。世界的美丽重新使他奋激。他读彼特拉克、薄伽丘和但丁的作品。* * 彼特拉克(Francesco Petrarch,1304—1374),意大利诗人,文艺复兴时期人文主义主要代表之一。

一四九五年春,他重新路过翡冷翠,正当举行着狂欢节的宗教礼仪,各党派剧烈地争执的时候。但他此刻对于周围的热情变得那么淡漠,且为表示不再相信萨伏那洛拉派的绝对论起见,他雕成著名的《睡着的爱神》像,在当时被认为是古代风的作品。在翡冷翠只住了几个月;他到罗马去。直到萨伏那洛拉死为止,他是艺术家中最倾向于异教精神的一个。他雕《醉的酒神》、《垂死的阿多尼斯》和巨大的《爱神》的那一年,萨伏那洛拉正在焚毁他认为"虚妄和邪道"的书籍、饰物和艺术品。米开朗琪罗于一四九六年六月到罗马。《醉的酒神》、《垂死的阿多尼斯》与《爱神》都是一四九七年的作品。他的哥哥利奥那多为了他信仰预言之故被告发了。一切的危险集中于萨伏那洛拉的头上:米开朗琪罗却并不回到翡冷翠去营救他。萨伏那洛拉被焚死了:米开朗琪罗一声也不响。时在一四九八年五月二十三日。在他的信中,找不出这些事变的任何痕迹。

米开朗琪罗一声也不响;但他雕成了《哀悼基督》:

永生了一般的年轻,死了的基督躺在圣母的膝上,似乎睡熟了。他们的线条饶有希腊风的严肃。但其中已混杂着一种不可言状的哀愁情调;这些美丽的躯体已沉浸在凄凉的氛围中。悲哀已占据了米开朗琪罗的心魂。据米开朗琪罗与孔迪维的谈话,可见他所雕的圣母所以那么年轻,所以和多那太罗、波提切利辈的圣母绝然不同,是另有一种骑士式的神秘主义为背景的。

使他变得阴沉的，还不单是当时的忧患和罪恶的境象。一种专暴的力进入他的内心再也不放松他了。他为天才的狂乱所扼制，至死不使他呼一口气，并无什么胜利的幻梦，他却赌咒要战胜，为了他的光荣和为他家属的光荣。他的家庭的全部负担压在他一个人肩上。他们向他要钱。他没有钱，但那么骄傲，从不肯拒绝他们：他可以把自己卖掉，只是为要供应家庭向他要求的金钱。他的健康已经受了影响。营养不佳、时时受寒、居处潮湿、工作过度等等开始把他磨蚀。他患着头痛，一面的肋腹发肿。见他父亲给他的信。（一五〇〇年十二月十九日）他的父亲责备他的生活方式：他却不以为是他自己的过错。“我所受的一切痛苦，我是为的你们受的”，米开朗琪罗以后在写给父亲的信中说。见他给父亲的信。（一五〇九年春）

“……我一切的忧虑，我只因为爱护你们而有的。”见他给父亲的信。（一五二一年）

一五〇一年春，他回到翡冷翠。

四十年前，翡冷翠大寺维持会曾委托阿戈斯蒂诺雕一个先知者像，那作品动工了没有多少便中止了。* * 阿戈斯蒂诺（Agostino di Duccio，1418—1481），意大利文艺复兴初期的雕刻家和建筑家。一向没有人敢上手的这块巨大的白石，这次交托给米开朗琪罗了；一五〇一年八月。——几个月之前，他和弗朗切斯科·皮科洛米尼大主教签订合同，承应为锡耶纳寺塑造装饰用的雕像。这件工作他始终没有做，他一生常常因此而内疚。硕大无朋的《大卫》，便是缘源于此。

相传：翡冷翠的行政长官皮耶尔·索德里尼（即是决定交托米氏雕塑的人）去看这座像时，为表示他的高见计，加以若干批评：他认为鼻子太厚了。米开朗琪罗拿了剪刀和一些石粉爬上台架，轻轻地把剪刀动了几下，手中慢慢地散下若干粉屑；但他一些也没有改动鼻子，还是照它老样。于是，他转身向着长官问道：

“现在请看。”

——“现在，”索德里尼说，“它使我更欢喜了些。你把它改得有生气了。”

“于是，米开朗琪罗走下台架，暗暗地好笑。”据瓦萨里记载。＊＊瓦萨里（Vasari，1511—1574），意大利画家、建筑师和作家，以研究意大利文艺复兴时期美术史为最出名。

在这件作品中，我们似乎便可看到幽默的轻蔑。这是在休止期间的一种骚动的力。它充满着轻蔑与悲哀。在美术馆的阴沉的墙下，它会感到闷塞。它需要大自然中的空气，如米开朗琪罗所说的一般，它应当“直接受到阳光”。这个像在他的工作室内时，一个雕塑家想使外面的光线更适宜于这件作品，米开朗琪罗和他说：“不必你辛苦，重要的是直接受到阳光。”

一五〇四年正月二十五日，艺术委员会（其中的委员有菲利比诺·利比、波提切利、佩鲁吉诺与莱奥纳多·达·芬奇等）讨论安置这座巨像的地方。依了米开朗琪罗的请求，人们决定把它立在“诸侯宫邸”的前面。委员会讨论此事的会议录还保存着。迄一八七三年为止，《大卫》留在当时米开朗琪罗所指定的地位，在诸侯宫邸前面。以后，人们把它移到翡冷翠美术学士院的一个特别的园亭中，因为那时代这像已被风雨侵蚀到令人担忧的程度。翡冷翠艺术协会同时提议作一个白石的摹本放在诸侯宫邸前的原位上。＊＊利比（Fillippino Lippi，1457—1504），意大利文艺复兴早期翡冷翠派画家；佩鲁吉诺（Perugino，1450—1523），意大利文艺复兴时期画家，拉斐尔之师。搬运的工程交托大寺的建筑家们去办理。五月十四日傍晚，人们把《大卫》从临时廊棚下移出来。晚上，市民向巨像投石，要击破它，当局不得不加以严密的保护。巨像慢慢地移动，系得挺直，高处又把它微微吊起，免得在移转时要抵住泥土。从大教堂广场搬到老宫前面一共费了四天光阴。五月十八日正午，终于到达了指定的场所。夜间防护的工作仍未稍懈。可是虽然那么周密，某个晚上群众的石子终于投中了《大卫》。这一段记载，完全根据当时的历史，详见皮耶特罗·迪·马可·帕伦蒂著《翡冷翠史》。

这便是人家往往认为值得我们作为模范的翡冷翠民族。大卫的圣洁的裸体使翡冷翠人大感局促。一五四五年，人们指责《最后之审判》中的猥亵（因为其中全是裸体的人物）时，写信给他道："仿效翡冷翠人的谦恭吧，把他们身体上可羞的部分用金叶遮掩起来。"

一五〇四年，翡冷翠的诸侯把米开朗琪罗和莱奥纳多·达·芬奇放在敌对的立场上。

两人原不相契。他们都是孤独的，在这一点上，他们应该互相接近了。但他们觉得离开一般的人群固然很远，他们两人却离得更远。两人中更孤独的是莱奥纳多。他那时是五十二岁，长米开朗琪罗二十岁。从三十岁起，他离开了翡冷翠，那里的狂乱与热情使他不耐；他的天性是细腻精密的，微微有些胆怯，他的清明宁静与带着怀疑色彩的智慧，和翡冷翠人的性格都是不相投契的。这享乐主义者，这绝对自由绝对孤独的人，对于他的乡土、宗教、全世界，都极淡漠，他只有在一般思想自由的君主旁边才感到舒服。一四九九年，他的保护人卢多维克·勒·莫雷下台了，他不得不离别米兰。一五〇二年，他投效于切萨尔·博尔吉亚幕下；一五〇三年，这位亲王在政治上失势了，他又不得不回到翡冷翠。在此，他的讥讽的微笑正和阴沉狂热的米开朗琪罗相遇，而他正激怒他。米开朗琪罗，整个地投入他的热情与信仰之中的人，痛恨他的热情与信仰的一切敌人，而他尤其痛恨毫无热情毫无信仰的人。莱奥纳多愈伟大，米开朗琪罗对他愈怀着敌意；他亦绝不放过表示敌意的机会。

"莱奥纳多面貌生得非常秀美，举止温文尔雅。有一天他和一个朋友在翡冷翠街上闲步；他穿着一件玫瑰红的外衣，一直垂到膝盖；修剪得很美观的鬈曲的长须在胸前飘荡。在圣三一寺旁，几个中产者在谈话，他们辩论着但丁的一段诗。他们招呼莱奥纳多，请他替他们辨明其中的意义。这时候米开朗琪罗在旁走过。莱奥纳多说：'米开朗琪罗会解释你们所说的那段诗。'米开朗琪罗以为是有意嘲弄他，冷酷地答道：'你自己解释吧，你这曾做过一座铜马的模塑这是隐指莱奥纳多没有完成的弗朗切斯科·斯福尔扎大公的雕像却不会铸成铜马，而你居然不觉羞耻地就此中止了的人！'——说完，他旋转身走了。莱奥纳多站着，脸红了。米开朗琪罗还以为未足，满怀着要中伤他的念头，喊道：'而那些混账的米兰人竟会相信你做得了这样的工作！'"一个同时代人的记录。

是这样的两个人，行政长官索德里尼竟把他们安置在一件共同的作品上：即诸侯宫邸中会议厅的装饰画。这是文艺复兴两股最伟大的力的奇特的争斗。一五〇四年五月，莱奥纳多开始他的《安吉亚里之战》的图稿。这战役是翡冷翠人打败米兰人的一仗。这个题目是故意使莱奥纳多难堪的，因为他在米兰有那么多的朋友与保护人。一五〇四年八月，米开朗琪罗受命制作那《卡希纳之战》。亦名《比萨之役》。全个翡冷翠为了他们分成两派。——但是时间把一切都平等了。两件作品全都消灭了。米开朗琪罗的图稿于一五〇五年画到壁上，到了一五一二年梅迪契卷土重来时的暴乱中便毁掉了。这件作品只有从零星的摹本中可以窥一斑。至于莱奥纳多的一幅，莱奥纳多自己已经把它毁灭了。他为求技巧完美起见，试用一种油膏，但不能持久；那幅画后来因他灰心而丢弃，到一五五〇年时已不存在了。米开朗琪罗这时代（一五〇一——一五〇五）的作品，尚有《圣母》、《小耶稣》二座浮雕，现存伦敦皇家美术院和翡冷翠巴尔杰洛博物馆；——《布鲁日圣母》，一五〇六年时被佛兰芒商人购去；——还有现存乌菲齐博物馆的《圣家庭》那幅大水胶画，是米氏最经意最美之作。他的清教徒式的严肃，他的英雄的调子，和莱奥纳多的懒散肉感的艺术极端相反。

一五〇五年三月，米开朗琪罗被教皇尤利乌斯二世召赴罗马。从此便开始了他生涯中的英雄的时代。

两个都是强项、伟大的人，当他们不是凶狠地冲突的时候，教皇与艺术家生来便是相契的。他们的脑海中涌现着巨大的计划。尤利乌斯二世要令人替他造一个陵墓，和古罗马城相称的。米开朗琪罗为这个骄傲的思念激动得厉害。他怀抱着一个巴比伦式的计划，要造成一座山一般的建筑，上面放着硕大无朋的四十余座雕像。教皇兴奋非凡，派他到卡拉雷地方去，在石厂中斫就一切必需的白石。在山中米开朗琪罗住了八个多月。他完全被一种狂热笼罩住了。"一天他骑马在山中闲逛，他看见一座威临全景的山头：他突然想把它整个地雕起来，成为一个巨大无比的石像，使海中远处的航海家们也能望到……如果他有时间，如果人家答应他，他定会那么做。"据孔迪维记载。

一五〇五年十二月，他回到罗马，他所选择的大块白石亦已开始运到，安放在圣彼得广场上，米开朗琪罗所住的桑塔-卡泰里纳的后面。"石块堆到那么高大，群众为之惊愕，教皇为之狂喜。"米开朗琪罗埋首工作了。教皇不耐烦地常来看他，"和他谈话，好似父子那般亲热"。为更便于往来起见，他令人在梵蒂冈宫的走廊与米开朗琪罗的寓所中间造了一顶浮桥，使他可以随意在秘密中去看他。

但这种优遇并不如何持久。尤利乌斯二世的性格和米开朗琪罗的同样无恒。他一会儿热心某个计划，一会儿又热心另一个绝然不同的计划。另一个计划于他显得更能使他的荣名垂久：他要重建圣彼得大寺。是米开朗琪罗的敌人们怂恿他倾向于这新事业的，那些敌人数不在少，而且都是强有力的。他们中间的首领是一个天才与米开朗琪罗相仿而意志更坚强的人物：布拉曼特，他是教皇的建筑家，拉斐尔的朋友。＊＊布拉曼特（Donato Bramante，1444—1514），意大利文艺复兴时期的建筑师。在两个理智坚强的翁布里亚伟人与一个天才犷野的翡冷翠人中间，毫无同情心可言。但他们所以决心要打倒他，至少是布拉曼特有此决心。至于拉斐尔，他和布拉曼特交情太密了，不得不和他取一致行动，但说拉斐尔个人反对米开朗琪罗却并无实据。只是米开朗琪罗确言他也加入阴谋："我和教皇尤利乌斯所发生的争执全是布拉曼特与拉斐尔嫉妒的结果：他们设法要压倒我；实在，拉斐尔也是主动的人，因为他在艺术上所知道的，都是从我这里学去的。"（一五四二年十月米氏给一个不可考的人的信）无疑是因为他曾向他们挑战之故。米开朗琪罗毫无顾忌地指责布拉曼特，说他在工程中舞弊。孔迪维因为他对于米开朗琪罗的盲目的友谊，也猜疑着说："布拉曼特被逼着去损害米开朗琪罗，第一是因为嫉妒，第二是因为他怕米开朗琪罗对他的判断，他是知道他的过失的人。大家知道，布拉曼特极爱享乐，挥霍无度。不论他在教皇那边的薪给是如何高，他总不够花，于是他设法在工程方面舞弊，用劣等的材料筑墙，于坚固方面是不够的。这情形，大家可以在他所主持的圣彼得建筑中鉴别出来……近来好些地方都在重修，因为已在下沉或将要下沉。"那时布拉曼特便决意要剪除他。

他使他在教皇那边失宠。他利用尤利乌斯二世的迷信，在他面前说据普通的观念，生前建造陵墓是大不祥的。他居然使教皇对于米开朗琪罗的计划冷淡下来，而乘机献上他自己的计划。一五〇六年正月，尤利乌斯二世决定重建圣彼得大寺。陵墓的事情搁置了，米开朗琪罗不独被压倒了，而且为了他在作品方面所花的钱负了不少债务。"当教皇转变了念头，而运货船仍从卡拉雷地方把石块运到时，我不得不自己来付钱。同时我从翡冷翠雇来的斫石匠们也到了罗马；正当我在教皇支配给我的屋子中安排他们的住处与用具时，我的钱花完了，我处于极大的窘境中。……"（前引一五四二年十月的信）他悲苦地怨艾。教皇不再见他了；他为了工程的事情去求见时，尤利乌斯二世教他的马弁把他逐出梵蒂冈宫。

目击这幕情景的卢克奎主教,和马弁说:

“你难道不认识他么?”

马弁向米开朗琪罗说:

“请原谅我,先生,但我奉命而行,不得不如此。”

米开朗琪罗回去上书教皇:

“圣父,今天早上我由你圣下的意旨被逐出宫。我通知你自今日起,如果你有何役使,你可以叫人到罗马以外的任何区处找我。”

他把信寄发了,喊着住在他家里的一个石商和一个石匠,和他们说:

“去觅一个犹太人,把我家里的一切全卖给他,以后再到翡冷翠来。”

于是他上马出发。一五〇六年四月十七日。教皇接到了信,派了五个骑兵去追他,晚上十一点钟时在波吉邦西地方追上了,交给他一道命令:“接到此令,立刻回转罗马,否则将有严厉处分。”米开朗琪罗回答,他可以回来,如果教皇履行他的诺言:否则,尤利乌斯二世永远不必希望再看到他。这一切叙述都是引上述的一五四二年十月一信原文。

他把一首十四行诗有人把这首十四行诗认为是一五一一年作的,但我仍以为放在这个时期较为适当寄给教皇:

“吾主,如果俗谚是对的,那真所谓‘非不能也,是不欲也’。你相信了那些谎话与谗言,对于真理的敌人,你却给他酬报。至于我,我是,我曾是你的忠实的老仆,我的皈依你好比光芒之于太阳;而我所费掉的时间并不使你感动!我愈劳苦,你愈不爱我。我曾希望靠了你的伟大而伟大,曾希望你的公正的度量与威严的宝剑将是我唯一的裁判人,而非听从了谎骗的回声。但上天把德性降到世上之后,老是把它作弄,仿佛德性只在一棵枯索的树“枯索的树”隐喻尤利乌斯二世系族的旗号上的图案上企待果实。”

尤利乌斯二世的侮慢，还不止是促成米开朗琪罗的逃亡的唯一的原因。在一封给朱利阿诺·达·桑迦罗的信中，他露出布拉曼特要暗杀他的消息。“这还不是使我动身的唯一的原因；还有别的事情，为我不愿讲述的。此刻只需说我想如果我留在罗马，这城将成为我的坟墓，而不是教皇的坟墓了。这是我突然离开的主因。”＊＊朱利阿诺·达·桑迦罗（Giuliano da San Gallo，1445？—1516），意大利文艺复兴时期的建筑师、雕刻家和军事工程师。

米开朗琪罗走了，布拉曼特成为唯一的主宰。他的敌手逃亡的翌日，他举行圣彼得大寺的奠基礼。一五〇六年四月十八日。他的深切的仇恨集中于米开朗琪罗的作品上，他要安排得使米氏的事业永远不能恢复。他令群众把圣彼得广场上的工场，堆着建造尤利乌斯二世陵墓的石块的区处，抢劫一空。见一五四二年十月信。

可是，教皇为了他的雕塑家的反抗大为震怒，接连着下敕令到翡冷翠的诸侯那里，因为米开朗琪罗躲避在翡冷翠。诸侯教米开朗琪罗去，和他说：“你和教皇捣蛋，即是法兰西王也不敢那么做。我们不愿为了你而和他轻启争端：因此你当回罗马去；我们将给你必要的信札，说一切对于你的无理将无异是对于我们的无理。”同前。

米开朗琪罗固执着。他提出条件。他要尤利乌斯二世让他建造他的陵寝，并且不在罗马而在翡冷翠工作。当尤利乌斯二世出征佩鲁贾与博洛尼亚的时候，一五〇六年八月终。他的敕令愈来愈严厉了，米开朗琪罗想起到土耳其，那边的苏丹曾托方济各派教士转请他去造一座佩拉地方的桥。孔迪维记载——一五〇四年，米开朗琪罗已有到土耳其去的念头。一五一九年，他和安德里诺普莱诸侯来往，他要他去替他作画。我们知道莱奥纳多·达·芬奇也曾有过到土耳其去的意念。

终于他不得不让步了。一五〇六年十一月杪，他委屈地往博洛尼亚去，那时尤利乌斯二世正攻陷了城，以征服者资格进入博洛尼亚城。

“一个早上，米开朗琪罗到桑佩特罗尼奥寺去参与弥撒礼。教皇的马弁瞥见他，给认识了，把他引到尤利乌斯二世前面，他正在斯埃伊泽宫内用餐。教皇发怒着和他说：‘是你应当到罗马去晋谒我们的；而你竟等我们到博洛尼亚来访问你！’——米开朗琪罗跪下，高声请求宽赦，说他的行动并非由于恶意而是因为被逐之后愤怒之故。教皇坐着，头微俯着，脸上满布着怒气；一个翡冷翠诸侯府派来为米开朗琪罗说情的主教上前说道：‘务望圣下不要把他的蠢事放在心上；他为了愚昧而犯罪。所有的画家除了艺术之外，在一切事情上都是一样的。’教皇暴怒起来，大声呼喝道：‘你竟和他说即是我们也不敢和他说的侮辱的话。你才是愚昧的……滚开，见你的鬼吧！’——他留着不走，教皇的侍役上前一阵拳头把他撵走。于是，教皇的怒气在主教身上发泄完了，令米开朗琪罗近前去，宽赦了他。”孔迪维记载。

不幸，为与尤利乌斯二世言和起见，还得依从他任性的脾气；而这专横的意志已重新转变了方向。此刻他已不复提及陵墓问题，却要在博洛尼亚建立一个自己的铜像了。米开朗琪罗虽然竭力声明“他一些也不懂得铸铜的事”，也是无用。他必得学习起来，又是艰苦的工作。他住在一间很坏的屋子里，他、两个助手拉波与洛多维科和一个铸铜匠贝尔纳尔迪诺，三个人只有一张床。十五个月在种种烦恼中度过了。拉波与洛多维科偷盗他，他和他们闹开了。

“拉波这坏蛋，”他写信给他的父亲说，“告诉大家说是他和洛多维科两人做了全部的作品或至少是他们和我合作的。在我没有把他们撵出门外之前，他们脑筋中不知道他们并非是主人；直到我把他们逐出时，他们才明白是为我雇用的。如畜生一般，我把他们赶走了。”一五〇七年二月八日给他父亲的信。

拉波与洛多维科大为怨望；他们在翡冷翠散布谣言，攻击米开朗琪罗，甚至到他父亲那里强索金钱，说是米开朗琪罗偷他们的。

接着是那铸铜匠显得是一个无用的家伙。

“我本信贝尔纳尔迪诺师父会铸铜的，即不用火也会铸，我真是多么信任他。”

一五〇七年六月，铸铜的工作失败了。铜像只铸到腰带部分。一切得重新开始。米开朗琪罗到一五〇八年二月为止，一直在干这件作品。他的健康为之损害了。

“我几乎没有用餐的时间，”他写信给他的兄弟说，“……我在极不舒服极痛苦的情景中生活：除了夜以继日地工作之外，我什么也不想；我曾经受过那样的痛苦，现在又受着这样的磨难，竟使我相信如果再要我作一个像，我的生命将不够了：这是巨人的工作。”一五〇七年十一月十日给他兄弟的信。

这样的劳作却获得了可悲的结果。一五〇八年二月在桑佩特罗尼奥寺前建立的尤利乌斯二世像，只有四年的寿命。一五一一年十二月，它被尤利乌斯二世的敌人本蒂沃利党人毁灭了；残余的古铜被阿方斯·特·埃斯特收买去铸大炮。

米开朗琪罗回到罗马。尤利乌斯二世命他做另一件同样意想不到同样艰难的工程。对于这个全不懂得壁画技术的画家，教皇命他去作西斯廷教堂的天顶画。人们可以说他简直在发不可能的命令，而米开朗琪罗居然会执行。

似乎又是布拉曼特，看见米开朗琪罗回来重新得宠了，故把这件事情作难他，使他的荣名扫地。这至少是孔迪维的意见。但我们应得注意在米开朗琪罗没有逃到博洛尼亚之前，要他作西斯廷壁画的问题已经提起过了，那时节布拉曼特对于这计划并未见得欢欣，因为他正设法要他离开罗马。(一五〇六年五月皮耶特罗·洛塞利致米开朗琪罗书)即在这一五〇八年,米氏的敌手拉斐尔在梵蒂冈宫开始Stanza那组壁画,获得极大的成功,故米开朗琪罗的使命尤其来得危险,因为他的敌人已经有了杰作摆在那里和他挑战。在一五〇八年四月至九月中间,拉斐尔画成了所谓"诸侯厅"中的壁画。其中有《雅典学派》、《圣体争辩》等诸名作。他用尽方法辞谢这可怕的差使,他甚至提议请拉斐尔代替他:他说这不是他的艺术,他绝对不会成功的。但教皇尽是固执着,他不得不让步。

布拉曼特为米开朗琪罗在西斯廷教堂内造好了一个台架,并且从翡冷翠招来好几个有壁画经验的画家来帮他忙。但上面已经说过,米开朗琪罗不能有任何助手。他开始便说布拉曼特的台架不能用,另外造了一个。至于从翡冷翠招来的画家,他看见便头痛,什么理由也不说,把他们送出门外。"一个早上,他把他们所画的东西尽行毁掉;他自己关在教堂里,他不愿再开门让他们进来,即在他自己家里也躲着不令人见。当这场玩笑似乎持续到够久时,他们沮丧万分,决意回翡冷翠去了。"见瓦萨里记载。

米开朗琪罗只留着几个工人在身旁;在米开朗琪罗一五一〇年致父亲书中,他曾提及他的助手什么也不能做的话,"只要人家去服侍他……当然我不能管这些!我自己已感到帮助的人不够!他使我受苦如一头畜牲"。但困难不独没有减煞他的胆量,反而使他把计划扩大了,他决意在原定的天顶之外,更要画四周的墙壁。

一五〇八年五月十日,巨大的工程开始了。暗淡的岁月,——这整个生涯中最暗淡最崇高的岁月!这是传说上的米开朗琪罗,西斯廷的英雄,他的伟大的面目应当永远镂刻在人类的记忆之中。

他大感痛苦。那时代的信札证明他的狂乱的失望,决非他神明般的思想能够解救的了:

"我的精神处在极度的苦恼中。一年以来,我从教皇那里没有拿到一文钱；我什么也不向他要求，因为我的工作进行的程度似乎还不配要求酬报。工作迟缓之故，因为技术上发生困难，因为这不是我的内行。因此我的时间是枉费了的。神佑我！”一五〇九年正月二十七日致他的父亲书。

他才画完《洪水》一部，作品已开始发霉：人物的面貌辨认不清。他拒绝继续下去。但教皇一些也不原谅。他不得不重新工作。

在他一切疲劳与烦恼之外，更加上他的家族的纠缠。全家都靠了他生活，滥用他的钱，拼命地压榨他。他的父亲不停地为了钱的事情烦闷、呻吟。他不得不费了许多时间去鼓励他，当他自己已是病苦不堪的时候。

“你不要烦躁吧，这并非是人生遭受侮弄的事情……只要我自己还有些东西，我决不令你短少什么……即使你在世界上所有的东西全都丧失了，只要我存在，你必不致有何缺乏……我宁愿自己贫穷而你活着，决不愿具有全世界的金银财富而你不在人世。……如你不能和其余的人一样在世界上争得荣誉，你当以有你的面包自足，不论贫与富，当和基督一起生活，如我在此地所做的那样，因为我是不幸的，我可既不为生活发愁亦不为荣誉——即为了世界——苦恼；然而我确在极大的痛苦，与无穷的猜忌中度日。十五年以来，我不曾有过一天好日子，我竭力支撑你；而你从未识得，也从未相信。神宽恕你们众人！我准备在未来，在我存在的时候，永远同样地做人，只要我能够！”致他的父亲书。（一五〇九——一五一二年间）

他的三个弟弟都依赖他。他们等他的钱，等他为他们觅一个地位；他们毫无顾忌地浪费他在翡冷翠所积聚的小资产；他们更到罗马来依附他；博纳罗托与乔凡·西莫内要他替他们购买一份商业的资产，西吉斯蒙多要他买翡冷翠附近的田产。而他们绝不感激他：似乎这是他欠他们的债。米开朗琪罗知道他们在剥削他；但他太骄傲了，不愿拒绝他们而显出自己的无能。那些坏蛋还不安分守己呢。他们行动乖张，在米开朗琪罗不在家的时候虐待他们的父亲。于是米开朗琪罗暴跳起来。他把他的兄弟们当作顽童一般看待，鞭笞他们。必要时他也许会把他们杀死。

“乔凡·西莫内：乔凡·西莫内对他的父亲横施暴行。米开朗琪罗写信给他的父亲说：“在你的信中我知道一切和西莫内的行为。十年以来，我不曾有过比这更坏的消息。……如果我能够，即在收到信的那天，我将跨上马，把一切都整顿好了。但我既然不能如此做，我便写信给他。但如果他不改性，如果他拿掉家里的一支牙签，如果他做任何你所厌恶的事情，请你告诉我：我将向教皇请假，我将回来。”（一五〇九年春）

常言道，与善人行善会使其更善，与恶人行善会使其更恶。几年以来，我努力以好言好语和温柔的行动使你改过自新，和父亲与我们好好地过活，而你却愈来愈坏了……我或能细细地和你说，但这不过是空言而已。现在不必多费口舌，只要你确切知道你在世界上什么也没有；因为是我为了上帝的缘故维持你的生活，因为我相信你是我的兄弟和其余的一样。但我此刻断定你不是我的兄弟；因为如果是的，那么你不会威胁我的父亲。你真可说是一头畜生，我将如对待畜生一般对待你。须知一个人眼见他的父亲被威胁或被虐待的时候，应当为了他而牺牲生命……这些事情做得够了！……我告诉你，世界上没有一件东西是你所有的；如果我再听到关于你的什么话，我将籍没你的财产，把不是你所挣来的房屋田地放火烧掉；你不是你自己理想中的人物。如果我到你面前来，我将给你看些东西使你会痛哭流涕，使你明白你靠了什么才敢这么逞威风……如果你愿改过，你愿尊敬你的父亲，我将帮助你如对于别的兄弟一样，而且不久之后，我可以替你盘下一家商店。但你如不这样做，我将要清理你，使你明白你的本来面目，使你确确实实知道你在世上所有的东西……完了！言语有何欠缺的地方，我将由事实来补足。

米开朗琪罗于罗马

还有两行。十二年以来，我为了全意大利过着悲惨的生活，我受着种种痛苦，我忍受种种耻辱，我的疲劳毁坏我的身体，我把生命经历着无数的危险，只为要帮扶我的家庭；——现在我才把我们的家业稍振，而你却把我多少年来受着多少痛苦建立起来的事业在一小时中毁掉！……像基督一般！这不算什么！因为我可以把你那样的人——不论是几千几万——分裂成块块，如果是必要的话。——因此，要乖些，不要把对你具有多少热情的人逼得无路可走！”这封信的日期有人说是一五〇九年春，有人说是一五〇八年七月。注意这时候乔凡·西莫内已是三十岁的人了，米开朗琪罗只长他四岁。

以后是轮到西吉斯蒙多了：

“我在这里，过的是极度苦闷、极度疲劳的生活。任何朋友也没有，而且我也不愿有……极少时间我能舒舒服服地用餐。不要再和我说烦恼的事情了；因为我再不能忍受分毫烦恼了。”一五〇九年十月十七日致西吉斯蒙多书。

末了是第三个兄弟，博纳罗托，在斯特罗齐的商店中服务的，问米开朗琪罗要了大宗款项之后，尽情挥霍，而且以“用得比收到的更多”来自豪：

“我极欲知道你的忘恩负义，”米开朗琪罗写信给他道：“我要知道你的钱是从何而来的；我要知道：你在新圣玛利亚银行里支用我的二百二十八金币与我寄回家里的另外好几百金币时，你是否明白在用我的钱，是否知道我历尽千辛万苦来支撑你们？我极欲知道你曾否想过这一切！——如果你还有相当的聪明来承认事实，你将决不会说‘我用了我自己的许多钱’，也决不会再到此地来和我纠缠而一些也不回想起我以往对于你们的行为。你应当说:‘米开朗琪罗知道没有写信给我们,他是知道的;如果他现在没有信来,他定是被什么我们所不知道的事务耽搁着!我们且耐性吧。’当一匹马在尽力前奔的时候,不该再去蹴它,要它跑得不可能的那么快。然而你们从未认识我,而且现在也不认识我。神宽宥你们!是他赐我恩宠,曾使我能尽力帮助你们。但只有在我不复在世的时候,你们才会识得我。”一五一三年七月三十日致博纳罗托书。

这便是薄情与妒羡的环境,使米开朗琪罗在剥削他的家庭和不息地中伤他的敌人中间挣扎苦斗。而他,在这个时期内,完成了西斯廷的英雄的作品。可是他花了何等可悲的代价!差一些他要放弃一切而重新逃跑。他自信快死了。一五一二年八月信。他也许愿意这样。

教皇因为他工作迟缓和固执着不给他看到作品而发怒起来。他们傲慢的性格如两朵阵雨时的乌云一般时时冲撞。“一天,”孔迪维述说,“尤利乌斯二世问他何时可以画完,米开朗琪罗依着他的习惯,答道:‘当我能够的时候。’教皇怒极了,把他的杖打他,口里反复地说:‘当我能够的时候!当我能够的时候!’

“米开朗琪罗跑回家里准备行装要离开罗马了。尤利乌斯二世马上派了一个人去,送给他五百金币,竭力抚慰他,为教皇道歉。米开朗琪罗接受了道歉。”

但翌日,他们又重演一番,一天,教皇终于愤怒地和他说:“你难道要我把你从台架上倒下地来么?”米开朗琪罗只得退步;他把台架撤去了,揭出作品,那是一五一二年的诸圣节日。

那盛大而暗淡的礼节,这祭亡魂的仪式,与这件骇人的作品的开幕礼,正是十分适合,因为作品充满着生杀一切的神的精灵,——这挟着疾风雷雨般的气势横扫天空的神,带来了一切生命的力。关于米开朗琪罗作品在另书解释了,此处不赘。

二　力的崩裂

从这件巨人的作品中解放出来，米开朗琪罗变得光荣了，支离破灭了。成年累月地仰着头画西斯廷的天顶，“他把他的目光弄坏了，以至好久之后，读一封信或看一件东西时他必得把它们放在头顶上才能看清楚”。瓦萨里记载。

他把自己的病态作为取笑的资料：

“……

我的胡子向着天，

我的头颅弯向着肩，

胸部像头枭。

画笔上滴下的颜色，

在我脸上形成富丽的图案。

腰缩向腹部的位置，

臀部变做秤星，维持我全身重量的均衡。

我再也看不清楚了，

走路也徒然摸索几步。

我的皮肉，在前身拉长了，

在后背缩短了，

仿佛是一张叙利亚的弓。

……”诗集卷九。这首以诙谑情调写的诗是一五一〇年七月作的。

我们不当为这开玩笑的口气蒙蔽。米开朗琪罗为了变得那样丑而深感痛苦。像他那样的人，比任何人都更爱慕肉体美的人，丑是一桩耻辱。亨利·索德在他的《米开朗琪罗与文艺复兴的结束》(1902，柏林)中提出这一点，把米氏的性格看得很准确。在他的一部分恋歌中，我们看出他的愧恧之情。“……既然吾主把人死后的肉体交给灵魂去受永久的平和或苦难，我祈求他把我的肉体——虽然它是丑的，不论在天上地下——留在你的旁边；因为一颗爱的心至少和一个美的脸庞有同等价值……”(诗集卷一百零九第十二首)“上天似乎正因为我在美丽的眼中变得这么丑而发怒。”(诗集卷一百零九第九十三首)他的悲苦之所以尤其深刻，是因为他一生被爱情煎熬着；而似乎他从未获得回报。于是他自己反省，在诗歌中发泄他的温情与痛苦。

自童年起他就作诗，这是他热烈的需求。他的素描、信札、散页上面满涂着他的反复推敲的思想的痕迹。不幸，在一五一八年时，他把他的青年时代的诗稿焚去大半；有些在他生前便毁掉了。可是他留下的少数诗歌已足唤引起人们对于他的热情的概念。米开朗琪罗全部诗集的第一次付印是在一六二三年，由他的侄孙在翡冷翠发刊的。这一部版本错讹极多。一八六三年，切萨雷·瓜斯蒂在翡冷翠发刊第一部差不多是正确的版本。但唯一完全的科学的版本，当推卡尔·弗莱博士于一八九七年在柏林刊行的一部。本书所申引依据的，亦以此本为准。

最早的诗似乎是于一五〇四年左右在翡冷翠写的：在同一页纸上画有人与马的交战图。

“我生活得多么幸福，爱啊，只要我能胜利地抵拒你的疯癫！而今是可怜！我涕泪沾襟，我感到了你的力……”诗集卷二。

一五〇四至一五一一年的，或即是写给同一个女子的两首情诗，含有多么悲痛的表白：

"谁强迫我投向着你……噫！噫！噫！……紧紧相连着么？可是我仍是自由的！……"诗集卷五。

"我怎么会不复属于我自己呢？喔神！喔神！喔神！……谁把我与我自己分离？……谁能比我更深入我自己？喔神！喔神！喔神！……"诗集卷六。

一五〇七年十二月自博洛尼亚发的一封信的背后，写着下列一首十四行诗，其中肉欲的表白，令人回想起波提切利的形象：

"鲜艳的花冠戴在她的金发之上，它是何等幸福！谁能够，和鲜花轻抚她的前额一般，第一个亲吻她？终日紧束着她的胸部长袍真是幸运。金丝一般的细发永不厌倦地掠着她的双颊与蝤颈。金丝织成的带子温柔地压着她的乳房，它的幸运更是可贵。腰带似乎说：'我愿永远束着她……'啊！……那么我的手臂又将怎样呢！"诗集卷七。

在一首含有自白性质的亲密的长诗中据弗莱氏意见，此诗是一五三一——一五三二年之作，但我认为是早年之作——在此很难完全引述的——米开朗琪罗在特别放纵的词藻中诉说他的爱情的悲苦：

"一日不见你，我到处不得安宁。见了你时，仿佛是久饥的人逢到食物一般……当你向我微笑，或在街上对我行礼……我像火药一般燃烧起来……你和我说话，我脸红，我的声音也失态，我的欲念突然熄灭了。……"诗集卷三十六。

接着是哀呼痛苦的声音：

"啊！无穷的痛苦，当我想起我多么爱恋的人绝不爱我时，我的心碎了！怎么生活呢？……"诗集卷十三。另一首著名的情诗，由作曲家巴尔托洛梅奥·特罗姆邦奇诺于一五一八年前谱成音乐的，亦是同时期之作："我的宝贝，如果我不能求你的援助，如果我没有了你，我如何能有生活的勇气？呻吟着，哭泣着，叹息着。我可怜的心跟踪着你，夫人，并且向你表显我不久将要面临到的死，和我所受的苦难。但离别永不能使我忘掉我对你的忠诚，我让我的心和你在一起：我的心已不复是我的了。”（诗集卷十一）

下面几行，是他写在梅迪契家庙中的圣母像画稿旁边的：

“太阳的光芒耀射着世界，而我却独自在阴暗中煎熬。人皆欢乐，而我，倒在地下，浸在痛苦中，呻吟，嚎哭。”诗集卷二十二。

米开朗琪罗的强有力的雕塑与绘画中间，爱的表现是缺如的；在其中他只诉说他的最英雄的思想。似乎把他心的弱点混入作品中间是一桩羞耻。他只把它付托给诗歌。是在这方面应当寻觅藏在犷野的外表之下的温柔与怯弱的心：

“我爱：我为何生了出来？”诗集卷一百〇九第三十五首。试把这些爱情与痛苦几乎是同义字的情诗，和肉感的、充满着青春之气的拉斐尔的十四行诗（写在《圣体争辩》图稿反面的）作一比较。

西斯廷工程告成了，尤利乌斯二世死了，尤利乌斯二世死于一五一三年二月二十一日，正当西斯廷天顶画落成后三个半月。米开朗琪罗回到翡冷翠，回到他念念不忘的计划上去：尤利乌斯二世的坟墓。他签订了十七年中完工的契约。契约订于一五一三年三月六日。——这新计划较原来的计划更可惊，共计巨像三十二座。三年之中，他差不多完全致力于这件工作。在这时期内，米开朗琪罗似乎只接受一件工作——《米涅瓦基督》。在这个相当平静的时期——悲哀而清明的成熟时期，西斯廷时代的狂热镇静了，好似波涛汹涌的大海重归平复一般，——米开朗琪罗产生了最完美的作品，他的热情与意志的均衡实现得最完全的作品：《摩西》与现藏卢浮宫的《奴隶》。《摩西》是在预定计划内竖在尤利乌斯二世陵墓第一层上的六座巨像之一。直到一五四五年，米开朗琪罗还在做这件作品。《奴隶》共有二座，米开朗琪罗一五一三年之作，一五四六年时他赠与罗伯托·斯特罗齐，那是一个翡冷翠的共和党人，那时正逃亡在法国，《奴隶》即由他转赠给法兰西王弗朗西斯一世，今存卢浮宫。

可是这不过是一刹那而已；生命的狂潮几乎立刻重复掀起：他重新堕入黑夜。

新任教皇利奥十世，竭力要把米开朗琪罗从宣扬前任教皇的事业上转换过来，为他自己的宗族歌颂胜利。这对于他只是骄傲的问题，无所谓同情与好感；因为他的伊壁鸠鲁派的精神不会了解米开朗琪罗的忧郁的天才：他全部的恩宠都加诸拉斐尔一人身上。他对于米开朗琪罗并非没有温情的表示；但米开朗琪罗使他害怕。他觉得和他一起非常局促。皮翁博在写给米氏的信中说："当教皇讲起你时，仿佛在讲他的一个兄弟；他差不多眼里满含着泪水。他和我说你们是一起教养长大的（米氏幼年在梅迪契学校中的事情已见前文叙述），而他不承认认识你、爱你，但你要知道你使一切的人害怕，甚至教皇也如此。"（一五二〇年十月二十七日）在利奥十世的宫廷中，人们时常把米开朗琪罗作为取笑的资料。他写给拉斐尔的保护人别纳大主教的一封信，措词失当，使他的敌人们引为大乐。皮翁博和米氏说："在宫中人家只在谈论你的信；它使大家发笑。"（一五二〇年七月三日书）但完成西斯廷的人物却是意大利的光荣；利奥十世要役使他。

他向米开朗琪罗提议建造翡冷翠的梅迪契家庙。米开朗琪罗因为要和拉斐尔争胜——拉斐尔利用他离开罗马的时期把自己造成了艺术上的君王的地位布拉曼特死于一五一四年。拉斐尔受命为重建圣彼得寺的总监——不由自主地听让这新的锁链锁住自己了。实在，他要担任这一件工作而不放弃以前的计划是不可能的，他永远在这矛盾中挣扎着。他努力令自己相信他可以同时进行尤利乌斯二世的陵墓与圣洛伦佐教堂——即梅迪契家庙。他打算把大部分工作交给一个助手去做，自己只塑几个主要的像。但由着他的习惯，他慢慢地放弃这计划，他不肯和别人分享荣誉。更甚于此的是，他还担忧教皇会收回成命呢；他求利奥十世把他系住在这新的锁链上。“我要把这个教堂的屋面，造成为全意大利的建筑与雕塑取法的镜子。教皇与大主教（尤利乌斯·特·梅迪契，即未来的教皇克雷芒七世）必须从速决定到底要不要我做，是或否。如果他们要我做，那么应当签订一张合同……梅塞尔·多梅尼科，关于他们的主意，请你给我一个切实的答复，这将是我的欢乐中最大的欢乐。”（一五一七年七月致多梅尼科·博宁塞尼书）一五一八年正月十九日，教皇与他签了约，米开朗琪罗应允在八年中交出作品。

当然他不能继续尤利乌斯二世的纪念建筑了。但最可悲的是连圣洛伦佐教堂也不能建立起来。拒绝和任何人合作犹以为未足，由着他的可怕的脾气，要一切由他自己动手的愿欲，他不留在翡冷翠做他的工作，反而跑到卡拉雷地方去监督斫石工作。他遇着种种困难，梅迪契族人要用最近被翡冷翠收买的皮耶特拉桑塔石厂的出品。因为米开朗琪罗主张用卡拉雷的白石，故他被教皇诬指为得贿；一五一八年二月二日，大主教尤利乌斯·特·梅迪契致书米开朗琪罗，有云：“我们疑惑你莫非为了私人的利益袒护卡拉雷石厂而不愿用皮耶特拉桑塔的白石……我们告诉你，不必任何解释，圣下的旨意要完全采用皮耶特拉桑塔的石块，任何其他的都不要……如果你不这么做，将是故意违反圣下与我们的意愿，我们将极有理由地对你表示严重的愤怒……因此，把这种固执从头脑里驱逐出去吧。”为要服从教皇的意志，米开朗琪罗又受卡拉雷人的责难，他们和航海工人联络起来；以至他找不到一条船肯替他在日纳与比萨中间运输白石。“我一直跑到日纳地方去寻觅船只……卡拉雷人买通了所有的船主人……我不得不往比萨去。……”（见一五一八年四月二日米开朗琪罗致乌尔比诺书）“我在比萨租的船永远没有来。我想人家又把我作弄了：这是我一切事情上的命运！喔，我离开卡拉雷的那一天那一时刻真应诅咒啊！这是我的失败的原因……”（一五一八年四月十八日书）他逼得在远亘的山中和荒确难行的平原上造起路来。当地的人又不肯拿出钱来帮助筑路费。工人一些也不会工作，这石厂是新的，工人亦是新的。米开朗琪罗呻吟着：

“我在要开掘山道把艺术带到此地的时候，简直在干和令死者复活同样为难的工作。”一五一八年四月十八日书。——几个月之后：“山坡十分峭险，而工人们都是蠢极的；得忍耐着！应得要克服高山，教育人民……”（一五一八年九月致斐里加耶书）

然而他挣扎着：

“我所应允的，我将冒着一切患难而实践；我将做一番全意大利从未做过的事业，如果神助我。”

多少的力，多少的热情，多少的天才枉费了！一五一八年九月杪，他在塞拉韦扎地方，因为劳作过度，烦虑太甚而病了。他知道在这苦工生活中健康衰退了，梦想枯竭了。他日夜为了热望终有一日可以开始工作而焦虑，又因为不能实现而悲痛。他受着他所不能令人满意的工作压榨。指《米涅瓦基督》与尤利乌斯二世的陵墓。

“我不耐烦得要死，因为我的恶运不能使我为所欲为……我痛苦得要死，我做了骗子般的勾当，虽然不是由于我自己的过失……”一五一八年十二月二十一日致阿真大主教书。——四个仅仅动工的巨像，预备安放在尤利乌斯二世墓上的《奴隶》似乎是这一期的作品。

回到翡冷翠，在等待白石运到的时期中，他万分自苦；但阿尔诺河干涸着，满载石块的船只不能进口。

终于石块来了：这一次，他开始了么？——不，他回到石厂去。他固执着在没有把所有的白石堆聚起来成一座山头——如以前尤利乌斯二世的陵墓那次一般——之前他不动工。他把开始的日期一直捱延着；也许他怕开始。他不是在应允的时候太夸口了么？在这巨大的建筑工程中，他不太冒险么？这绝非他的内行；他将到哪里去学呢？此刻，他是进既不能，退亦不可了。

费了那么多的心思，还不能保障运输白石的安全。在运往翡冷翠的六支巨柱式的白石中，四支在路上裂断了，一支即在翡冷翠当地。他受了他的工人们的欺骗。

末了，教皇与梅迪契大主教眼见多少宝贵的光阴白白费掉在石厂与泥泞的路上，感着不耐烦起来。一五二〇年三月十日，教皇一道敕谕把一五一八年命米开朗琪罗建造圣洛伦佐教堂的契约取消了。米开朗琪罗只在派来代替他的许多工人到达皮耶特拉桑塔地方的时候才知道消息。他深深地受了一个残酷的打击。

"我不和大主教计算我在此费掉的三年光阴，"他说，"我不和他计算我为了这圣洛伦佐作品而破产。我不和他计算人家对我的侮辱：一下子委任我做，一下子又不要我做这件工作，我不懂为什么缘故！我不和他计算我所损失的开支的一切……而现在，这件事情可以结束如下：教皇利奥把已经斫好石块的山头收回去，我手中是他给我的五百金币，还有是人家还我的自由！"一五二〇年书信。

但米开朗琪罗所应指摘的不是他的保护人们而是他自己，他很明白这个。最大的痛苦即是为此。他和自己争斗。自一五一五至一五二〇年中间，在他的力量的丰满时期，洋溢着天才的顶点，他做了些什么？——黯然无色的《米涅瓦基督》，——一件没有米开朗琪罗的成分的米开朗琪罗作品！——而且他还没有把它完成。米开朗琪罗把完成这座基督像的工作交付给他蠢笨的学生乌尔巴诺，他把它弄坏了。（见一五二一年九月六日皮翁博致米开朗琪罗书）罗马的雕塑家弗里齐胡乱把它修葺了。这一切忧患并没阻止米开朗琪罗在已往把他磨折不堪的工作上更加上新的工作。一五一九年十月二十日，他为翡冷翠学院签具公函致利奥十世，要求把留在拉文纳的但丁遗物运回翡冷翠，他自己提议"为神圣的诗人建造一个纪念像"。

自一五一五至一五二〇年中间，在这伟大的文艺复兴的最后几年中，在一切灾祸尚未摧毁意大利的美丽的青春之时，拉斐尔画了Loges室、火室以及各式各种的杰作，建造Madame别墅，主持圣彼得寺的建筑事宜，领导着古物发掘的工作，筹备庆祝节会，建立纪念物，统治艺术界，创办了一所极发达的学校；而后他在胜利的勋功伟业中逝世了。一五二〇年四月六日。

他的幻灭的悲苦，枉费时日的绝望，意志的破裂，在他后来的作品中完全反映着：如梅迪契的坟墓，与尤利乌斯二世纪念碑上的新雕像。指《胜利》。

自由的米开朗琪罗，终身只在从一个羁绊转换到另一个羁绊，从一个主人换到另一个主人中消磨过去。大主教尤利乌斯·特·梅迪契，不久成为教皇克雷芒七世，自一五二〇至一五三四年间主宰着他。

人们对于克雷芒七世曾表示严厉的态度。当然，和所有的教皇一样，他要把艺术和艺术家作为夸扬他的宗族的工具。但米开朗琪罗不应该对他如何怨望。没有一个教皇曾这样爱他。没有一个教皇曾对他的工作保有这么持久的热情。一五二六年，米开朗琪罗必得每星期写信给他。没有一个教皇曾比他更了解他的意志的薄弱，和他那样时时鼓励他振作，阻止他枉费精力。即在翡冷翠革命与米开朗琪罗反叛之后，克雷芒对他的态度也并没改变。皮翁博在致米开朗琪罗的信中写道："他崇拜你所做的一切；他把他所有的爱来爱你的作品。他讲起你时那么慈祥恺恻，一个父亲也不会对他的儿子有如此的好感。"（一五三一年四月二十九日）"如果你愿到罗马来，你要做什么便可做什么，大公或王……你在这教皇治下有你的名分，你可以作主人，你可以随心所欲。"（一五三一年十二月五日）但要医治侵蚀这颗伟大的心的烦躁、狂乱、悲观，与致命般的哀愁，却并非是他权力范围以内的事。一个主人慈祥有何用处？他毕竟是主人啊！……

"我服侍教皇，"米开朗琪罗说，"但这是不得已的。"见米开朗琪罗致侄儿利奥那多书。（一五四八年）

少许的荣名和一二件美丽的作品又算得什么？这和他所梦想的境界距离得那么远！……而衰老来了。在他周围，一切阴沉下来。文艺复兴快要死灭了。罗马将被野蛮民族来侵略蹂躏。一个悲哀的神的阴影慢慢地压住了意大利的思想。米开朗琪罗感到悲剧的时间的将临;他被悲怆的苦痛闷塞着。

把米开朗琪罗从他焦头烂额的艰难中拯拔出来之后,克雷芒七世决意把他的天才导入另一条路上去,为他自己所可以就近监督的。他委托他主持梅迪契家庙与坟墓的建筑。工程在一五二一年三月便开始了,但到尤利乌斯·特·梅迪契大主教登极为教皇时起才积极进行。这是一五二三年十一月十九日的事,从此是教皇克雷芒七世了。最初的计划包含四座坟墓:“高贵”的洛伦佐的,他的兄弟朱利阿诺的,他的儿子的和他的孙子的。一五二四年,克雷芒七世又决定加入利奥十世的棺椁和他自己的。同时,米氏被任主持圣洛伦佐图书馆的建筑事宜。他要他专心服务。他甚至劝他加入教派,这里是指方济各教派。(见一五二四年正月二日法图奇以教皇名义给米开朗琪罗书)致送他一笔教会俸金。米开朗琪罗拒绝了;但克雷芒七世仍是按月致送他薪给,比他所要求的多出三倍,又赠与他一所邻近圣洛伦佐的屋子。

一切似乎很顺利,教堂的工程也积极进行,忽然米开朗琪罗放弃了他的住所,拒绝克雷芒致送他的月俸。一五二四年三月。他又灰心了。尤利乌斯二世的承继人对他放弃已经承应的作品这件事不肯原谅;他们恐吓他要控告他,他们提出他的人格问题。诉讼的念头把米开朗琪罗吓倒了;他的良心承认他的敌人们有理,责备他自己爽约:他觉得在尚未偿还他所花去的尤利乌斯二世的钱之前,他决不能接受克雷芒七世的金钱。

“我不复工作了,我不再生活了。”他写着。一五二五年四月十九日米开朗琪罗致教皇管事乔凡尼·斯皮纳书。他恳求教皇替他向尤利乌斯二世的承继人们疏通,帮助他偿还他们的钱:

“我将卖掉一切,我将尽我一切的力量来偿还他们。”

或者,他求教皇允许他完全去干尤利乌斯二世的纪念建筑:

"我要解脱这义务的企望比之求生的企望更切。"

一想起如果克雷芒七世崩逝,而他要被他的敌人控告时,他简直如一个孩子一般,他绝望地哭了:

"如果教皇让我处在这个地位,我将不复能生存在这世界上……我不知我写些什么,我完全昏迷了……"一五二五年十月二十四日米氏致法图奇书。

克雷芒七世并不把这位艺术家的绝望如何认真,他坚持着不准他中止梅迪契家庙的工作。他的朋友们一些也不懂他这种烦虑,劝他不要闹笑话拒绝俸给。有的认为他是不假思索地胡闹,大大地警告他,嘱咐他将来不要再如此使性。一五二四年三月二十二日法图奇致米氏书。有的写信给他:

"人家告诉我,说你拒绝了你的俸给,放弃了你的住处,停止了工作;我觉得这纯粹是疯癫的行为。我的朋友,你不啻和你自己为敌……你不要去管尤利乌斯二世的陵墓,接受俸给吧;因为他们是以好心给你的。"一五二四年三月二十四日利奥那多·塞拉约致米氏书。

米开朗琪罗固执着。——教皇宫的司库和他戏弄,把他的话作准了:他撤消了他的俸给。可怜的人,失望了,几个月之后,他不得不重新请求他所拒绝的钱。最初他很胆怯地,含着羞耻:

"我亲爱的乔凡尼,既然笔杆较口舌更大胆,我把我近日来屡次要和你说而不敢说的话写信给你了:我还能获得月俸么?……如果我知道我决不能再受到俸给,我也不会改变我的态度:我仍将尽力为教皇工作;但我将算清我的账。"一五二四年米氏致教皇管事乔凡尼·斯皮纳书。

以后,为生活所迫,他再写信:

"仔细考虑一番之后,我看到教皇多么重视这件圣洛伦佐的作品;既然是圣下自己答应给我的月俸,为的要我加紧工作;那么我不收受它无异是延宕工作了:因此,我的意见改变了;迄今为止我不请求这月俸,此刻为了一言难尽的理由我请求了。……你愿不愿从答应我的那天算起把这笔月俸给我?……何时我能拿到?请你告诉我。”一五二五年八月二十九日米氏致斯皮纳书。

人家要给他一顿教训:只装作不听见。两个月之后,他还什么都没拿到,他不得不再三申请。

他在烦恼中工作;他怨叹这些烦虑把他的想像力窒塞了:

“……烦恼使我受着极大的影响……人们不能用两只手做一件事,而头脑想着另一件事,尤其是雕塑。人家说这是要刺激我;但我说这是坏刺激,会令人后退的。我一年多没有收到月俸,我和穷困挣扎:我在我的忧患中是十分孤独;而且我的忧患是那么多,比艺术使我操心得更厉害!我无法获得一个服侍我的人。”一五二五年十月二十四日米氏致法图奇书。

克雷芒七世有时为他的痛苦所感动了。他托人向他致意,表示他深切的同情。他担保“在他生存的时候将永远优待他”。一五二五年十二月二十三日皮尔·保罗·马尔齐以克雷芒七世名义致米氏书。但梅迪契族人们的无可救治的轻佻性又来纠缠着米开朗琪罗,他们非唯不把他的重负减轻一些,反又令他担任其他的工作:其中有一个无聊的巨柱,顶上放一座钟楼。一五二五年十月至十二月间书信。米开朗琪罗为这件作品又费了若干时间的心思。——此外他时时被他的工人、泥水匠、车夫们麻烦,因为他们受着一般八小时工作制的先驱的宣传家的诱惑。一五二六年六月十七日米氏致法图奇书。

同时,他日常生活的烦恼有增无减。他的父亲年纪愈大,脾气愈坏;一天,他从翡冷翠的家中逃走了,说是他的儿子把他赶走的。米开朗琪罗写了一封美丽动人的信给他:

“至爱的父亲,昨天回家没有看见你,我非常惊异;现在我知道你在怨我说我把你逐出的,我更惊异了。从我生来直到今日,我敢说从没有做任何足以使你不快的事——无论大小——的用意；我所受的一切痛苦，我是为爱你而受的……我一向保护你。……没有几天之前，我还和你说，只要我活着，我将竭我全力为你效命；我此刻再和你说一次，再答应你一次。你这么快地忘掉了这一切，真使我惊骇。三十年来，你知道我永远对你很好，尽我所能，在思想上在行动上。你怎么能到处去说我赶走你呢？你不知道这是为我出了怎样的名声吗？此刻，我烦恼得尽够了，再也用不到增添；而这一切烦恼我是为你而受的！你报答我真好！……可是万物都听天由命吧：我愿使我自己确信我从未使你蒙受耻辱与损害；而我现在求你宽恕，就好似我真的做了对你不起的事一般。原宥我吧，好似原宥一个素来过着放浪生活作尽世上所有的恶事的儿子一样。我再求你一次，求你宽恕我这悲惨的人儿，只不要给我这逐出你的名声；因为我的名誉对于我的重要是你所意想不到的：无论如何，我终是你的儿子！”此信有人认为是一五二一年左右的，有人认为是一五一六年左右的。

如此的热爱，如此的卑顺，只能使这老人的易怒性平息一刻。若干时以后，他说他的儿子偷了他的钱。米开朗琪罗被逼到极端了，写信给他：

“我不复明白你要我怎样。如果我活着使你讨厌，你已找到了摆脱我的好方法，你不久可以拿到你认为我掌握着的财宝的钥匙。而这个你将做得很对；因为在翡冷翠大家知道你是一个巨富，我永远在偷你的钱，我应当被罚：你将大大地被人称颂！……你要说我什么就尽你说尽你喊吧，但不要再写信给我；因为你使我不能再工作下去。你逼得我向你索还二十五年来我所给你的一切。我不愿如此说；但我终于被逼得不得不说！……仔细留神……一个人只死一次的，他再不能回来补救他所作的错事。你是要等到死的前日才肯忏悔。神佑你！”一五二三年六月书信。

这是他在家族方面所得的援助。

“忍耐啊!”他在给一个朋友的信中叹息着说,“只求神不要把并不使他不快的事情使我不快。”一五二六年六月十七日米氏致法图奇书。

在这些悲哀苦难中,工作不进步。当一五二七年全意大利发生大政变的时候,梅迪契家庙中的塑像一个也没有造好。同一封信内,说一座像已开始了,还有其他棺龛旁边的四座象征的人像与圣母像亦已动工。这样,这个一五二〇——一五二七年间的新时代只在他前一时代的幻灭与疲劳上加上了新的幻灭与疲劳,对于米开朗琪罗,十年以来,没有完成一件作品、实现一桩计划的欢乐。

三　绝　望

对于一切事物和对于他自己的憎厌，把他卷入一五二七年在翡冷翠爆发的革命漩涡中。

米开朗琪罗在政治方面的思想，素来亦是同样的犹豫不决，他的一生、他的艺术老是受这种精神状态的磨难。他永远不能使他个人的情操和他所受的梅迪契的恩德相妥协。而且这个强项的天才在行动上一向是胆怯的；他不敢冒险和人世的权威者在政治的与宗教的立场上斗争。他的书信即显出他老是为了自己与为了家族在担忧，怕会干犯什么，万一他对于任何专制的行为说出了什么冒昧的批评，一五一二年九月书信中说及他批评梅迪契的联盟者、帝国军队劫掠普拉托事件。他立刻加以否认。他时时刻刻写信给他的家族，嘱咐他们留神，一遇警变马上要逃：

"要像疫疠盛行的时代那样，在最先逃的一群中逃……生命较财产更值价……安分守己，不要树立敌人，除了上帝以外不要相信任何人，并且对于无论何人不要说好也不要说坏，因为事情的结局是不可知的；只顾经营你的事业……什么事也不要参加。"一五一二年九月米氏致弟博纳罗托书。

他的弟兄和朋友都嘲笑他的不安，把他当作疯子看待。一五一五年九月米氏致弟博纳罗托书："我并非是一个疯子，像你们所相信的那般……"

"你不要嘲笑我，"米开朗琪罗悲哀地答道，"一个人不应该嘲笑任何人。"一五一二年九月十日米氏致弟博纳罗托书。

实在，他永远的心惊胆战并无可笑之处。我们应该可怜他的病态的神经，它们老是使他成为恐怖的玩具；他虽然一直在和恐怖战斗，但他从不能征服它。危险临到时，他的第一个动作是逃避，但经过一番磨难之后，他反而更要强制他的肉体与精神去忍受危险。况他比别人更有理由可以恐惧，因为他更聪明，而他的悲观成分亦只使他对于意大利的厄运预料得更明白。——但要他那种天性怯弱的人去参与翡冷翠的革命运动，真需要一种绝望的激动，揭穿他的灵魂底蕴的狂乱才会可能呢。

这颗灵魂，虽然那么富于反省，深自藏纳，却是充满着热烈的共和思想。这种境地，他在热情激动或信托友人的时候，会在激烈的言辞中流露出来——特别是他以后和朋友卢伊吉·德尔·里乔、安东尼奥·佩特罗和多纳托·贾诺蒂诸人的谈话，为贾诺蒂在他的《关于但丁〈神曲〉对语》中所引述的。一五四五年间事。米开朗琪罗的《布鲁图斯胸像》便是为多纳托·贾诺蒂作的。一五三六年，在那部《关于但丁〈神曲〉对语》前数年，亚历山大·特·梅迪契被洛伦齐诺刺死，洛伦齐诺被人当作布鲁图斯般加以称颂。朋友们觉得奇怪，为何但丁把布鲁图斯与卡修斯放在地狱中最后的一层，而把恺撒倒放在他们之上（意即受罪更重）。当友人问起米开朗琪罗时，朋友们所讨论的主题是要知道但丁在地狱中过多少日子：是从星期五晚到星期六晚呢，抑是星期四晚至星期日早晨？他们去请教米开朗琪罗，他比任何人更了解但丁的作品。他替刺杀暴君的武士辩护道：

"如果你们仔细去读首段的诗篇，你们将看到但丁十分明白暴君的性质。他也知道暴君所犯的罪恶是神人共殛的罪恶。他把暴君们归入‘凌虐同胞’的这一类，罚入第七层地狱，沉入鼎沸的腥血之中。……既然但丁承认这点，那么说他不承认恺撒是他母国的暴君而布鲁图斯与卡修斯是正当的诛戮自是不可能了；因为杀掉一个暴君不是杀了一个人而是杀了一头人面的野兽。一切暴君丧失了人所共有的同类之爱，他们已丧失了人性：故他们已非人类而是兽类了。他们的没有同类之爱是昭然若揭的：否则，他们决不至掠人所有以为己有，决不至蹂躏人民而为暴君。……因此，诛戮一暴君的人不是乱臣贼子亦是明显的事，既然他并不杀人，乃是杀了一头野兽。由是，杀掉恺撒的布鲁图斯与卡修斯并不犯罪。第一，因为他们杀掉一个为一切罗马人所欲依照法律而杀掉的人。第二，因为他们并不是杀了一个人，而是杀了一头野兽。”米开朗琪罗并辨明暴君与世袭君王或与立宪诸侯之不同：“在此我不是指那些握有数百年权威的诸侯或是为民众的意志所拥戴的君王而言，他们的统治城邑，与民众的精神完全和洽……”

因此，罗马被西班牙王查理-昆特攻陷一五二七年五月六日与梅迪契宗室被逐一五二七年五月十七日梅迪契宗室中的伊波利特与亚历山大被逐的消息传到翡冷翠，激醒了当地人民的国家意识与共和观念以至揭竿起义的时候，米开朗琪罗便是翡冷翠革命党的前锋之一。即是那个平时叫他的家族避免政治如避免疫疠一般的人，兴奋狂热到什么也不怕的程度。他便留在那革命与疫疠的中心区翡冷翠。他的兄弟博纳罗托染疫而亡，死在他的臂抱中。一五二八年七月二日。一五二八年十月，他参加守城会议。一五二九年五月十日，他被任为防守工程的督造者。四月六日他被任（任期一年）为翡冷翠卫戍总督。六月，他到比萨、阿雷佐、里窝那等处视察城堡。七、八两月中，他被派到费拉雷地方去考察那著名的防御，并和防御工程专家、当地的大公讨论一切。

米开朗琪罗认为翡冷翠防御工程中最重要的是圣米尼亚托山岗;他决定在上面建筑炮垒。但——不知何故——他和悲冷翠长官卡波尼发生冲突,以至后者要使米开朗琪罗离开翡冷翠。据米开朗琪罗的秘密的诉白,那人是布西尼。米开朗琪罗疑惑卡波尼与梅迪契党人有意要把他撵走使他不能守城,他便住在圣米尼亚托不动弹了。可是他的病态的猜疑更煽动了这被围之城中的流言,而这一次的流言却并非是没有根据的。站在嫌疑地位的卡波尼被撤职了,由弗朗切斯科·卡尔杜奇继任长官:同时又任命不稳的马拉泰斯塔·巴利翁为翡冷翠守军统领(以后把翡冷翠城向教皇乞降的便是他)。米开朗琪罗预感到灾祸将临,把他的惶虑告诉了执政官,"而长官卡尔杜奇非但不感谢他,反而辱骂了他一顿;责备他永远猜疑、胆怯"。孔迪维又言:"实在,他应该接受这好意的忠告,因为当梅迪契重入翡冷翠时,他被处死了。"马拉泰斯塔呈请把米开朗琪罗解职:具有这种性格的他,为要摆脱一个危险的敌人起见,是什么都不顾虑的;而且他那时是翡冷翠的大元帅,在当地自是声势赫赫的了。米开朗琪罗以为自己处在危险中了;他写道:

"可是我早已准备毫不畏惧地等待战争的结局。但九月二十日星期二清晨,一个人到我炮垒里来附着耳朵告诉我,说我如果要逃生,那么我不能再留在翡冷翠。他和我一同到了我的家里,和我一起用餐,他替我张罗马匹,直到目送我出了翡冷翠城他才离开我。"一五二九年九月二十五日米氏致巴蒂斯塔·德拉·帕拉书。

瓦尔基更补充这一段故事说:"米开朗琪罗在三件衬衣中缝了一万二千金币在内,而他逃出翡冷翠时并非没有困难,他和里纳多·科尔西尼和他的学生安东尼奥·米尼从防卫最松的正义门中逃出。"

数日后,米开朗琪罗说:

"究竟是神在指使我抑是魔鬼在作弄我,我不明白。"

他惯有的恐怖毕竟是虚妄的。可是他在路过卡斯泰尔诺沃时,对前长官卡波尼说了一番惊心动魄的话,把他的遭遇和预测叙述得那么骇人,以至这老人竟于数日之后惊悸致死。据塞格尼记载。可见他那时正处在如何可怕的境界。

九月二十三日,米开朗琪罗到费拉雷地方。在狂乱中,他拒绝了当地大公的邀请,不愿住到他的宫堡中去,他继续逃。九月二十五日,他到威尼斯。当地的诸侯得悉之下,立刻派了两个使者去见他,招待他;但又是惭愧又是犷野,他拒绝了,远避在朱得卡。他还自以为躲避得不够远。他要逃亡到法国去。他到威尼斯的当天,就写了一封急切的信,给为法王弗朗西斯一世在意大利代办艺术品的朋友巴蒂斯塔·德拉·帕拉:

"巴蒂斯塔,至亲爱的朋友,我离开了翡冷翠要到法国去;到了威尼斯,我询问路径:人家说必得要经过德国的境界,这于我是危险而艰难的路。你还有意到法国去么?……请你告诉我,请你告诉我你要我在何处等你,我们可以同走……我请求你,收到此信后给我一个答复,愈快愈好,因为我去法之念甚急,万一你已无意去,那么也请告知,以便我以任何代价单独前往……"一五二九年九月二十五日致巴蒂斯塔·德拉·帕拉书。

驻威尼斯法国大使拉扎雷·特·巴尔夫急急写信给弗朗西斯一世和蒙莫朗西元帅,促他们乘机把米开朗琪罗邀到法国宫廷中去留住他。法王立刻向米开朗琪罗致意,愿致送他一笔年俸一座房屋。但信札往还自然要费去若干时日,当弗朗西斯一世的复信到时,米开朗琪罗已回到翡冷翠去了。

疯狂的热度退尽了,在朱得卡静寂的居留中,他仅有闲暇为他的恐怖暗自惭愧。他的逃亡,在翡冷翠喧传一时,九月三十日,翡冷翠执政官下令一切逃亡的人如于十月七日前不回来,将处以叛逆罪。在固定的那天,一切逃亡者果被宣布为叛逆,财产亦概行籍没。然而米开朗琪罗的名字还没有列入那张表；执政官给他一个最后的期限，驻费拉雷的翡冷翠大使加莱奥多·朱尼通知翡冷翠共和邦，说米开朗琪罗得悉命令的时候太晚了，如果人家能够宽赦他，他准备回来。执政官答应原宥米开朗琪罗；他又托斫石匠巴斯蒂阿诺·迪·弗朗切斯科把一张居留许可证带到威尼斯交给米开朗琪罗，同时转交给他十封朋友的信，都是要求他回去的。一五二九年十月二十二日。在这些信中，宽宏的巴蒂斯塔·德拉·帕拉尤其表示出爱国的热忱：

"你一切的朋友，不分派别地、毫无犹豫地、异口同声地渴望你回来，为保留你的生命、你的母国、你的朋友、你的财产与你的荣誉，为享受这一个你曾热烈地希望的新时代。"

他相信翡冷翠重新临到了黄金时代，他满以为光明前途得胜了。——实际上，这可怜人在梅迪契宗族重新上台之后却是反动势力的第一批牺牲者中的一个。

他的一番说话把米开朗琪罗的意念决定了。幸他回来了，——很慢的；因为到卢克奎地方去迎接他的巴蒂斯塔·德拉·帕拉等了他好久，以至开始绝望了。他又致书米开朗琪罗，敦促他回去。十一月二十日，米开朗琪罗终于回到了翡冷翠。数日前，他的俸给被执政官下令取消了。二十三日，他的判罪状由执政官撤消了，但予以三年不得出席大会议的处分。据米氏致皮翁博书中言，他亦被判处缴纳一千五百金币的罚金充公。

从此，米开朗琪罗勇敢地尽他的职守，直至终局。他重新去就圣米尼亚托的原职，在那里敌人们已轰炸了一个月了；他把山岗重新筑固，发明新的武器，把棉花与被褥覆蔽着钟楼，这样，那著名的建筑物才得免于难。米氏在致弗朗西斯科·特·奥兰达书中述道："当教皇克雷芒与西班牙军队联合围攻翡冷翠时，这般敌军被我安置在钟楼上的机器挡住了长久。一夜，我在墙的外部覆盖了羊毛袋；又一夜，我令人掘就陷坑，安埋火药，以炸死嘉斯蒂人；我把他们的断腿残臂一直轰到半空……瞧啊！这是绘画的用途！它用作战争的器械与工具；它用来使轰炸与手铳得有适当的形式；它用来建造桥梁制作云梯；它尤其用来构成要塞、炮垒壕沟、陷坑与对抗的配置图……”（见弗朗西斯科·特·奥兰达著：《论罗马城中的绘画》第三编，一五四九年）人们所得到他在围城中的最后的活动，是一五三〇年二月二十二日的消息，说他爬在大寺的圆顶上，窥测敌人的行动和视察穹窿的情状。

可是预料的灾祸毕竟临到了。一五三〇年八月二日，马拉泰斯塔·巴利翁反叛了。十二日，翡冷翠投降了，城市交给了教皇的使者巴乔·瓦洛里。于是杀戮开始了。最初几天，什么也阻不了战胜者的报复行为；米开朗琪罗的最好的友人们——巴蒂斯塔·德拉·帕拉——最先被杀。据说，米开朗琪罗藏在阿尔诺河对岸圣尼科洛教堂的钟楼里。他确有恐惧的理由：谣言说他曾欲毁掉梅迪契宫邸。但克雷芒七世一些没有丧失对于他的感情。据皮翁博说，教皇知道了米开朗琪罗在围城时的情形后，表示非常不快；但他只耸耸肩说：“米开朗琪罗不该如此；我从没伤害过他。”一五三一年四月二十九日皮翁博致米氏书。当最初的怒气消降的时候，克雷芒立刻写信到翡冷翠，他命人寻访米开朗琪罗，并言如他仍愿继续为梅迪契墓工作，他将受到他应受的待遇。孔迪维记载——一五三〇年十二月十一日起，教皇把米开朗琪罗的月俸恢复了。

米开朗琪罗从隐避中出来，重新为他所抗拒的人们的光荣而工作。可怜的人所做的事情还不止此呢：他为巴乔·瓦洛里那个为教皇做坏事的工具，和杀掉米氏的好友巴蒂斯塔·德拉·帕拉那凶手，雕塑《抽箭的阿波罗》。一五三〇年秋。此像现存翡冷翠国家美术馆。不久，他更进一步，竟至否认那些流戍者曾经是他的朋友。一五四四年。一个伟大的人物的可哀的弱点，逼得他卑怯地在物质的暴力前面低首，为的要使他的艺术梦得以保全。他的所以把他的暮年整个地献在为使徒彼得建造一座超人的纪念物上面实非无故：因他和彼得一样，曾多少次听到鸡鸣而痛哭。

被逼着说谎，不得不去谄媚一个瓦洛里，颂赞洛伦佐和朱利阿诺，他的痛苦与羞愧同时迸发。他全身投入工作中，他把一切虚无的狂乱发泄在工作中。即在他一生最惨淡的几年中，米开朗琪罗的粗野的天性对于一向压制着他的基督教的悲观主义突起反抗，他制作大胆的异教色彩极浓厚的作品，如《鹅狎戏着的丽达》（一五二九—一五三〇年间），本是为费拉雷大公画的，后来米氏赠给了他的学生安东尼奥·米尼，他把它携到法国，据说是在一六四三年被诺瓦耶的叙布莱特嫌其放浪而毁掉的。稍后，米开朗琪罗又为人绘《爱神抚摩着的维纳斯》图稿。尚有二幅极猥亵的素描，大概亦是同时代的。他全非在雕塑梅迪契宗室像，而是在雕塑他的绝望的像。当人家和他提及他的洛伦佐与朱利阿诺的肖像并不肖似时，他美妙地答道："千年后谁还能看出肖似不肖似？"一个，他雕作"行动"；另一个，雕作"思想"：台座上的许多像仿佛是两座主像的注释，——《日》与《夜》，《晨》与《暮》，——说出一切生之苦恼与憎厌。这些人类痛苦的不朽的象征在一五三一年完成了。《夜》大概是于一五三〇年秋雕塑，于一五三一年春完成的；《晨》完成于一五三一年九月；《日》与《暮》又稍后。无上的讥讽啊！可没有一个人懂得。乔凡尼·斯特罗齐看到这可惊的《夜》时，写了下列一首诗：

"夜，为你所看到妩媚地睡着的夜，却是由一个天使在这块岩石中雕成的；她睡着，故她生存着。如你不信，使她醒来罢，她将与你说话。"

米开朗琪罗答道：

"睡眠是甜蜜的。成为顽石更是幸福，只要世上还有罪恶与耻辱的时候。不见不闻，无知无觉，于我是最大的欢乐：因此，不要惊醒我，啊！讲得轻些吧！"诗集卷一百〇九第十六、十七两首。——弗莱推定二诗是作于一五四五年。

在另一首诗中他又说："人们只能在天上睡眠，既然多少人的幸福只有一个人能体会到！"而屈服的翡冷翠来呼应他的呻吟了：

"在你圣洁的思想中不要惶惑。相信把我从你那里剥夺了的人不会长久享受他的罪恶的，因为他中心惴惴，不能无惧。些须的欢乐，对于爱人们是一种丰满的享乐，会把他们的欲念熄灭，不若苦难会因了希望而使欲愿增长。"诗集卷一百〇九第四十八首。米开朗琪罗在此假想着翡冷翠的流亡者中间的对白。

在此，我们应得想一想当罗马被掠与翡冷翠陷落时的心灵状态：理智的破产与崩溃。许多人的精神从此便堕入哀苦的深渊中，一蹶不振。

皮翁博变成一个享乐的怀疑主义者：

"我到了这个地步：宇宙可以崩裂，我可以不注意，我笑一切……我觉得已非罗马被掠前的我，我不复能回复我的本来了。"一五三一年二月二十四日皮翁博致米氏书，这是罗马被掠后第一次写给他的信："神知道我真是多少快乐，当经过了多少灾患、多少困苦和危险之后，强有力的主宰以他的恻隐之心，使我们仍得苟延残喘；我一想起这，不禁要说这是一件灵迹了……此刻，我的同胞，既然出入于水火之中，经受到意想不到的事情，我们且来感谢神吧，而这虎口余生至少也要竭力使它在宁静中度过了吧。只要幸运是那么可恶那么痛苦，我们便不应该依赖它。"那时他们的信札要受检查，故他嘱咐米开朗琪罗假造一个签名式。

米开朗琪罗想自杀。

"如果可以自杀，那么，对于一个满怀信仰而过着奴隶般的悲惨生活的人，最应该给他这种权利了。"诗集卷三十八。

他的精神正在动乱。一五三一年六月他病了。克雷芒七世竭力抚慰他，可是徒然。他令他的秘书和皮翁博转劝他不要劳作过度，勉力节制，不时出去散步，不要把自己压制得如罪人一般。一五三一年六月二十日皮耶尔·保罗·马尔齐致米氏书;一五三一年六月十六日皮翁博致米氏书。一五三一年秋,人们担忧他的生命危险。他的一个友人写信给瓦洛里道:"米开朗琪罗衰弱瘦瘠了。我最近和布贾尔迪尼与安东尼奥·米尼谈过:我们一致认为如果人家不认真看护他,他将活不了多久。他工作太过,吃得太少太坏,睡得更少。一年以来,他老是为头痛与心病侵蚀着。"一五三一年九月二十九日乔凡尼·巴蒂斯塔·迪·保罗·米尼致瓦洛里书。——克雷芒七世认真地不安起来:一五三一年十一月二十一日,他下令禁止米开朗琪罗在尤利乌斯二世陵墓与梅迪契墓之外更做其他的工作,否则将驱逐出教,他以为如此方能调养他的身体,"使他活得更长久,以发扬罗马、他的宗族与他自己的光荣"。

他保护他,不使他受瓦洛里和一般乞求艺术品的富丐们的纠缠,因为他们老是要求米开朗琪罗替他们做新的工作。他和他说:"人家向你要求一张画时,你应当把你的笔系在脚下,在地上划四条痕迹,说:'画完成了。'"一五三一年十一月二十六日贝韦努托·德拉·沃尔帕雅致米氏书。当尤利乌斯二世的承继人对于米开朗琪罗实施恫吓时,他又出面调解。一五三二年三月十五日皮翁博致米氏有言:"如你没有教皇为你作后盾,他们会如毒蛇一般跳起来噬你了。"一五三二年,米开朗琪罗和他们签了第四张关于尤利乌斯陵墓的契约:米开朗琪罗承应重新作一个极小的陵墓,在此,只有以后立在温科利的圣彼得寺前的六座像了,这六座像是开始了没有完成(《摩西》、《胜利》、两座《奴隶》和《博博利石窟》)。于三年中完成,费用全归他个人负担,还须付出二千金币以偿还他以前收受尤利乌斯二世及其后人的钱。皮翁博写信给米开朗琪罗说:"只要在作品中令人闻到你的一些气息就够。"一五三二年四月六日皮翁博致米氏书。——悲哀的条件,既然他所签的约是证实他的大计划的破产,而他还须出这一笔钱!可是年复一年,米开朗琪罗在他每件绝望的作品中所证实的,确是他的生命的破产，整个“人生”的破产。

在尤利乌斯二世的陵墓计划破产之后，梅迪契墓的计划亦接着解体了，一五三四年九月二十五日，克雷芒七世驾崩。那时，米开朗琪罗由于极大的幸运，竟不在翡冷翠城内。长久以来，他在翡冷翠度着惶虑不安的生活；因为亚历山大·特·梅迪契大公恨他。不是因为他对于教皇的尊敬，他早已遣人杀害他了。屡次，克雷芒七世不得不在他的侄子，亚历山大·特·梅迪契前回护米开朗琪罗。皮翁博讲给米氏听，说“教皇和他侄儿的说话充满了激烈的愤怒、可怖的狂乱，语气是那么严厉，难于引述”。（一五三三年八月十六日）自从米开朗琪罗拒绝为翡冷翠建造一座威临全城的要塞之后，大公对他的怨恨更深了：——可是对于米开朗琪罗这么胆怯的人，这举动确是一桩勇敢的举动，表示他对于母国的伟大的热爱；因为建造一座威临全城的要塞这件事，是证实翡冷翠对于梅迪契的屈服啊！——自那时起，米开朗琪罗已准备听受大公方面的任何处置，而在克雷芒七世薨后，他的生命，亦只是靠偶然的福，那时他竟住在翡冷翠城外。孔迪维记载。从此他不复再回到翡冷翠去了。他永远和它诀别了。——梅迪契的家庙算是完了，它永没完成。我们今日所谓的梅迪契墓，和米开朗琪罗所幻想的，只有若干细微的关系而已。它仅仅遗下壁上装饰的轮廓。不独米开朗琪罗没有完成预算中的雕像和绘画的半数；米开朗琪罗部分地雕了七座像（洛伦佐·特·乌尔比诺与朱利阿诺·特·内穆尔的两座坟墓、《圣母像》）。他预定的“江河四座像”没有开始；而“高贵的”洛伦佐与他的兄弟朱利阿诺的墓像，他放弃给别人做了。——一五六三年三月十七日，瓦萨里问米开朗琪罗，他当初想如何布置壁画。且当他的学生们以后要重新觅得他的思想的痕迹而加以补充的时候，他连自己也不能说出它们当初的情况了：是这样地放弃了他一切的计划，他一切都遗忘了。人们甚至不知道把已塑的像放在何处，而空的壁龛中又当放入何像。受科斯梅一世之命去完成这件米氏未完之作的瓦萨里与阿马纳蒂写信问他，可是他竟想不起来了。一五五七年八月米开朗琪罗写道："记忆与思想已跑在我的前面，在另一世界中等我去了。"

一五三四年九月二十三日米开朗琪罗重到罗马，在那里一直逗留到死。一五四六年三月二十日，米开朗琪罗享有罗马士绅阶级的名位。他离开罗马已二十一年了。在这二十一年中，他做了尤利乌斯二世墓上的三座未完成的雕像，梅迪契墓上的七座未完成的雕像，洛伦佐教堂的未完成的穿堂，圣·玛丽·德拉·米涅瓦寺的未完成的《基督》，为巴乔·瓦洛里作的未完成的《阿波罗》。他在他的艺术与故国中丧失了他的健康、他的精力和他的信心。他失掉了他最爱的一个兄弟。指一五二八年在大疫中死亡的博纳罗托。他失掉了他极孝的父亲。一五三四年六月。他写了两首纪念两人的诗，和他其余的一样亦是未完之作，可是充满了痛苦与死的憧憬的热情：

"……上天把你从我们的苦难中拯救出去了。可怜我吧，我这如死一般生存着的人！……你是死在死中，你变为神明了；你不复惧怕生存与欲愿的变化：（我写到此怎能不艳羡呢？……）运命与时间原只能赐予我们不可靠的欢乐与切实的忧患，但它们不敢跨入你们的国土。没有一些云翳会使你们的光明阴暗；以后的时间不再对你们有何强暴的行为了，'必须'与'偶然'不再役使你们了。黑夜不会熄灭你们的光华；白日不论它如何强烈也绝不会使光华增强……我亲爱的父亲，由于你的死，我学习了死……死，并不如人家所信的那般坏，因为这是人生的末日，亦是到另一世界去皈依神明的第一日，永恒的第一日。在那里，我希望，我相信我能靠了神的恩宠而重新见到你，如果我的理智把我冰冷的心从尘土的纠葛中解放出来，如果像一切德性般，我的理智能在天上增长父子间的至高的爱的话。"诗集卷五十八。

人世间更无足以羁留他的东西了：艺术、雄心、温情，任何种的希冀都不能使他依恋了。他六十岁,他的生命似乎已经完了。他孤独着,他不复相信他的作品了;他对于"死"患着相思病,他热望终于能逃避"生存与欲念的变化"、"时间的暴行"和"必须与偶然的专制"。

"可怜!可怜!我被已经消逝的我的日子欺罔了……我等待太久了……时间飞逝而我老了。我不复能在死者身旁忏悔与反省了……我哭泣也徒然……没有一件不幸可与失掉的时间相比的了……

"可怜!可怜!当我回顾我的已往时,我找不到一天是属于我的!虚妄的希冀与欲念,——我此刻是认识了,——把我羁绊着,使我哭、爱、激动、叹息,(因为没有一件致命的情感为我所不识得,)远离了真理……

"可怜!可怜!我去,而不知去何处;我害怕……如我没有错误的话,(啊!请神使我错误了吧!)我看到,主啊,我看到,认识善而竟作了恶的我,是犯了如何永恒的罪啊!而我只知希望……"诗集卷四十九。

下编　舍　弃

一 爱 情

在这颗残破的心中，当一切生机全被剥夺之后，一种新生命开始了，春天重又开了鲜艳的花朵，爱情的火焰燃烧得更鲜明。但这爱情几乎全没有自私与肉感的成分。这是对于卡瓦列里的美貌的神秘的崇拜。这是对于维多利亚·科隆娜的虔敬的友谊，——两颗灵魂在神明的境域中的沟通。这是对于他的无父的侄儿们的慈爱，和对于孤苦茕独的人们的怜悯。

米开朗琪罗对于卡瓦列里的爱情确是为一般普通的思想——不论是质直的或无耻的——所不能了解的。即在文艺复兴末期的意大利，它亦引起种种难堪的传说；讽刺家拉莱廷 L'Arétin，1492—1557 甚至把这件事作种种污辱的讽喻。米开朗琪罗的侄孙于一六二三年第一次刊行米氏的诗集时，不敢把他致卡瓦列里的诗照原文刊入。他要令人相信这些诗是给一个女子的。即在近人的研究中，尚有人以为卡瓦列里是维多利亚·科隆娜的假名。但是拉莱廷般的诽谤——这是永远有的——决不能加诸米开朗琪罗。"那些人把他们自己污浊的心地来造成一个他们的米开朗琪罗。"一五四二年十月米开朗琪罗书（收信人不详）。

没有一颗灵魂比米开朗琪罗的更纯洁。没有一个人对于爱情的观念有那么虔敬。

孔迪维曾说：

“我时常听见米开朗琪罗谈起爱情：在场的人都说他的言论全然是柏拉图式的。为我，我不知道柏拉图的主张；但在我和他那么长久那么亲密的交谊中，我在他口中只听到最可尊敬的言语，可以抑灭青年人的强烈的欲火的言语。”

可是这柏拉图式的理想并无文学意味也无冷酷的气象：米开朗琪罗对于一切美的事物，总是狂热的沉溺的，他之于柏拉图式的爱的理想亦是如此。他自己知道这点，故他有一天在谢绝他的友人贾诺蒂的邀请时说：

“当我看见一个具有若干才能或思想的人，或一个为人所不为、言人所不言的人时，我不禁要热恋他，我可以全身付托给他，以至我不再是属于我的了。……你们大家都是那么富有天禀，如果我接受你们的邀请，我将失掉我的自由；你们中每个人都将分割我的一部分。即是跳舞与弹琴的人，如果他们擅长他们的艺术，我亦可听凭他们把我摆布！你们的作伴，不特不能使我休息、振作、镇静，反将使我的灵魂随风飘零；以至几天之后，我可以不知道死在哪个世界上。”见多纳托·贾诺蒂著《对话录》。(一五四五年)

思想言语声音的美既然如此诱惑他，肉体的美丽将更如何使他依恋呢！

“美貌的力量于我是怎样的刺激啊！

世间更无同等的欢乐了！”诗集卷一百四十一。

对于这个美妙的外形的大创造家，——同时又是有信仰的人——一个美的躯体是神明般的，是蒙着肉的外衣的神的显示。好似摩西之于“热烈的丛树”一般，他只颤抖着走近它。*《旧约》记摩西于热烈的丛树中见到神的显灵。他所崇拜的对象于他真是一个偶像，如他自己所说的。他在他的足前匍匐膜拜；而一个伟人自愿的屈服即是高贵的卡瓦列里也受不了，更何况美貌的偶像往往具有极庸俗的灵魂，如波焦呢！但米开朗琪罗什么也看不见……他真正什么也看不见么？——他是什么也不愿看见；他要在他的心中把已经勾就轮廓的偶像雕塑完成。

他最早的理想的爱人，他最早的生动的美梦，是一五二二年时代的佩里尼。佩里尼尤其被拉莱廷攻击得厉害。弗莱曾发表他的若干封一五二二年时代的颇为温柔的信："……当我读到你的信时，我觉得和你在一起：这是我唯一的愿望啊！"他自称为"你的如儿子一般的……"——米开朗琪罗的一首抒写离别与遗忘之苦的诗似乎是致献给他的："即在这里，我的爱使我的心与生命为之欢欣。这里，他的美眼应允助我，不久，目光却移到别处去了。这里，他和我关连着；这里他却和我分离了。这里，我无穷哀痛地哭，我看见他走了，不复顾我了。"一五三三年他又恋着波焦；一五四四年，恋着布拉奇。米开朗琪罗认识卡瓦列里年余之后才恋爱波焦；一五三三年十二月他写给他狂乱的信与诗，而这坏小子波焦却在复信中问他讨钱。至于布拉奇，他是卢伊吉·德尔·里乔的朋友，米开朗琪罗认识了卡瓦列里十余年后才认识他的。他是翡冷翠的一个流戍者的儿子，一五四四年时在罗马夭折了。米开朗琪罗为他写了四十八首悼诗，可说是米开朗琪罗诗集中最悲怆之作。因此，他对于卡瓦列里的友谊并非是专一的；但确是持久而达到狂热的境界的，不独这位朋友的美姿值得他那么颠倒，即是他的德性的高尚也值得他如此尊重。

瓦萨里曾言："他爱卡瓦列里甚于一切别的朋友。这是一个生在罗马的中产者，年纪很轻，热爱艺术；米开朗琪罗为他做过一个肖像，——是米氏一生唯一的画像；因为他痛恨描画生人，除非这人是美丽无比的时候。"

瓦尔基又说："我在罗马遇到卡瓦列里先生时，他不独是具有无与伦比的美貌，而且举止谈吐亦是温文尔雅，思想出众，行动高

尚，的确值得人家的爱慕，尤其是当人们认识他更透彻的时候。”见瓦尔基著《讲课二篇》。（一五四九年）

米开朗琪罗于一五三二年秋在罗马遇见他。他写给他的第一封信，充满了热情的诉白，卡瓦列里的复信一五三三年一月一日卡瓦列里致米开朗琪罗书亦是十分尊严：

“我收到你的来信，使我十分快慰，尤其因为它是出我意外的缘故；我说：出我意外，因为我不相信值得像你这样的人写信给我。至于称赞我的话，和你对于我的工作表示极为钦佩的话，我可回答你：我的为人与工作，决不能令一个举世无双的天才如你一般的人——我说举世无双，因为我不信你之外更有第二个——对一个启蒙时代的青年说出那样的话。可是我亦不相信你对我说谎。我相信，是的，我确信你对于我的感情，确是像你那样一个艺术的化身者。对于一切献身艺术爱艺术的人们所必然地感到的。我是这些人中的一个，而在爱艺术这一点上，我确是不让任何人。我回报你的盛情，我应允你：我从未如爱你一般地爱过别人，我从没有如希冀你的友谊一般希冀别人……我请你在我可以为你效劳的时候驱使我，我永远为你驰驱。

你的忠诚的　托马索·卡瓦列里”

卡瓦列里似乎永远保持着这感动的但是谨慎的语气。他直到米开朗琪罗临终的时候一直对他是忠诚的，他并且在场送终。米开朗琪罗也永远信任他；他是被认为唯一的影响米开朗琪罗的人，他亦利用了这信心与影响为米氏的幸福与伟大服役。是他使米开朗琪罗决定完成圣彼得大寺穹窿的木雕模型。是他为我们保留下米开朗琪罗为穹窿构造所装的图样，是他努力把它实现。而且亦是他，在米开朗琪罗死后，依着他亡友的意志监督工程的实施。

但米开朗琪罗对他的友谊无异是爱情的疯狂。他写给他无数的激动的信。他是俯伏在泥尘里向偶像申诉。卡瓦列里的第一封信，米开朗琪罗在当天(即一五三三年一月一日)即答复他。这封信一共留下三份草稿。在其中一份草稿的补白中,米开朗琪罗写着“在此的确可以用为一个人献给另一个人的事物的名词;但为了礼制,这封信里可不能用”。——在此显然是“爱情”这名词了。他称他“一个有力的天才,……一件灵迹,……时代的光明”;他哀求他“不要轻蔑他,因为他不能和他相比,没有人可和他对等”。他把他的现在与未来一齐赠给他;他更说:“这于我是一件无穷的痛苦:我不能把我的已往也赠与你以使我能服侍你更长久,因为未来是短促的:我太老了……”一五三三年一月一日米氏致卡瓦列里书。“我相信没有东西可以毁坏我们的友谊,虽然我出言僭越;因为我还在你之下。”一五三三年七月二十八日米氏致卡瓦列里书的草稿。“……我可以忘记你的名字如忘记我藉以生存的食粮一般;是的,我比较更能忘记毫无乐趣地支持我肉体的食粮,而不能忘记支持我灵魂与肉体的你的名字,……它使我感到那样甘美甜蜜,以至我在想起你的时间内,我不感到痛苦,也不畏惧死。”一五三三年七月二十八日米氏致卡瓦列里书。“——我的灵魂完全处在我把它给予的人的手中……”米氏致巴尔特洛梅奥·安焦利尼书。“如我必得要停止思念他,我信我立刻会死。”米氏致皮翁博书。

他赠给卡瓦列里最精美的礼物:

“可惊的素描,以红黑铅笔画的头像,他在教他学习素描的用意中绘成的。其次,他送给他一座《被宙斯的翅翼举起的甘尼米》,一座《提提厄斯》和其他不少最完美的作品。”瓦萨里记载。＊＊甘尼米(Ganyméde),宙斯神的侍酒童子;提提厄斯(Tityos),希腊神话的巨人,为阿波罗神和阿尔特弥斯女神射死,因他企图施暴母亲勒托。

他也寄赠他十四行诗,有时是极美的,往往是暗晦的,其中的一部分,不久便在文学团体中有人背诵了,全个意大利都吟咏着。瓦尔基把两首公开了,以后他又在《讲课二篇》中刊出。——米开朗琪罗并不把他的爱情保守秘密,他告诉巴尔特洛梅奥·安焦利尼、皮翁博。这样的友谊一些也不令人惊奇。当布拉奇逝世时，里乔向着所有的朋友发出他的爱与绝望的呼声："哟！我的朋友多纳托！我们的布拉奇死了。全个罗马在哭他。米开朗琪罗为我计划他的纪念物。请你为我写一篇祭文，写一封安慰的信给我：我的悲苦使我失掉了理智。耐心啊！每小时内，整千的人死了。喔神！命运怎样地改换了它的面目啊！"（一五四四年正月致多纳托·贾诺蒂书）人家说下面一首是"十六世纪意大利最美的抒情诗"：谢拂莱尔言。

"由你的慧眼，我看到为我的盲目不能看到的光明。你的足助我担荷重负，为我疲瘘的足所不能支撑的。由你的精神，我感到往天上飞升。我的意志全包括在你的意志中。我的思想在你的心中形成，我的言语在你喘息中吐露。孤独的时候，我如月亮一般，只有在太阳照射它时才能见到。"诗集卷一百〇九第十九首。

另外一首更著名的十四行诗，是颂赞完美的友谊的最美的歌辞：

"如果两个爱人中间存在着贞洁的爱情，高超的虔敬，同等的命运，如果残酷的命运打击一个时也同时打击别个，如果一种精神一种意志统治着两颗心，如果两个肉体上的一颗灵魂成为永恒，把两个以同一翅翼挟带上天，如果爱神在一枝箭上同时射中了两个人的心，如果大家相爱，如果大家不自爱，如果两人希冀他们的快乐与幸福得有同样的终局，如果千万的爱情不能及到他们的爱情的百分之一，那么一个怨恨的动作会不会永远割裂了他们的关连？"诗集卷四十四。

这自己的遗忘，这把自己的全生命融入爱人的全生命的热情，并不永远清明宁静的。忧郁重又变成主宰；而被爱情控制着的灵魂，在呻吟着挣扎：

"我哭，我燃烧，我磨难自己，我的心痛苦死了……"诗集卷五十二。

他又和卡瓦列里说："你把我生的欢乐带走了。"诗集卷一百〇九第十八首。

对于这些过于热烈的诗,“温和的被爱的主”诗集卷一百卡瓦列里却报以冷静的安定的感情。诗集卷一百〇九第十八首。这种友谊的夸张使他暗中难堪。米开朗琪罗求他宽恕:

“我亲爱的主,你不要为我的爱情愤怒,这爱情完全是奉献给你最好的德性的;因为一个人的精神应当爱慕别个人的精神。我所愿欲的,我在你美丽的姿容上所获得的,绝非常人所能了解的。谁要懂得它应当先认识死。”诗集卷五十。

当然,这爱美的热情只有诚实的分儿。可是这热烈的惶乱在一首十四行诗中,米开朗琪罗要把他的皮蒙在他的爱人身上;他要成为他的鞋子,把他的脚载着去踏雪而贞洁的爱情的对象,全不露出癫狂与不安的情态。

在这些心力交瘁的年月之后,——绝望地努力要否定他的生命的虚无而重创出他渴求的爱,——幸而有一个女人的淡泊的感情来抚慰他,她了解这孤独的迷失在世界上的老孩子,在这苦闷欲死的心魂中,她重新灌注入若干平和、信心、理智和凄凉的接受生与死的准备。

一五三三与一五三四年间,米开朗琪罗对于卡瓦列里的友谊达到了顶点。尤其在一五三三年六月至十月,当米开朗琪罗回到翡冷翠,与卡瓦列里离开的时节。一五三五年,他开始认识维多利亚·科隆娜。

她生于一四九二年。她的父亲叫做法布里齐奥·科隆纳,是帕利阿诺地方的诸侯,塔利亚科佐亲王。她的母亲,阿涅斯·特·蒙泰费尔特罗,便是乌尔比诺亲王的女儿。她的门第是意大利最高贵的门第之一,亦是受着文艺复兴精神的熏沐最深切的一族。十七岁时,她嫁给佩斯卡拉侯爵、大将军弗朗切斯科·特·阿瓦洛。她爱他；他却不爱她。她是不美的。人家把许多肖像假定为米开朗琪罗替维多利亚作的，其实都没有根据。人们在小型浮雕像上所看到的她的面貌是男性的，意志坚强的，严峻的：额角很高，鼻子很长很直，上唇较短，下唇微向前突，嘴巴紧闭。认识她而为她作传的菲洛尼科·阿利尔卡纳塞奥虽然措辞婉约，但口气中也露出她是丑陋的："当她嫁给佩斯卡拉侯爵的时候，她正努力在发展她的思想；因为她没有美貌，她修养文学，以获得这不朽的美，不像会消逝的其他的美一样。"——她是对于灵智的事物抱有热情的女子。在一首十四行诗中，她说"粗俗的感官，不能形成一种和谐以产生高贵心灵的纯洁的爱，它们决不能引起她的快乐与痛苦……鲜明的火焰，把我的心升华到那么崇高，以至卑下的思想会使它难堪"。——实在她在任何方面也不配受那豪放而纵欲的佩斯卡拉的爱的；然而，爱的盲目竟要她爱他，为他痛苦。

她的丈夫在他自己的家里就欺骗她，闹得全个那不勒斯都知道，她为此感到残酷的痛苦。可是，当他在一五二五年死去时，她亦并不觉得安慰。她遁入宗教，赋诗自遣。她度着修道院生活，先在罗马，继在那不勒斯，那时代她的精神上的导师是凡龙纳地方的主教马泰奥·吉贝尔蒂，他是有意改革宗教的第一人。他的秘书便是弗朗切斯科·贝尔尼。但她早先并没完全脱离社会的意思：她的寻求孤独只是要完全沉浸入她的爱的回忆中，为她在诗中歌咏的。她和意大利的一切大作家萨多莱特、贝姆博、卡斯蒂廖内等都有来往，卡斯蒂廖内把他的著作《侍臣论》付托给她，阿里奥斯托在他的《疯狂的奥兰多》中称颂她。一五三〇年，她的十四行诗流传于整个意大利，在当时女作家中获得一个唯一的光荣的地位。隐在伊斯基亚荒岛上，她在和谐的海中不绝地歌唱她的蜕变的爱情。

但自一五三四年起，宗教把她完全征服了。基督旧教的改革问题，在避免教派分裂的范围内加以澄清的运动把她鼓动了。我们不知她曾否在那不勒斯认识胡安·特·瓦尔德斯;Juan de Valdes是西班牙王查理-昆特的亲信秘书的儿子,自一五三四年起住在那不勒斯,为宗教改革运动的领袖。许多有名的贵妇都聚集在他周围。他死于一五四一年,据说在那不勒斯,他的信徒共有三千数人之众。但她确被锡耶纳的奥基诺的宣道所激动;Bernardino Ochino,有名的宣道者,加波生教派的副司教,一五三九年成为瓦尔德斯的朋友,瓦氏受他的影响很多。虽然被人控告,他在那不勒斯、罗马、威尼斯仍继续他的大胆的宣道,群众拥护他不使他受到教会的限制。一五四二年,他正要被人以路德派党徒治罪时,自翡冷翠逃往费拉雷,又转往日内瓦,在日内瓦他改入了新教。他是维多利亚·科隆娜的知友;在离去意大利时,他在一封亲密的信里把他的决心告诉了她。她是皮耶特罗·卡尔内塞基、吉贝尔蒂、萨多莱特、雷吉纳尔德·波莱和改革派中最伟大的嘎斯帕雷·孔塔里尼主教们的朋友;皮耶特罗·卡尔内塞基是克雷芒七世的秘书官,亦是瓦尔德斯的朋友与信徒,一五四六年,第一次被列入异教判罪人名单,一五六七年在罗马被焚死。他和维多利亚·科隆娜来往甚密。嘎斯帕雷·孔塔里尼是威尼斯的世家子,初任威尼斯、荷兰、英国、西班牙及教皇等的大使。一五三五年,教皇保罗三世任为大主教。一五四一年被派出席北欧国际会议。他和新教徒们不洽,一方面又被旧教徒猜疑。失望归来,一五四二年八月死于博洛尼亚。这孔塔里尼主教曾想和新教徒们建立一种适当的妥协,曾经写出这些强有力的句子:

"基督的法律是自由的法律……凡以一个人的意志为准绳的政府不能称之为政府;因为它在原质上便倾向于恶而且受着无数情欲的播弄。不!一切主宰是理智的主宰。他的目的在以正当的途径引领一切服从他的人到达他们正当的目的:幸福。教皇的权威也是一种理智的权威。一个教皇应该知道他的权威是施用于自由人的。他不应该依了他的意念而指挥,或禁止,或豁免,但应该只依了理智的规律、神明的命令、爱的原则而行事。"亨利·索德所述。

维多利亚，是联合着全意大利最精纯的意识的这一组理想主义中的一员。她和勒内·特·费拉雷与玛格丽特·特·纳瓦雷们通信；以后变成新教徒的皮耶尔·保罗·韦尔杰廖称她为“一道真理的光”。——但当残忍的卡拉法所主持的反改革运动开始时，她堕入可怕的怀疑中去了。卡拉法是基耶蒂的主教，于一五二四年创造希阿廷教派；一五二八年，在威尼斯组织反宗教改革运动团体。他初时以大主教资格，继而在一五五五年起以教皇资格严厉执行新教徒的判罪事宜。她是，如米开朗琪罗一样，一颗热烈而又怯弱的灵魂；她需要信仰，她不能抗拒教会的权威。“她持斋、绝食、苦修，以至她筋骨之外只包裹着一层皮。”一五六六年，卡尔内塞基在异教徒裁判法庭供述语。她的朋友，波莱主教叫她抑制她的智慧的骄傲，因了神而忘掉她自己的存在：这样她才稍稍重新觅得平和。雷吉纳尔德·波莱自英国逃出，因为他与英王亨利八世冲突之故；一五三二年他经过威尼斯，成为孔塔里尼的契友，以后被教皇保罗三世任为大主教。为人和蔼柔婉，他终于屈服在反改革运动之下，把孔塔里尼派的自由思想者重新引入旧教。自一五四一至一五四四年间，维多利亚·科隆娜完全听从他的指导，——一五五四年，他又重回英国，于一五五八年死。她用了牺牲的精神做这一切……然而她还不止牺牲她自己！她还牺牲和她一起的朋友，她牺牲奥基诺，把他的文字送到罗马的裁判异教徒机关中去；如米开朗琪罗一般，这伟大的心灵为恐惧所震破了。她把她良心的责备掩藏在一种绝望的神秘主义中：

“你看到我处在愚昧的混沌中，迷失在错误的陷阵里，肉体永远劳动着要寻觅休息，灵魂永远骚乱着找求平和。神要我知道我是一个毫无价值的人，要我知道一切只在基督身上。”一五四三年十二月二十二日维多利亚·科隆娜致莫洛内主教书。

她要求死，如要求一种解放。——一五四七年二月二十五日她死了。

在她受着瓦尔德斯与奥基诺的神秘主义熏染最深的时代，她认识米开朗琪罗。这女子，悲哀的、烦闷的，永远需要有人作她的依傍，同时也永远需要一个比她更弱更不幸的人，使她可以在他身上发泄她心中洋溢着的母爱。她在米开朗琪罗前面掩藏着她的惶乱。外表很宁静、拘谨，她把自己所要求之于他人的平和，传递给米开朗琪罗。他们的友谊，始于一五三五年，到了一五三八年，渐趋亲密，可完全建筑在神的领域内。维多利亚四十六岁；他六十三岁。她住在罗马圣西尔韦斯德罗修院中，在平乔山岗之下。米开朗琪罗住在卡瓦洛岗附近。每逢星期日，他们在卡瓦洛岗的圣西尔韦斯德罗教堂中聚会。修士阿姆布罗焦·卡泰里诺·波利蒂诵读《圣保罗福音》，他们共同讨论着。葡萄牙画家弗朗西斯科·特·奥兰达在他的四部绘画随录中，曾把这些情景留下真切的回忆。在他的记载中，严肃而又温柔的友谊描写得非常动人。

弗朗西斯科·特·奥兰达第一次到圣西尔韦斯德罗教堂中去时，他看见佩斯卡拉侯爵夫人和几个朋友在那里谛听诵读圣书。米开朗琪罗并不在场。当圣书读毕之后，可爱的夫人微笑着向外国画家说道：

“弗朗西斯科·特·奥兰达一定更爱听米开朗琪罗的谈话。”

弗朗西斯科被这句话中伤了，答道：

“怎么，夫人，你以为我只有绘画方面的感觉吗？”

“不要这样多心，弗朗西斯科先生，”拉塔齐奥·托洛梅伊说，“侯爵夫人的意思正是深信画家对于一切都感觉灵敏。我们意大利人多么敬重绘画！但她说这句话也许是要使你听米开朗琪罗谈话时格外觉得快乐。”

弗朗西斯科道歉了。侯爵夫人和一个仆人说：

“到米开朗琪罗那边去，告诉他说我和托洛梅伊先生在宗教仪式完毕后留在这教堂里，非常凉快；如果他愿耗费若干时间，将使我们十分快慰……但，”她又说，因为她熟知米开朗琪罗的野性，“不要和他说葡萄牙人弗朗西斯科·特·奥兰达也在这里。”

在等待仆人回来的时候，他们谈着用何种方法把米开朗琪罗于他不知不觉中引上绘画的谈话；因为如果他发觉了他们的用意，他会立刻拒绝继续谈话。

“那时静默了一会。有人叩门了。我们大家都恐怕大师不来，既然仆人回来得那么快。但米开朗琪罗那天正在往圣西尔韦斯德罗的路上来，一面和他的学生乌尔比诺在谈哲学。我们的仆人在路上遇到了他把他引来了，这时候便是他站在门口。侯爵夫人站起来和他立谈了长久，以后才请他坐在她和托洛梅伊之间。”

弗朗西斯科·特·奥兰达坐在他旁边；但米开朗琪罗一些也不注意他，——这使他大为不快；弗朗西斯科愤愤地说：

“真是，要不使人看见的最可靠的方法，便是直站在这个人的面前。”

米开朗琪罗惊讶起来，望着他，立刻向他道歉，用着谦恭的态度：

“宽恕我，弗朗西斯科先生，我没有注意到你，因为我一直望着侯爵夫人。”

侯爵夫人稍稍停了一下，用一种美妙的艺术，开始和他谈着种种事情；谈话非常婉转幽密，一些也不涉及绘画。竟可说一个人围攻一座防守严固的城，围攻的时候颇为艰难，同时又是用了巧妙的艺术手腕；米开朗琪罗似一个被围的人，孔武有力，提防得很周密，到处设了守垒、吊桥、陷坑。但是侯爵夫人终于把他战败了。实在，没有人能够抵抗她。

“那么，”她说，“应得承认当我们用同样的武器，即策略，去攻袭米开朗琪罗时，我们永远是失败的。托洛梅伊先生，假若要他开不得口，而让我们来说最后一句话，那么，我们应当和他谈讼案，教皇的敕令,或者……绘画。”

这巧妙的转纽把谈锋转到艺术的领土中去了。维多利亚用虔诚的态度去激动米开朗琪罗,他居然自告奋勇地开始讨论虔敬问题了。

“我不大敢向你作这么大的要求,”侯爵夫人答道,“虽然我知道你在一切方面都听从抑强扶弱的救主的教导……因此,认识你的人尊重米开朗琪罗的为人更甚于他的作品,不比那般不认识你的人称颂你的最弱的部分,即你双手作出的作品。但我亦称誉你屡次置身场外,避免我们的无聊的谈话,你并不专画那些向你请求的王公卿相达官贵人,而几乎把你的一生全献给一件伟大的作品。”

米开朗琪罗对于这些恭维的话,谦虚地逊谢,乘机表示他厌恶那些多言的人与有闲的人,——诸侯或教皇——自以为可把他们的地位压倒一个艺术家,不知尽他的一生还不及完成他的功业。

接着,谈话又转到艺术的最崇高的题材方面去了,侯爵夫人以含有宗教严肃性的态度讨论着。为她,和为米开朗琪罗一样,一件艺术品无异是信心的表现。

“好的画,”米开朗琪罗说,“迫近神而和神结合……它只是神的完美的抄本,神的画笔的阴影,神的音乐,神的旋律……因此,一个画家成为伟大与巧妙的大师还是不够。我想他的生活应当是纯洁的、神圣的,使神明的精神得以统治他的思想……”见《罗马城绘画录》第一卷。

这样,他们在圣西尔韦斯德罗教堂里,在庄严宁静的会话中消磨日子,有时候,朋友们更爱到花园里去,如弗朗西斯科·特·奥兰达所描写的:“坐在石凳上,旁边是喷泉,上面是桂树的荫蔽,墙上都是碧绿的蔓藤。”在那里他们凭眺罗马,全城展开在他们的脚下。见前书第三卷。他们谈话的那天,教皇保罗三世的侄子奥克塔韦·法尔内塞娶亚历山大·特·梅迪契的寡妇为妻。那次有盛大的仪仗——十二驾古式车——在纳沃内广场上经过,全城的民众都去观光。米开朗琪罗和几个朋友躲在平和的圣西尔韦斯德罗教堂中。

可惜这些美妙的谈话并不能继续长久。佩斯卡拉侯爵夫人所经受的宗教苦闷把这些谈话突然止了。一五四一年,她离开罗马,去幽闭在奥尔维耶托,继而是维泰尔贝地方的修院中去。

"但她时常离开维泰尔贝回到罗马来,只是为要访问米开朗琪罗。他为她的神明的心地所感动了,她使他的精神获得安慰。他收到她的许多信,都充满着一种圣洁的温柔的爱情,完全像这样一个高贵的心魂所能写的。"孔迪维记载。——实在说来,这些并不是我们所保留着的维多利亚的信,那些信当然是高贵的,但稍带冷淡。——应该要想到她的全部通信,我们只保留着五封:一封是从奥尔维耶托发出的,一封是从维泰尔贝发的,三封是从罗马发的。(一五三九—一五四一年间)

"依了她的意念,他做了一个裸体的基督像,离开了十字架,如果没有两个天使扶掖会倒下地去的样子。圣母坐在十字架下面哭泣着,张开着手臂,举向着天。这幅画是米开朗琪罗以后所作的许多《哀悼基督》的第一幅像,也是感应这些作品的像:一五五〇—一五五五年间的翡冷翠的《基督下十字架》;一五六三年的《龙丹尼尼的哀悼基督》;一五五五—一五六〇年间的《帕莱斯特里纳的哀悼基督》。——为了对于维多利亚的爱情,米开朗琪罗也画了一个十字架上的基督像,不是死的,但是活着,面向他的在天之父喊着'Eli! Eli'。肉体并不显得瘫痪的样子;它痉挛着在最后的痛苦中挣扎。"

现藏法国卢浮宫与英国不列颠博物馆的两张《复活》,也许亦是受着维多利亚影响的作品。——在卢浮宫的那张,力士式的基督奋激地推开墓穴的石板;他的双腿还在泥土中,仰着首,举着臂,他在热情的激动中迫向着天,这情景令人回想起《奴隶》。回到神座旁边去!离开这世界,这为他不屑一顾的惶乱的人群!终于,终于,摆脱了这无味的人生!……——不列颠博物馆中的那张素描比较更宁静,基督已经出了坟墓:他的坚实的躯干在天空翱翔;手臂交叉着,头往后仰着,眼睛紧闭如在出神,他如日光般上升到光明中去。

这样的,维多利亚为米开朗琪罗在艺术上重新打开信仰的门户。更进一步,她鼓励起米开朗琪罗的天才,为对于卡瓦列里的爱情所激醒的。那时候,米开朗琪罗开始想发刊他的诗选。他的朋友卢伊吉·德尔·里乔与多纳托·贾诺蒂给他这念头。至此为止,他一向不把他所写的东西当作重要。一五四五年起,贾诺蒂为他的诗集付梓;米开朗琪罗把他的诗加以选择;他的朋友们替他重抄。但一五四六年里乔之死与一五四七年维多利亚之死使他又不关切这付印事,他似乎认为这是一种无聊的虚荣。因此,他的诗除了一小部分外,在他生时并没印行。当代的大作曲家把他的十四行诗谱成音乐。米开朗琪罗受着但丁的感应极深。他对于古拉丁诗人亦有深切的认识,但他的情操完全是柏拉图式的理想主义,这是他的朋友们所公认的。她不独使米开朗琪罗在他对于宗教的暗晦的感觉中获得不少指示;她尤其给他一个榜样,在诗歌中唱出宗教的热情。维多利亚的《灵智的十四行诗》便是他们初期友谊中的作品。她一面写,一面寄给她的朋友。

他在这些诗中感到一种安慰、一种温柔、一种新生命。他给她唱和的一首十四行表示他对她的感激:

"幸福的精灵,以热烈的爱情,把我垂死衰老的心保留着生命,而在你的财富与欢乐之中,在那么多的高贵的灵魂中,只抬举我一个,——以前你是那样地显现在我眼前,此刻你又这样地显现在我心底,为的要安慰我。……因此,受到了你慈悲的思念,你想起在忧患中挣扎的我,我为你写这几行来感谢你。如果说我给你的可怜的绘画已足为你赐与我的美丽与生动的创造的答报,那将是僭越与羞耻了。"一五五一年三月七日,米开朗琪罗写给法图奇的信中有言:

“十余年前，她送给我一本羊皮小册，其中包含着一百〇三首十四行诗，她在维泰尔贝寄给我的四十首还不在内。我把它们一起装订成册……我也保有她的许多信，为她自奥尔维耶托与维泰尔贝两地写给我的。”

一五四四年夏，维多利亚重新回到罗马，居住在圣安娜修院中，一直到死。米开朗琪罗去看她。她热情地想念他，她想使他的生活变得舒服些有趣味些，她暗地里送他若干小礼物。但这猜疑的老人，“不愿收受任何人的礼物”，瓦萨里记载。——有一时，他和他最好的一个朋友卢伊吉·德尔·里乔龃龉，因为他送了他礼物之故。米氏写信给他说：“你的极端的好意，比你偷盗我更使我难堪。朋友之中应该要平等，如果一个给得多些，一个给得少些，那么两人便要争执起来了。”甚至他最爱的人们亦不能使他破例，他拒绝了她的馈赠。

她死了，他看着她死了。他说下面的几句，足以表明他们贞洁的爱情保守拘谨到如何程度：

“我看着她死，而我没有吻她的额与脸如我吻她的手一样，言念及此，真是哀痛欲绝！”孔迪维记载。

“维多利亚之死，”据孔迪维说，“使他痴呆了很久；他仿佛失去了一切知觉。”

“她为我实在是一件极大的财宝，”以后他悲哀地说，“死夺去了我的一个好友。”

他为她的死写了两首十四行诗。一首是完全感染柏拉图式思想的，表示他的狂乱的理想主义，仿如一个给闪电照耀着的黑夜。米开朗琪罗把维多利亚比做一个神明的雕塑家的锤子，从物质上斫炼出崇高的思想：

“我的粗笨的锤子，把坚硬的岩石有时斫成一个形象，有时斫成另一个形象，这是由手执握着、指挥着的，锤子从手那里受到动作，它被一种不相干的力驱使着。但神明的锤子，却是以它唯一的力量，在天国中创造它自己的美和别的一切的美。没有一柄别的锤子能够不用锤子而自行创造的；只有这一柄使其他的一切赋有生气。因为锤子举得高，故锤击的力量愈强。所以，如果神明的锤手能够助我，他定能引我的作品到达美满的结果。迄今为止，在地上，只有她一个。”诗集卷一百〇一。

另一首十四行更温柔，宣示爱情对于死的胜利：

“当那个曾使我屡屡愁叹的她离弃了世界，离弃了她自己，在我眼中消灭了的时候，‘自然’觉得羞耻，而一切见过她的人哭泣！——但死啊，你今日且慢得意，以为你把太阳熄灭了！因为爱情是战胜了，爱情使她在地下、在天上、在圣者旁边再生了。可恶的死以为把她德性的回声掩蔽了，以为把她灵魂的美抑灭了。她的诗文的表示正是相反：它们把她照耀得更光明；死后，她竟征服了天国。”诗集卷一百。

在这严肃而宁静的友谊中，米开朗琪罗对于维多利亚·科隆娜的友谊并不是唯一的热情。这友谊还不能满足他的心灵。人家不大愿意说出这一点，恐怕要把米开朗琪罗理想化了。米开朗琪罗真是多么需要被理想化啊！——在一五三五与一五四六年间，正在米开朗琪罗与维多利亚友谊密切的时候，他爱了一个“美丽的与残忍的”女人——他称之为“我的敌对的太太”——他热烈地爱她，在她面前变得怯弱了，他几乎为了她牺牲他的永恒的幸福。他为这场爱情所苦，她玩弄他。她和别的男子卖弄风情，刺激他的嫉妒。他终于恨她了。他祈求命运把她变得丑陋而为了他颠倒，使他不爱她，以至她也为之痛苦。米开朗琪罗完成了他最后的绘画与雕塑的大作：《最后之审判》，保利内教堂壁画，与——尤利乌斯二世陵墓。

当米开朗琪罗于一五三四年离开翡冷翠住在罗马的时候，他想，因了克雷芒七世之死摆脱了一切工作，他终于能安安静静完成尤利乌斯二世的陵墓了，以后，他良心上的重负卸掉之后，可以安静地终了他的残生。但他才到罗马，又给他的新主人把他牵系住了。

“保罗三世召唤他，要他供奉他。……米开朗琪罗拒绝了，说他不能这样做；因为他以契约的关系，受着乌尔比诺大公的拘束，除非他把尤利乌斯二世的陵墓完成之后。于是教皇怒道：‘三十年以来我怀有这个愿望；而我现在成了教皇，反不能满足我的愿望么？我将撕掉那契约，无论如何，我要你侍奉我。’”瓦萨里记载。

米开朗琪罗又想逃亡了。

“他想隐遁到杰内附近的一所修院中去，那里的阿莱里亚主教是他的朋友，也是尤利乌斯二世的朋友。他或能在那边方便地做完他的作品。他亦想起避到乌尔比诺地方，那是一个安静的居处，亦是尤利乌斯二世的故乡；他想当地的人或能因怀念尤利乌斯之故而善视他。他已派了一个人去，到那里买一所房子。”孔迪维记载。

但，正当决定的时候，意志又没有了；他顾虑他的行动的后果，他以永远的幻梦，永远破灭的幻梦来欺骗自己：他妥协了。他重新被人牵系着，继续担负着繁重的工作，直到终局。

一五三五年九月一日，保罗三世的一道敕令，任命他为圣彼得的建筑绘画雕塑总监。自四月起，米开朗琪罗已接受《最后之审判》的工作。这幅巨大的壁画把西斯廷教堂入口处的墙壁全部掩蔽了，在一五三三年时克雷芒七世已有这个思念。自一五三六年四月至一五四一年十一月止，即在维多利亚逗留罗马的时期内，他完全经营着这件事业。即在这件工作的过程中，在一五三九年，老人从台架上堕下，腿部受了重伤，“又是痛楚又是愤怒，他不愿给任何医生诊治”。瓦萨里记载。他瞧不起医生，当他知道他的家族冒昧为他延医的时候，他在信札中表示一种可笑的惶虑。

“幸而他堕下之后，他的朋友、翡冷翠的巴乔·隆蒂尼是一个极有头脑的医生，又是对于米开朗琪罗十分忠诚的，他哀怜他，有一天去叩他的屋门。没有人接应,他上楼,挨着房间去寻,一直到了米开朗琪罗睡着的那间。米氏看见他来,大为失望。但巴乔再也不愿走了,直到把他医愈之后才离开他。”瓦萨里记载。

像从前尤利乌斯二世一样,保罗三世来看他作画,参加意见。他的司礼长切塞纳伴随着他,教皇征询他对于作品的意见。据瓦萨里说,这是一个非常迂执的人,宣称在这样庄严的一个场所,表现那么多的猥亵的裸体是大不敬;这是,他说,配装饰浴室或旅店的绘画。米开朗琪罗愤慨之余,待切塞纳走后,凭了记忆把他的肖像画在图中;他把他放在地狱中,画成判官米诺斯的形像,在恶魔群中给毒蛇缠住了腿。切塞纳到教皇前面去诉说。保罗三世和他开玩笑地说:“如果米开朗琪罗把你放在监狱中,我还可设法救你出来;但他把你放在地狱里,那是我无能为力了;在地狱里是毫无挽救的了。”

可是对于米开朗琪罗的绘画认为猥亵的不止切塞纳一人。意大利正在提倡贞洁运动;且那时距韦罗内塞因为作了 Cène chez Simon(《西门家的盛宴》)一画而被人向异教法庭控告的时节也不远了。一五七三年六月间事。——韦罗内塞老老实实把《最后之审判》作为先例,辩护道:“我承认这是不好的;但我仍坚执我已经说过的话,为我,依照我的大师们给我的榜样是一件应尽的责任。”——“那么你的大师们做过什么?也许是同样的东西吧?”——“米开朗琪罗在罗马,教皇御用的教堂内,把吾主基督,他的母亲,圣约翰,圣彼得和天廷中的神明及一切人物都以裸体表现,看那圣母玛丽亚,不是在任何宗教所没有令人感应到的姿势中么?……”＊＊韦罗内塞(1528—1588),威尼斯画家派主要画家和著名色彩大师。不少人士大声疾呼说是有妨风化。叫嚣最厉害的要算是拉莱廷了。这个淫书作家想给贞洁的米开朗琪罗以一顿整饬端方的教训。这是一种报复的行为。拉莱廷曾屡次向他要索艺术品;甚至他觍颜为米开朗琪罗设计一张《最后之审判》的图稿。米开朗琪罗客客气气拒绝了这献计,而对于他索要礼物的请求装作不闻。因此，拉莱廷要显一些本领给米开朗琪罗看，让他知道瞧不起他的代价。他写给他一封无耻的信。他责备他"表现使一个娼家也要害羞的东西"，他又向异教法庭控告他大不敬的罪名。"因为，"他说，"破坏别人的信心较之自己的不信仰犯罪尤重。"他请求教皇毁灭这幅壁画。他在控诉状中说他是路德派的异教徒；末了更说他偷盗尤利乌斯二世的钱。信中并侵及无辜的盖拉尔多·佩里尼与托马索·卡瓦列里等（米氏好友，见前）。这封信这封无耻的信，末了又加上一句含着恐吓的话，意思还是要挟他送他礼物把米开朗琪罗灵魂中最深刻的部分——他的虔敬、他的友谊、他的爱惜荣誉的情操——都污辱了，对于这一封信，米开朗琪罗读的时候不禁报以轻蔑的微笑，可也不禁愤懑地痛哭，他置之不答。无疑地他仿佛如想起某些敌人般地想："不值得去打击他们；因为对于他们的胜利是无足重轻的。"——而当拉莱廷与切塞纳两人对于《最后之审判》的见解渐渐占得地位时，他也毫不设法答复，也不设法阻止他们。他什么也不说，当他的作品被视为"路德派的秽物"的时候。一五四九年有一个翡冷翠人这么说。他什么也不说，当保罗四世要把他的壁画除下的时候。一五九六年，克雷芒八世要把《最后之审判》涂掉。他什么也不说，当达涅尔·特·沃尔泰雷受了教皇之命来把他的英雄们穿上裤子的时候。一五五九年事。——达涅尔·特·沃尔泰雷把他的修改工作称做"穿裤子"。他是米开朗琪罗的一个朋友。另一个朋友，雕塑家阿马纳蒂，批斥这些裸体表现为猥亵。因此，在这件事情上，米氏的信徒们也没有拥护他。——人家询问他的意见。他怒气全无地回答，讥讽与怜悯的情绪交混着："告诉教皇，说这是一件小事情，容易整顿的。只要圣下也愿意把世界整顿一下：整顿一幅画是不必费多大心力的。"——他知道他是在怎样一种热烈的信仰中完成这件作品的，在和维多利亚·科隆娜的宗教谈话的感应，在这颗洁白无瑕的灵魂的掩护下。要去向那些污浊的猜度与下流的心灵辩白他在裸体人物上所寄托的英雄思想，他会感到耻辱。

当西斯廷的壁画完成时，米开朗琪罗以为他终于能够完成尤利乌斯二世的纪念物了。《最后之审判》的开幕礼于一五四一年十二月二十五日举行。意大利、法国、德国、佛兰德各处都有人来参加。但不知足的教皇还逼着七十岁的老人作保利内教堂的壁画。这些壁画包括《圣保罗谈话》、《圣彼得上十字架》等。米氏开始于一五四二年，在一五四四年与一五四六年上因两场病症中止了若干时，到一五四九—一五五〇年间才勉强完成。瓦萨里说："这是他一生所作的最后的绘画，而且费了极大的精力；因为绘画，尤其是壁画，对于老人是不相宜的。"他还能动手做预定的尤利乌斯二世墓上的几个雕像已是侥幸的事了。他和尤利乌斯二世的继承人，签订第五张亦是最后一张的契约。根据了这张契约，他交付出已经完工的雕像，最初是《摩西》与两座《奴隶》；但后来米开朗琪罗认为《奴隶》不再适合于这个减缩的建筑，故又塑了《行动生活》与《冥想生活》以代替。出资雇用两个雕塑家了结陵墓：这样，他永远卸掉了他的一切责任了。

他的苦难还没有完呢，尤利乌斯二世的后人不断地向他要求偿还他们以前他收受的钱。教皇令人告诉他不要去想这些事情，专心干保利内教堂的壁画。他答道：

"但是我们是用脑子不是用手作画的啊！不想到自身的人是不知荣辱的；所以只要我心上有何事故，我便做不出好东西……我一生被这陵墓联系着；我为了要在利奥十世与克雷芒七世之前争得了结此事以至把我的青春葬送了；我的太认真的良心把我毁灭无余。我的命运要我如此！我看到不少的人每年进款达二三千金币之巨；而我，受尽了艰苦，终于是穷困。人家还当我是窃贼！……在人前——我不说在神前——我自以为是一个诚实之士；我从未欺骗过他人……我不是一个窃贼，我是一个翡冷翠的绅士，出身高贵……当我必得要在那些混蛋前面自卫时，我变成疯子了！……”米氏一五四二年十月书(收信人不明)。

为应付他的敌人起见，他把《行动生活》与《冥想生活》二像亲手完工了。虽然契约上并不要他这么做。

一五四五年正月，尤利乌斯二世的陵墓终于在温科利的圣彼得寺落成了。原定的美妙的计划在此存留了什么？——《摩西》原定只是一座陪衬的像，在此却成为中心的雕像。一个伟大计划的速写！

至少，这是完了。米开朗琪罗在他一生的恶梦中解放了出来。

二 信 心

维多利亚死后，他想回到翡冷翠，把“他的疲劳的筋骨睡在他的老父旁边”。一五五二年九月十九日米开朗琪罗致瓦萨里书。当他一生侍奉了几代的教皇之后，他要把他的残年奉献给神。也许他是受着女友的鼓励，要完成他最后的意愿。一五四七年一月一日，维多利亚·科隆娜逝世前一月，他奉到保罗三世的敕令，被任为圣彼得大寺的建筑师兼总监。他接受这委任并非毫无困难；且亦不是教皇的坚持才使他决心承允在七十余岁的高年去负担他一生从未负担过的重任。他认为这是神的使命，是他应尽的义务：

“许多人以为——而我亦相信——我是由神安放在这职位上的，”他写道，“不论我是如何衰老，我不愿放弃它；因为我是为了爱戴神而服务，我把一切希望都寄托在他身上。”一五五七年七月七日米氏致他的侄儿利奥那多书。

对于这件神圣的事业，任何薪给他不愿收受。

在这桩事情上，他又遇到了不少敌人：第一是桑迦罗一派，这是安东尼奥·达·桑迦罗，一五三七年至一五四六年他死时为止，一直是圣彼得的总建筑师。他一向是米开朗琪罗的敌人，因为米氏对他不留余地。为了教皇宫区内的城堡问题，他们两人曾处于极反对的地位，终于米氏把桑迦罗的计划取消了。后来在建造法尔内塞宫邸时，桑迦罗已造到二层楼，一五四九年米氏在补成时又把他原来的图样完全改过。如瓦萨里所说的，此外还有一切办事员、供奉人、工程承造人，被他揭发出许多营私舞弊的劣迹，而桑迦罗对于这些却假作痴聋不加闻问。"米开朗琪罗，"瓦萨里说，"把圣彼得从贼与强盗的手中解放了出来。"

反对他的人都联络起来。首领是无耻的建筑师南尼·迪·巴乔·比焦，为瓦萨里认为盗窃米开朗琪罗而此刻又想排挤他的。人们散布谎言，说米开朗琪罗对于建筑是全然不懂的，只是浪费金钱，弄坏前人的作品。圣彼得大寺的行政委员会也加入攻击建筑师，于一五五一年发起组织一个庄严的查办委员会，即由教皇主席；监察人员与工人都来控告米开朗琪罗，萨尔维亚蒂与切尔维尼两个主教又袒护着那些控诉者。切尔维尼主教即未来的教皇马尔赛鲁斯二世。米开朗琪罗简直不愿申辩：他拒绝和他们辩论。——他和切尔维尼主教说："我并没有把我所要做的计划通知你，或其他任何人的义务。你的事情是监察经费的支出。其他的事情与你无干。"据瓦萨里记载。——他的不改性的骄傲从来不答应把他的计划告诉任何人。他回答那些怨望的工人道："你们的事情是泥水工，斫工，木工，做你们的事，执行我的命令。至于要知道我思想些什么，你们永不会知道；因为这是有损我的尊严的。"据博塔里记载。

他这种办法自然引起许多仇恨，而他如果没有教皇们的维护，他将一刻也抵挡不住那些怨毒的攻击。一五五一年调查委员会末次会议中，米开朗琪罗转向着委员会主席尤利乌斯三世说："圣父，你看，我挣得了什么！如果我所受的烦恼无裨我的灵魂，我便白费了我的时间与痛苦。"——爱他的教皇，举手放在他的肩上，说道："灵魂与肉体你都挣得了。不要害怕！"（据瓦萨里记载）因此，当尤利乌斯三世崩后，切尔维尼主教登极承继皇位的时候，他差不多要离开罗马了。教皇保罗三世死于一五四九年十一月十日;和他一样爱米开朗琪罗的尤利乌斯三世在位的时间是一五五〇年二月八日至一五五五年三月二十三日。一五五五年五月九日,切尔维尼大主教被选为教皇,名号为马尔赛鲁斯二世。他登极只有几天;一五五五年五月二十三日保罗四世承继了他的皇位。但新任教皇马尔赛鲁斯二世登位不久即崩,保罗四世承继了他。最高的保护重新确定之后,米开朗琪罗继续奋斗下去。他以为如果放弃了作品,他的名誉会破产,他的灵魂会堕落。他说:

"我是不由自主地被任做这件事情的。八年以来,在烦恼与疲劳中间,我徒然挣扎。此刻,建筑工程已有相当的进展,可以开始造穹窿的时候,若我离开罗马,定将使作品功亏一篑:这将是我的大耻辱,亦将是我灵魂的大罪孽。"一五五五年五月十一日米氏致他的侄儿利奥那多书。一五六〇年,受着他的朋友们的批评,他要求"人们答应卸掉他十七年来以教皇之命而且义务地担任的重负"。——但他的辞职未被允准,教皇保罗四世下令重新授予他一切权宜。——那时他才决心答应卡瓦列里的要求,把穹窿的木型开始动工。至此为止,他一直把全部计划隐瞒着,不令任何人知道。

他的敌人们丝毫不退让;而这种斗争,有时竟是悲剧的。一五六三年,在圣彼得工程中,对于米开朗琪罗最忠诚的一个助手,加埃塔被抓去下狱,诬告他窃盗;他的工程总管切萨雷又被人刺死了。米开朗琪罗为报复起见,便任命加埃塔代替了切萨雷的职位。行政委员会把加埃塔赶走,任命了米开朗琪罗的敌人南尼·迪·巴乔·比焦。米开朗琪罗大怒,不到圣彼得视事了。于是人家散放流言,说他辞职了;而委员会迅又委任南尼去代替他,南尼亦居然立刻做起主人来。他想以种种方法使这八十八岁的病危的老人灰心。可是他不识得他的敌人。米开朗琪罗立刻去见教皇;他威吓说如果不替他主张公道他将离开罗马。他坚持要作一个新的侦查,证明南尼的无能与谎言,把他驱逐。米开朗琪罗逝死后翌日,南尼马上去请求科斯梅大公,要他任命他继任米氏的职位。这是一五六三年九月,他逝世前四个月的事情。——这样,直到他一生的最后阶段,他还须和嫉妒与怨恨争斗。

可是我们不必为他抱憾。他知道自卫;即在临死的时光,他还能够,如他往昔和他的兄弟所说的,独个子"把这些兽类裂成齑粉"。

在圣彼得那件大作之外,还有别的建筑工程占据了他的暮年,如京都大寺、米开朗琪罗没有看见屋前盘梯的完成。京都大寺的建筑在十七世纪时才完工。圣玛里亚·德利·安吉利教堂、关于米开朗琪罗的教堂,今日毫无遗迹可寻。它们在十八世纪都重建过了。翡冷翠的圣洛伦佐教堂、人们把教堂用白石建造,而并非如米开朗琪罗原定的用木材建造。皮亚门,尤其是翡冷翠人的圣乔凡尼教堂,如其他作品一样是流产的。

翡冷翠人曾请求他在罗马建造一座本邦的教堂;即是科斯梅大公自己亦为此事写了一封很恭维的信给他;而米开朗琪罗受着爱乡情操的激励,也以青年般的热情去从事这件工作。一五五九—一五六〇年间。他和他的同乡们说:"如果他们把他的图样实现,那么即是罗马人、希腊人也将黯然无色了。"——据瓦萨里说,这是他以前没有说过以后亦从未说过的言语;因为他是极谦虚的。翡冷翠人接受了图样,丝毫不加改动。米开朗琪罗的一个友人,蒂贝廖·卡尔卡尼在他的指导之下,作了一个教堂的木型:——"这是一件稀世之珍的艺术品,人们从未见过同样的教堂,无论在美,在富丽,在多变方面。人们开始建筑,花了五千金币。以后,钱没有了,便那么中止了,米开朗琪罗感着极度强烈的悲痛。"瓦萨里记载。教堂永远没有造成,即是那木型也遗失了。

这是米开朗琪罗在艺术方面的最后的失望。他垂死之时怎么能有这种幻想，说刚刚开始的圣彼得寺会有一天实现，而他的作品中居然会有一件永垂千古？他自己，如果是可能的话，他就要把它们毁灭。他的最后一件雕塑翡冷翠大寺的《基督下十字架》，表示他对于艺术已到了那么无关心的地步。他的所以继续雕塑，已不是为了艺术的信心，而是为了基督的信心，而是因为“他的力与精神不能不创造”。一五五三年，他开始这件作品，他的一切作品中最动人的；因为它是最亲切的：人们感到他在其中只谈到他自己，他痛苦着，把自己整个地沉入痛苦之中。此外，似乎那个扶持基督的老人，脸容痛苦的老人，即是他自己的肖像。但当他完成了他的作品时，他把它毁坏了。一五五五年事。“他将完全把它毁坏，假若他的仆人安东尼奥不请求赐给他的话。”蒂贝廖·卡尔卡尼从安东尼奥那里转买了去，又请求米开朗琪罗把它加以修补。米开朗琪罗答应了，但他没有修好便死了。

这是米开朗琪罗在垂死之年对于艺术的淡漠的表示。

自维多利亚死后，再没有任何壮阔的热情烛照他的生命了。爱情已经远去：

“爱的火焰没有遗留在我的心头，最重的病（衰老）永远压倒最轻微的：我把灵魂的翅翼折断了。”诗集卷八十一。（约于一五五〇年左右）他暮年时代的几首诗，似乎表现火焰并不如他自己所信般的完全熄灭，而他自称的“燃过的老木”有时仍有火焰显现。

他丧失了他的兄弟和他的最好的朋友。卢伊吉·德尔·里乔死于一五四六年，皮翁博死于一五四七年，他的兄弟乔凡·西莫内死于一五四八年。他和他的最小的兄弟西吉斯蒙多一向没有什么来往，亦于一五五五年死了。他把他的家庭之爱和暴烈的情绪一齐发泄在他的侄子——孤儿——们身上，他的最爱的兄弟博纳罗托的孩子们身上。他们是一男一女，男的即利奥那多，女的叫切卡。米开朗琪罗把切卡送入修道院，供给她衣食及一切费用，他亦去看她；而当她出嫁时，她于一五三八年嫁给米凯莱·迪·尼科洛·圭恰尔迪尼。他给了她一部分财产作为奁资。是他在波佐拉蒂科地方的产业。——他亲自关切利奥那多的教育，他的父亲逝世时他只有九岁，冗长的通信，令人想起贝多芬与其侄儿的通信，表示他如何严肃地尽了他父辈的责任。这通信始于一五四〇年。这也并非没有时时发生的暴怒。利奥那多常常试练他的伯父的耐性；而这耐性是极易消耗的。青年的恶劣的字迹已足使米开朗琪罗暴跳。他认为这是对他的失敬：

"收到你的信时，从没有在开读之前不使我愤怒的。我不知你在哪里学得的书法！毫无恭敬的情操！……我相信你如果要写信给世界上最大的一头驴子，你必将写得更小心些……我把你最近的来信丢在火里了，因为我无法阅读：所以我亦不能答复你。我已和你说过而且再和你说一遍，每次我收到你的信在没有能够诵读它之前，我总是要发怒的。将来你永远不要写信给我了。如果你有什么事情告诉我，你去找一个会写字的人代你写吧；因为我的脑力需要去思虑别的事情，不能耗费精力来猜详你的涂鸦般的字迹。"见一五三六——一五四八年间的书信。

天性是猜疑的，又加和兄弟们的纠葛使他更为多心，故他对于他的侄儿的阿谀与卑恭的情感并无什么幻想：他觉得这种情感完全是小孩子的乖巧，因为他知道将来是他的遗产继承人。米开朗琪罗老实和他说了出来。有一次，米开朗琪罗病危，将要死去的时候，他知道利奥那多到了罗马，做了几件不当做的事情；他怒极了，写信给他：

"利奥那多！我病时，你跑到弗朗切斯科先生那里去探听我留下些什么。你在翡冷翠所花的我的钱还不够么？你不能向你的家族说谎，你也不能不肖似你的父亲——他把我从翡冷翠家里赶走！须知我已做好了一个遗嘱，那遗嘱上已没有你的名分。去吧，和神一起去吧，不要再到我前面来，永远不要再写信给我！”一五四四年七月十一日信。

这些愤怒并不使利奥那多有何感触，因为在发怒的信后往常是继以温言善语的信和礼物。一五四九年，米开朗琪罗在病中第一个通知他的侄儿，说已把他写入遗嘱。——遗嘱大体是这样写的：“我把我所有的一切，遗留给西吉斯蒙多和你；要使我的弟弟西吉斯蒙多和你，我的侄儿，享有均等的权利，两个人中任何一个如不得另一个的同意，不得处分我的财产。”一年之后，他重新赶到罗马，被赠与三千金币的诺言吸引着。米开朗琪罗为他这种急促的情态激怒了，写信给他道：

“你那么急匆匆地到罗马来。我不知道，如果当我在忧患中，没有面包的时候，你会不会同样迅速地赶到。……你说你来是为爱我，是你的责任。——是啊，这是蛀虫之爱！原文是 L'amore del tarlo！指他的侄儿只是觊觎遗产而爱他。如果你真的爱我，你将写信给我说：‘米开朗琪罗，留着三千金币，你自己用吧：因为你已给了那么多钱，很够了；你的生命对于我们比财产更宝贵……’——但四十年来，你们靠着我活命；而我从没有获得你们一句好话……”一五四六年二月六日书。他又附加着：“不错，去年，因为我屡次责备你，你寄了一小桶特雷比亚诺酒给我。啊！这已使你破费得够了！”

利奥那多的婚姻又是一件严重的问题。它占据了叔侄俩六年的时间。自一五四七年至一五五三年。利奥那多，温良地，只觑着遗产；他接受一切劝告，让他的叔父挑选、讨论、拒绝一切可能的机会：他似乎毫不在意。反之，米开朗琪罗却十分关切，仿佛是他自己要结婚一样。他把婚姻看作一件严重的事情，爱情倒是不关重要的条件；财产也不在计算之中：所认为重要的，是健康与清白。他发表他的严格的意见，毫无诗意的、极端的、肯定的：

“这是一件大事情：你要牢记在男人与女人中间必须有十岁的差别；注意你将选择的女子不独要温良，而且要健康……人家和我谈起好几个：有的我觉得合意，有的不。假若你考虑之后，在这几个中合意哪个，你当来信通知我，我再表示我的意见……你尽有选择这一个或那一个的自由，只要她是出身高贵，家教很好；而且与其有奁产，宁可没有为妙，——这是为使你们可以安静地生活……一位翡冷翠人告诉我，说有人和你提起吉诺里家的女郎，你亦合意。我却不愿你娶一个女子，因为假如有钱能备奁资，他的父亲不会把她嫁给你的。我愿选那种为了中意你的人（而非中意你的资产）而把女儿嫁给你的人……你所得唯一地考虑的只是肉体与精神的健康、血统与习气的品质，此外，还须知道她的父母是何种人物：因为这极关重要。……去找一个在必要时不怕洗涤碗盏、管理家务的妻子。……至于美貌，既然你并非翡冷翠最美的男子，那么你可不必着急，只要她不是残废的或丑得不堪的就好。……”一五四七年至一五五二年间书信。另外他又写道：“你不必追求金钱，只要好的德性与好的声名……你需要一个和你留在一起的妻子，为你可以支使的、不讨厌的、不是每天去出席宴会的女人；因为在那里人们可以诱惑她使她堕落。”（一五四九年二月一日书）

搜寻了好久之后，似乎终于觅得了稀世之珍。但，到了最后一刻，又发现了足以藉为解约理由的缺点：

“我得悉她是近视眼：我认为这不是什么小毛病。因此我还什么也没有应允。既然你也毫未应允，那么我劝你还是作为罢论，如果你所得的消息是确切的话。”一五五一年十二月十九日书。

利奥那多灰心了。他反而觉得他的叔叔坚持要他结婚为可怪了：

“这是真的，”米开朗琪罗答道，“我愿你结婚：我们的一家不应当就此中断。我很知道即使我们的一族断绝了，世界也不会受何影响；但每种动物都要绵延种族。因此我愿你成家。”可是他又说：“但如果你自己觉得不十分健康，那么还是克制自己，不要在世界上多造出其他的不幸者为妙。”

终于米开朗琪罗自己也厌倦了；他开始觉得老是由他去关切利奥那多的婚姻，而他本人反似淡漠是可笑的事情。他宣称他不复顾问了：

“六十年来，我关切着你们的事情；现在，我老了，我应得想着我自己的了。”

这时候，他得悉他的侄儿和卡桑德拉·丽多尔菲订婚了。他很高兴，他祝贺他，答应送给他一千五百金币。利奥那多结婚了。一五五三年五月十六日。米开朗琪罗写信去道贺新夫妇，许赠一条珠项链给卡桑德拉。可是欢乐也不能阻止他不通知他的侄儿，说“虽然他不大明白这些事情，但他觉得利奥那多似乎应在伴他的女人到他家里去之前，把金钱问题准确地弄好了：因为在这些问题中时常潜伏着决裂的种子”。信末，他又附上这段不利的劝告：

“啊！……现在，努力生活吧：仔细想一想，因为寡妇的数目永远超过鳏夫的数目。”一五五三年五月二十日书。

两个月之后，他寄给卡桑德拉的，不复是许诺的珠项链，而是两只戒指，——一只是镶有金刚钻的，一只是镶有红宝玉的。卡桑德拉深深地谢了他，同时寄给他八件内衣。米开朗琪罗写信去说：

“它们真好，尤其是布料我非常惬意。但你们为此耗费金钱，使我很不快；因为我什么也不缺少。为我深深致谢卡桑德拉，告诉她说我可以寄给她我在这里可以找到的一切东西，不论是罗马的出品或其他。这一次，我只寄了一件小东西；下一次，我寄一些更好的，使她高兴的物件罢。”一五五三年八月五日书。

不久，孩子诞生了。第一个名字题做博纳罗托，生于一五五四年。这是依着米氏的意思；——第二个名字题做米开朗琪罗，生于一五五五年。但这个生下不久便夭亡了。而那个老叔，于一五五六年邀请年轻夫妇到罗马去，他一直参与着家庭中的欢乐与忧苦，但从不答应他的家族去顾问他的事情，也不许他们关切他的健康。

在他和家庭的关系之外，米开朗琪罗亦不少著名的、高贵的朋友。我们应当把他的一生分作几个时期。在这长久的一生中，我们看到他孤独与荒漠的时期，但也有若干充满着友谊的时期。一五一五年左右，在罗马，有一群翡冷翠人，自由的、生气蓬勃的人：多梅尼科·博宁塞尼、利奥那多·塞拉约、乔凡尼·斯佩蒂亚雷、巴尔托洛梅奥·韦拉扎诺、乔凡尼·杰莱西、卡尼贾尼等。——这是他第一期的朋友。以后，在克雷芒七世治下，弗朗切斯科·贝尔尼与皮翁博一群有思想的人物。皮翁博是一个忠诚的但亦是危险的朋友，是他把一切关于米开朗琪罗的流言报告给他听，亦是他罗织成他对于拉斐尔派的仇恨。——更后，在维多利亚·科隆娜的时代，尤其是卢伊吉·德尔·里乔的一般人，他是翡冷翠的一个商人，在银钱的事情上时常作他的顾问，是他最亲密的一个朋友。在他那里，米氏遇见多纳托·贾诺蒂、音乐家阿尔卡德尔特与美丽的切基诺。他们都一样爱好吟咏，爱好音乐，爱尝异味。也是为了里乔因切基诺死后的悲伤，米氏写了四十八首悼诗；而里乔收到每一首悼诗时，寄给米氏许多鲇鱼、香菌、甜瓜、雉鸠……——在他死后（一五四六年），米开朗琪罗差不多没有朋友，只有信徒了：瓦萨里、孔迪维、达涅尔·特·沃尔泰雷、布隆齐诺、莱奥内·莱奥尼、贝韦努托·切利尼等。他感应他们一种热烈的求知欲；他表示对他们的动人的情感。虽然他性情很粗野，但要把他认作一个如贝多芬般的粗犷的乡人却是完全错误的。他是意大利的一个贵族，学问渊博，阀阅世家。从他青年时在圣马可花园中和洛伦佐·梅迪契等厮混在一起的时节起，他和意大利可以算作最高贵的诸侯、亲王、主教、由于他在教皇宫内的职位和他的宗教思想的伟大，米氏和教会中的高级人物有特别的交谊。文人、他亦认识当时有名的史家兼爱国主义者马基雅弗利。艺术家都有交往。在艺术界中，他的朋友当然是最少了。但他暮年却有不少信徒崇奉他，环绕着他。对于大半的艺术家他都没有好感。他和达·芬奇、佩鲁吉诺、弗朗奇亚、西尼奥雷利、拉斐尔、布拉曼特、桑迦罗们皆有深切的怨恨。一五一七年六月三十日雅各布·桑索维诺写信给他说:"你从没有说过任何人的好话。"但一五二四年时,米氏却为他尽了很大的力;他也为别人帮了不少忙;但他的天才太热烈了,他不能在他的理想之外,更爱别一个理想;而且他亦太真诚了,他不能对于他全然不爱的东西假装爱。但当一五四五年提香来罗马访问时,他却十分客气。——然而,虽然那时的艺术界非常令人艳羡,他宁愿和文人与实际行动者交往。他和诗人弗朗切斯科·贝尔尼在思想上齐名;他们两人唱和甚多,充满着友谊与戏谑的诗,贝尔尼极称颂米开朗琪罗,称之为"柏拉图第二";他和别的诗人们说:"静着罢,你们这般和谐的工具!你们说的是文辞,唯有他是言之有物。"他和瓦尔基通信;和卢伊吉·德尔·里乔与多纳托·贾诺蒂们唱和。人们搜罗他关于艺术的谈话和深刻的见解,还有没有人能和他相比的关于但丁的认识。一个罗马贵妇于文字中说,在他愿意的时候,他是"一个温文尔雅、婉转动人的君子,在欧洲罕见的人品"。多娜·阿真蒂娜·马拉斯皮娜,一五一六年间事。在贾诺蒂与弗朗西斯科·特·奥兰达的笔记中,可以看出他的周到的礼貌与交际的习惯。在他若干致亲王们的信中,尤其是一五四六年四月二十六日他给弗朗西斯一世的那封信。更可证明他很易做成一个纯粹的宫臣。社会从未逃避他:却是他常常躲避社会;要度一种胜利的生活完全在他自己。他之于意大利,无异是整个民族天才的化身。在他生涯的终局,已是文艺复兴期遗下的最后的巨星,他是文艺复兴的代表,整个世纪的光荣都是属于他的。不独是艺术家们认他是一个超自然的人。孔迪维在他的《米开朗琪罗传》中,开始便说:"自从神赐我恩宠,不独认我配拜见米开朗琪罗,唯一的雕塑家与画家,——这是我所不敢大胆希冀的,——而且许我恭聆他的谈吐,领受他的真情与信心的时候起,为表示我对于这件恩德的感激起见,我试着把他生命中值得赞颂的材料收集起来,使别人对于这样一个伟大的人物有所景仰,作为榜样。"即是王公大臣亦在他的威望之前低首。弗朗西斯一世与卡特琳纳·特·梅迪契向他致敬。一五四六年,弗朗西斯一世写信给他;一五五九年,卡特琳纳·特·梅迪契写信给他。她信中说"和全世界的人一起知道他在这个世纪中比任何人都卓越”，所以要请他雕一个亨利二世骑在马上的像，或至少作一幅素描。科斯梅·特·梅迪契要任命他为贵族院议员；一五五二年间事，米开朗琪罗置之不答：——使科斯梅大公大为不悦。而当他到罗马的时候，又以贵族的礼款待他，请他坐在他旁边，和他亲密地谈话。一五六〇年十一月间事。科斯梅的儿子，弗朗切斯科·特·梅迪契，帽子握在手中，“向这一个旷世的伟人表示无限的敬意”。一五六一年十月。人家对于“他崇高的道德”和对他的天才一般尊敬。瓦萨里记载。他的老年所受的光荣和歌德与雨果相仿。但他是另一种人物。他既没有歌德般成为妇孺皆知的渴望，亦没有雨果般对于已成法统的尊重。他蔑视光荣，蔑视社会；他的侍奉教皇，只是“被迫的”。而且他还公然说即是教皇，在谈话时，有时也使他厌恶，“虽然我们命令他，他不高兴时也不大会去”。见弗朗西斯科·特·奥兰达著：《绘画语录》。

“当一个人这样的由天性与教育变得憎恨礼仪、蔑视矫伪时，更无适合他的生活方式了。如果他不向你要求任何事物，不追求你的集团，为何要去追求他的呢？为何要把这些无聊的事情去和他的远离世界的性格纠缠不清呢？不想满足自己的天才而只求取悦于俗物的人，决不是一个高卓之士。”见弗朗西斯科·特·奥兰达著：《绘画语录》。

因此他和社会只有必不可免的交接，或是灵智的关系。他不使人家参透他的亲切生活；那些教皇、权贵、文人、艺术家，在他的生活中占据极小的地位。但和他们之中的一小部分却具有真实的好感，只是他的友谊难得持久。他爱他的朋友，对他们很宽宏；但他的强项、他的傲慢、他的猜忌，时常把他最忠诚的朋友变作最凶狠的仇敌。他有一天写了这一封美丽而悲痛的信：

“可怜的负心人在天性上是这样的：如果你在他患难中救助他，他说你给予他的他早已先行给予你了。假若你给他工作表示你对他的关心，他说你不得不委托他做这件工作，因为你自己不会做。他所受到的恩德，他说是施恩的人不得不如此。而如果他所受到的恩惠是那么明显为他无法否认时，他将一直等到那个施恩者做了一件显然的错事；那时，负心人找到了借口可以说他坏话，而且把他一切感恩的义务卸掉了。——人家对我老是如此；可是没有一个艺术家来要求我而我不给他若干好处的；并且出于我的真心。以后，他们把我古怪的脾气或是癫狂作为借口，说我是疯了，是错了；于是他们诬蔑我，毁谤我；——这是一切善人所得的酬报。”一五二四年正月二十六日致皮耶罗·贡蒂书。

在他自己家里，他有相当忠诚的助手，但大半是庸碌的。人家猜疑他故意选择庸碌的，为只要他们成为柔顺的工具，而不是合作的艺术家，——这也是合理的。但据孔迪维说：“许多人说他不愿教练他的助手们，这是不确的：相反，他正极愿教导他们。不幸他的助手不是低能的便是无恒的，后者在经过了几个月的训练之后，往往夜郎自大，以为是大师了。”

无疑的，他所要求于助手们的第一种品性是绝对的服从。对于一般桀骜不驯的人，他是毫不顾惜的；对于那些谦恭忠实的信徒，他却表示十二分的宽容与大量。懒惰的乌尔巴诺，“不愿工作的”，瓦萨里描写米开朗琪罗的助手：“皮耶特罗·乌尔巴诺·特·皮斯托耶是聪明的，但从不肯用功。安东尼奥·米尼很努力，但不聪明。阿斯卡尼奥·德拉·里帕·特兰索尼也肯用功，但他从无成就。”——而且他的不愿工作正有充分的理由；因为，当他工作的时候，往往是笨拙得把作品弄坏，以至无可挽救的地步，如米涅瓦寺的《基督》——在一场疾病中，曾受米开朗琪罗的仁慈的照拂看护；他称米开朗琪罗为“亲爱的如最好的父亲”。米开朗琪罗对他最轻微的痛楚也要担心。有一次他看见他手指割破了，他监视他要他去作宗教的忏悔。皮耶罗·迪·

贾诺托被“他如爱儿子一般地爱。”西尔维奥·迪·乔凡尼·切帕雷洛从他那里出去转到安德烈·多里亚那里去服务时，悲哀地要求他重新收留他。安东尼奥·米尼的动人的历史，可算是米开朗琪罗对待助手们宽容大度的一个例子。据瓦萨里说，米尼在他的学徒中是有坚强的意志但不大聪明的一个。他爱着翡冷翠一个穷寡妇的女儿。米开朗琪罗依了他的家长之意要他离开翡冷翠。安东尼奥愿到法国去。一五二九年翡冷翠陷落之后，米开朗琪罗曾想和安东尼奥·米尼同往法国去。米开朗琪罗送了他大批的作品：“一切素描，一切稿图，《鹅狎戏着的丽达》画。”《鹅狎戏着的丽达》画是他在翡冷翠被围时替费拉雷大公作的，但他没有给他，因为费拉雷大公的大使对他失敬。他带了这些财富，动身了。一五三一年。但打击米开朗琪罗的恶运对于他的卑微的朋友打击得更厉害。他到巴黎去，想把《鹅狎戏着的丽达》画送呈法王。弗朗西斯一世不在京中；安东尼奥把《鹅狎戏着的丽达》寄存在他的一个朋友，意大利人朱利阿诺·博纳科尔西那里，他回到里昂住下了。数月之后，他回到巴黎，《鹅狎戏着的丽达》不见了，博纳科尔西把它卖给弗朗西斯一世，钱给他拿去了。安东尼奥又是气愤又是惶急，经济的来源断绝了，流落在这巨大的首都中，于一五三三年终忧愤死了。

但在一切助手中，米开朗琪罗最爱而且由了他的爱成为不朽的却是弗朗切斯科·特·阿马多雷，诨名乌尔比诺。他是从一五三〇年起入米开朗琪罗的工作室服务的，在他指导之下，他作尤利乌斯二世的陵墓。米开朗琪罗关心他的前程。

“他和他说：‘如我死了，你怎么办？’

“乌尔比诺答道：‘我将服侍另外一个。’

“‘——喔，可怜虫！’米开朗琪罗说，‘我要挽救你的灾难。’

“于是他一下子给了他二千金币：这种馈赠即是教皇与帝皇也没有如此慷慨。”瓦萨里记载。

然而倒是乌尔比诺比他先死。一五五五年十二月三日，在米开朗琪罗最后一个兄弟西吉斯蒙多死后没有几天。他死后翌日，米开朗琪罗写信给他的侄儿：

“乌尔比诺死了，昨日下午四时。他使我那么悲伤，那么惶乱，如果我和他同死了，倒反舒适；这是因为我深切地爱他之故；而他确也值得我爱；这是一个尊严的、光明的、忠实的人。他的死令我感到仿佛我已不复生存了，我也不能重新觅得我的宁静。”

他的痛苦真是那么深切，以至三个月之后在写给瓦萨里信中还是非常难堪：

“焦尔焦先生，我亲爱的朋友，我心绪恶劣不能作书，但为答复你的来信，我胡乱写几句吧。你知道乌尔比诺是死了，——这为我是残酷的痛苦，可也是神赐给我的极大的恩宠。这是说，他活着的时候，他鼓励我亦生存着，死了，他教我懂得死，并非不快地而是乐意地愿死。他在我身旁二十六年，我永远觉得他是可靠的、忠实的。我为他挣了些财产；而现在我想把他作为老年的依傍，他却去了；除了在天国中重见他之外我更无别的希望，在那里，神赐了他甘美的死的幸福，一定亦使他留在他身旁。对于他，比着死更苦恼的却是留我生存在这骗人的世界上，在这无穷的烦恼中。我的最精纯的部分和他一起去了，只留着无尽的灾难。”一五五六年二月二十三日。

在极度的悲痛中，他请他的侄儿到罗马来看他。利奥那多与卡桑德拉，担忧着，来了，看见他非常衰弱。乌尔比诺托孤给他的责任使他鼓励起新的精力，乌尔比诺儿子中的一个是他的义子，题着他的名字。他写信给乌尔比诺的寡妇，科尔内莉娅，充满着热情，答应她把小米开朗琪罗收受去由他教养，“要向他表示甚至比对他的侄儿更亲切的爱，把乌尔比诺要他学的一切都教授他”。（一五五七年三月二十八日书）——科尔内莉娅于一五五九年再嫁了，米开朗琪罗永远不原谅她。

他还有别的奇特的朋友。因了强硬的天性对于社会的约束的反抗,他爱和一般头脑简单不拘形式的人厮混。——一个卡拉雷地方的斫石匠,托波利诺,“自以为是出众的雕塑家,每次开往罗马去的运石的船上,必寄有他作的几个小小的人像,使米开朗琪罗为之捧腹大笑的”;见瓦萨里记载。——一个瓦尔达尔诺地方的画家,梅尼盖拉,不时到米开朗琪罗那里去要求他画一个圣洛克像或圣安东尼像,随后他着了颜色卖给乡人。而米开朗琪罗,为帝王们所难于获得他的作品的,却尽肯依着梅尼盖拉指示,作那些素描;——一个理发匠,亦有绘画的嗜好,米开朗琪罗为他作了一幅圣弗朗西斯的图稿;——一个罗马工人,为尤利乌斯二世的陵墓工作的,自以为在不知不觉中成为一个大雕塑家,因为柔顺地依从了米开朗琪罗的指导,他居然在白石中雕出一座美丽的巨像,把他自己也呆住了;——一个滑稽的镂金匠,皮洛托,外号拉斯卡;——一个懒惰的奇怪的画家因达科,“他爱谈天的程度正和他厌恶作画的程度相等”,他常说:“永远工作,不寻娱乐,是不配做基督徒的。”见瓦萨里记载。——尤其是那个可笑而无邪的朱利阿诺·布贾尔蒂尼,米开朗琪罗对他有特别的好感。

“朱利阿诺有一种天然的温良之德,一种质朴的生活方式,无恶念亦无欲念,这使米开朗琪罗非常惬意。他唯一的缺点即太爱他自己的作品。但米开朗琪罗往往认为这足以使他幸福;因为米氏明白他自己不能完全有何满足是极苦恼的……有一次,奥塔维亚诺·特·梅迪契要求朱利阿诺为他绘一幅米开朗琪罗的肖像。朱氏着手工作了;他教米开朗琪罗一句不响地坐了两小时之后,他喊道:‘米开朗琪罗,来瞧,起来吧:面上的主要部分,我已抓住了。’米开朗琪罗站起,一见肖像便笑问朱利阿诺道:‘你在捣什么鬼?你把我的一只眼睛陷入太阳穴里去了;瞧瞧仔细吧。’朱利阿诺听了这几句话,弄得莫名其妙了。他把肖像与人轮流看了好几遍;大胆地答道:‘我不觉得这样;但你仍旧去坐着吧,如果是这样,我将修改。’米开朗琪罗知道他堕入何种情景,微笑着坐在朱利阿诺的对面,朱利阿诺对他、对着肖像再三地看,于是站起来说:‘你的眼睛正如我所画的那样,是自然显得如此。’‘那么,’米开朗琪罗笑道,‘这是自然的过失。继续下去吧。’”见瓦萨里记载。

这种宽容,为米开朗琪罗对待别人所没有的习惯,却能施之于那些渺小的、微贱的人。这亦是他对于这些自信为大艺术家的可怜虫的怜悯,也许那些疯子们的情景引起他对于自己的疯狂的回想。在此,的确有一种悲哀的滑稽的幽默。如一切阴沉的心魂一般,米开朗琪罗有时颇有滑稽的情趣:他写过不少诙谐的诗,但他的滑稽总是严肃的、近于悲剧的。如对于他老年的速写等等。(见诗集卷八十一)

三　孤　独

这样，他只和那些卑微的朋友们生活着：他的助手和他的疯痴的朋友，还有是更微贱的伴侣——他的家畜：他的母鸡与他的猫。一五五三年安焦利尼在他离家时写信给他道："公鸡与母鸡很高兴；——但那些猫因为不看见你而非常忧愁，虽然它们并不缺少粮食。"

实在，他是孤独的，而且他愈来愈孤独了。"我永远是孤独的，"他于一五四八年写信给他的侄儿说，"我不和任何人谈话。"他不独渐渐地和社会分离，且对于人类的利害、需求、快乐、思想也都淡漠了。

把他和当代的人群联系着的最后的热情——共和思想——亦冷熄了。当他在一五四四与一五四六年两次大病中受着他的朋友里乔在斯特罗齐家中看护的时候，他算是发泄了最后一道阵雨的闪光，米开朗琪罗病愈时，请求亡命在里昂的罗伯托·斯特罗齐向法王要求履行他的诺言：他说假若弗朗西斯一世愿恢复翡冷翠的自由，他将以自己的钱为他在翡冷翠诸府场上建造一座古铜的骑马像。一五四四年七月二十一日里乔致罗伯托·迪·菲利波·斯特罗齐书。一五四六年，为表示他感激斯特罗齐的东道之谊，他把两座

《奴隶》赠与了他，他又把它们转献给弗朗西斯一世。

但这只是一种政治热的爆发——最后的爆发。在他一五四五年和贾诺蒂的谈话中，好几处他的表白类乎托尔斯泰的斗争无用论与不抵抗主义的思想：

"敢杀掉某一个人是一种极大的僭妄，因为我们不能确知死是否能产生若干善，而生是否能阻止若干善。因此我不能容忍那些人，说如果不是从恶——即杀戮——开始决不能有善的效果。时代变了，新的事故在产生，欲念亦转换了，人类疲倦了……而末了，永远会有出乎预料的事情。"

同一个米开朗琪罗，当初是激烈地攻击专制君主的，此刻也反对那些理想着以一种行为去改变世界的革命家了，他很明白他曾经是革命家之一；他悲苦地责备的即是他自己。如哈姆莱特一样，他此刻怀疑一切，怀疑他的思想、他的怨恨、他所信的一切。他向行动告别了。他写道：

"一个人答复人家说：'我不是一个政治家，我是一个诚实之士，一个以好意观照一切的人。'他是说的真话。只要我在罗马的工作能给我和政治同样轻微的顾虑便好！"一五四七年致他的侄儿利奥那多书。

实际上，他不复怨恨了。他不能恨。因为已经太晚：

"不幸的我，为了等待太久而疲倦了，不幸的我，达到我的愿望已是太晚了！而现在，你不知道么？一颗宽宏的、高傲的、善良的心，懂得宽恕，而向一切侮辱他的人以德报怨！"诗集卷一百〇九第六十四首。在此，米氏假想一个诗人和一个翡冷翠的流戍者的谈话——很可能是在一五三六年亚历山大·特·梅迪契被洛伦齐诺刺死后写的。

他住在 Macel de Corvi，在特拉扬古市场的高处。他在此有一座房子，一所小花园。他和一个男仆、一个女佣、许多家畜占据着这住宅。在他的仆役之中，有过一个法国人叫做理查的。他和他的仆役们并不感到舒服。因为据瓦萨里说:“他们老是大意的、不洁的。”他时常更调仆役,悲苦地怨叹。一五五〇年八月十六日,他写信给利奥那多说:“我要一个善良的清洁的女仆但很困难:她们全是脏的,不守妇道的,我的生活很穷困,但我雇用仆役的价钱出得很贵。”他和仆人们的纠葛,与贝多芬的差不多。一五六〇年他赶走了一个女佣之后喊道:“宁愿她永没来过此地!”

他的卧室幽暗如一座坟墓。诗集卷八十一。“蜘蛛在内做它们种种工作,尽量纺织。”同前。——在楼梯的中段,他画着背负着一口棺材的《死》像。棺材上写着下面一首诗:“我告诉你们,告诉给世界以灵魂肉体与精神的你们:在这具黑暗的箱中你们可以抓握一切。”

他和穷人一般生活,吃得极少,瓦萨里记载:“他吃得极少。年轻时,他只吃一些面包和酒,为要把全部时间都放在工作上。老年,自从他作《最后之审判》那时起,他习惯喝一些酒,但只是在晚上,在一天的工作完了的时候,而且极有节制地。虽然他富有,他如穷人一般过活。从没有(或极少)一个朋友和他同食:他亦不愿收受别人的礼物;因为这样他自以为永远受了赠与人的恩德要报答。他的俭约的生活使他变得极为警醒,需要极少的睡眠。”“夜间不能成寐,他起来执着巨剪工作。他自己做了一顶纸帽,中间可以插上蜡烛,使他在工作时双手可以完全自由,不必费心光亮的问题”。瓦萨里留意到他不用蜡而用羊油蕊作烛台,故送了他四十斤蜡。仆人拿去了,但米开朗琪罗不肯收纳。仆人说:“主人,我拿着手臂要断下来了,我不愿拿回去了。如果你不要,我将把它们一齐插在门前泥穴里尽行燃起。”于是米开朗琪罗说:“那么放在这里吧;因为我不愿你在我门前做那傻事。”(瓦萨里记载)

他愈老,愈变得孤独。当罗马一切睡着的时候,他隐避在夜晚的工作中:这于他已是一种必需。静寂于他是一件好处,黑夜是一位朋友:

“噢夜,噢温和的时间,虽然是黝暗,一切努力在此都能达到平和,称颂你的人仍能见到而且懂得;赞美你的人确有完美的判别力。你斩断一切疲乏的思念,为潮润的阴影与甘美的休息所深切地透入的;从尘世,你时常把我拥到天上,为我希冀去的地方。噢死的影子,由了它,灵魂与心的敌害——灾难——都被挡住了,悲伤的人的至高无上的救药啊,你使我们病的肉体重新获得健康,你揩干我们的泪水,你卸掉我们的疲劳,你把好人洗掉他们的仇恨与厌恶。"诗集卷七十八。

有一夜,瓦萨里去访问这独个子在荒凉的屋里,面对着他的悲怆的《哀悼基督》的老人:

瓦萨里叩门,米开朗琪罗站起身来,执着烛台去接应。瓦萨里要观赏雕像;但米开朗琪罗故意把蜡烛堕在地下熄灭了,使他无法看见。而当乌尔比诺去找另一支蜡烛时,他转向瓦萨里说道:"我是如此衰老,死神常在拽我的裤脚,要我和它同去。一天,我的躯体会崩坠,如这支火炬一般,也像它一样,我的生命的光明会熄灭。"

死的意念包围着他,一天一天地更阴沉起来。他和瓦萨里说:

"没有一个思念不在我的心中引起死的感触。"一五五五年六月二十二日书。

死,于他似乎是生命中唯一的幸福:

"当我的过去在我眼前重现的时候——这是我时时刻刻遇到的,——喔,虚伪的世界,我才辨认出人类的谬妄与过错。相信你的谄谀,相信你的虚幻的幸福的人,便是在替他的灵魂准备痛苦与悲哀。经验过的人,很明白你时常许诺你所没有、你永远没有的平和与福利。因此最不幸的人是在尘世羁留最久的人;生命愈短,愈容易回归天国……"诗集卷一百〇九第三十二首。

"由长久的岁月才引起我生命的终点,喔,世界,我认识你的欢乐很晚了。你许诺你所没有的平和,你许诺在诞生之前早已死灭的休息……我是由经验知道的,以经验来说话:死紧随着生的人才是唯一为天国所优宠的幸运者。”诗集卷一百〇九第三十四首。

他的侄儿利奥那多庆祝他的孩子的诞生，米开朗琪罗严厉地责备他：

“这种铺张使我不悦。当全世界在哭泣的时候是不应当嬉笑的。为了一个人的诞生而举行庆祝是缺乏知觉的人的行为。应当保留你的欢乐，在一个充分地生活了的人死去的时候发泄。”一五五四年四月致瓦萨里书，上面写道“一五五四年四月我不知何日”。

翌年，他的侄儿的第二个孩子生下不久便夭殇了，他写信去向他道贺。

大自然，为他的热情与灵智的天才所一向轻忽的，在他晚年成为一个安慰者了。虽然他在乡间度过不少岁月，但他一向忽视自然。风景在他的作品中占有极少的地位；它只有若干简略的指示，如在西斯廷的壁画中。在这方面，米氏和同时代的人——拉斐尔、提香、佩鲁吉诺、弗朗奇亚、达·芬奇——完全异趣。他瞧不起佛兰芒艺人的风景画，那时正是非常时髦的。一五五六年九月，当罗马被西班牙阿尔贝大公的军队威胁时，他逃出京城，道经斯波莱泰，在那里住了五星期。他在橡树与橄榄树林中，沉醉在秋日的高爽清朗的气色中。十日杪他被召回罗马，离开时表示非常抱撼。——他写信给瓦萨里道：“大半的我已留在那里；因为唯有在林中方能觅得真正的平和。”

回到罗马，这八十二岁的老人作了一首歌咏田园，颂赞自然生活的美丽的诗，在其中他并指责城市的谎骗；这是他最后的诗，而它充满了青春的朝气。

但在自然中，如在艺术与爱情中一样，他寻求的是神，他一天一天更迫近他。他永远是有信仰的。虽然他丝毫不受教士、僧侣、男女信徒们的欺骗，且有时还挖苦他们，一五四八年，利奥那多想加入洛雷泰的朝山队伍，米开朗琪罗阻止他，劝他还是把这笔钱做了施舍的好。

“因为，把钱送给教士们，上帝知道他们怎么使用！”（一五四八年四月七日）皮翁博在蒙托廖的圣彼得寺中要画一个僧侣，米开朗琪罗认为这个僧侣要把一切都弄坏了：“僧侣已经失掉了那么广大的世界；故他们失掉这么一个小教堂亦不足为奇。”在米开朗琪罗要为他的侄儿完姻时，一个女信徒去见他，对他宣道，劝他为利奥那多娶一个虔敬的女子。米氏在信中写道：“我回答她，说她还是去织布或纺纱的好，不要在人前鼓弄簧舌，把圣洁的事情当作买卖做。”（一五四九年七月十九日）但他似乎在信仰中从未有过怀疑。在他的父亲与兄弟们患病或临终时，他第一件思虑老是要他们受圣餐。一五一六年十一月二十三日为了父亲的病致博纳罗托书，与一五四八年正月为了兄弟乔凡·西莫内之死致利奥那多书提及此事。他对于祈祷的信心是无穷的；“他相信祈祷甚于一切药石”；一五四九年四月二十五日致利奥那多书。他把他所遭受的一切幸运和他没有临到的一切灾祸尽归之于祈祷的功效。在孤独中，他曾有神秘的崇拜的狂热。“偶然”为我们保留着其中的一件事迹：同时代的记载描写他如西斯廷中的英雄般的热狂的脸相，独个子，深夜，在罗马的他的花园中祈祷，痛苦的眼睛注视着布满星云的天空。弗拉·贝内德托记载此事甚详。

有人说他的信仰对于圣母与使徒的礼拜是淡漠的，这是不确的。他在最后二十年中全心对付着建造使徒圣彼得大寺的事情，而他的最后之作（因为他的死而没有完成的），又是一座圣彼得像，要说他是一个新教徒不啻是开玩笑的说法了。我们也不能忘记他屡次要去朝山进香；一五四五年他想去朝拜科姆波斯泰雷的圣雅克，一五五六年他要朝拜洛雷泰。——但也得说和一切伟大的基督在一样，他的生和死，永远和基督徒一起。一五一二年他在致父亲书中说：“我和基督一同过着清贫的生活”；临终时，他请求人们使他念及基督的苦难。自从他和维多利亚结交之后——尤其当她死后——这信仰愈为坚固强烈。从此，他把艺术几乎完全奉献于颂赞基督的热情与光荣，后期的雕塑，如十字架，如殉难，如受难像等都是。同时，他的诗也沉浸入一种神秘主义的情调中。他否认了艺术，投入十字架上殉道者的臂抱中去：

"我的生命，在波涛险恶的海上，由一叶残破的小舟渡到了彼岸，在那里大家都将对于虔敬的与冒渎的作品下一个判断。由是，我把艺术当作偶像，当作君主般的热烈的幻想，今日我承认它含有多少错误，而我显然看到一切的人都在为着他的苦难而欲求。爱情的思想，虚妄的快乐的思想，当我此刻已迫近两者之死的时光，它们究竟是什么呢？爱，我是肯定了，其他只是一种威胁。既非绘画，亦非雕塑能抚慰我的灵魂。它已转向着神明的爱，爱却在十字架上张开着臂抱等待我们！"诗集卷一百四十七。

但在这颗老耄的心中，由信仰与痛苦所激发的最精纯的花朵，尤其是神明般的恻隐之心。这个为仇敌称为贪婪的人，这些流言是拉莱廷与班迪内利散布的。这种谎话的来源有时因为米开朗琪罗在金钱的事情上很认真的缘故。其实，他是非常随便的；他并不记账；他不知道他的全部财产究有若干，而他一大把一大把地把钱施舍。他的家族一直用着他的钱。他对于朋友们、仆役们往往赠送唯有帝王所能赐与般的珍贵的礼物。他的作品，大半是赠送的而非卖掉的；他为圣彼得的工作是完全尽义务的。再没有人比他更严厉地指斥爱财的癖好了，他写信给他的兄弟说："贪财是一件大罪恶。"瓦萨里为米氏辩护，把他一生赠与朋友或信徒的作品一齐背出来，说"我不懂人们如何能把这个每件各值几千金币的作品随意赠送的人当作一个贪婪的人"。一生从没停止过施惠于不幸的穷人，不论是认识的或不认识的。他不独对他的老仆与他父亲的仆人，——对一个名叫莫娜·玛格丽塔的老仆，为他在兄弟死后所收留，而她的死使他非常悲伤，"仿佛死掉了他自己的姊妹那样"；一五三三年致兄弟乔凡·西莫内信；一五四〇年十一月致利奥那多信。对一个为西斯廷教堂造台架的木匠,他帮助他的女儿嫁费……瓦萨里记载。——表露他的动人的真挚之情,而且他时时在布施穷人,尤其是怕羞的穷人。他爱令他侄子与侄女参与他的施舍,使他们为之感动,他亦令他们代他去做,但不把他说出来:因为他要他的慈惠保守秘密。一五四七年致利奥那多书:“我觉得你太不注意施舍了。”一五四七年八月:“你写信来说给这个女人四个金币,为了爱上帝的缘故,这使我很快乐。”一五四九年三月二十九日:“注意,你所给的人,应当是真有急需的人,且不要为了友谊而为了爱上帝之故。不要说出钱的来源。”“他爱实地去行善,而非貌为行善。”孔迪维记载。由于一种极细腻的情感,他尤其念及贫苦的女郎:他设法暗中赠与她们少数的奁资,使她们能够结婚或进入修院。他写信给他的侄儿说:

“设法去认识一个有何急需的人,有女儿要出嫁或送入修院的。(我说的是那些没有钱而无颜向人启齿的人。)把我寄给你的钱给人,但要秘密地;而且你不要被人欺骗……”一五四七年八月致利奥那多书。

此外,他又写:

“告诉我,你还认识有别的高贵的人而经济拮据的么?尤其是家中有年长的女儿的人家。我很高兴为他们尽力。为着我的灵魂得救。”一五五〇年十二月二十日致利奥那多书。

尾　声

死

“多么想望而来得多么迟缓的死——”“因为,对于不幸的人,死是懒惰的……”(诗集卷七十三第三十首)

终于来了。

他的僧侣般的生活虽然支持了他坚实的身体,可没有蠲免病魔的侵蚀。自一五四四与一五四六年的两场恶性发热后,他的健康从未恢复;膀胱结石、一五四九年三月:人家劝他饮维泰尔贝泉水,他觉得好些。——但在一五五九年七月他还感着结石的痛苦。痛风症一五五五年七月以及各种的疾苦把他磨蚀完了。在他暮年的一首悲惨的滑稽诗中,他描写他的残废的身体:

“我孤独着悲惨地生活着,好似包裹在树皮中的核心……我的声音仿佛是幽闭在臭皮囊中的胡蜂……我的牙齿动摇了,有如乐器上的键盘……我的脸不啻是吓退鸟类的丑面具……我的耳朵不息地嗡嗡作响:一只耳朵中,蜘蛛在结网;另一只中,蟋蟀终夜地叫个不停……我的感冒使我不能睡眠……予我光荣的艺术引我到这种结局。可怜的老朽,如果死不快快来救我,我将绝灭了……疲劳把我支离了,分解了,唯一的栖宿便是死……”诗集卷八十一。

一五五五年六月，他写信给瓦萨里说道：

“亲爱的焦尔焦先生，在我的字迹上你可以认出我已到了第二十四小时了……”一五五五年六月二十二日致瓦萨里书。一五四九年他在写给瓦尔基信中已说：“我不独是老了，我已把自己计算在死人中间。”

一五六〇年春，瓦萨里去看他，见他极端疲弱。他几乎不出门，晚上几乎不睡觉；一切令人感到他不久人世。愈衰老，他愈温柔，很易哭泣。

“我去看米开朗琪罗，”瓦萨里写道，“他不想到我会去，因此在见我时仿佛如一个父亲找到了他失掉的儿子般地欢喜。他把手臂围着我的颈项，再三地亲吻我，快活得哭起来。”一五六〇年四月八日瓦萨里致科斯梅·特·梅迪契书。

可是他毫未丧失他清明的神志与精力。即在这次会晤中，他和瓦萨里长谈，关于艺术问题，关于指点瓦萨里的工作，随后他骑马陪他到圣彼得。那时他是八十五岁。

一五六一年八月，他患着感冒。他赤足工作了三小时，于是他突然倒地，全身拘挛着。他的仆人安东尼奥发现他昏晕了。卡瓦列里、班迪尼、卡尔卡尼立刻跑来。那时，米开朗琪罗已经醒转。几天之后，他又开始乘马出外，继续作皮亚门的图稿。

古怪的老人，无论如何也不答应别人照拂他。他的朋友们费尽心思才得悉他又患着一场感冒，只有大意的仆人们伴着他。

他的继承人利奥那多，从前为了到罗马来受过他一顿严厉的训责，此刻即是为他叔父的健康问题也不敢贸然奔来了。一五六三年七月，他托达涅尔·特·沃尔泰雷问米开朗琪罗，愿不愿他来看他；而且，为了预料到米氏要猜疑他的来有何作用，故又附带声明，说他的商业颇有起色，他很富有，什么也不需求。狡黠的老人令人回答他说，既然如此，他很高兴，他将把他存留的少数款子分赠穷人。

一个月之后，利奥那多对于那种答复感着不满，重复托人告诉他，说他很担心他的健康和他的仆役。这一次，米开朗琪罗回了他一封怒气勃勃的信，表示这八十八岁——离开他的死只有六个月——的老人还有那么强项的生命力：

“由你的来信，我看出你听信了那些不能偷盗我，亦不能将我随意摆布的坏蛋的谎言。这是些无赖之徒，而你居然傻得会相信他们。请他们走路吧：这些人只会给你烦恼，只知道嫉羡别人，而自己度着浪人般的生活。你信中说你为我的仆役担忧；而我，我告诉你关于仆役，他们都很忠实地服侍我、尊敬我。至于你信中隐隐说起的偷盗问题，那么我和你说，在我家里的人都能使我放怀，我可完全信任他们。所以，你只须关切你自己；我在必要时是懂得自卫的，我不是一个孩子。善自珍摄吧！”一五六三年八月二十一日致利奥那多书。

关切遗产的人不止利奥那多一个呢。整个意大利是米开朗琪罗的遗产继承人，——尤其是托斯卡纳大公与教皇，他们操心着不令关于圣洛伦佐与圣彼得的建筑图稿及素描有何遗失。一五六三年六月，听从了瓦萨里的劝告，科斯梅大公责令他的驻罗马大使阿韦拉尔多·塞里斯托里秘密地禀奏教皇，为了米开朗琪罗日渐衰老之故，要暗中监护他的起居与一切在他家里出入的人。在突然逝世的情景中，应当立刻把他所有的财产登记入册；素描、版稿、文件、金钱，等等，并当监视着使人不致乘死后的紊乱中偷盗什么东西。当然，这些是完全不令米开朗琪罗本人知道的。瓦萨里记载。

这些预防并非是无益的。时间已经临到。

米开朗琪罗的最后一封信是一五六三年十二月二十八日的那封。一年以后，他差不多自己不动笔了；他读出来，他只签名；达涅尔·特·沃尔泰雷为他主持着信件往还的事情。

他老是工作。一五六四年二月十二日，他站了一整天，做《哀悼基督》。这座像未曾完工。十四日，他发热。卡尔卡尼得悉了，立刻跑来，但在他家里找不到他。虽然下雨，他到近郊散步去了。他回来时，卡尔卡尼说他在这种天气中出外是不应该的。

“你要我怎样？”米开朗琪罗答道，“我病了，无论哪里我不得休息。”

他的言语的不确切，他的目光，他的脸色，使卡尔卡尼大为不安。他马上写信给利奥那多说：“终局虽未必即在目前，但亦不远了。”一五六四年二月十四日卡尔卡尼致利奥那多书。

同日，米开朗琪罗请达涅尔·特·沃尔泰雷来留在他旁边。达涅尔请了医生来；二月十五日，他依着米开朗琪罗的吩咐，写信给利奥那多，说他可以来看他，“但要十分小心，因为道路不靖。”一五六四年三月十七日，达涅尔·特·沃尔泰雷致瓦萨里书。沃尔泰雷附加着下列数行：

“八点过一些，我离开他，那时他神志清明，颇为安静，但被麻痹所苦。他为此感到不适，以至在今日下午三时至四时间他想乘马出外，好似他每逢晴天必须履行的习惯。但天气的寒冷与他头脑及腿的疲弱把他阻止了：他回来坐在炉架旁边的安乐椅中，这是他比卧床更欢喜的坐处。”

他身边还有忠实的卡瓦列里。

直到他逝世的大前日，他才答应卧在床上，他在朋友与仆人环绕之中读出他的遗嘱，神志非常清楚。他把“他的灵魂赠与上帝，他的肉体遗给尘土”。他要求“至少死后要回到”他的亲爱的翡冷翠。——接着，他

“从骇怕的暴风雨中转入甘美平和的静寂。”诗集卷一百五十二。

这是二月中的一个星期五，下午五时。一五六四年二月十八日，星期五。送终他的有卡瓦列里、达涅尔·特·沃尔泰雷、莱奥尼、两个医生、仆人安东尼奥。利奥那多在三天之后才到罗马。正是日落时分……“他

生命的末日，和平的天国的首日！……”诗集卷一百〇九第四十一首。

终于他休息了。他达到了他愿望的目标：他从时间中超脱了。

“幸福的灵魂，对于他，时间不复流逝了！”诗集卷五十九。

这便是神圣的痛苦的生涯

在这悲剧的历史的终了，我感到为一项思虑所苦。我自问，在想给予一般痛苦的人以若干支撑他们的痛苦的同伴时，我会不会只把这些人的痛苦加给那些人。因此，我是否应当，如多少别人所做的那样，只显露英雄的英雄成分，而把他们的悲苦的深渊蒙上一层帷幕？

——然而不！这是真理啊！我并不许诺我的朋友们以谎骗换得的幸福，以一切代价去挣得的幸福。我许诺他们的是真理——不管它须以幸福去换来，是雕成永恒的灵魂的壮美的真理。它的气息是苦涩的，可是纯洁的：把我们贫血的心在其中熏沐一会吧。

伟大的心魂有如崇山峻岭，风雨吹荡它，云翳包围它，但人们在那里呼吸时，比别处更自由更有力。纯洁的大气可以洗涤心灵的秽浊；而当云翳破散的时候，他威临着人类了。

是这样地这座崇高的山峰，矗立在文艺复兴期的意大利，从远处我们望见它的峻险的侧影，在无垠的青天中消失。

我不说普通的人类都能在高峰上生存。但一年一度他们应上去顶礼。在那里,他可以变换一下肺中的呼吸,与脉管中的血流。在那里,他们将感到更迫近永恒。以后,他们再回到人生的广原,心中充满了日常战斗的勇气。

罗曼・罗兰

托尔斯泰传

目　录

罗曼·罗兰致译者书(代序)

——论无抵抗主义

三月三日赐书,收到甚迟。足下逐译拙著贝多芬、米开朗琪罗、托尔斯泰三传,并有意以汉译付刊,闻之不胜欣慰。

当今之世,英雄主义之光威复炽,英雄崇拜亦复与之俱盛。唯此光威有时能酿巨灾;故最要莫如将“英雄”二字下一确切之界说。

夫吾人所处之时代乃一切民众遭受磨炼与战斗之时代也;为骄傲为荣誉而成为伟大,未足也;必当为公众服务而成为伟大。最伟大之领袖必为一民族乃至全人类之忠仆。昔之孙逸仙、列宁,今之甘地,皆是也。至凡天才不表于行动而发为思想与艺术者,则贝多芬、托尔斯泰是已。吾人在艺术与行动上所应唤醒者,盖亦此崇高之社会意义与深刻之人道观念耳。

至“无抵抗主义”之问题,所涉太广太繁,非短简可尽。愚尝于论甘地之文字中有所论列,散见于拙著《甘地传》、《青年印度》及《甘地自传》之法文版引言。

余将首先声明,余实不喜此“无抵抗”之名,以其暗示屈服之观念，绝不能表白英雄的与强烈的行动性，如甘地运动所已实现者。唯一适合之名辞，当为“非武力的拒绝”。

其次，吾人必须晓喻大众；此种态度非有极痛苦之牺牲不为功；且为牺牲自己及其所亲的整个的牺牲；盖吾人对于国家或党派施行强暴时之残忍，决不能作何幸想。吾人不能依恃彼等之怜悯，亦不能幸图彼等攻击一无抵抗之敌人时或有内疚。半世纪来，在革命与战乱之中，人类早已养成一副铁石心肠矣。即令“非武力的拒绝”或有战胜之日，亦尚须数代人民之牺牲以换取之，此牺牲乃胜利之必须代价也。

由是可见，若非赖有强毅不拔之信心与宗教的性格，（即超乎一切个人的与普通的利害观念之性格，）决不能具有担受此等牺牲之能力。对于人类，务当怀有信念，无此信念，则于此等功业，宁勿轻于尝试！否则即不殒灭，亦将因恐惧而有中途背叛之日。度德量力，实为首要。

今请在政治运动之观点上言，则使此等计划得以成功者，果为何种情势乎？此情势自必首推印度。彼国人民之濡染无抵抗主义也既已数千年，今又得一甘地为其独一无二之领袖；此其组织天才，平衡实利与信心之精神明澈，及其对国内大多数民众之权威有以致之。彼所收获者将为确切不易之经验，不独于印度为然，即于全世界亦皆如此。是经验不啻为一心灵之英雄及其民族在强暴时代所筑之最坚固之堤岸。万一堤岸崩溃，则恐若干时内，强暴将掩有天下。而行动人物中之最智者亦只能竭力指挥强暴而莫之能御矣。当斯时也，洁身自好之士唯有隐遁于深邃之思想境域中耳。

然亦唯有忍耐已耳！狂风暴雨之时代终有消逝之日……不论其是否使用武力，人类必向统一之途迈进！

罗曼·罗兰

一九三四年六月三十日于瑞士

原　序

这第十一版的印行适逢托尔斯泰百年诞辰的时节，因此，本书的内容稍有修改。其中增入自一九一〇年起刊布的托氏通信。作者又加入整整的一章，述及托尔斯泰和亚洲各国——中国，日本，印度，伊斯兰教国家——的思想家的关系，他和甘地的关系，尤为重要。我们又录入托尔斯泰在逝死前一个月所写的一信的全文，他在其中发表无抵抗斗争的整个计划，为甘地在以后获得一种强有力的作用的。

罗曼·罗兰

一九二八年八月

托尔斯泰传

“最近消失的光明”

俄罗斯的伟大的心魂，百年前在大地上发着光焰的，对于我的一代，曾经是照耀我们青春时代的最精纯的光彩。在十九世纪终了时阴霾重重的黄昏，它是一颗抚慰人间的巨星，它的目光足以吸引并慰抚我们青年的心魂。在法兰西，多少人认为托尔斯泰不止是一个受人爱戴的艺术家，而是一个朋友，最好的朋友，在全部欧罗巴艺术中唯一的真正的友人。既然我亦是其中的一员，我愿对于这神圣的回忆，表示我的感激与敬爱。

我懂得认识托尔斯泰的日子在我的精神上将永不会磨灭。这是一八八六年，在幽密中胚胎萌蘖了若干年之后，俄罗斯艺术的美妙的花朵突然于法兰西土地上出现了。托尔斯泰与陀思妥耶夫斯基的译本在一切书店中同时发刊，而且是争先恐后般的速度与狂热。一八八五至一八八七年间，在巴黎印行了《战争与和平》，《安娜小史》，《童年与少年》，《波利库什卡》，《伊万·伊里奇之死》，高加索短篇小说和通俗短篇小说。在几个月中，几星期中，我们眼前发现了含有整个的伟大的人生的作品，反映着一个民族，一个簇新的世界的作品。

那时我初入高师。我和我的同伴们，在意见上是极不相同的。在我们的小团体中，有讥讽的与现实主义思想者，如哲学家乔治·杜马，有热烈的追怀意大利文艺复兴的诗人，如苏亚雷斯，有古典传统的忠实信徒，有司汤达派与瓦格纳派，有无神论者与神秘主义者，掀起多少辩论，发生多少龃龉；但在几个月之中，爱慕托尔斯泰的情操使我们完全一致了。各人以各不相同的理由爱他：因为各人在其中找到自己；而对于我们全体又是人生的一个启示，开向广大的宇宙的一扇门。在我们周围，在我们的家庭中，在我们的外省，从欧罗巴边陲传来的巨声，唤起同样的同情，有时是意想不到的。有一次，在我故乡尼韦奈，我听见一个素来不注意艺术，对于什么也不关心的中产者，居然非常感动地谈着《伊万·伊里奇之死》。

我们的著名批评家曾有一种论见，说托尔斯泰思想中的精华都是汲取于我们的浪漫派作家：乔治·桑，维克多·雨果。不必说乔治·桑对于托尔斯泰的影响说之不伦，托尔斯泰是决不能忍受乔治·桑的思想的，也不必否认卢梭与司汤达对于托尔斯泰的实在的影响，总之不把他的伟大与魅力认为是由于他的思想而加以怀疑，是不应当的。艺术所赖以活跃的思想圈子是最狭隘的。他的力强并不在于思想本身，而是在于他所给予思想的表情，在于个人的调子，在于艺术家的特征，在于他的生命的气息。

不论托尔斯泰的思想是否受过影响——这我们在以后可以看到——欧罗巴可从没听到像他那种声音。除了这种说法之外，我们又怎么能解释听到这心魂的音乐时所感到的怀疑的激动呢？——而这声音我们已期待得那么长久，我们的需要已那么急切。流行的风尚在我们的情操上并无什么作用。我们之中，大半都像我一样，只在读过了托尔斯泰的作品之后才认识特·沃居埃著的《俄国小说论》；他的赞美比起我们的钦佩来已经逊色多了。因为特·沃居埃特别以文学家的态度批判。但为我们，单是赞赏作品是不够的：我们生活在作品中间，他的作品已成为我们的作品了。我们的，由于他热烈的生命，由于他的心的青春。我们的，由于他苦笑的幻灭，由于他毫无怜惜的明察，由于他们与死的纠缠。我们的，由于他对于博爱与和平的梦想。我们的，由于他对于文明的谎骗，加以剧烈的攻击。且也由于他的现实主义，由于他的神秘主义。由于他具有大自然的气息，由于他对于无形的力的感觉，由于他对于无穷的眩惑。

这些作品之于今日，不啻《少年维特之烦恼》之于当时：是我们的力强、弱点、希望与恐怖的明镜。我们毫未顾及要把这一切矛盾加以调和，把这颗反映着全宇宙的复杂心魂纳入狭隘的宗教的与政治的范畴；我们不愿效法人们，学着布尔热于托尔斯泰逝世之后，以各人的党派观念去批评他。仿佛我们的朋党一旦竟能成为天才的度衡那样！……托尔斯泰是否和我同一党派，于我又有何干？在呼吸他们的气息与沐浴他们的光华之时，我会顾忌到但丁与莎士比亚是属于何党何派的么？

我们绝对不像今日的批评家般说："有两个托尔斯泰，一是转变以前的，一是转变以后的；一是好的，一是不好的。"对于我们，只有一个托尔斯泰，我们爱他整个。因为我们本能地感到在这样的心魂中，一切都有立场，一切都有关连。

我的童年、《高加索纪事》、《哥萨克》

我们往昔不加解释而由本能来感到的，今日当由我们的理智来证实了。现在，当这长久的生命达到了终点，展露在大家眼前，没有隐蔽，在思想的国土中成为光明的太阳之时，我们能够这样做了。第一使我们惊异的，是这长久的生命自始至终没有变更，虽然人家曾想运用藩篱把它随处分隔，——虽然托尔斯泰自己因为富于热情之故，往往在他相信，在他爱的时候，以为是他第一次相信，第一次爱，而认为这才是他的生命的开始。开始。重新开始。同样的转变，同样的争斗，曾在他心中发生过多少次！他的思想的统一性是无从讨论的，——他的思想从来不统一的——但可注意到他种种不同的因素，在他思想上具有时而妥协时而敌对的永续性。在一个如托尔斯泰那样的人的心灵与思想上，统一性是绝对不存在的，它只存在于他的热情的斗争中，存在于他的艺术与他的生命的悲剧中。

艺术与生命是一致的。作品与生命从没比托尔斯泰的联络得更密切了：他的作品差不多时常带着自传性；自二十五岁起，它使我们一步一步紧随着他的冒险生涯的矛盾的经历。自二十岁前开始直到他逝世为止除了若干时期曾经中断过，——尤其有一次最长的，自一八六五至一八七八年止的他的日记，和他供给比鲁科夫的记录，他供给这些记录因为比鲁科夫为托尔斯泰作了不少传记，如《生活与作品》，《回忆录》，《回想录》，《书信》，《日记选录》，《传记资料汇集》等；这些作品都曾经过托尔斯泰亲自校阅，是关于托氏生涯与著作的最重要之作，亦是我参考最多的书。更补充我们对于他的认识，使我们不独能一天一天的明了他的意识的演化，而且能把他的天才所胚胎，他的心灵所借以滋养的世界再现出来。

丰富的遗产，双重的世家（托尔斯泰与沃尔康斯基族），高贵的，古旧的，世裔一直可推到留里克，家谱上有承侍亚历山大大帝的人物，有七年战争中的将军，有拿破仑诸役中的英雄，有十二月党人，有政治犯。家庭的回忆中，好几个为托尔斯泰采作他的《战争与和平》中的最特殊的典型人物：如他的外祖父，老亲王沃尔康斯基，叶卡捷琳娜二世时代的伏尔泰式的专制的贵族代表；他的母亲的堂兄弟，尼古拉·格雷戈里维奇·沃尔康斯基亲王，在奥斯特利茨一役中受伤而在战场上救回来的；他的父亲，有些像尼古拉·罗斯托夫的；他的母亲，玛丽亚公主，这温婉的丑妇人，生着美丽的眼睛，丑的脸相，她的仁慈的光辉，照耀着《战争与和平》。

对于他的父母，他是不大熟知的。大家知道《童年时代》与《少年时代》中的可爱的叙述极少真实性。他的母亲逝世时，他还未满二岁。故他只在小尼古拉·伊尔捷涅耶夫的含泪的诉述中稍能回想到可爱的脸庞，老是显着光辉四射的微笑，使她的周围充满了欢乐……

“啊！如果我能在艰苦的时间窥见这微笑，我将不知悲愁为何物了……”《童年时代》第二章。

但她的完满的坦率，她的对于舆论的不顾忌，和她讲述她自己造出来的故事的美妙的天才，一定是传给他了。

他至少还能保有若干关于父亲的回忆。这是一个和蔼的诙谐的人，眼睛显得忧郁，在他的食邑中度着独立不羁、毫无野心的生活。托尔斯泰失怙的时候正是九岁。这死使他“第一次懂得悲苦的现实，心魂中充满了绝望”。《童年时代》第二十七章。——这是儿童和恐怖的幽灵的第一次相遇，他的一生，一部分是要战败它，一部分是在把它变形之后而赞扬它。……这种悲痛的痕迹，在《童年时代》的最后几章中有深刻的表露，在那里，回忆已变成追写他的母亲的死与下葬的叙述了。

在亚斯纳亚·波利亚纳的古老的宅邸中，他们一共是五个孩子。亚斯纳亚·波利亚纳意思是“栅栏”，是莫斯科南图拉城十余里外的一个小村，它所属的省份是俄罗斯色彩最重的一个省份。列夫·尼古拉耶维奇即于一八二八年八月二十八日诞生于这所屋里，直到八十二年之后逝世的时光才离开。五个孩子中最幼的一个是女的，名字叫玛丽亚，后来做了女修士。（托尔斯泰在临死时逃出了他自己的家，离别了家人，便是避到她那里去。）——四个儿子：谢尔盖，自私的，可爱的一个，“他的真诚的程度为我从未见过的”；——德米特里热情的，深藏的，在大学生时代，热烈奉行宗教，什么也不顾，持斋减食，寻访穷人，救济残废，后来突然变成放浪不羁，和他的虔诚一样暴烈，以后充满着悔恨，在娼家为一个妓女脱了籍和她同居，二十九岁时患肺痨死了；托尔斯泰在《安娜小史》中描写他，那个人物是列文的兄弟。——长子尼古拉是弟兄中最被钟爱的一个，从他母亲那里承受了讲述故事的幻想，他曾写过一部《猎人日记》。幽默的，胆怯的，细腻的性情，以后在高加索当军官，养成了喝酒的习惯，充满着基督徒的温情。他亦把他所有的财产尽行分赠穷人。屠格涅夫说他“在人生中实行卑谦，不似他的兄弟列夫徒在理论上探讨便自满了”。

在那些孩儿周围，有两个具有仁慈的心地的妇人：塔佳娜姑母，托尔斯泰说："她有两项德性：镇静与爱。"实际上她已是一个远戚。她曾爱过托尔斯泰的父亲，他亦爱她；但如《战争与和平》中的索尼娅一般，她退让了。她的一生只是爱。她永远为他人舍身……

"她使我认识爱的精神上的快乐……"

另外一个是亚历山德拉姑母，她永远服侍他人而避免为他人服侍，她不用仆役，唯一的嗜好是读圣徒行传，和朝山的人与无邪的人谈话。好几个无邪的男女在他们家中寄食。其中有一个朝山进香的老妇，会背诵赞美诗的，是托尔斯泰妹妹的寄母。另外一个叫做格里莎的，只知道祈祷与哭泣……

"噢，伟大的基督徒格里莎！你的信仰是那么坚强，以至你感到和神迫近，你的爱是那么热烈，以至你的言语从口中流露出来，为你的理智无法驾驭。你颂赞神的庄严，而当你找不到言辞的时候，你泪流满面着匍匐在地下！……"《童年时代》第七章。

这一切卑微的心灵对于托尔斯泰的长成上的影响当然是昭然若揭的事。暮年的托尔斯泰似乎已在这些灵魂上萌蘖，试练了。他们的祈祷与爱，在儿童的精神上散播了信仰的种子，到老年时便看到这种子的收获。

除了无邪的格里莎之外，托尔斯泰在他的《童年时代》中，并没提及助长他心魂的发展的这些卑微人物。但在另一方面，书中却透露着这颗儿童的灵魂，"这颗精纯的、慈爱的灵魂，如一道鲜明的光华，永远懂得发现别人的最优的品性"，和这种极端的温柔！幸福的他，只想念着他所知道的不幸者，他哭泣，他愿对他表现她的忠诚。他亲吻一匹老马，他请求原谅他使它受苦。他在爱的时候便感到幸福，即是他不被人爱亦无妨。人们已经窥到他未来的天才的萌芽：使他痛哭身世的幻想；他的工作不息的头脑，——永远努力要想着一般人所想的问题；他的早熟的观察与回忆的官能；

在他一八七六年时代的自传式笔记中，他说他还能记忆襁褓与婴儿时洗澡的感觉。瑞士大诗人施皮特勒亦具有同样的记忆力，对于他初入世界时的形象记得清晰，他曾为此写了一整部的书。他的锐利的目光，——懂得在人家的脸容上，探寻他的苦恼与哀愁。他自言在五岁时，第一次感到，“人生不是一种享乐，而是一桩十分沉重的工作”。《初期回忆》。

幸而，他忘记了这种思念。这时节，他在通俗的故事，俄罗斯的 bylines 神话与传说，《圣经》的史略中组织出他的幻梦来，尤其是《圣经》中约瑟的历史——在他暮年时还把他当作艺术的模范——和《天方夜谭》，为他在祖母家里每晚听一个盲目的讲故事人坐在窗口上讲述的。

他在卡赞地方读书。一八四二至一八四七年。成绩平庸。人家说这兄弟三人:"谢尔盖欲而能。德米特里欲而不能。列夫不欲亦不能。"长兄尼古拉,比列夫长五岁,他在一八四四年时已修了他的学业。

他所经过的时期,真如他所说的"荒漠的青年时期"。荒凉的沙漠,给一阵阵狂热的疾风扫荡着。关于这个时期,《少年》,尤其是《青年》的叙述中,含有极丰富的亲切的忏悔材料。他是孤独的。他的头脑处于永远的狂热境界中。在一年内,他重新觅得并试练种种与他适当的学说。他爱作关于形而上的谈话;他说:"尤其因为这种谈话是那么抽象,那么暗晦,令人相信他说的话确是所想的,其实是完全说了别种事情。"(《少年时代》第二十七章)斯多噶主义者,他从事于磨折他的肉体。伊壁鸠鲁主义者,他又纵欲无度。以后,他复相信轮回之说。终于他堕入一种错乱的虚无主义中:他似乎觉得如果他迅速地转变,他将发现虚无即在他的面前。他把自己分析,分析……

"我只想着一样,我想我想着一样……"《少年时代》第十九章。

这永无休止的自己分析,这推理的机能,自然容易陷于空虚,而且对于他成为一种危险的习惯,"在生活中时常妨害他",据他自己说,但同时却是他的艺术的最珍贵的泉源。尤其在他的初期作品中,如《塞瓦斯托波尔杂记》。

在这精神活动中,他失了一切信念:至少,他是这样想。十六岁，他停止祈祷，不到教堂去了。这是他读伏尔泰的作品极感乐趣的时期。（《忏悔录》第一章）但信仰并未死灭，它只是潜匿着。

“可是我究竟相信某种东西。什么？我不能说。我还相信神，或至少我没有否认它。但何种神？我不知道。我也不否认基督和他的教义；但建立这教义的立场，我却不能说。”《忏悔录》第一章。

有时，他沉迷于慈悲的幻梦中。他曾想卖掉他的坐车，把卖得的钱分给穷人，也想把他的十分之一的家财为他们牺牲，他自己可以不用仆役……“因为他们是和我一样的人”。《青年时代》第三章。在某次病中，他写了一部《人生的规则》。一八四七年三月至四月间。他在其中天真地指出人生的责任，“须研究一切，一切都要加以深刻的探讨：法律，医学，语言，农学，历史，地理，数学，在音乐与绘画中达到最高的顶点”……他“相信人类的使命在于他的自强不息的追求完美”。

然而不知不觉地，他为少年的热情、强烈的性感与夸大的自尊心所驱使，以至这种追求完美的信念丧失了无功利观念的性质，变成了实用的与物质的了。涅赫留多夫在他的《少年时代》中说：“人所做的一切，完全是为了他的自尊心。”一八五三年，托尔斯泰在他的日记中写道：“骄傲是我的大缺点。一种夸大的自尊心，毫无理智的；我的野心那么强烈，如果我必得在光荣与德性（我爱好的）中选择其一，我确信我将选择前者。”他的所以要求他的意志、肉体与精神达到完美，无非是因为要征服世界，获得全人类的爱戴。“我愿大家认识我，爱我。我愿一听到我的名字，大家便赞叹我，感谢我。”（《青年时代》第三章）他要取悦于人。

这却不是一件容易的事。他如猿子一般的丑陋：粗犷的脸，又是长又是笨重，短发覆在前额，小小的眼睛深藏在阴沉的眼眶里，瞩视时非常严峻，宽大的鼻子，往前突出的大唇，宽阔的耳朵。根据一八四八年，他二十岁时的一幅肖像。因为无法改变这丑相，在童时他已屡次感到绝望的痛苦，“我自己想，像我这样一个鼻子那么宽，口唇那么大,眼睛那么小的人,世界上是没有他的快乐的。”(《童年时代》第十七章)此外,他悲哀地说起“这副没有表情的脸相,这些软弱的,不定的,不高贵的线条,只令人想起那些乡人,还有这双太大的手与足”。(《童年时代》第一章)他自命要实现成为“一个体面人”。“我把人类分做三类:体面的人,唯一值得尊敬的;不体面的人,该受轻蔑与憎恨的;贱民,现在是没有了。”(《青年时代》第三十一章)这种理想,为要做得像别个“体面人”一样,引导他去赌博,借债,彻底的放荡。尤其当他逗留圣彼得堡的时代(一五四七—四八年)。

一件东西永远救了他:他的绝对的真诚。

“你知道我为何爱你甚于他人,”涅赫留多夫和他说,“你具有一种可惊的少有的品性:坦白。”

“是的,我老是说出我自己也要害羞的事情。”《少年时代》第二十七章。

在他最放荡的时候,他亦以犀利的明察的目光批判。

“我完全如畜类一般地生活,”他在《日记》中写道,“我是堕落了。”

用着分析法,他仔仔细细记出他的错误的原因:

“一、犹疑不定或缺乏魄力;——二、自欺;——三、操切;——四、无谓的羞惭;——五、心绪恶劣;——六、迷惘;——七、模仿性;——八、浮躁;——九、不加考虑。”

即是这种独立不羁的判断,在大学生时代,他已应用于批评社会法统与知识的迷信。他瞧不起大学教育,不愿作正当的历史研究,为了思想的狂妄被学校处罚。这时代,他发现了卢梭,《忏悔录》,《爱弥儿》。对于他,这是一个青天霹雳。

“我向他顶礼。我把他的肖像悬在颈下如圣像一般。”和保尔·布瓦耶的谈话,见一九〇一年八月二十八日巴黎《时报》。

他最初的几篇哲学论文便是关于卢梭的诠释(一八四六—

四七)。

然而,对于大学和"体面人"都厌倦了,他重新回来住在他的田园中,在亚斯纳亚·波利亚纳故乡(一八四七——八五一);他和民众重新有了接触,他借口要帮助他们,成为他们的慈善家和教育家。他在这时期的经验在他最初几部作品中便有叙述,如《一个绅士的早晨》(一八五二),一篇优异的小说,其中的主人翁便是他最爱用的托名:涅赫留多夫亲王。在《少年时代》与《青年时代》(一八五四年)中,在《支队中的相遇》(一八五六)中,在《琉森》(一八五七年)中,在《复活》(一八九九年)中,都有涅赫留多夫这个人物。——但当注意这个名字是代表各种不同的人物。托尔斯泰也并不使他保留着同样的生理上的容貌,涅赫留多夫在《射击手日记》的终了是自杀的。这是托尔斯泰的各种化身,有时是最好的,有时是最坏的。

涅赫留多夫二十岁。他放弃了大学去为农民服务。一年以来他干着为农民谋福利的工作;其次,去访问一个乡村,他遭受了似嘲似讽的淡漠,牢不可破的猜疑,因袭,浑噩,下流,无良……等等。他一切的努力都是枉费。回去时他心灰意懒,他想起他一年以前的幻梦,想起他的宽宏的热情,想起他当年的理想,"爱与善是幸福,亦是真理,世界上唯一可能的幸福与真理"。他觉得自己是战败了。他羞愧而且厌倦了。

"坐在钢琴前面,他的手无意识地按着键盘。奏出一个和音,接着第二个,第三个……他开始弹奏。和音并不完全是正则的;往往它们平凡到庸俗的程度,丝毫表现不出音乐天才;但他在其中感到一种不能确定的、悲哀的乐趣。每当和音变化时,他的心跳动着,等待着新的音符来临,他以幻想来补足一切缺陷。他听到合唱,听到乐队……而他的主要乐趣便是由于幻想的被迫的活动,这些活动显示给他最多变的关于过去与未来的形象与情景,无关连的,但是十分明晰……"

他重复看到刚才和他谈话的农人，下流的，猜疑的，说谎的，懒的，顽固的；但此刻他所看到的他们，只是他们的好的地方而不是坏处了；他以爱的直觉透入他们的心；在此，他窥到他们对于压迫他们的运命所取的忍耐与退让的态度，他们对于一切褊枉的宽恕，他们对于家庭的热情，和他们对于过去所以具有因袭的与虔敬的忠诚之原因。他唤引起他们劳作的日子，疲乏的，可是健全的……

"这真美，"他喃喃地说……"我为何不成为他们中的一员呢？"《一个绅士的早晨》第二卷。

整个的托尔斯泰已包藏在第一篇短篇小说这篇小说与《童年时代》同时的主人翁中：在他的明确而持久的视觉中，他用一种毫无缺陷的现实主义来观察人物；但他闭上眼睛时，他重又沉入他的幻梦，沉入他对于人类中的爱情中去了。

但一八五〇年左右的托尔斯泰并没如涅赫留多夫那般忍耐。亚斯纳亚令他失望，他对于民众亦如对于优秀阶级一样地厌倦了；他的职分使他觉得沉重，他不复能维持下去。此外，他的债权人紧逼着他。一八五一年，他避往高加索，遁入军队中，在已经当了军官的他的哥哥尼古拉那里。

他一到群山环绕的清明的境域，他立刻恢复了，他重新觅得了上帝：

“昨夜，我差不多没有睡觉……我向神祈祷。一八五一年六月十一日，在高加索斯塔里-尤尔特的营地。我无法描写在祈祷时所感到的情操的甘美。我先背诵惯例的祷文，以后我又祈祷了长久。我愿欲什么十分伟大的，十分美丽的东西……什么？我不能说。我欲把我和‘神’融和为一，我请求他原谅我的过失……可是不，我不请求这个，我感到，既然他赐予我这最幸福的时间，他必已原谅我了。我请求，而同时我觉得我无所请求，亦不能且不知请求。我感谢了他，不是用言语，亦不是在思想上……仅仅一小时之后，我又听到罪恶的声音。我在梦着光荣与女人的时候睡着了，这比我更强力。不打紧！我感谢神使我有这一刻看到我的渺小与伟大的时间。我欲祈祷，但我不知祈祷；我欲彻悟，但我不敢。我完全奉献给你的意志！”《日记》。

肉情并未战败（它从没有被战败），情欲与神的争斗秘密地在心中进展。在《日记》中，托尔斯泰记述三个侵蚀他的魔鬼：

一、赌博欲　可能战胜的。

二、肉欲　极难战胜的。

三、虚荣欲　一切中最可怕的。

在他梦想着要献给别人而牺牲自己的时候，肉欲或轻浮的思想同时占据着他：某个高加索妇人的形象使他迷恋，或是“他的左面的胡须比右面的竖得高时会使他悲哀”。同前。（一八五一年七月二日）——“不妨！”神在这里，他再也不离开他了。即是斗争的骚乱也含有繁荣之机，一切的生命力都受着激励了。

“我想我当初要到高加索旅行的轻佻的思念，实在是至高的主宰给我的感应。神灵的手指点着我，我不息地感谢他。我觉得在此我变得好了一些，而我确信我一切可能的遭遇对于我只会是福利，既然是神自己的意志要如此……”一八五二年致他的塔佳娜姑母书。

这是大地向春天唱它感谢神恩的歌。它布满了花朵。一切都好，一切都美。一八五二年，托尔斯泰的天才吐出它初期的花苞：《童年时代》，《一个绅士的早晨》，《侵略》，《少年时代》；他感谢使他繁荣的上帝。一幅一八五一年时代的肖像，已表现出他在心魂上酝酿成熟的转变。头举起着，脸色稍微变得清朗了些，眼眶没有以前那么阴沉，目光仍保有他的严厉的凝注，微张的口，刚在生长的胡须，显得没有神采，永远含着骄傲的与轻蔑的气概，但青年的蓬勃之气似乎占有更多的成分。

《我的童年的历史》于一八五一年秋在蒂弗里斯地方开始，一八五二年七月二日在高加索皮亚季戈尔斯克地方完成。这是很奇怪的：在使他陶醉的自然界中，在簇新的生活里，在战争的惊心动魄的危险中，在一意要发现为他所从未认识的热情的世界时，托尔斯泰居然会在这第一部作品中追寻他过去生活的回忆。但当他写《童年时代》时，他正病着，军队中的服务中止了；在长期休养的闲暇中，又是孤独又是痛苦，正有感伤的倾向，过去的回忆便在他温柔的眼前展现了。他那时代写给塔佳娜姑母的信是充满了热泪。他确如他所说的"Liova-riova"（善哭的列夫）。（一八五二年正月六日书）最近几年的颓废生活，使他感到筋疲力尽般的紧张之后，去重温"无邪的，诗意的，快乐的，美妙的时期"的幼年生活，追寻"温良的，善感的，富于情爱的童心"，于他自另有一番甜蜜的滋味。而且充满了青春的热情，怀着无穷尽的计划，他的循环式的诗情与幻想，难得采用一个孤独的题材，他的长篇小说，实在不过是他从不能实现的巨大的历史的一小系罢了；《一个绅士的早晨》是《一个俄国产业者小说》计划中的断片。《高加索人》是一部关于高加索的大小说之一部分。伟大的《战争与和平》在作者的思想中是一部时代史诗的开端，《十二月党人》应当是小说的中心。这时节，托尔斯泰把他的《童年时代》只当作《一生四部曲》的首章，它原应将他的高加索生活也包括在内，以由自然而获得神的启示一节为终结的。

以后,托尔斯泰对于这部助他成名的著作《童年时代》,表示十分严酷的态度。

——“这是糟透了,”他和比鲁科夫说,“这部书缺少文学的诚实!……其中简直没有什么可取。”

但只有他一个人抱有这种见解。本书的原稿,不写作者的名字,寄给俄罗斯的有名的大杂志《现代人》,立刻被发表了(一八五二年九月六日),而且获得普遍的成功,为欧罗巴全部的读者所一致确认的。然而,虽然其中含有魅人的诗意,细腻的笔致,精微的情感,我们很可懂得以后它会使托尔斯泰憎厌。

它使他憎厌的理由正是使别人爱好的理由。我们的确应当说:除了若干地方人物的记载与极少数的篇幅中含有宗教情操,与感情的现实意味朝山者格里莎,或母亲的死足以动人之外,托尔斯泰的个性在此表露得极少。书中笼罩着一种温柔的感伤情调,为以后的托尔斯泰所表示反感,而在别的小说中所摒除的。这感伤情调,我们是熟识的,我们熟识这些幽默和热泪;它们是从狄更斯那里来的。在他八十一年的最爱的读物中,托尔斯泰在《日记》中说过是:“狄更斯的《大卫·科波菲尔》巨大的影响。”他在高加索时还在重新浏览这部小说。

他自己所说的还有两种影响:斯特恩*十八世纪英国作家与特普费尔。“我那时,”他说,“受着他们的感应。”在致比鲁科夫的信中。

谁会想到《日内瓦短篇》竟是《战争与和平》的作者的第一个模型呢?可是一经知道,便不难在《童年时代》中找到它们热情而狡猾的纯朴移植在一个更为贵族的天性中的痕迹。

因此,托尔斯泰在初期,对于群众已是一个曾经相识的面目。但他的个性不久便开始肯定了。不及《童年时代》那么纯粹那么完美的《少年时代》(一八五三),指示出一种更特殊的心理,对于自然的强烈的情操，一颗为狄更斯与特普费尔所没有的苦闷的心魂。《一个绅士的早晨》（一八五二年十月）中，《一个绅士的早晨》在一八五五年—五六年间才完成。托尔斯泰的性格，观察的大胆的真诚，对于爱的信心，都显得明白地形成了。这短篇小说中，他所描绘的若干农人的出色的肖像已是《民间故事》中最美的描写的发端；例如他的《养蜂老人》《两个老人》。（一八八五年）在此已可窥见它的轮廓：在桦树下的矮小的老人，张开着手，眼睛望着上面，光秃的头在太阳中发光，成群的蜜蜂在他周围飞舞，不刺他而在他头顶上环成一座冠冕……

但这时期的代表作却是直接灌注着他当时的情感之作，如《高加索纪事》。其中第一篇《侵略》（完成于一八五二年十二月二十四日），其中壮丽的景色，尤足动人：在一条河流旁边，在万山丛中的日出；以强烈生动的笔致写出阴影与声音的夜景；而晚上，当积雪的山峰在紫色的雾氛中消失的时候，士兵的美丽的歌声在透明的空气中飘荡。《战争与和平》中的好几个典型人物在此已在尝试着生活了：如赫洛波夫大尉那个真正的英雄，他的打仗，绝非为了他个人的高兴而因为这是他的责任。他是“那些朴实的，镇静的，令人欢喜用眼睛直望着他的俄罗斯人物”中之一员。笨拙的，有些可笑的，从不理会他的周围的一切，在战事中，当大家都改变时，他一个人却不改变；“他，完全如人家一直所见的那样：同样镇静的动作，同样平稳的声调，在天真而阴郁的脸上亦是同样质朴的表情”。在他旁边，一个中尉，扮演着莱蒙托夫的主人翁，他的本性是善良的，却装做似乎粗野蛮横。还有那可怜的少尉，在第一仗上高兴得了不得，可爱又可笑的，准备抱着每个人的颈项亲吻的小家伙，愚蠢地死于非命，如彼佳·罗斯托夫。在这些景色中，显露出托尔斯泰的面目，冷静地观察着而不参与他的同伴们的思想；他已经发出非难战争的呼声：

“在这如此美丽的世界上，在这广大无垠、星辰密布的天空之下，人们难道不能安适地生活么？在此他们怎能保留着恶毒、仇恨和毁灭同类的情操？人类心中一切恶的成分，一经和自然接触便应消灭，因为自然是美与善的最直接的表现。”《侵略》。（全集卷三）

在这时期观察所得的别的高加索纪事，到了一八五四至一八五五年间才写成，例如《伐木》，全集卷三。一种准确的写实手法，稍嫌冷峻，但充满了关于俄罗斯军人心理的奇特的记载——这是预示未来的记录；一八五六年又写成《在别动队中和一个莫斯科的熟人的相遇》，全集卷四。描写一个失意的上流人物，变成一个放浪的下级军官，懦怯，酗酒，说谎，他甚至不能如他所轻视的士兵一般，具有被杀的意念，他们中最渺小的也要胜过他百倍。

在这一切作品之上，矗立着这第一期山脉的最高峰，托尔斯泰最美的抒情小说之一，是他青春的歌曲，亦是高加索的颂诗：《哥萨克》。虽然这些作品在一八六〇年时才完成（发刊的时期是一八六三年），但这部著作中的大部分却在此时写成的。白雪连绵的群山，在光亮的天空映射着它们巍峨的线条，它们的诗意充满了全书。在天才的开展上，这部小说是独一无二之作，正如托尔斯泰所说的：“青春的强有力的神威，永远不能复得的天才的飞跃。”春泉的狂流！爱情的洋溢！

“我爱，我那么爱！……勇士们！善人们！他反复地说，他要哭泣。为什么？谁是勇士？他爱谁？他不大知道。”《高加索人》。（全集卷三）

这种心灵的陶醉，无限制地流溢着。书中的主人翁奥列宁和托尔斯泰一样，到高加索来寻求奇险的生活；他迷恋了一个高加索少女，沉浸入种种矛盾的希望中。有时他想：“幸福，是为别人生活，牺牲自己”，有时他想：“牺牲自己只是一种愚蠢”；于是他简直和高加索的一个老人叶罗什卡同样地想：“一切都是值得的。神造出一切都是为了人类的欢乐。没有一件是犯罪。和一个美丽的女子玩不是一桩罪恶而是灵魂得救。”可是又何用思想呢？只要生存便是。生存是整个的善，整个的幸福，至强的、万有的生命：“生”即是神。一种狂热的自然主义煽惑而且吞噬他的灵魂。迷失在森林中，“周围尽是野生的草木，无数的虫鸟，结队的蚊蚋，黝暗的绿翳，温暖而芬芳的空气，在草叶下面到处潜流着浊水”，离开敌人的陷阱极近的地方，奥列宁“突然感到无名的幸福，依了他童时的习惯，他划着十字，感谢着什么人”。如一个印度的托钵僧一般，他满足地说，他独自迷失在吸引着他的人生的漩涡中，到处潜伏着的无数看不见的生物窥伺着他的死，成千成万的虫类在他周围嗡嗡地互相喊着：

——“这里来，这里来，同伴们！瞧那我们可以刺一下的人！”

显然他在此不复是一个俄国士绅，莫斯科的社会中人，某人某人的朋友或亲戚，而只是一个生物，如蚊蚋，如雉鸟，如麋鹿，如在他周围生存着徘徊着一切生物一样。

——他将如它们一般生活，一般死亡。“青草在我上面生长。……”

而他的心是欢悦的。

在青春的这一个时间，托尔斯泰生活在对于力、对于人生之爱恋的狂热中。他抓扼自然而和自然融化，是对着自然他发泄他的悲愁、他的欢乐和他的爱情。奥列宁说：“也许在爱高加索女郎时，我在她身上爱及自然……在爱她时，我感到自己和自然分离不开。”他时常把他所爱的人与自然作比较。“她和自然一样是平等的，镇静的，沉默的。”此外，他又把远山的景致与“这端丽的女子”相比。但这种浪漫底克的陶醉，从不能淆乱他的清晰的目光。更无别的足以和这首热烈的诗相比，更无别的能有本书中若干篇幅的强有力的描写，和真切的典型人物的刻画。自然与人间的对峙，是本书的中心思想，亦是托尔斯泰一生最爱用的主题之一,他的信条之一,而这种对峙已使他找到《克勒策奏鸣曲》奥列宁在致他的俄罗斯友人们的信中便有此等情调的若干严酷的语调,以指责人间的喜剧。但对于一切他所爱的人,他亦同样的真实;自然界的生物,美丽的高加索女子和他朋友们都受着他明辨的目光烛照,他们的自私、贪婪、狡狯恶习,一一描画无遗。

高加索,尤其使托尔斯泰唤引起他自己生命中所蓄藏的深刻的宗教性。人们对于这真理精神的初次昭示往往不加相当的阐发。他自己亦是以保守秘密为条件才告诉他青春时代的心腹,他的年轻的亚历山德拉·安德烈耶芙娜姑母。在一八五九年五月三日的一封信中,他向她“发表他的信仰”:

“儿时,”他说,“我不加思想,只以热情与感伤而信仰。十四岁时,我开始思虑着人生问题;而因为宗教不能和我的理论调和,我把毁灭宗教当作一件值得赞美的事……于我一切是明白的、论理的,一部一部分析得很好的,而宗教,却并没安插它的地位……以后,到了一个时期,人生于我已毫无秘密,但在那时起,人生亦开始丧失了它的意义。那时候——这是在高加索——我是孤独的,苦恼的。我竭尽我所有的精神力量,如一个人一生只能这样地作一次的那样。……这是殉道与幸福的时期。从来(不论在此时之前或后)我没有在思想上达到那样崇高的地位,我不曾有如这两年中的深刻的观察,而那时我所找到的一切便成为我的信念……在这两年的持久的灵智工作中,我发现一条简单的,古老的,但为我是现在才知道而一般人尚未知道的真理;我发现人类有一点不朽性,有一种爱情,为要永久幸福起见,人应当为了别人而生活。这些发现使我非常惊讶,因为它和基督教相似;于是我不复向前探寻而到《圣经》中去求索了。但我找不到什么东西。我既找不到神,亦找不到救主,更找不到圣典,什么都没有……但我竭尽我灵魂的力量寻找,我哭泣,我痛苦,我只是欲求真理……这样,我和我的宗教成为孤独了。”

在信末，他又说：

“明白了解我啊！……我认为，没有宗教，人是既不能善，亦不能幸福；我愿占有它较占有世界上任何东西都更牢固；我觉得没有它我的心会枯萎……但我不信仰。为我，是人生创造了宗教，而非宗教创造人生……我此时感到心中那么枯索，需要一种宗教。神将助我。这将会实现……自然对于我是一个引路人，它能导引我们皈依宗教，每人有他不同而不认识的道路；这条路，只有在每人的深刻处才能找它……”

《塞瓦斯托波尔纪事》、《三个死者》

一八五三年十一月，俄罗斯向土耳其宣战。托尔斯泰初时在罗马尼亚军队中服务，以后又转入克里米亚军队，一八五四年十一月七日，他到塞瓦斯托波尔。他胸中燃烧着热情与爱国心。他勇于尽责，常常处于危险之境，尤其在一八五五年四月至五月间，他三天中轮到一天在第四棱堡的炮台中服务。

成年累月地生活于一种无穷尽的紧张与战栗中，和死正对着，他的宗教的神秘主义又复活了。他和神交谈着。一八五五年四月，他在《日记》中记有一段祷文，感谢神在危险中保护他并请求他继续予以默佑，“以便达到我尚未认识的，生命的永恒的与光荣的目的……”他的这个生命的目的，并非是艺术，而已是宗教。一八五五年三月五日，他写道：

“我已归结到一个伟大的思想，在实现这思想上，我感到可以把我整个的生涯奉献给它。这思想，是创立一种新宗教，基督的宗教，但其教义与神秘意味是经过澄清的……用极明白的意识来行动，以便把宗教来结合人类。”《日记》。

这将是他暮年时的问题。

可是，为了要忘掉眼前的情景起见，他重新开始写作。在枪林弹雨之下，他怎么能有必不可少的精神上的自由来写他的回忆录的第三部《青年时代》？那部书是极混沌的：它的紊乱，及其抽象分析的枯索，如司汤达式的层层推进的解剖，大抵是本书诞生时的环境造成的。在同时代完成的《伐木》一著中，亦有此等方式。例如："爱有三种：一、美学的爱；二、忠诚的爱；三、活跃的爱；等等。"（《青年时代》）——或如："兵有三种：一、服从的；二、横暴的；三、伪善的；——他们更可分为：A. 冷静的服从者；B. 逢迎的服从者；C. 酗酒的服从者；等等。"见《伐木》。但一个青年的头脑中所展演的模糊的幻梦与思想，他竟有镇静深刻的探索，亦未始不令人惊叹。作品显得对于自己非常坦率。而在春日的城市写景，忏悔的故事，为了已经遗忘的罪恶而奔往修道院去的叙述中，又有多少清新的诗意！一种热烈的泛神论调，使他书中若干部分含有一种抒情的美，其语调令人回想起《高加索纪事》。例如这幅夏夜的写景：

"新月发出它沈静的光芒。池塘在闪耀。老桦树的茂密的枝叶，一面在月光下显出银白色，另一面，它的黑影掩蔽着棘丛与大路。鹌鹑在塘后鸣噪。两棵老树互相轻触的声息，不可闻辨。蚊蝇嗡嗡，一只苹果堕在枯萎的落叶上，青蛙一直跳上阶石，绿色的背在月下发光……月渐渐上升悬在天空，普照宇宙；池塘的光彩显得更明亮，阴影变得更黝黑，光亦愈透明……而我，微贱的虫蛆，已经沾染着一切人间的热情，但因了爱情的巨力，这时候，自然，月，和我，似乎完全融成一片。"《青年时代》第三十二章。（全集卷二）

但当前的现实，在他心中较之过去的梦景更有力量；它迫使他注意。《青年时代》因此没有完成；而这位伯爵列夫·托尔斯泰中队副大尉，在棱堡的障蔽下，在隆隆的炮声中，在他的同伴间，观察着生人与垂死者，在他的不可磨灭的《塞瓦斯托波尔纪事》中写出他们的和他自己的凄怆。

这三部纪事——《一八五四年十二月之塞瓦斯托波尔》,《一八五五年五月之塞瓦斯托波尔》,《一八五五年八月之塞瓦斯托波尔》,——往常是被人笼统地加以同一地来批判的。但它们实在是十分歧异的。尤其是第二部,在情操上,在艺术上,与其他二部不同。第一、第三两部被爱国主义统治着;第二部则含有确切不移的真理。

据说俄后读了第一部纪事寄给《现代人》杂志,立刻被发表了之后,不禁为之下泪,以至俄皇在惊讶叹赏之中下令把原著译成法文,并令把作者移调,离开危险区域。这是我们很能了解的。在此只有鼓吹爱国与战争的成分。托尔斯泰入伍不久;他的热情没有动摇;他沉溺在英雄主义中。他在卫护塞瓦斯托波尔的人中还未看出野心与自负心,还未窥见任何卑鄙的情操。对于他,这是崇高的史诗,其中的英雄"堪与希腊的媲美"。此外,在这些纪事中,毫无经过想像方面的努力的痕迹,毫无客观表现的试练;作者只是在城中闲步;他以清明的目光观看,但他讲述的方式,却太拘谨:"你看……你进入……你注意……"这是巨帙的新闻记录加入对于自然的美丽的印象作为穿插。

第二幕情景是全然不同的:《一八五五年五月之塞瓦斯托波尔》。篇首,我们即读到:

"千万的人类自尊心在这里互相冲撞,或在死亡中寂灭……"

后面又说:

"……因为人是那么多,故虚荣亦是那么多……虚荣,虚荣,到处是虚荣,即是在墓门前面!这是我们这世纪的特殊病……为何荷马与莎士比亚时之辈谈着爱、光荣与痛苦,而我们这世纪的文学只是虚荣者和趋崇时尚之徒的无穷尽的故事呢?"

纪事不复是作者的简单的叙述,而是直接使人类与情欲角逐,暴露英雄主义的背面。托尔斯泰犀利的目光在他同伴们的心底探索；在他们心中如在他自己心中一样，他看到骄傲，恐惧，死在临头尚在不断地演变的世间的喜剧。尤其是恐惧被他确切认明了，被他揭除了面幕，赤裸裸地发露了。这无穷的危惧，这畏死的情操，被他毫无顾忌、毫无怜惜地剖解了，他的真诚竟至可怕的地步。许多年以后，托尔斯泰重复提及这时代的恐惧。他和他的朋友捷涅罗莫述及他有一夜睡在壕沟掘成的卧室中恐怖到极点的情景。在塞瓦斯托波尔，托尔斯泰的一切的感伤情调尽行丧失了，他轻蔑地指为“这种浮泛的，女性的，只知流泪的同情”。他的分析天才，在他少年时期已经觉醒，有时竟含有病态，稍后，德鲁日宁友谊地叮嘱他当心这危险：“你倾向于一种极度缜密的分析精神；它可以变成一个大缺点。有时，你竟会说出：某人的足踝指出他有往印度旅行的欲愿……你应当抑制这倾向，但不要无缘无故地把它完全阻塞了。”（一八五六年书）但这项天才，从没有比描写普拉斯胡辛之死达到更尖锐，更富幻想的强烈程度。当炸弹堕下而尚未爆烈的一秒钟内，不幸者的灵魂内所经过的情景，有整整两页的描写，——另外一页是描写当炸弹爆烈之后，“都受着轰击马上死了”，这一刹那间的胸中的思念。全集卷四，第八二—八五页。

仿如演剧时休息期间的乐队一般，战场的景色中展开了鲜明的大自然，阴云远去，豁然开朗，而在成千成万的人呻吟转侧的庄严的沙场上，发出白日的交响曲，于是基督徒托尔斯泰，忘记了他第一部叙述中的爱国情调，诅咒那违叛神道的战争：

“而这些人，这些基督徒，——在世上宣扬伟大的爱与牺牲的律令的人，看到了他们所做的事，在赐予每个人的心魂以畏死的本能与爱善爱美的情操的神前，竟不跪下忏悔！他们竟不流着欢乐与幸福的眼泪而互相拥抱，如同胞一般！”

在结束这一短篇时，——其中的惨痛的语调，为他任何别的作品所尚未表现过的，——托尔斯泰怀疑起来。也许他不应该说话的？

“一种可怕的怀疑把我压抑着。也许不应当说这一切。我所说的，或即是恶毒的真理之一，无意识地潜伏在每个人的心魂中，而不应当明言以致它成为有害，如不当搅动酒糟以免弄坏了酒一样。那里是应当避免去表白的罪恶？哪里是应当模仿的、美的表白？谁是恶人谁是英雄？一切都是善的，一切亦都是恶的……”

但他高傲地镇定了：

“我这短篇小说中的英雄，为我全个心魂所爱的，为我努力表现他全部的美的，他不论在过去，现在或将来，永远是美的，这即是真理本身。”

读了这几页，这几页是被检查处禁止刊载的。《现代人》杂志的主编涅克拉索夫写信给托尔斯泰说：

“这正是今日俄国社会所需要的：真理，真理自果戈理死后俄国文学上所留存极少的……你在我们的艺术中所提出的真理对于我们完全是新的东西。我只怕一件：我怕时间，人生的懦怯，环绕我们的一切昏瞶痴聋会把你收拾了，如收拾我们中大半的人一样，——换言之，我怕它们会消灭你的精力。”一八五五年九月二日书。

可是不用怕这些。时间会消磨常人的精力，对于托尔斯泰，却更加增他的精力。但即在那时，严重的困难，塞瓦斯托波尔的失陷，使他在痛苦的虔敬的情操中悔恨他的过于严正的坦白。他在第三部叙述——《一八五五年八月之塞瓦斯托波尔》——中，讲着两个以赌博而争吵的军官时，他突然中止了叙述，说：

“但在这幅景象之前赶快把幕放下罢。明日，也许今天，这些人们将快乐地去就义。在每个人的灵魂中，潜伏着高贵的火焰，有一天会使他成为一个英雄。”

这种顾虑固然没有丝毫减弱故事的写实色彩，但人物的选择已可相当地表现作者的同情了。马拉科夫的英雄的事迹和它的悲壮的失陷，便象征在两个动人的高傲的人物中：这是弟兄俩，哥哥名叫科泽尔特佐夫大佐，和托尔斯泰颇有相似之处，“他的自尊心和他的生命融和在一起了；他看不见还有别的路可以选择：不是富有自尊心便是把自己毁灭……他爱在他举以和自己相比的人中成为具有自尊心的人物。”另外一个是沃洛佳旗手，胆怯的、热情的、狂乱的独白，种种的幻梦，温柔的眼泪，无缘无故会淌出来的眼泪，怯弱的眼泪，初入棱堡时的恐怖，（可怜的小人儿还怕黑暗，睡眠时把头藏在帽子里）为了孤独和别人对他的冷淡而感到苦闷，以后，当时间来到，他却在危险中感到快乐。这一个是属于一组富有诗意的面貌的少年群的，（如《战争与和平》中的彼佳和《侵略》中的少尉）心中充满了爱，他们高兴地笑着去打仗，突然莫名其妙地在死神前折丧了。弟兄俩同日——守城的最后一天——受创死了。那篇小说便以怒吼着爱国主义的呼声的句子结束了：

“军队离开了城。每个士兵，望着失守的塞瓦斯托波尔，心中怀着一种不可辨别的悲苦，叹着气把拳头向敌人遥指着。”一八八九年，托尔斯泰为叶尔乔夫的《一个炮队军官的塞瓦斯托波尔回忆录》作序时重新在思想上追怀到这些情景。一切带有英雄色彩的往事都消失了。他只想起七日七夜的恐怖，——双重的恐怖：怕死又是怕羞——可怕的精神苦痛。一切守城的功勋，为他是“曾经做过炮铳上的皮肉”。

从这地狱中出来,——在一年中他触到了情欲、虚荣与人类痛苦的底蕴——一八五五年十一月,托尔斯泰周旋于圣彼得堡的文人中间,他对于他们感着一种憎恶与轻蔑。他们的一切于他都显得是卑劣的、谎骗的。从远处看,这些人似乎是在艺术的光威中的人物——即如屠格涅夫,他所佩服而最近把他的《伐木》题赠给他的,——近看却使他悲苦地失望了。一八五六年时代的一幅肖像,正是他处于这个团体中时的留影:屠格涅夫,冈察洛夫,奥斯特洛夫斯基,格里戈罗维奇,德鲁日宁。在别人那种一任自然的态度旁边,他的禁欲的、严峻的神情,骨骼嶙露的头,深凹的面颊,僵直地交叉着的手臂,显得非常触目。穿着军服,立在这些文学家后面,正如苏亚雷斯所写说:"他不似参与这集团,更像是看守这些人物。竟可说他准备着把他们押送到监狱中去的样子。"苏亚雷斯著:《托尔斯泰》。(一八九九年出版)

可是大家都恭维这初来的年轻的同道;他是拥有双重的光荣:作家兼塞瓦斯托波尔的英雄。屠格涅夫,在读着塞瓦斯托波尔的各幕时哭着喊 Hourra 的,此时亲密地向他伸着手,但两人不能谅解。他们固然具有同样清晰的目光,他们在视觉中却灌注入两个敌对的灵魂色彩:一个是幽默的,颤动的,多情的,幻灭的,迷恋美的;另一个是强项的,骄傲的,为着道德思想而苦闷的,孕育着一个尚在隐蔽之中的神道的。

托尔斯泰所尤其不能原谅这些文学家的，是他们自信为一种优秀阶级，自命为人类的首领。在对于他们的反感中，他仿佛如一个贵族、一个军官对于放浪的中产阶级与文人那般骄傲。在某次谈话中，屠格涅夫埋怨“托尔斯泰对于贵族出身的无聊的骄傲与自大”。还有一项亦是他的天性的特征，——他自己亦承认，——便是“本能地反对大家所承认的一切判断”。“我的一种性格，不论是好是坏，但为我永远具有的，是我不由自主地老是反对外界的带有传染性的影响：我对于一般的潮流感着厌恶。”（致比鲁科夫书）对于人群表示猜疑，对于人类理性含藏着幽密的轻蔑，这种性情使他到处发觉自己与他人的欺罔及谎骗。

“他永远不相信别人的真诚。一切道德的跃动于他显得是虚伪的。他对于一个为他觉得没有说出实话的人，惯用他非常深入的目光逼视着他……”屠格涅夫语。

“他怎样的听着！他用深陷在眼眶里的灰色的眼睛怎样的直视着他的对手！他的口唇抿紧着，用着何等的讥讽的神气！”格里戈罗维奇语。

屠格涅夫说，他从没有感得比他这副尖锐的目光，加上二三个会令人暴跳起来的恶毒的辞句，更难堪的了。于也纳·迦尔希纳著：《关于屠格涅夫的回忆》。（一八八三年）参看比鲁科夫著：《托尔斯泰——生活与作品》。

托尔斯泰与屠格涅夫第一次会见时即发生了剧烈的冲突。一八六一年，两人发生最剧烈的冲突，以致终身不和。屠格涅夫表示他的泛爱人间的思想，谈着他的女儿所干的慈善事业。可是对于托尔斯泰，再没有比世俗的浮华的慈悲使他更愤怒的了：——“我想，”他说，“一个穿装得很考究的女郎，在膝上拿着些龌龊的破衣服，不啻是扮演缺少真诚性的喜剧。”争辩于以发生。屠格涅夫大怒，威吓托尔斯泰要批他的颊。托尔斯泰勒令当时便用手枪决斗以赔偿名誉。屠格涅夫就后悔他的卤莽，写信向他道歉。但托尔斯泰绝不原谅。却在二十年之后，在一八七八年，还是托尔斯泰忏悔着他过去的一切。在神前捐弃他的骄傲,请求屠格涅夫宽恕他。远离之后,他们都镇静下来努力要互相表示公道。但时间只使托尔斯泰和他的文学团体分隔得更远。他不能宽恕这些艺术家一方面过着堕落的生活,一方面又宣扬什么道德。

“我相信差不多所有的人,都是不道德的,恶的,没有品性的,比我在军队流浪生活中所遇到的人要低下得多。而他们竟对自己很肯定,快活,好似完全健全的人一样。他们使我憎厌。”《忏悔录》,全集卷十九。

他和他们分离了。但他在若干时期内还保存着如他们一样的对于艺术的功利观念。“在我们和疯人院间,”他说,“绝无分别。即在那时,我已模糊地猜度过,但和一切疯人一样,我把每个人都认为是疯子,除了我。”(同前)他的骄傲在其中获得了满足。这是一种酬报丰富的宗教;它能为你挣得“女人,金钱,荣誉……”

“我曾是这个宗教中的要人之一。我享有舒服而极有利益的地位……”

为要完全献身给它,他辞去了军队中的职务(一八五六年十一月)。

但像他那种性格的人不能长久闭上眼睛的。他相信,愿相信进步。他觉得“这个名辞有些意义”。到外国旅行了一次——一八五七年正月二十九日起至七月三十日止,法国,瑞士,德国——这个信念亦为之动摇了。参看这时期,他给他年轻的亚历山德拉·托尔斯泰娅姑母的信,那么可爱,充满着青年的蓬勃之气。一八五七年四月六日,在巴黎看到执行死刑的一幕,指示出他“对于进步的迷信亦是空虚的……”

“当我看到头从人身上分离了滚到篮中去的时候,在我生命的全力上,我懂得现有的维持公共治安的理论,没有一条足以证明这种行为的合理。如果全世界的人,依据着若干理论,认为这是必需的，我，我总认为这是不应该的，因为可以决定善或恶的，不是一般人所说的和所做的，而是我的心。”《忏悔录》。

一八五七年七月七日，在卢塞恩看见寓居施魏策尔霍夫的英国富翁不愿对一个流浪的歌者施舍，这幕情景使他在《涅赫留多夫亲王日记》《涅赫留多夫亲王日记》（写于卢塞恩地方），全集卷五上写出他对于一切自由主义者的幻想，和那些“在善与恶的领域中唱着幻想的高调的人”的轻蔑。

“为他们，文明是善，野蛮是恶；自由是善，奴隶是恶。这些幻想的认识却毁灭了本能的、原始的最好的需要。而谁将和我确言何谓自由，何谓奴隶，何谓文明，何谓野蛮？那里善与恶才不互存并立呢？我们只有一个可靠的指引者，便是鼓励我们互相亲近的普在的神灵。”

回到俄罗斯，到他的本乡亚斯纳亚，他重新留意农人运动。从瑞士直接回到俄罗斯时，他发现“在俄国的生活是一桩永久的痛苦！……”“在艺术、诗歌与友谊的世界内有一个托庇之所是好的。在此，没有一个人感到惶乱……我孤独着，风在吹啸；外面天气严寒；一切都是脏的，我可怜地奏着贝多芬的一曲‘行板’；用我冻僵的手指，我感动地流泪；或者我读着《伊利亚特》，或者我幻想着男人、女人，我和他们一起生活；我在纸上乱涂，或如现在这样，我想着亲爱的人……”（致亚历山德拉·托尔斯泰娅女伯爵书，一八五七年八月十八日）这并非是他对于民众已没有什么幻想。他写道：

“民众的宣道者徒然那么说，民众或许确是一般好人的集团；然而他们，只在庸俗、可鄙的方面，互相团结，只表示出人类天性中的弱点与残忍。”《涅赫留多夫亲王日记》。

因此他所要启示的对象并非是群众，而是每人的个人意识，而是民众的每个儿童的意识。因为这里才是光明之所在。他创办学校，可不知道教授什么。为学习起见，自一八六〇年七月三日至一八六一年四月二十三日第二次旅行欧洲。这次旅行中他结识了奥尔巴赫(在德国德累斯顿),他是第一个感应他去作民众教育的人;在基辛根结识福禄培尔;在伦敦结识赫尔岑,在比京结识蒲鲁东,似乎给他许多感应。

他研究各种不同的教育论。不必说他把这些学说一齐摒斥了。在马赛的两次逗留使他明白真正的民众教育是在学校以外完成的——学校于他显得可笑的——如报纸,博物院,图书馆,街道,生活,一切为他称为"无意识的"或"自然的"学校。强迫的学校是他认为不祥的,愚蠢的;故当他回到亚斯纳亚·波利亚纳时,他要创立而试验的即是自然的学校。尤其在一八六一——六二年间。自由是他的原则。他不答应一般特殊阶级,"享有特权的自由社会",把他的学问和错误,强使他所全不了解的民众学习。他没有这种权利。这种强迫教育的方法,在大学里,从来不能产生"人类所需要的人,而产生了堕落社会所需要的人:官吏,官吏式的教授,官吏式的文学家,还有若干毫无目的地从旧环境中驱逐出来的人——少年时代已经骄傲惯了,此刻在社会上亦找不到他的地位,只能变成病态的、骄纵的自由主义者"。《教育与修养》。参看《托尔斯泰——生活与作品》卷二。应当由民众来说出他们的需要!如果他们不在乎"一般知识分子强令他们学习的读与写的艺术",他们也自有他们的理由:他有较此更迫切更合理的精神的需要。试着去了解他们,帮助他们满足这些需求!

这是一个革命主义者的保守家的理论,托尔斯泰试着要在亚斯纳亚作一番实验,他在那里不像是他的学生们的老师,更似他们的同学。托尔斯泰于《亚斯纳亚·波利亚纳》杂志中发表他的理论(一八六二年),全集卷十三。同时,他努力在农业垦殖中引入更为人间的精神。一八六一年被任为克拉皮夫纳区域的地方仲裁人,他在田主与政府滥施威权之下成为民众保护人。

但不应当相信这社会活动已使他满足而占据了他整个的身心。他继续受着种种敌对的情欲支配。虽然他竭力接近民众,他仍爱,永远爱社交,他有这种需求。有时,享乐的欲望侵扰他;有时,一种好动的性情刺激他。他不惜冒了生命之险去猎熊。他以大宗的金钱去赌博。甚至他会受他瞧不起的圣彼得堡文坛的影响。从这些歧途中出来,他为了厌恶,陷于精神狂乱。这时期的作品便不幸地具有艺术上与精神上的犹疑不定的痕迹。《两个轻骑兵》(一八五六年)全集卷四倾向于典雅、夸大、浮华的表现,在托尔斯泰的全体作品中不相称的。一八五七年在法国第戎写的《阿尔贝》全集卷五是疲弱的、古怪的,缺少他所惯有的深刻与确切。《记数人日记》(一八五六年)同前更动人,更早熟,似乎表白托尔斯泰对于自己的憎恶。他的化身,涅赫留多夫亲王,在一个下流的区处自杀了:

"他有一切:财富,声望,思想,高超的感应;他没有犯过什么罪,但他做了更糟的事情:他毒害了他的心,他的青春;他迷失了,可并非为了什么剧烈的情欲,只是为了缺乏意志。"

死已临头也不能使他改变:

"同样奇特的矛盾,同样的犹豫,同样的思想上的轻佻……"

死……这时代,它开始缠绕着托尔斯泰的心魂。在《三个死者》(一八五八—五九)中,全集卷六。已可预见《伊万·伊里奇之死》一书中对于死的阴沉的分析,死者的孤独,对于生人的怨恨,他的绝望的问句:"为什么?"《三个死者》——富妇,痨病的老御者,斫断的桦树——确有他们的伟大;肖像刻划得颇为逼真,形象也相当动人,虽然这作品的结构很松懈,而桦树之死亦缺少加增托尔斯泰写景的美点的确切的诗意。在大体上,我们不知他究竟是致力于为艺术的艺术抑是具有道德用意的艺术。

托尔斯泰自己亦不知道。一八五九年二月十四日,在莫斯科的俄罗斯文学鉴赏人协会的招待席上,他的演辞是主张为艺术而艺术；演辞的题目是：《论文学中艺术成分优于一切暂时的思潮》。倒是该会会长霍米亚科夫，在向"这个纯艺术的文学的代表"致敬之后，提出社会的与道德的艺术和他抗辩。他提出托尔斯泰自己的作品《三个死者》作为抗辩的根据。

一年之后，一八六〇年九月十九日，他亲爱的哥哥，尼古拉，在耶尔地方患肺病死了，托尔斯泰的另一个兄弟德米特里已于一八五六年患肺病而死了，一八五六、一八六二、一八七一诸年，托尔斯泰自以为亦染着了。他是，如他于一八五二年十月二十八日所写的，"气质强而体质弱"的人，他老是患着牙痛，喉痛，眼痛，骨节痛。一八五二年在高加索时，他"至少每星期二天必须留在室内"。一八五四年，疾病使他在从锡利斯特拉到塞瓦斯托波尔的途中耽搁了几次。一八五六年，他在故乡患肺病甚重。一八六二年，为了恐怕肺痨之故，他赴萨马拉地方疗养。自一八七〇年后，他几乎每年要去一次。他和费特的通信中充满了这些关于疾病的事情。这种健康时时受损的情景，令人懂得他对于死的憧憬。以后，他讲起他的病，好似他的最好的友人一般："当一个人病时，似乎在一个平坦的山坡上往下走，在某处，障着一层极轻微的布幕：在幕的一面是生，那一面是死。在精神的价值上，病的状态比健全的状态是优越得多了，不要和我谈起那些没患过病的人们！他们是可怕的，尤其是女子！一个身体强壮的女子，这是一头真正犷野的兽类！"（与布瓦耶的谈话，见一九〇一年八月二十七日巴黎《时报》）这噩耗使托尔斯泰大为震惊，以至"摇动了他在善与一切方面的信念"，使他唾弃艺术：

"真理是残酷的……无疑的，只要存在着要知道真理而说出真理的欲愿，人们便努力要知道而说出。这是我道德概念中所留存的唯一的东西。这是我将实行的唯一的事物，可不是用你的艺术。艺术，是谎言，而我不能爱美丽的谎言。"一八六〇年十月十七日致费特书。

然而，不到六个月之后，他在《波利库什卡》一八六一年写于比京布鲁塞尔一书当中重复回到"美丽的谎言"，这或竟是，除了他对于金钱和金钱的万恶能力的诅咒外，道德用意最少的作品，纯粹为着艺术而写的作品；且亦是一部杰作，我们所能责备它的，只有它过于富丽的观察，足以写一部长篇小说的太丰盛的材料，和诙谐的开端与太严肃的转纽间的过于强烈、微嫌残酷的对照。同时代的另一篇短篇小说，一篇简单的游记，名字叫做《雪的苦闷》（一八五六年），描写他个人的回忆，具有一种极美的诗的印象，简直是音乐般的。其中的背景，一部分又为托尔斯泰移用在《主与仆》（一八九五年）一书中。

《夫妇间的幸福》

这个过渡时期内，托尔斯泰的天才在摸索，在怀疑自己，似乎在不耐烦起来，“没有强烈的情欲，没有主宰一切的意志”，如《记数人日记》中的涅赫留多夫亲王一般，可是在这时期中产生了他迄今为止从未有过的精纯的作品：《夫妇间的幸福》（一八五九年）。全集卷五。这是爱情的奇迹。

许多年来，他已经和别尔斯一家友善。他轮流地爱过她们母女四个。童时，在一个嫉妒的争执中，他把他的游戏的伴侣，——未来的别尔斯夫人，那时只有九岁，从阳台上推下，以致她在长久的时期内成为跛足。后来他终于确切地爱上了第二个女郎。但他不敢承认。索菲娅·安德烈耶芙娜·别尔斯还是一个孩子：她只十七岁；他已经三十余岁：自以为是一个老人，已没有权利把他衰惫的、污损的生活和一个无邪少女的生活结合了。他隐忍了三年。参看《夫妇间的幸福》中谢尔盖的倾诉：“假定一位先生A，一个相当地生活过了的老人，一个女子B，年轻的，既不认识男子亦不认识人生。由于种种家庭的环境，他如爱女儿一般地爱她，想不能用另一种方式去爱她……”以后，他在《安娜小史》中讲述他怎样对索菲娅·别尔斯宣露他的爱情和她怎样回答他的经过，——两个人用一块铅粉，在一张桌子上描划他们所不敢说的言辞的第一个字母。如《安娜小史》中的列文一般，他的极端的坦白，使他把《日记》给与他的未婚妻浏览，使她完全明了他过去的一切可羞的事；亦和《安娜小史》中的基蒂一样，索菲娅为之感到一种极端的痛苦。一八六二年九月二十三日，他们结婚了。

但以前的三年中，在写《夫妇间的幸福》时，这婚姻在诗人思想上已经完成了。在这部作品中，也许他还加入若干回忆；一八五六年他在亚斯纳亚写过一部爱情小说没有完成，其中描写一个和他十分不同的少女，十分轻佻与浮华的，为他终于放弃了的，虽然他们互相真诚地爱恋。在这三年内，他在生活中早已体验到：爱情尚在不知不觉间的那些不可磨灭的日子，爱情已经发露了的那些醉人的日子，期待中的神圣幽密的情语吐露的那时间，为了"一去不回的幸福"而流泪的时间，还有新婚时的得意，爱情的自私，"无尽的、无故的欢乐"；接着是厌倦，模模糊糊的不快，单调生活的烦闷，两颗结合着的灵魂慢慢地分解了，远离了，更有对于少妇含有危险性的世俗的迷醉，——如卖弄风情，嫉妒，无可挽救的误会——于是爱情掩幕了，丧失了；终于，心的秋天来了，温柔的、凄凉的景况，重现的爱情的面目变得苍白无色，衰老了，因了流泪，皱痕，各种经历的回忆；互相损伤的追悔，虚度的岁月而更凄恻动人；——以后便是晚间的宁静与清明，从爱情转到友谊，从热情的传奇生活转到慈祥的母爱的这个庄严的阶段……应当临到的一切，一切，托尔斯泰都已预先梦想到，体味到。而且为要把这一切生活得更透彻起见，他便在爱人身上实验。第一次——也许是托尔斯泰作品中唯一的一次，——小说的故事在一个妇人心中展演，而且由她口述。何等的微妙！笼罩着贞洁之网的心灵的美……这一次，托尔斯泰的分析放弃了他微嫌强烈的光彩，它不复热烈地固执着要暴露真理。内心生活的秘密不是倾吐出来而唯令人窥测得到。托尔斯泰的艺术与心变得柔和了。形式与思想获得和谐的均衡:《夫妇间的幸福》具有一部拉辛式作品的完美。

婚姻,为托尔斯泰已深切地预感到它的甜蜜与骚乱的,确是他的救星。他是疲乏了,病了。厌弃自己,厌弃自己的努力。在最初诸作获得盛大的成功之后,继以批评界的沉默与群众的淡漠。自一八五七至一八六一年。高傲地,他表示颇为得意。

"我的声名丧失了不少的普遍性,这普遍性原使我不快。现在,我放心了,我知道我有话要说,而我有大声地说的力量。至于群众,随便他们怎样想罢!"一八五七年十月《日记》。

但这只是他的自豪而已:他自己也不能把握他的艺术。无疑的,他能主宰他的文学工具;但他不知用以做什么。像他在谈及《波利库什卡》时所说的:"这是一个会执笔的人抓着一个题目随便饶舌。"一八六三年致费特书。(《托尔斯泰——生活与作品》)他的社会事业流产了,一八六二年,他辞去了地方仲裁人的职务。同年,警务当局到亚斯纳亚·波利亚纳大事搜索,把学校封闭了。那时托尔斯泰正不在家,因为疲劳过度,他担心着肺病。

"仲裁事件的纠纷为我是那么难堪,学校的工作又是那么空泛,为了愿教育他人而要把我应该教授而为我不懂得的愚昧掩藏起来,所引起的怀疑,于我是那么痛苦,以至我病倒了。如果我不知道还有人生的另一方面可以使我得救的话——这人生的另一方面便是家庭生活,也许我早已陷于十五年后所陷入的绝望了。"《忏悔录》。

《安娜小史》、《战争与和平》

最初，他尽量享受这家庭生活，他所用的热情恰似他在一切事情上所用的一般。“家庭的幸福把我整个地陶融了。”（一八六三年正月五日）“我多么幸福，幸福！我那样爱她！”（一八六三年二月八日）——见《托尔斯泰——生活与作品》。托尔斯泰伯爵夫人在他的艺术上发生非常可贵的影响，富有文学天才，她曾写过几篇短篇小说。她是如她自己所说的，“一个真正的作家夫人”，对于丈夫的作品那么关心。她和他一同工作，把他口述的笔录下来，誊清他的草稿。据说她替托尔斯泰把《战争与和平》重誊过七次。她努力保卫他，不使他受着他宗教魔鬼的磨难，这可怕的精灵已经不时在唆使他置艺术于死地。她亦努力把他的社会乌托邦关上了门。结婚之后，托尔斯泰立刻停止了他的教育学工作，学校、杂志全部停了。她温养着他的创造天才，她且更进一步：她的女性心灵使这天才获得新的富源。除了《童年时代》与《少年时代》中若干美丽的形象之外，托尔斯泰初期作品中几乎没有女人的地位，即或有之，亦只站在次要的后景。在索菲娅·别尔斯的爱情感应之下写成的《夫妇间的幸福》中，女人显现了。在以后的作品中，少女与妇人的典型增多了。具有丰富热烈的生活，甚至超过男子的。我们可以相信,托尔斯泰伯爵夫人,不独被她的丈夫采作《战争与和平》中娜塔莎与《安娜小史》中基蒂的模型,而且由于她的心腹的倾诉,和她特殊的视觉,她亦成为他的可贵的幽密的合作者。他的妹子塔佳娜,聪明的,具有艺术天才,托尔斯泰极赞赏她的思想与音乐天禀;在本书的女性人物中,托尔斯泰亦把她作为模型。托尔斯泰说过:"我把塔尼娅(塔佳娜)和索尼娅(即托尔斯泰伯爵夫人)混合起来便成了娜塔莎。"(据比鲁科夫所述)《安娜小史》中有若干篇幅,似乎完全出于一个女子的手笔。例如多莉在乡间别墅中的布置;多莉与她的孩子们;许多化妆上的精细的描写;不必说女性心灵的若干秘密,如果没有一个女子指点,一个天才的男子汉决不能参透。

由于这段婚姻的恩泽,在十年或十五年中,托尔斯泰居然体味到久已没有的和平与安全。这是托尔斯泰的天才获得解放的重要标识。他的日记,自一八六五年十一月一日专心写作《战争与和平》的时代起停止了十三年。艺术的自私使良心的独白缄默了。这个创作的时代亦是生理上极强壮的时代。托尔斯泰发狂一般的爱狩猎。"在行猎时,我遗忘一切。"(一八六四年书信)——某一次乘马出猎时,他把手臂撞折了(一八六四年九月),即在这次病愈时,他读出《战争与和平》的最初几页令夫人为他写下。——"从昏晕中醒转,我自己说:我是一个艺术家。是的,只是一个孤独的艺术家。"(一八六五年正月二十三日致费特书)这时期写给费特的一切信札,都充满着创造的欢乐,他说:"迄今为止我所发刊的,我认为只是一种试笔。"(见致费特书)于是,在爱情的荫庇之下,他能在闲暇中梦想而且实现了他的思想的杰作,威临着十九世纪全部小说界的巨著:《战争与和平》和《安娜小史》(一八七三——一八七七)。

《战争与和平》是我们的时代的最大的史诗,是近代的《伊利亚特》。整个世界的无数的人物与热情在其中跃动。在波涛汹涌的人间,矗立着一颗最崇高的灵魂,宁静地鼓动着并震慑着狂风暴雨。在对着这部作品冥想的时候,我屡次想起荷马与歌德,虽然精神与时代都不同,这样我的确发现在他工作的时代托尔斯泰的思想得力于荷马与歌德。托尔斯泰指出在他二十至三十五岁间对他有影响的作品:“歌德:《赫尔曼和多萝特》……颇为重大的影响。”“荷马:《伊利亚特》与《奥德赛》(俄译本)……颇为重大的影响。”一八六三年,他在《日记》中写道:“我读歌德的著作,好几种思想在我心灵中产生了。”一八六五年春,托尔斯泰重读歌德,他称《浮士德》为“思想的诗,任何别的艺术所不能表白的诗。”以后,他为了他的神(*意即他思想上的理想)把歌德如莎士比亚一般牺牲了。但他对于荷马的钦仰仍未稍减。一八五七年八月,他以同样的热情读着《伊利亚特》与《圣经》。在他最后著作之一中,在攻击莎士比亚(一九〇三)时,他把荷马来作为真诚、中庸与真艺术的榜样。而且,在他规定种种不同的文学品类的一八六五年的记录中,他把《奥德赛》,《伊利亚特》,《一八〇五年》……等都归入一类。《战争与和平》的最初两部发刊于一八六五—六六年间,那时题名《一八〇五年》。他思想的自然的动作,使他从关于个人命运的小说,引入描写军队与民众,描写千万生灵的意志交融着的巨大的人群的小说。他在塞瓦斯托波尔围城时所得的悲壮的经验,使他懂得俄罗斯的国魂和它古老的生命。巨大的《战争与和平》,在他计划中,原不过是一组史诗般的大壁画——自彼得大帝到十二月党人时代的俄罗斯史迹——中的一幅中心的画。这部巨著托尔斯泰于一八六三年先从《十二月党人》开始,他写了三个片断(见全集卷六)。但他看到他的作品的基础不够稳固;往前追溯过去,他到了拿破仑战争的时代,于是他写了《战争与和平》。原著于一八六五年起在《俄罗斯通报》杂志上发表;第六册完成于一八六九年秋。那时托尔斯泰又追溯历史的上流,他想写一部关于彼得大帝的小说,以后又想写另一部十八世纪皇后当政时代及其幸臣的作品。他在一八七〇至一八七三年间为这部作品工作,搜罗了不少材料,开始了好几幕写景;但他的写实主义的顾虑使他终于放弃了;他意识到他永远不能把这遥远的时间以相当真实的手法使其再现。——更后,一八七六年正月,他又想写一部关于尼古拉一世时代的小说;接着一八七七年他热烈地继续他的《十二月党人》,从当时身经事变的人那里采集了若干材料,自己又亲自去探访事变发生的所在地。一八七八年他写信给他的姑母说:“这部作品于我是那么重要!重要的程度为你所意想不到;和信仰之于你同样重要。我的意思是要说比你的信仰更重要。”——但当他渐渐深入时,他反冷淡起来:他的思想已不在此了。一八七九年四月十七日他在致费特书中已经说:“十二月党人?上帝知道他们在哪里!……”——在他生命的这一个时期内,宗教狂乱已经开始:他快要把他从前的偶像尽行销毁了。

为真切地感到这件作品的力量起见,应当注意它潜在的统一性。《战争与和平》的第一部法译本是于一八七八年在圣彼得堡开始的。但第一部的法文版却于一八八五年在阿谢特书店发刊,一共是三册。最近又有全部六本的译文问世。大半的法国读者不免短视,只看见无数的枝节,为之眼花缭乱。他们在这人生的森林中迷失了。应当使自己超临一切,目光瞩视着了无障蔽的天际和丛林原野的范围;这样我们才能窥见作品的荷马式的精神,永恒的法则的静寂,命运的气息的强有力的节奏。统率一切枝节的全体的情操,和统制作品的艺人的天才,如《创世记》中的上帝威临着茫无边际的海洋一般。

最初是一片静止的海洋。俄罗斯社会在战争前夜所享有的和平。首先的一百页,以极准确的手法与卓越的讥讽口吻,映现出浮华的心魂的虚无幻灭之境。到了第一百页,这些活死人中最坏的一个,瓦西里亲王才发出一声生人的叫喊:

“我们犯罪,我们欺骗,而是为了什么?我年纪已过五十,我的朋友……死了,一切都完了……死,多么可怕!”

在这些暗淡的,欺妄的,有闲的,会堕落与犯罪的灵魂中,也显露着若干具有比较纯洁的天性的人:——在真诚的人中,例如天真朴讷的皮埃尔·别祖霍夫,具有独立不羁的性格与俄罗斯情操的玛丽亚·德米特里耶芙娜,饱含着青春之气的罗斯托夫;——在善良与退忍的灵魂中,例如玛丽亚公主;——还有若干并不善良但很高傲且被这不健全的生活所磨难的人,如安德烈亲王。

可是波涛开始翻腾了，第一是“行动”。俄罗斯军队在奥国。无可幸免的宿命支配着战争，而宿命也更不能比在这发泄着一切兽性的场合中更能主宰一切了。真正的领袖并不设法要指挥调度，而是如库图佐夫或巴格拉季昂般，“凡是在实际上只是环境促成的效果，由部下的意志所获得的成绩，或竟是偶然的现象，他们必得要令人相信他们自己的意志是完全和那些力量和谐一致的”。这是听凭命运摆布的好处！纯粹行动的幸福，正则健全的情状。惶乱的精神重复觅得了它们的均衡。安德烈亲王得以呼吸了，开始有了真正的生活……至于在他的本土和这生命的气息与神圣的风波远离着的地方，正当两个最优越的心魂，皮埃尔与玛丽亚公主受着时流的熏染，沉溺于爱河中时，安德烈在奥斯特利茨受伤了，行动对于他突然失掉了陶醉性，一下子得到了无限清明的启示。仰身躺着，“他只看见在他的头上，极高远的地方，一片无垠的青天，几片灰色的薄云无力地飘浮着”。

“何等的宁静！何等的平和！”他对着自己说，“和我狂乱的奔驰相差多远！这美丽的天我怎么早就没有看见？终于窥见了，我何等的幸福！是的，一切是空虚，一切是欺罔，除了它……它之外，什么也没有，……如此，颂赞上帝罢！”

然而，生活恢复了，波浪重新低落。灰心的、烦闷的人们，深自沮丧，在都市的颓废的诱惑的空气中他们在黑夜中彷徨。有时，在浊世的毒氛中，融泄着大自然的醉人的气息，春天，爱情，盲目的力量，使魅人的娜塔莎去接近安德烈亲王，而她不久以后，却投入第一个追逐她的男子怀中。尘世已经糟蹋了多少的诗意，温情，心地纯洁！而“威临着恶浊的尘土的无垠的天”依然不变！但是人们却看不见它。即是安德烈也忘记了奥斯特利茨的光明。为他，天只是“阴郁沉重的穹窿”，笼罩着虚无。

对于这些枯萎贫弱的心魂，极需要战争的骚乱重新来刺激他们。国家受着威胁了。一八一二年九月七日，鲍罗金诺村失陷。这庄严伟大的日子啊。仇恨都消灭了。道洛霍夫亲抱他的敌人皮埃尔。受伤的安德烈，为了他生平最憎恨的人，病车中的邻人，阿纳托里·库拉金遭受患难而痛哭，充满着温情与怜悯。由于热烈的为国牺牲和对于神明的律令的屈服，一切心灵都联合了。

“严肃地，郑重地，接受这不可避免的战争……最艰难的磨炼莫过于把人的自由在神明的律令前低首屈服了。在服从神的意志上才显出心的质朴。”

大将军库图佐夫便是俄国民族心魂和它服从运命的代表：

“这个老人，在热情方面，只有经验，——这是热情的结果——他没有用以组合事物搜寻结论的智慧，对于事故，他只用哲学的目光观照，他什么也不发明，什么也不干；但他谛听着，能够回忆一切，知道在适当的时间运用他的记忆，不埋没其中有用的成分，可亦不容忍其中一切有害的成分。在他的士兵的脸上，他会窥到这无可捉摸的，可称为战胜的意志，与未来的胜利的力。他承认比他的意志更强有力的东西，便是在他眼前展现的事物的必然的动向；他看到这些事物，紧随着它们，他亦知道蠲除他的个人意见。”

最后他还有俄罗斯的心。俄国民族的又是镇静又是悲壮的宿命观念，在那可怜的乡人，普拉东·卡拉塔耶夫身上亦人格化了，他是质朴的，虔诚的，克制的，即在痛苦与死的时候也含着他那种慈和的微笑。经过了种种磨炼，国家多难，忧患遍尝，书中的两个英雄，皮埃尔与安德烈，由于使他们看到活现的神的爱情与信仰，终于达到了精神的解脱和神秘的欢乐。

托尔斯泰并不就此终止。叙述一八二〇年时代的本书结尾，只是从拿破仑时代递嬗到十二月党人这个时代的过渡。他令人感到生命的赓续与更始。全非在骚乱中开端与结束，托尔斯泰如他开始时一样，停留在一波未平一波继起的阶段中。我们已可看到将临的英雄，与又在生人中复活过来的死者，和他们的冲突。娶娜塔莎的皮埃尔·别祖霍夫，将来是十二月党人。他组织了一个秘密团体，监护公众福利。娜塔莎热烈地参与这个计划。杰尼索夫毫不懂得和平的革命；他只准备着武装暴动。尼古拉·罗斯托夫仍保持着他士兵的盲目的坦白态度。他在奥斯特利茨一役之后说过："我们只有一件事情可做：尽我们的责任，上场杀敌永远不要思想"，此刻他反对皮埃尔了，说："第一是我的宣誓！如果人家令我攻击你，我会那样做。"他的妻子，玛丽亚公主赞同他的意见。安德烈亲王的儿子，小尼古拉·保尔康斯基，只有十五岁，娇弱的，病态的，可爱的，金色的头发，大大的眼睛，热情地谛听他们的论辩；他全部的爱是为皮埃尔与娜塔莎；他不欢喜尼古拉与玛丽亚；他崇拜他的父亲，为他所不十分回想清楚的，他企望要肖似他，要长大，完成什么大事业……什么？他还不知……"虽然他们那么说，我一定会做到……是的，我将做到。他自己便会赞同我。"——作品即以这个孩子的幻梦终结。——如果《十二月党人》在那时写下去，这年轻的尼古拉·保尔康斯基定将是其中的一个英雄。

以上我试把这部小说分析出一个重要纲目：因为难得有人肯费这番功夫。但是书中包罗着成百的英雄，每个都有个性，都是描绘得如是真切，令人不能遗忘，兵士，农夫，贵族，俄国人，奥国人，法国人……但这些人物的可惊的生命力，我们如何能描写！在此丝毫没有临时构造之迹。对于这一批在欧罗巴文学中独一无偶的肖像，托尔斯泰曾作过无数的雏形，如他所说的，"以千万的计划组织成功的"，在图书馆中搜寻，应用他自己的家谱与史料，他以前的随笔，他个人的回忆。我说过《战争与和平》中的罗斯托夫与保尔康斯基两个大族，在许多情节上和托尔斯泰的父系母系两族极为相似。在《高加索纪事》与《塞瓦斯托波尔纪事》中，我们亦已见到《战争与和平》中不少的士兵与军官的雏形。这种缜密的准备确定了作品的坚实性，可也并不因之而丧失它的自然性。托尔斯泰写作时的热情与欢乐亦令人为之真切地感到。而《战争与和平》的最大魅力，尤其在于它年轻的心。托尔斯泰更无别的作品较本书更富于童心的了，每颗童心都如泉水一般明净，如莫扎特的旋律般婉转动人，例如年轻的尼古拉·罗斯托夫，索尼娅，和可怜的小彼佳。

最秀美的当推娜塔莎。可爱的小女子神怪不测，娇态可掬，有易于爱恋的心，我们看她长大，明了她的一生，对她抱着对于姊妹般的贞洁的温情——谁不曾认识她呢？美妙的春夜，娜塔莎在月光中，凭栏幻梦，热情地说话，隔着一层楼，安德烈倾听着她……初舞的情绪，恋爱，爱的期待，无穷的欲念与美梦，黑夜，在映着神怪火光的积雪林中滑冰。大自然的迷人的温柔吸引着你。剧院之夜，奇特的艺术世界，理智陶醉了；心的狂乱，沉浸在爱情中的肉体的狂乱；洗濯灵魂的痛苦，监护着垂死的爱人的神圣的怜悯……我们在唤引起这些可怜的回忆时，不禁要发生和在提及一个最爱的女友时同样的情绪。啊！这样的一种创造和现代的小说与戏剧相比时，便显出后者的女性人物的弱点来了！前者把生命都抓住了，而且转变的时候，那么富于弹性，那么流畅，似乎我们看到它在颤动嬗变。——面貌很丑而德性极美的玛丽亚公主亦是一幅同样完美的绘画；在看到深藏着一切心的秘密突然暴露时，这胆怯呆滞的女子脸红起来，如一切和她相类的女子一样。

在大体上，如我以前说过的，本书中女子的性格高出男子的性格多多，尤其是高出于托尔斯泰托寄他自己的思想的两个英雄：软弱的皮埃尔·别祖霍夫与热烈而枯索的安德烈·保尔康斯基。这是缺乏中心的灵魂，它们不是在演进，而是永远踌躇；它们在两端中间来回，从来不前进。无疑的，人们将说这正是俄国人的心灵。可是我注意到俄国人亦有同样的批评。是为了这个缘故屠格涅夫责备托尔斯泰的心理老是停滞的。“没有真正的发展，永远的迟疑，只是情操的颤动。”一八六八年二月二日书。（据比鲁科夫申引）托尔斯泰自己亦承认他有时为了伟大的史画而稍稍牺牲了个人的性格。他说：“特别是第一编中的安德烈亲王。”

的确，《战争与和平》一书的光荣，便在于整个历史时代的复活，民族移殖与国家争战的追怀。它的真正的英雄，是各个不同的民族；而在他们后面，如在荷马的英雄背后一样，有神明在指引他们；这些神明是不可见的力："是指挥着大众的无穷的渺小"，是"无穷"的气息。在这些巨人的争斗中，——一种隐伏着的运命支配着盲目的国家，——含有一种神秘的伟大。在《伊利亚特》之外，我们更想到印度的史诗。可惜其中的诗意有时受了书中充满着的哲学的唠叨——尤其在最后几部中——的影响，为之减色不少。托尔斯泰原意要发表他的历史的定命论。不幸他不断地回到这议论而且反复再三地说。福楼拜在读最初二册时，"大为叹赏"，认为是"崇高精妙"的，满着"莎士比亚式的成分"，到了第三册却厌倦到把书丢了说：——"他可怜地往下堕落。他重复不厌，他尽着作哲学的谈话。我们看到这位先生，是作者，是俄国人；而迄今为止，我们只看到'自然'与'人类'。"（一八八〇年正月福楼拜致屠格涅夫书）

《安娜小史》与《战争与和平》是这个成熟时期的登峰造极之作。《安娜小史》的第一部法译本于一八八六年由阿谢特书店发刊，共二册。在法译全集中，增为四册。这是一部更完美的作品，支配作品的思想具有更纯熟的艺术手腕，更丰富的经验，心灵于它已毫无秘密可言，但其中缺少《战争与和平》中的青春的火焰，热情的朝气，——伟大的气势。托尔斯泰已没有同样的欢乐来创造了。新婚时的暂时的平静消逝了。托尔斯泰伯爵夫人努力在他周围建立起来的爱情与艺术周圈中，重新有精神烦闷渗入。

婚后一年，托尔斯泰写下《战争与和平》的最初几章；安德烈向皮埃尔倾诉他关于婚姻问题的心腹语，表示一个男子觉得他所爱的女人不过是一个漠不相关的外人，是无心的仇敌，是他的精神发展的无意识的阻挠者时所感到的幻灭。一八六五年时代的书信，已预示他不久又要感染宗教的烦闷。这还只是些短期的威胁，为生活之幸福所很快地平复了的。但当一八六九年托尔斯泰完成《战争与和平》时,却发生了更严重的震撼——

几天之内,他离开了家人,到某处去参观。一夜,他已经睡了;早上两点钟刚打过:

“我已极度疲倦,我睡得很熟,觉得还好。突然,我感到一种悲苦,为我从未经受过的那么可怕。我将详细告诉你:致其夫人书。这实在是骇人。我从床上跳下,令人套马。正在人家为我套马时,我又睡着了,当人家把我喊醒时,我已完全恢复。昨天,同样的情景又发生了,远还没有前次那么厉害……”这可怕的一夜的回忆,在一个《疯人日记》(一八八三)中亦有述及。

托尔斯泰伯爵夫人辛辛苦苦以爱情建造成的幻想之宫崩圮了。《战争与和平》的完成使艺术家的精神上有了一个空隙,在这空隙时间,艺术家重又被教育学、哲学一八六九年夏,当他写完《战争与和平》的时候,他发现了叔本华,他立时醉心于他的学说:“叔本华是人类中最有天才的人。”(一八六九年八月三十日致费特书)的研究抓住了:他要写一部平民用的启蒙读本;这部启蒙读本共有七百至八百页,分为四编,除了教学法外,更含有许多短篇读物。这些短篇以后形成“四部读本”。第一部法译本出版于一九二八年,译者为夏尔·萨洛蒙。他埋首工作了四年,对于这部书,他甚至比《战争与和平》更为得意,他写成了一部(一八七二年),又写第二部(一八七五年)。接着,他狂热地研究希腊文,一天到晚地研习,把一切别的工作都放下了,他发现了“精微美妙的色诺芬”与荷马,真正的荷马而非翻译家转述出来的荷马,不复是那些茹科夫斯基一七八三—一八五二俄国诗人与福斯一七三一—一八二六德国批评家兼翻译家辈的庸俗萎靡的歌声,而是另一个旁若无人尽情歌唱的妖魔之妙音了。他说在翻译者与荷马中间的差别,“有如沸水之于冷泉水,后者虽然令你牙齿发痛,有时且带着沙粒,但它受到阳光的洒射,更纯洁更新鲜”。(一八七〇年十二月致费特书)

“不识希腊文，不能有学问！……我确信在人类语言中真正是美的，只有是单纯的美，这是我素所不知的。”见未曾发表的书信。

这是一种疯狂：他自己亦承认。他重又经营着学校的事情，那么狂热，以致病倒了。一八七一年他到萨马拉地方巴奇基尔斯那里疗养。那时，除了希腊文，他对什么都不满。一八七二年，在讼案完了后，他当真地谈起要把他在俄罗斯所有的财产尽行出售后住到英国去。托尔斯泰伯爵夫人不禁为之悲叹：

“如果你永远埋头于希腊文中，你将不会有痊愈之日。是它使你感着这些悲苦而忘掉目前的生活。人们称希腊文为死文字实在是不虚的：它令人陷入精神死灭的状态中。”托尔斯泰伯爵夫人的文件。

放弃了不少略具雏形的计划之后，终于在一八七三年三月十九日，使伯爵夫人喜出望外地，托尔斯泰开始写《安娜小史》。《安娜小史》完成于一八七七年。正在他为这部小书工作的时候，他的生活受着家庭中许多丧事的影响变得阴沉暗淡，三个孩子夭殇（一八七三年十一月十八日，一八七五年二月，一八七五年十一月终）。塔佳娜姑母，他的义母（一八七四年六月二十日），彼拉格娅姑母（一八七五年十二月二十二日）相继去世。他的妻子亦病了。“家庭中没有完满的幸福……”一八七六年三月一日致费特书。

作品上便稍稍留着这惨淡的经验与幻灭的热情的痕迹。“女人是男子的事业的障碍石。爱一个女人同时又要做些好的事业是极难的；要不永远受着阻碍的唯一的方法便是结婚。”（《安娜小史》第一册——阿谢特法译本）除了在讲起列文订婚的几章的美丽的文字外，本书中所讲起的爱情，已远没有《战争与和平》中若干篇幅的年青的诗意了，这些篇幅是足以和一切时代的美妙的抒情诗媲美的。反之，这里的爱情含有一种暴烈的，肉感的，专横的性格。统制这部小说的定命论，不复是如《战争与和平》中的一种神（克里希纳），不复是一个运命的支配者,而是恋爱的疯狂,“整个的维纳斯”在舞会的美妙的景色中,当安娜与沃伦斯基不知不觉中互相热爱的时候,是这爱神在这无邪的,美丽的,富有思想的,穿着黑衣的安娜身上,加上“一种几乎是恶魔般的诱惑力”。《安娜小史》法译本第一册。当沃伦斯基宣露爱情的时候,亦是这爱神使安娜脸上发出一种光辉,——“不是欢乐的光辉。而是在黑夜中爆发的火灾的骇人的光辉。”同前。亦是这爱神使这光明磊落、理性很强的少女,在血管中,流溢着肉欲的力,而且爱情逗留在她的心头,直到把这颗心磨炼到破碎的时候才离开它。接近安娜的人,没有一个不感到这潜伏着的魔鬼的吸力与威胁。基蒂第一个惊惶地发现它。当沃伦斯基去看安娜时,他的欢乐的感觉中也杂有神秘的恐惧。列文,在她面前,失掉了他全部的意志。安娜自己亦知道她已不能自主。当故事渐渐演化的时候,无可震慑的情欲,把这高傲人物的道德的壁垒,尽行毁掉了。她所有的最优越的部分,她的真诚而勇敢的灵魂瓦解了,堕落了:她已没有勇气牺牲世俗的虚荣;她的生命除了取悦她的爱人之外更无别的目标,她胆怯地、羞愧地不使自己怀孕;她受着嫉妒的煎熬,完全把她征服了的性欲的力量,迫使她在举动中声音中眼睛中处处作伪;她堕入那种只要使无论何种男子都要为之回首一瞥的女人群中。她用吗啡来麻醉自己,直到不可容忍的苦恼,和为了自己精神的堕落而悲苦的情操迫使她投身于火车轮下。“而那胡须蓬乱的乡人”,——她和沃伦斯基时时在梦中遇见的幻象,——“站在火车的足踏板上俯视铁道”;据那含有预言性的梦境所示,“她俯身伏在一张口袋上,把什么东西隐藏在内,这是她往日的生命、痛苦、欺妄和烦恼……”

“我保留着报复之权。”书首的箴言。上帝说……

这是被爱情所煎熬,被神的律令所压迫的灵魂的悲剧,——为托尔斯泰一鼓作气以极深刻的笔触描写的一幅画。在这悲剧周围，托尔斯泰如在《战争与和平》中一样，安插下好几个别的人物的小说。但这些平行的历史可惜衔接得太迅骤太造作，没有达到《战争与和平》中交响曲般的统一性。人们也觉得其中若干完全写实的场面，——如圣彼得堡的贵族阶级与他们有闲的谈话，——有时是枉费的。还有，比《战争与和平》更显明地，托尔斯泰把他的人格与他的哲学思想和人生的景色交错在一起。但作品并不因此而减少它的富丽。和《战争与和平》中同样众多的人物，同样可惊地准确。我觉得男子的肖像更为优越。托尔斯泰描绘的斯捷潘·阿尔卡杰维奇，那可爱的自私主义者，没有一个人见了他能不回答他的好意的微笑，还有卡列宁，高级官员的典型，漂亮而平庸的政治家，永远借着讥讽以隐藏自己的情操：尊严与怯弱的混合品；虚伪世界的奇特的产物，这个虚伪世界，虽然他聪明慷慨，终于无法摆脱，——而且他的不信任自己的心也是不错的，因为当他任令自己的情操摆布时，他便要堕入一种神秘的虚无境界。

但这部小说的主要意义，除了安娜的悲剧和一八六〇年时代的俄国社会——沙龙，军官俱乐部，舞会，戏院，赛马——的种种色相之外，尤其含有自传的性格。较之托尔斯泰所创造的许多其他的人物，列文更加是他的化身。托尔斯泰不独赋与他自己的又是保守又是民主的思想，和乡间贵族轻蔑知识阶级的反自由主义；在本书的结尾中，还有明白攻击战争、国家主义、泛斯拉夫族主义的思想。而且他把自己的生命亦赋予了他。列文与基蒂的爱情和他们初婚后的数年，是他自己的回忆的变相，——即列文的兄弟之死亦是托尔斯泰的兄弟德米特里之死的痛苦的表现。最后一编，在小说上是全部无用的，但使我们看出他那时候衷心惶乱的原因。《战争与和平》的结尾，固然是转入另一部拟议中的作品的艺术上的过渡，《安娜小史》的结尾却是两年以后在《忏悔录》中宣露的精神革命的过渡。在本书中，已屡次以一种讽刺的或剧烈的形式批评当时的俄国社会，这社会是为他在将来的著作中所不住地攻击的。攻击谎言，攻击一切谎言，对于道德的谎言，和对于罪恶的谎言同样看待，指斥自由论调，抨击世俗的虚浮的慈悲，沙龙中的宗教，和博爱主义！向整个社会宣战，因为它魅惑一切真实的情操，灭杀心灵的活力！在社会的陈腐的法统之上，死突然放射了一道光明。在垂危的安娜前面，矫伪的卡列宁也感动了。这没有生命，一切都是造作的心魂，居然亦透入一道爱的光明而具有基督徒的宽恕。一霎时，丈夫，妻子，情人，三个都改变了。一切变得质朴正直。但当安娜渐次回复时，三人都觉得“在一种内在地支配他们的几乎是圣洁的力量之外，更有另一种力量，粗犷的，极强的，不由他们自主地支配着他们的生命，使他们不复再能享受平和”。而他们预先就知道他们在这场战斗中是无能的，“他们将被迫作恶，为社会所认为必须的”。“对于社会，罪恶是合理的。牺牲爱，却是不健全。”（《安娜小史》法译本第二册）

列文所以如化身的托尔斯泰般在书的结尾中亦变得升华者，是因为死亦使他感动了之故。他素来是“不能信仰的，他亦不能彻底怀疑”。出处同前。自从他看见他的兄弟死后，他为了自己的愚昧觉得害怕。他的婚姻在一时期内曾抑住这些悲痛的情绪。但自从他的第一个孩子生下之后，它们重复显现了。他时而祈祷时而否定一切。他徒然浏览哲学书籍。在狂乱的时光，他甚至害怕自己要自杀。体力的工作使他镇静了：在此，毫无怀疑，一切都是显明的。列文和农人们谈话；其中一个和他谈着那些“不是为了自己而是为了上帝生存的人”。这对于他不啻是一个启示。他发现理智与心的敌对性。理智教人为了生存必得要残忍地奋斗；爱护他人是全不合理的：

“理智是什么也没有教我；我知道的一切都是由心启示给我的。”《安娜小史》法译本第二册。

从此,平静重新来临。卑微的乡人——对于他,心是唯一的指导者——这个名辞把他重新领到上帝面前……什么上帝?他不想知道。这时候的列文,如将来长久时期内的托尔斯泰一般,在教会前面是很谦恭的,对于教义亦毫无反抗的心。

“即是在天空的幻象与星球的外表的运动中,也有一项真理。”

同前。

《忏悔录》与宗教狂乱

列文瞒着基蒂的这些悲痛与自杀的憧憬，亦即是托尔斯泰同时瞒着他的妻子的。但他还未达到他赋予书中主人翁的那般平静。实在说来，平静是无从传递给他人的。我们感到他只愿望平静却并未实现，故列文不久又将堕入怀疑。托尔斯泰很明白这一层。他几乎没有完成本书的精力与勇气。《安娜小史》在没有完成之前，已使他厌倦了。“现在我重复被那部可厌而庸俗的《安娜小史》所羁绊住了，我唯一的希望便是能早早摆脱它，愈快愈好……”（一八七五年八月二十六日致费特书）“我应得要完成使我厌倦的小说……”（一八七六年致费特书）他不复能工作了。他停留在那里，不能动弹，没有意志，厌弃自己，对着自己害怕。于是，在他生命的空隙中，发出一阵深渊中的狂风，即是死的眩惑。托尔斯泰逃出了这深渊以后，曾述及这些可怕的岁月。见《忏悔录》（一八七九年）。全集卷十九。

“那时我还没有五十岁，”他说，在此我把《忏悔录》中一部分作概括的引述，只保留着托尔斯泰的语气。“我爱，我亦被爱，我有好的孩子，大的土地，光荣，健康，体质的与精神的力强；我能如一个农人一般刈草；我连续工作十小时不觉疲倦。突然，我的生命停止了。

我能呼吸，吃，喝，睡眠。但这并非生活。我已没有愿欲了。我知道我无所愿欲。我连认识真理都不希望了。所谓真理是：人生是不合理的。我那时到了深渊前面，我显然看到在我之前除了死以外什么也没有。我，身体强健而幸福的人，我感到再不能生活下去。一种无可抑制的力驱使我要摆脱生命。……我不说我那时要自杀。要把我推到生命以外去的力量比我更强；这是和我以前对于生命的憧憬有些相似，不过是相反的罢了。我不得不和我自己施用策略，使我不至让步得太快。我这幸福的人，竟要把绳子藏起以防止我在室内的几个衣橱之间自缢。我也不复挟着枪去打猎了，恐怕会使我起意。《安娜小史》中有这样的一段："列文，被爱着，很幸福，做了一家之主，他亲手把一切武器藏起来，仿佛他恐怕要受着自杀的诱惑一般。"这种精神状态并非是托尔斯泰及其书中人物所特有的。托尔斯泰看到欧罗巴，尤其是俄罗斯的小康阶级的自杀之多不胜讶异。他在这时代的作品中时常提及此事。我们可说在一八八〇年左右，欧洲盛行着精神萎靡症，感染的人不下数千。那时代正是青年的人，如我一般，都能记忆此种情况；故托尔斯泰对此人类的危机的表白实有历史的价值。他写了一个时代的悲剧。我觉得我的生命好似什么人和我戏弄的一场恶作剧。四十年的工作，痛苦，进步，使我看到的却是一无所有！什么都没有。将来，我只留下一副腐蚀的骸骨与无数的虫蛆……只在沉醉于人生的时候一个人才能生活；但醉意一经消灭，便只看见一切是欺诈，虚妄的欺诈……家庭与艺术已不能使我满足。家庭，这是些和我一样的可怜虫。艺术是人生的一面镜子。当人生变得无意义时，镜子的游戏也不会令人觉得好玩了。最坏的，是我还不能退忍。我仿佛是一个迷失在森林中的人，极端愤恨着，因为是迷失了，到处乱跑不能自止，虽然他明白多跑一分钟，便更加迷失得厉害……"

他的归宿毕竟在于民众身上。托尔斯泰对于他们老是具有"一种奇特的，纯粹是生理的感情"，《忏悔录》。他在社会上所得的重重的幻灭的经验从没有动摇他的信念。在最后几年中,他和列文一样对于民众接近得多了。这时代的他的肖像证明他的通俗性。克拉姆斯科伊的一幅画像(一八七三年)表现托尔斯泰穿着工衣,俯着头,如德国的基督像。在另外一幅一八八一年的肖像中,他的神气宛如一个星期日穿扮齐整的工头:头发剪短了,胡须与鬓毛十分凌乱;面庞在下部显得比上面宽阔;眉毛蹙紧,目光无神,鼻孔如犬,耳朵极大。他开始想着,他那些自杀、自己麻醉的学者、富翁,和他差不多过着同样绝望的生活的有闲阶级的狭小集团之外,还有成千成万的生灵。他自问为何这些千万的生灵能避免这绝望,为何他们不自杀。他发觉他们的生活,不是靠了理智,而是——毫不顾虑理智——靠了信仰。这不知有理智的信仰究竟是什么呢?

"信仰是生命的力量。人没有信仰,不能生活。宗教思想在最初的人类思想中已经酝酿成熟了。信仰所给予人生之谜的答复含有人类的最深刻的智慧。"

那么,认识了宗教书籍中所列举的这些智的公式便已足够了吗?——不,信仰不是一种学问,信仰是一种行为;它只在被实践的时候,才有意义。一般"思想圆到"之士与富人把宗教只当作一种"享乐人生的安慰",这使托尔斯泰颇为憎厌,使他决意和一般质朴的人混在一起,只有他们能使生命和信仰完全一致。

他懂得:"劳动民众的人生即是人生本体,而这种人生的意义方是真理。"

但怎样使自己成为民众而能享有他的信心呢?一个人只知道别人有理亦是徒然的事;要使我们成为和他们一样不是仗我们自己就可办到的。我们徒然祈求上帝;徒然张着渴望的臂抱倾向着他。上帝躲避我们,哪里抓住他呢?

一天,神的恩宠获得了。

"早春时的一天,我独自在林中,我听着林中的声音。我想着我最近三年来的惶惑,神的追求。从快乐跳到绝望的无穷尽的突变……突然,我看到我只在信仰神的时候我才生活着。只要思念到神,生命的欢乐的波浪便在我内心涌现了。在我周围,一切都生动了,一切获得一种意义。但等到我不信神时,生命突然中断了。我的内心发出一声呼喊:

"——那么,我还寻找什么呢?便是'他',这没有了便不能生活的'他'!认识神和生活,是一件事情。神便是生……

"从此,这光明不复离开我了。"《忏悔录》。

他已得救了。神已在他面前显现。实在说来,这已非第一次。《高加索纪事》中的青年志愿兵,《塞瓦斯托波尔》的军官,《战争与和平》中的安德烈亲王与皮埃尔,都有过同样的幻觉。但托尔斯泰是那么热情,每次他发现神,他必以为是第一次而以前只是黑夜与虚无。在他的过去,他只看见阴影与羞耻。我们由于他的《日记》,比他自己更认识他的心灵的变化史。我们知道他的心即在迷失惶惑时亦是含有深刻的宗教性的。而且,他亦承认,在《教义神学批判》的序文中,他写道:"神!神!我在不应当寻找的地方寻找真理。我知道我是在彷徨。我明知我的性欲是不好的,我却谄媚它;但我永不会忘记你!我永远感到你,即在我迷失的时候。"——一八七八—七九年间的狂乱只是一场比别次更剧烈的精神病,也许是因为连年所受的人口亡故的刺激与年龄增高的影响。这一次病变的唯一的特征,即神的显现并未在冥思出神的境界过去之后消散,托尔斯泰受着经验的教训,急急地"前进,只要他抓着光明的时候",并在他的信心中归纳出整个的人生观。并非他从来不曾作过此种试验,(我们记得他在大学生时代已有"人生的规律"这概念了)而是在五十岁的年纪,热情去诱惑他走入歧途的机会较少。

但他不是一个印度的神秘主义者,不能以冥想入定为满足;因为他的亚洲人的幻梦中又杂有西方人的重视理智与要求行动的性格,故他必得要把所得到的显示,表现诚实地奉行的信仰,从这神明的生活中觅得日常生活的规律。毫无成见地,为了愿真诚地相信他的家族们所虔奉的信仰,他研究他所参与的罗马正教的教义。

关于这一段纪事的《忏悔录》，署有下列的小标题：《教义神学批判及基督教主义检讨导言》。且为更加迫近这教义起见，他在三年中参与一切宗教仪式，忏悔，圣餐，一切使他不快的事情，他不敢遽下判断，只自己发明种种解释去了解他觉得暗晦或不可思议的事。为了信仰他和他所爱的人，不论是生人或死者，完全一致，老是希望到了一个相当的时间，"爱会替他打开真理的大门"。——但他的努力只是徒然：他的理智与心互相抗争起来。有些举动，如洗礼与圣餐，于他显得是无耻的。当人家强使他重复地说圣体是真的基督的肉和血时，"他仿如心中受了刀割"。在他和教会之间筑起一堵不可超越的墙壁的，并非是教义，而是实行问题。——尤其是各个教会中间的互相仇恨，"我，是把真理放在发情的单位中的我，觉得宗教把它所要产生的自己毁灭为可怪。"（见《忏悔录》）和不论是绝对的或默许的杀人权，——由此产生战争与死刑这两项。

于是，托尔斯泰决绝了；他的思想被压抑了三年之久，故他的决绝尤为剧烈。他什么也不顾忌了。他轻蔑这为他在隔昨尚在笃信奉行的宗教。在他的《教义神学批判》（一八七九——一八八一）中，他不独把神学当作"无理的，且是有意识的，有作用的谎言"。"我确信教会的训条，理论上是一种有害的谎言，实用上是许多粗俗与妖魔的迷信，在这种情形之下，基督教主义的意义完全消灭了。"（致神圣宗教会议答复，一九〇一年四月四—十七日）参看《教会与国家》。（一八八三年）——托尔斯泰责备教会的最大的罪恶，是它和世间暂时的权力的联络。这是"强盗和谎骗者的联络"。在他的《四福音书一致论》（一八八一——一八八三）中，他便把福音书与神学对抗。终于，他在福音书中建立了他的信仰（《我的信仰的基础》一八八三）。

这信仰便在下列几句话中：

"我相信基督的主义。我相信当一切人都实现了幸福的时候，尘世才能有幸福存在。"

信心的基础是摩西在山上的宣道，托尔斯泰把这些教训归纳成五诫：

一、不发怒。

二、不犯奸。

三、不发誓。

四、不以怨报怨。

五、不为人敌。

这是教义的消极部分，其积极部分只包括在一条告诫中：

爱神和爱你的邻人如爱你自己。

基督说过，谁对于这些诫命有何轻微的违背，将在天国中占据最小的地位。

托尔斯泰天真地补充道：

“不论这显得多么可异，我在一千八百年之后，发现这些规律如一件新颖的事迹。”

那么，托尔斯泰信不信基督是一个神？——全然不信。他把他当作何等人呢？当作是圣贤中最高的一个，释迦牟尼，婆罗门，老子，孔子，琐罗亚斯德，以赛亚——一切指示人以真正的幸福与达到幸福的必由之道的人。他年事愈高，愈相信人类史上自有宗教的统一性，愈相信基督和其他的圣贤——自释迦牟尼至康德——的平行性。他写道：“耶稣的主义，对于我只是上古最美的宗教思想，如埃及，犹太、印度、中国等各种思潮的一流。耶稣的两大原则：对于神的敬爱，即绝对的完满；对于同类的博爱，即一视同仁，毫无分别；这两项原则都曾为世界上古代的圣贤，释迦牟尼，老子，孔子，苏格拉底，柏拉图，爱比克泰德，马可·奥勒利乌斯，近代贤哲卢梭，帕斯卡尔，康德，爱默生等所共同宣扬的。”托尔斯泰是这些伟大的宗教创造人，——这些印度、中国、希伯莱的半神与先知者的信徒。他竭力为他们辩护。攻击他所称为“伪善者”与“法学教官 Scribes”的一流，攻击已成的教会，攻击傲慢的科学的代表者。

托尔斯泰辩称他并不攻击真正的科学,因为它是虚心而认识界限的。这并非说他欲借心灵的显示以推翻理智。自从他脱离了《忏悔录》上所说的烦闷时期之后,他尤其是理智的信奉者,可说是一个理智的神秘主义者。

“最初是 Verbe(三位一体中的第二位),”他和圣约翰一样的说法,“Verbe,意即‘理智’。”

他的《生命论》一书(一八八七),在题词中曾引用帕斯卡尔的名句:

“人只是一支芦苇,自然中最弱的东西,但这是一支有思想的芦苇……我们全部的尊严包含在思想中……因此我们得好好地思想:这即是道德的要义。”托尔斯泰在精神狂乱的时候,常常读帕斯卡尔的《思想录》。他在致费特书中曾经提及。

全书只是对于理智的颂诗。

“理智”固然不是科学的理智,狭隘的理智,“把部分当作全体,把肉的生活当作全部生活的”,而是统制着人的生命的最高律令,“有理性的生物,即人,所必然要依据了它生活的律令”。

“这是和统制着动物的生长与繁殖,草木的萌芽与滋荣,星辰与大地的运行的律令类似的律令。只在奉行这条律令,为了善而把我们的兽性服从理智的规条的行为中,才存有我们的生命……理智不能被确定,而我们也不必加以确定,因为不独我们都认识它,而且我们只认识它……人所知道的一切,是由理智——而非由信仰——而知道的……只在理智有了表白的时候生命方才开始。唯一真实的生命是理智的生命。”在一八九四年十一月二十六日致某男爵书中,托尔斯泰亦言:“人所直接受之于神的,只有认识自己和接触世界的一种工具。这工具,便是理智,理智是从神来的。它不独是人类崇高的品性,且是认识真理的唯一的工具。”

那么,有形的生命,我们个人的生命,又是什么?“它不是我们的生命，”托尔斯泰说，“因为它不是由我们自主的。”

“我们肉体的活动是在我们之外完成的……把生命当作个人的这种观念在今日的人类中已经消灭了。对于我们这时代一切赋有理智的人，个人的善行之不可能，已成为确切不移的真理。”见《托尔斯泰传》。

还有许多前提，毋容我在此讨论，但表现托尔斯泰对于理智怀有多少的热情。实在，这是一种热情，和主宰着他前半生的热情同样的盲目与嫉忌。一朵火焰熄了，另一朵火焰燃起。或可说永远是同一朵火焰，只是它变换了养料而已。

而使“个人的”热情和这“主智的”热情更形肖似的，是因为这些热情都不能以爱为满足，它们要活动，要实现。

“不应当说而应当做。”基督说过。

理智的活动现象是什么？——爱。

“爱是人类唯一的有理性的活动，爱是最合理最光明的精神境界。它所需的，便是什么也不掩蔽理智的光芒，因为唯有理智的光芒方能助长爱。……爱是真实的善，至高的善，能解决人生一切的矛盾，不独使死的恐怖会消灭，且能鼓舞人为别人牺牲：因为除了把生命给予所爱者之外，无所谓别的爱了；只有它是自己牺牲时，爱才配称为爱。因此，只有当人懂得要获得个人的幸福之不可能时，真正的爱方能实现。那时候，他的生命的精髓才能为真正的爱的高贵的接枝，而这接枝为了生长起见，才向这粗野的本干，即肉的本体，去吸取元气……”见《托尔斯泰传》。

这样，托尔斯泰并不如一条水流枯竭的河迷失在沙土里那般地达到信仰。他是把强有力的生命的力量集中起来灌注在信仰中间。——这我们在以后会看到。

这热烈的信心，把爱与理智密切地结合了，它在托尔斯泰致开除他教籍的神圣宗教会议复书中找到了完满的表白：这宗教思想必然是由好几个问题演化出来的,尤其是由于那涉及未来生活的概念。

"我相信神,神于我是灵,是爱,是一切的要素。我相信他在我心中存在,有如我在他心中存在一样。我相信神的意志从没有比在基督的教义中表现得更明白了;但我们不能把基督当作神而向他祈祷,这将冒犯最大的亵渎罪。我相信一个人的真正的幸福在于完成神的意志,我相信神的意志是要一切人爱他的同类,永远为了他们服务,如神要一切人类为了他而活动一般;这便是,据福音书所说,一切的律令和预言的要旨。我相信生命的意义,对于我们中每个人,只是助长人生的爱,我相信在这人生中,发展我们的爱的力量,不啻是一种与日俱增的幸福,而在另一个世界里,又是更完满的福乐;我相信这爱的生长,比任何其他的力量,更能助人在尘世建立起天国,换言之,是以一种含有协和、真理、博爱的新的系统来代替一种含有分离、谎骗与强暴的生活组织。我相信为在爱情中获得进步起见,我们只有一种方法:祈祷。不是在庙堂中的公共祈祷,为基督所坚决摈绝的。而是如基督以身作则般的祈祷,孤独的祈祷,使我们对于生命的意义具有更坚实的意识……我相信生命是永恒的,我相信人是依了他的行为而获得酬报,现世与来世,现在与将来,都是如此。我对于这一切相信得如是坚决,以至在我这行将就木的年纪,我必得要以很大的努力才能阻止我私心祝望肉体的死灭——换言之,即祝望新生命的诞生。"见一九〇一年五月一日巴黎《时报》所发表的关于托尔斯泰的论文。

《社会的烦虑》、《我们应当做什么?》、《我信仰的寄托》

他想已经到了彼岸,获得了一个为他烦恼的心魂所能安息的荫庇。

其实,他只是处于一种新的活动的始端。

在莫斯科过了一冬,(他对于家庭的义务迫使他随着他的家族)“迄今为止,我一向在都市之外过生活……”(《我们应当做什么?》)一八八二年正月他参加调查人口的工作,使他得有真切地看到大都市的惨状的机会。他所得的印象真是非常凄惨。第一次接触到这文明隐藏着的疮痍的那天晚上,他向一个朋友讲述他的所见时,“他叫喊,号哭,挥动着拳头”。

“人们不能这样地过活!”他嚎啕着说,“这决不能存在!这决不能存在!……”见前书。几个月之久,他又堕入悲痛的绝望中。一八八二年三月三日,伯爵夫人写信给他说:

“从前你说:‘因为缺少信心,我愿自缢。’现在,你有了信心,为何你仍苦恼?”

因为他不能有伪君子般的信心,那种自得自满的信心。因为他没有神秘思想家的自利主义，只顾自己的超升而不顾别人，对于那些“为自己而不为别人的苦行者”，托尔斯泰屡次表示反感。他把他们与骄傲而愚昧的革命家放在同一类型内，“他们自命要施善于人，可还不知道他们自己需要什么……”托尔斯泰说：“我以同样的爱情爱这两种人，但我亦以同样的憎恨恨他们的主义。唯一的主义是激发一种有恒的活动，支配一种适应心魂企望的生活，而努力筹思实现他人的幸福。基督的主义便是这样的，它既无宗教的安息情调，亦无那般革命家般徒唱高调不知真正的幸福为何物的情境。”因为他怀有博爱，因为他此刻再不能忘记他所看到的惨状，而在他热烈的心的仁慈中他们的痛苦与堕落似乎是应由他负责的，他们是这个文明的牺牲品，而他便参与着这个牺牲了千万生灵以造成的优秀阶级，享有这个魔鬼阶级的特权。接受这种以罪恶换来的福利，无异是共谋犯。在没有自首之前，他的良心不得安息了。

《我们应当做什么？》（一八八四—八六）全集卷二十六便是这第二次错乱病的表白，这次的病比第一次的更为悲剧化，故它的后果亦更重大。在人类的苦海中，实在的，并非一般有闲的人在烦恼中造作出来的苦海中，托尔斯泰个人的宗教苦闷究竟算得什么呢？要不看见这种惨状是不可能的。看到之后而不设法以任何代价去消除它亦是不可能的。——可是，啊！消除它是可能的么？

一幅奇妙的肖像，我见了不能不感动的，说出托尔斯泰在这时代所感的痛苦。一八八五年时代的照相，见全集版《我们应当做什么？》中插图。他是正面坐着，交叉着手臂，穿着农夫的衣服；他的神气颇为颓丧。他的头发还是黑的，他的胡髭已经花白。他的长须与鬓毛已经全白了。双重的皱痕在美丽宽广的额角上画成和谐的线条。这巨大的犬鼻，这副直望着你的又坦白又犀利又悲哀的眼睛，多少温和善良啊！它们看得你那么透彻。它们不啻在为你怨叹，为你可惜。眼眶下划着深刻的线条的面孔，留着痛苦的痕迹。他曾哭泣过。但他很强，准备战斗。

他有他英雄式的逻辑：

“我时常听到下面这种议论，觉得非常错异：‘是的，在理论上的确不错；但在实际上又将如何？’仿佛理论只是会话上必需的美丽的辞句，可绝不是要把它适合实际的！……至于我，只要我懂得了我所思索的事情，我再不能不依了我所了解的情形而做。”见《我们应当做什么？》。

他开始以照相一般准确的手法，把莫斯科的惨状照他在参观穷人区域与夜间栖留所里所见的情形描写下来。这第一部（前面的十五章）完全被俄国检查委员会删去。他确信，这不复是如他最初所信的那样，可以用金钱来拯救这些不幸者的，因为他们多少受着都市的毒害。于是，他勇敢地寻求灾祸的由来。一层进一层，渐渐地发现了连锁似的负责者。最初是富人，与富人们该诅咒的奢侈的享受，使人眩惑，以至堕落。“造成悲惨的主因是财富逐渐积聚在不生产的人手中，集中于大都会里。富人们群集在都市中以便享乐与自卫。穷人们到城里来仰他们的鼻息，拾他们的唾余以苟延生命。奇怪的是这些穷人中竟有许多是工人，并不去做易于挣钱的事情，如经商，垄断，行乞，舞弊，甚至抢劫。”继之是普遍的不劳而获的生活欲。——其次是国家，为强项的人剥削其他部分的人类所造成的残忍的总体。——教会更从旁助纣为虐。科学与艺术又是共谋犯……这一切罪恶的武器，怎样能把它们打倒呢？第一要使自己不再成为造成罪恶的共犯。不参加剥削人类的工作。放弃金钱与田产，不为国家服务。“罪恶的主因是产业。产业只是一项享受别人的工作的方法。”——托尔斯泰又言：产业不是属于我们而是属于他人的东西。“男人把他的妻，子，奴仆，物，称为他的产业；但现实证明他的错误；他应当放弃，否则唯有自己痛苦而令人受苦。”托尔斯泰已预感到俄国的革命，他说：“三四年来，路人在谩骂我们，斥我们为懒虫。被压迫民众的愤恨与轻蔑天天在增长。”（见《我们应当做什么？》）

但这还不够，更应当“不说谎”，不惧怕真理。应当“忏悔”，排斥与教育同时种根的骄傲。末了,应当“用自己的手劳作”。“以你额上流着的汗来换取你的面包”这是第一条最主要的诫条。农民革命者邦达列夫曾愿这条律令成为全世界的律令。因此,托尔斯泰是受了他和另一个农人苏塔耶夫的影响:“我一生,在道德上受了两个俄国思想家的影响,他们使我的思想更为充实,为我解释了我自己的宇宙观:这两个人是农民苏塔耶夫与邦达列夫。”(见前书)在本书中,托尔斯泰描写苏塔耶夫的相貌,记有与他的谈话录。托尔斯泰为预先答复特殊阶级的嘲笑起见,说肉体的劳作决不会摧残灵智的力量,反而助它发展,适应本性的正常的需要。健康只会因之更加增进,艺术也因之进步。而且,它更能促进人类的团结。

在他以后的作品中,托尔斯泰又把这些保持精神健康的方法加以补充。他殚精竭虑地筹思如何救治心魂,如何培养元气,同时又须排除麻醉意识的畸形的享乐和灭绝良知的残酷的享乐。一八九五年发行的《烟草与酒精》,又名《畸形的享乐》,俄罗斯原文中又注着:《为何人们会麻醉》。《残忍的享乐》,印行于一八九五年,中分:肉食者,战争,行猎。他以身作则。一八八四年,他牺牲了他最根深蒂固的嗜好:行猎。托尔斯泰克制他这件嗜好是费了不少苦心,因为行猎是他最心爱的一种消遣,这且是他的父亲遗传给他的。他不是感伤的人,他亦不见得对于兽类有何怜悯。他的眼睛简直不大注视这些畜类的——有时是那么富于表情的——眼睛。除了马,他具有一切贵族的癖好。实际上,他具有残忍的本能。他曾讲起他一棍打死了狼时,他感有一种特殊的快感。他的后悔的情操,发现得很晚。他实行持斋以锻炼意志;宛如一个运动家自己定下严厉的规条,迫使自己奋斗与战胜。

《我们应当做什么?》这是托尔斯泰离开了宗教默想的相当的平和,而卷入社会漩涡后所取的艰难的途径的第一程。这时候便开始了这二十载的苦斗,孤独的亚斯纳亚老人在一切党派之外,(并指责他们)与文明的罪恶与谎言对抗着。

在他周围，托尔斯泰的精神革命并没博得多少同情；它使他的家庭非常难堪。

好久以来，托尔斯泰伯爵夫人不安地观察着她无法克服的病症的进展。自一八七四年起，她已因为她的丈夫为了学校白费了多少精神与时间，觉得十分懊恼。

“这启蒙读本，这初级算术，这文法，我对之极端轻视，我不能假装对之发生兴趣。”

但当教育学研究之后继以宗教研究的时候，情形便不同了。伯爵夫人对于托尔斯泰笃信宗教后的初期的诉述觉得非常可厌，以至托尔斯泰在提及上帝这名辞时不得不请求宽恕：

“当我说出上帝这名辞时，你不要生气，如你有时会因之生气那样；我不能避免，因为他是我思想的基础。”一八七八年夏。

无疑的，伯爵夫人是被感动了；她努力想隐藏她的烦躁的心情；但她不了解；她只是不安地注意着她的丈夫：

“他的眼睛非常奇特，老是固定着。他几乎不开口了。他似乎不是这个世界上的人。”一八七八年十一月十八日。

她想他是病了：

“据列夫自己说他永远在工作。可怜！他只写着若干庸俗不足道的宗教论辩。他阅览书籍，他冥想不已，以至使自己头痛，而这一切不过是为要表明教会与福音书主义的不一致。这个问题在全俄罗斯至多不过有十余人会对之发生兴趣而已。但这是无法可想的。我只希望一点：这一切快快地过去，如一场疾病一般。”一八七九年十一月。

疾病并不减轻。夫妇间的局势愈来愈变得难堪了。他们相爱，他们有相互的敬意；但他们不能互相了解。他们勉力，作相互的让步，但这相互的让步惯会变成相互的痛苦。托尔斯泰勉强跟随着他的家族到莫斯科。他在《日记》中写道：

“生平最困苦的一月。侨居于莫斯科。大家都安置好了。可是他们什么时候开始生活呢？这一切，并非为生活，而是因为别人都是这样做！可怜的人！……”一八八一年十月五日。

同时，伯爵夫人写道：

“莫斯科。我们来此，到明日已届一月了。最初两星期，我每天哭泣，因为列夫不独是忧郁，而且十分颓丧。他睡不熟，饮食不进，有时甚至哭泣，我曾想我将发疯。”一八八一年十月十四日。

他们不得不分离若干时。他们为了互相感染的痛苦而互相道歉。他们是永远相爱着！……他写信给她道：

“你说：‘我爱你，你却不需要我爱你。’不，这是我唯一的需要啊……你的爱情比世界上一切都更使我幸福。”一八八二年三月。

但当他们一朝相遇的时候，龃龉又更进一层。伯爵夫人不能赞成托尔斯泰这种宗教热，以至使他和一个犹太教士学习希伯莱文。

“更无别的东西使他发生兴趣。他为了这些蠢事而浪费他的精力。我不能隐藏我的不快。”一八八二年。

她写信给他道：

“看到以这样的灵智的力量去用在锯木、煮汤、缝靴的工作上，我只感到忧郁。”

而她更以好似一个母亲看着她的半疯癫的孩子玩耍般的动情

与嘲弄的微笑，加上这几句话：

"可是我想到俄国的这句成语而安静了：尽管孩子怎样玩罢，只要他不哭。"一八八四年十月二十三日。

但这封信并没寄出，因为她预想到她的丈夫读到这几行的时候，他的善良而天真的眼睛会因了这嘲弄的语气而发愁；她重新拆开她的信，在爱的狂热中写道：

"突然，你在我面前显现了，显现得那么明晰，以至我对你怀着多少温情！你具有那么乖，那么善，那么天真，那么有恒的性格，而这一切更被那广博的同情的光彩与那副直透入人类心魂的目光烛照着……这一切是你所独具的。"

这样，两个人互相爱怜，互相磨难，以后又为了不能自禁地互相给与的痛苦而懊丧烦恼。无法解决的局面，延宕了三十年之久，直到后来，这垂死的李尔王在精神迷乱的当儿突然逃往西伯利亚的时候才算终了。

人们尚未十分注意到《我们应当做什么？》的末了有一段对于妇女的热烈的宣言。——托尔斯泰对于现代的女权主义毫无好感。"只有在男子们不依照真正的工作律令的社会里，才能产生这种所谓女权运动。没有一个正当工人的妻子会要求参与矿中或田间的工作。实际上，她们只要求参与富人阶级的幻想工作。"但对于他所称为"良母的女子"，对于一般认识人生真意义的女子，他却表示虔诚的崇拜；他称颂她们的痛苦与欢乐，怀孕与母性，可怕的苦痛，毫无休息的岁月，和不期待任何人报酬的无形的劳苦的工作，他亦称颂，在痛苦完了，尽了自然律的使命的时候，她们心魂上所洋溢着的完满的幸福。他描绘出一个勇敢的妻子的肖像，是对于丈夫成为一个助手而非阻碍的女子。她知道，"唯有没有酬报的为别人的幽密的牺牲才是人类的天职"。

"这样的一个女子不独不鼓励她的丈夫去做虚伪欺妄的工作，

享受别人的工作成绩；而且她以深恶痛绝的态度排斥这种活动，以防止她的儿女们受到诱惑。她将督促她的伴侣去担负真正的工作，需要精力不畏危险的工作……她知道孩子们，未来的一代，将令人类看到最圣洁的范型，而她的生命亦只是整个地奉献给这神圣的事业的。她将在她的孩子与丈夫的心灵中开发他们的牺牲精神……统制着男子，为他们的安慰者的当是此等女子。……啊，良母的女子！人类的运命系在你们手掌之间！”这是《我们应当做什么？》的最后几行。时代是一八八六年二月十四日。

这是一个在乞援在希冀的声音的呼唤……难道没有人听见么？……

几年之后，希望的最后一道微光也熄灭了：

“你也许不信；但你不能想像我是多么孤独，真正的我是被我周围的一切人士蔑视到如何程度。”致友人书。

最爱他的人，既如此不认识他精神改革的伟大性，我们自亦不能期待别人对他有何了解与尊敬了。屠格涅夫，是托尔斯泰为了基督徒式的谦卑精神——并非为了他对他的情操有何改变——而欲与之重归旧好的，言归旧好的事情是在一八七八年。托尔斯泰致书屠格涅夫请其原谅。屠格涅夫于一八七八年八月到亚斯纳亚·波利亚纳访他。一八八一年七月，托尔斯泰回拜他。大家对于他举动的改变，他的温和，他的谦虚都感着惊讶。他仿佛是再生了。曾幽默地说：“我为托尔斯泰可惜，但法国人说得好，各人各有扑灭虱蚤的方式。”致卜龙斯基书。（见比鲁科夫引述）

几年之后，在垂死的时候，屠格涅夫写给托尔斯泰那封有名的信，在其中他请求他的“朋友，俄罗斯的大作家”，“重新回到文学方面去”。一八八三年六月二十八日在布吉瓦尔地方所发的信。

全欧洲的艺术家都与垂死的屠格涅夫表示同样的关切，赞同他的请求。特·沃居埃在一八八六年所写的《托尔斯泰研究》一书末了，他借着托尔斯泰穿农人衣服的肖像，向他作婉转的讽劝：

"杰作的巨匠，你的工具不在这里！……我们的工具是笔；我们的园地是人类的心魂，它是亦应该受人照拂与抚育的。譬如莫斯科的第一个印刷工人，当被迫着去犁田的时候，他必将喊道：'我与散播麦种的事是无干的，我的职务只是在世界上散播灵智的种子。'"

这仿佛是认为托尔斯泰曾想放弃他散播精神食粮的使命！……在《我的信仰的寄托》的终了，俄文原版第十二章。他写道：

"我相信我的生命，我的理智，我的光明，只是为烛照人类而秉有的。我相信我对于真理的认识，是用以达到这目标的才能，这才能是一种火，但它只有在燃烧的时候才是火。我相信我的生命的唯一的意义是生活在我内心的光明中，把它在人类面前擎得高高的使他们能够看到。"我们注意到在他责备托尔斯泰的文中，特·沃居埃不知不觉间也采用了托尔斯泰的语气，他说："不论是有理无理，也许是为了责罚，我们才从上天受到这必须而美妙的缺点：思想……摈弃这十字架是一种亵渎的反叛。"（见《俄国小说论》，一八八六年）——可是托尔斯泰在一八八三年时写信给他的姑母说："各人都应当负起他的十字架……我的，是思想的工作，坏的，骄傲的，充满着诱惑。"

但这光明，这"只有在燃烧的时候才是火"的火，使大半的艺术家为之不安。其中最聪明的也预料到他们的艺术将有被这火焰最先焚毁的危险。他们为了相信全部艺术受到威胁而惶乱，而托尔斯泰，如普洛斯帕罗莎士比亚《暴风雨》中的人物一样，把他创造幻象的魔棒永远折毁了。

但这些都是错误的见解；我将表明托尔斯泰非特没有毁灭艺术，反而把艺术中一向静止的力量激动起来，而他的宗教信仰也非特没有灭绝他的艺术天才，反而把它革新了。

《艺术论》

奇怪的是人们讲起托尔斯泰关于科学与艺术的思想时，往常竟不注意他表露这些思想最重要的著作：《我们应当做什么？》（一八八四——一八八六）在此，托尔斯泰第一次攻击科学与艺术；以后的战斗中更无一次是与这初次冲突时的猛烈相比拟的。我们奇怪最近在法国对科学与知识阶级的虚荣心加以攻击之时，竟没有人想起重新浏览这些文字。它们包含着对于下列种种人物的最剧烈的抨击："科学的宦官"，"艺术的僭越者"，那些思想阶级，自从打倒了或效忠了古昔的统治阶级（教会，国家，军队）之后，居然占据了他们的地位，不愿或不能为人类尽些微的力，借口说人家崇拜他们，并盲目地为他们效劳，如主义一般宣扬着一种无耻的信仰，说什么为科学的科学，为艺术的艺术，——这是一种谎骗的面具，借以遮掩他们个人的自私主义与他们的空虚。

"不要以为，"托尔斯泰又说，"我否定艺术与科学。我非特不否定它们，而是以它们的名义我要驱逐那些出卖殿堂的人。"

"科学与艺术和面包与水同样重要，甚至更重要……真的科学是对于天职的认识，因此是对于人类的真正的福利的认识。真的艺术是认识天职的表白,是认识全人类的真福利的表白。”

他颂赞的人,是:“自有人类以来,在竖琴或古琴上,在言语或形象上,表现他们对着欺罔的奋斗,表现他们在奋斗中所受的痛苦,表现他们的希望善获得胜利,表现他们为了恶的胜利而绝望和为了企待未来的热情。”

于是,他描画出一个真正艺术家的形象,他的辞句中充满着痛苦的与神秘的热情:

“科学与艺术的活动只有在不僭越任何权利而只认识义务的时候才有善果。因为牺牲是这种活动的原素,故才能够为人类称颂。那些以精神的劳作为他人服务的人,永远为了要完成这事业而受苦:因为唯有在痛苦与烦闷中方能产生精神的境界。牺牲与痛苦,便是思想家与艺术家的运命:因为他的目的是大众的福利。人是不幸的,他们受苦,他们死亡,我们没有时间去闲逛与作乐。思想家或艺术家从不会如一般人素所相信的那样,留在奥林匹克山的高处,他永远处于惶惑与激动中。他应当决定并说出何者能给予人类的福利,何者能拯万民于水火;他不决定,他不说出,明天也许太晚了,他自己也将死亡了……并非是在一所造成艺术家与博学者的机关中教养出来的人(且实在说来,在那里,人们只能造成科学与艺术的破坏者),亦非获得一纸文凭或享有俸给的人会成为一个思想家或艺术家;这是一个自愿不思索不表白他的灵魂的蕴藉,但究竟不能不表白的人,因为他是被两种无形的力量所驱使着:这是他的内在的需要与他对于人类的爱情。决没有心广体胖、自得自满的艺术家。”见《我们应当做什么?》第三七八—三七九页。

这美妙的一页,在托尔斯泰的天才上不啻展开了悲剧的面目,它是在莫斯科惨状所给予他的痛苦的直接印象之下,和在认科学与艺术是造成现代一切社会的不平等与伪善的共同犯这信念中写成的。——这种信念他从此永远保持着。但他和世界的悲惨初次接触后的印象慢慢地减弱了;创痕也渐次平复了;他甚至要辩明痛苦,——不独是个人的而且是别人的痛苦。“因为抚慰别人的创痛才是理性生活的要素。对于一个劳动者,他的工作的对象怎么会变为痛苦的对象?这仿佛如农夫说一块没有耕种的田于他是一桩痛苦一般。”在他以后的著作中,我们一些也找不到像这部书中的痛苦的呻吟与报复式的忿怒。无论何处也找不到这个以自己的鲜血来创造的艺术家的宣道,这种牺牲,与痛苦的激动,说这是“思想家的宿命”,这种对于歌德式的艺术至上主义的痛恶。在以后批评艺术的著作中,他是以文学的观点,而没有那么浓厚的神秘色彩来讨论了,在此,艺术问题是和这人类的悲惨的背景分离了,这惨状一向是使托尔斯泰想起了便要狂乱,如他看了夜间栖留所的那天晚上回到家里便绝望地哭泣叫喊一般。

这不是说他的带有教育意味的作品有时会变得冷酷的。冷酷,于他是不可能的。直到他逝世为止,他永远是写给费特信中的人物:

“如果人们不爱他的人群,即是最卑微的,也应当痛骂他们,痛骂到使上天也为之脸红耳赤,或嘲笑他们使他们肚子也为之气破。”据一八六〇年二月二十三日通讯。——托尔斯泰所以不喜屠格涅夫的哀怨病态的艺术者以此。

在他关于艺术的著作中,他便实践他的主张。否定的部分——谩骂与讥讽——是那么激烈,以至艺术家们只看到他的谩骂与讥讽。他也过分猛烈地攻击他们的迷信与敏感,以至他们把他认做不独是他们的艺术之敌,而且是一切艺术之敌。但托尔斯泰的批评,是永远紧接着建设的。他从来不为破坏而破坏,而是为建设而破坏。且在他谦虚的性格中,他从不自命建立什么新的东西;他只是防卫艺术,防卫它不使一般假的艺术家去利用它,损害它的荣誉。一八八七年,在他那著名的《艺术论》问世以前十年,他写信给我道：

“真的科学与真的艺术曾经存在，且将永远存在。这是不能且亦不用争议的。今日一切的罪恶是由于一般自命为文明人——他们旁边还有学者与艺术家——实际上都是如僧侣一样的特权阶级之故。这个阶级却具有一切阶级的缺点。它把社会上的原则降低着来迁就它本身的组织。在我们的世界上所称为科学与艺术的只是一场大骗局，一种大迷信，为我们脱出了教会的古旧迷信后会堕入的新迷信。要认清我们所应趱奔的道路，必得从头开始，——必得把使我觉得温暖但遮掩我的视线的风帽推开。诱惑力是很大的。或是我们生下来便会受着诱惑的，或者我们一级一级爬上阶梯；于是我们处于享有特权的人群中，处于文明，或如德国人所说的文化的僧侣群中了。我们应当，好似对于婆罗门教或基督教教士一样，应当有极大的真诚与对于真理的热爱，才能把保障我们的特权的原则重新加以审核。但一个严正的人，在提出人生问题时，决不能犹豫。为具有明察秋毫的目光起见，他应当摆脱他的迷信，虽然这迷信于他的地位是有利的。这是必不可少的条件……没有迷信。使自己处在一个儿童般的境地中，或如笛卡尔一样的尊重理智……”这封信的日期是一八八七年十月四日，曾于一九〇二年发表于巴黎《半月刊》上。

这权利阶级所享受的现代艺术的迷信，这“大骗局”，被托尔斯泰在他的《艺术论》中揭发了。《艺术论》（*依原文直译是《何谓艺术？》，今据国内已有译名）于一八九七—九八年间印行，但托尔斯泰筹思此书已有十五年之久。用严厉的辞句，他揭发它的可笑，贫弱，虚伪，根本的堕落。他排斥已成的一切。他对于这种破坏工作，感到如儿童毁灭玩具一般的喜悦。这批评全部充满着调笑的气氛，但也含有许多偏狂的见解，这是战争。托尔斯泰使用种种武器随意乱击，并不稍加注意他所抨击的对象的真面目。往往，有如在一切战争中所发生的那样，他攻击他其实应该加以卫护的人物，如：易卜生或贝多芬。这是因为他过于激动了，在动作之前没有相当的时间去思索，也因为他的热情使他对于他的理由的弱点完全盲目，且也——我们应当说——因为他的艺术修养不充分之故。

在他关于文学方面的浏览之外，他还能认识什么现代艺术？他看到些什么绘画，他能听到些什么欧罗巴音乐，这位乡绅，四分之三的生活都消磨在莫斯科近郊的乡村中，自一八六〇年后没有来过欧洲；——且除了唯一使他感到兴趣的学校之外，他还看到些什么？——关于绘画，他完全摭拾些道听途说的话，毫无秩序的引述，他所认为颓废的，有皮维斯，马奈，莫奈，勃克林，施图克，克林格，他为了他们所表现的善良的情操而佩服的，有布雷东，莱尔米特，但他蔑视米开朗琪罗，且在描写心灵的画家中，亦从未提及伦勃朗。——关于音乐，他比较更能感觉，关于这点，我将在论及《克勒策奏鸣曲》时再行提及。但亦并不认识：他只留在他童年的印象中，只知道在一八四〇年时代已经成了古典派的作家，此后的作家他一些不知道了(除了柴可夫斯基，他的音乐使他哭泣)；他把勃拉姆斯与理查·施特劳斯同样加以排斥，他竟教训贝多芬，他的偏执自一八八六年更加厉害了。在《我们应当做什么？》一书中，他还不敢得罪贝多芬，也不敢得罪莎士比亚。他反而责备当代的艺术家敢指摘他们。“伽利略、莎士比亚、贝多芬的活动和雨果、瓦格纳们的绝无相似之处。正如圣徒们不承认与教皇有何共通性一般。”(见上述书)而在批判瓦格纳时，只听到一次《西格弗里德》便自以为认识了他全部，且他去听《西格弗里德》，还是在上演开始后进场而在第二幕中间已经退出的。那时他还想在第一幕未定前就走掉。“为我，问题是解决了，我更无疑惑。对于一个能想像出这些情景的作家没有什么可以期待。我们可以预言他所写的东西永远是坏的。”——关于文学的知识，当然较为丰富。但不知由于何种奇特的错误，他竟避免去批判他认识最真切的俄国作家，而居然去向外国诗人宣道，他们的思想和他的原来相差极远，他们的作品也只被他藐视地随手翻过一遍！大家知道，他为要在法国现代诗人作品中作一选择起见，曾发明这可惊的原则：“在每一部书中，抄录在第二十八页上的诗。”

他的武断更随了年龄而增长。他甚至写了一整部的书以证明莎士比亚“不是一个艺术家”。

“他可以成为任何角色；但他不是一个艺术家。”《莎士比亚论》（一九〇三）——写作这部书的动机是由于埃内斯特·格罗斯比的一篇关于《莎士比亚与劳工阶级》的论文所引起的。

这种肯定真堪佩服！托尔斯泰不怀疑。他不肯讨论。他握有真理。他会和你说：

“第九交响曲是一件分离人群的作品。”原文是：“第九交响曲不能联合一切人，只能联合一小部分，为它把他们和其余的人分离着的。”

或：

“除了巴赫的著名的小提琴调与肖邦的E调夜曲，及在海顿，莫扎特，舒伯特，贝多芬，肖邦等的作品中选出的十几件作品，——且也不过这些作品中的一部分——之外，其他的一切都应该排斥与蔑视，如对付分离人群的艺术一般。”

或：

“我将证明莎士比亚简直不能称为一个第四流的作家。且在描写人性的一点上，他是完全无能的。”

不论世界上其他的人类都不赞同他的意见，可不能阻止他，正是相反！

“我的见解，”他高傲地写道，“是和欧洲一切对于莎士比亚的见解不同的。”

在他对于谎言的纠缠中，他到处感觉到有谎言；有一种愈是普遍地流行的思念，他愈要加以攻击；他不相信，他猜疑，如他说起莎士比亚的光荣的时候，说："这是人类永远会感受的一种传染病式的影响。中世纪的十字军，相信妖术，追求方士炼丹之术都是的。人类只有在摆脱之后才能看到他们感染影响时的疯狂。因了报纸的发达，这些传染病更为猖獗。"——他还把"德雷福斯事件"作为这种传染病的最近的例子。他，这一切不公平的仇敌，一切被压迫者的防卫者，他讲起这大事件时竟带着一种轻蔑的淡漠之情。"这是一件常有的事情，从未引起任何人注意的，我不说普世的人，但即是法国军界也从未加以注意。"以后他又说："大概要数年之后，人们才会从迷惘中醒悟，懂得他们全然不知德雷福斯究竟是有罪无罪，而每个人都有比这德雷福斯事件更重大更直接的事情须加注意。"(《莎士比亚论》)这个明显的例子，可以证明，他矫枉过正的态度把他对于谎言的痛恨与指斥"精神传染病"的本能，一直推到何等极端的地步。他自己亦知道，可无法克制。人类道德的背面，不可思议的盲目，使这个洞察心魂的明眼人，这个热情的唤引者，把《李尔王》当作"拙劣的作品"。把高傲的考狄利亚＊李尔王的女儿，一个模范的孝女当作"毫无个性的人物"。"《李尔王》是一出极坏、极潦草的戏剧，它只令人厌恶。"——《奥赛罗》比较博得托尔斯泰的好感，无疑是因为它和他那时代关于婚姻和嫉妒的见解相合之故。"它固然是莎士比亚最不恶劣的作品，但亦只是一组夸大的言语的联合罢了。"哈姆莱特这人物毫无性格可言："这是作者的一架留声器，它机械地缕述作者的思想。"至于《暴风雨》，《辛白林》，《特罗伊罗斯与克瑞西达》等，他只是为了它们的"拙劣"而提及。他认为莎士比亚的唯一的自然的人物，是福斯塔夫，"正因为在此，莎士比亚的冷酷与讥讽的言语和剧中人的虚荣、矫伪、堕落的性格相合之故"。可是托尔斯泰并不永远这么思想。在一八六〇—一八七〇年间，他很高兴读莎士比亚的剧作，尤其在他想编一部关于彼得一世的史剧的时代。在一八六九年笔记中，我们可以看出他即把哈姆莱特作为他的模范与指导。他在提及他刚好完成的工作《战争与和平》之后，他说："哈姆莱特与我将来的工作，这是小说家的诗意用于描绘性格。"

但也得承认他很明白地看到莎士比亚的若干缺点，为我们不能真诚地说出的;例如,诗句的雕琢,笼统地应用于一切人物的热情的倾诉,英雄主义,单纯质朴。我完全懂得,托尔斯泰在一切作家中是最少文学家气质的人,故他对于文人中最有天才的人的艺术,自然没有多少好感。但他为何要耗费时间去讲人家所不能懂得的事物?而且批判对于你完全不相干的世界又有什么价值?

如果我们要在这些批判中去探寻那些外国文学的门径,那么这些批判是毫无价值的。如果我们要在其中探寻托尔斯泰的艺术宝钥,那么,它的价值是无可估计的。我们不能向一个创造的天才要求大公无私的批评。当瓦格纳、托尔斯泰在谈起贝多芬与莎士比亚时,他们所谈的并非是贝多芬与莎士比亚,而是他们自身;他们在发表自己的理想。他们简直不试着骗我们。批判莎士比亚时,托尔斯泰并不使自己成为“客观”。他正责备莎士比亚的客观的艺术。《战争与和平》的作者,无人格性的艺术的大师,对于那些德国批评家,在歌德之后发现了莎士比亚,发现了“艺术应当是客观的,即是应当在一切道德价值之外去表现故事,——这是否定以宗教为目的的艺术”这种理论的人,似乎还轻蔑得不够。

因此托尔斯泰是站在信仰的高峰宣布他的艺术批判,在他的批评中,不必寻觅任何个人的成见。他并不把自己作为一种模范;他对于自己的作品和对于别人的作品同样毫无怜惜。他把他的幻想之作亦列入“坏的艺术”中。(见《艺术论》)——他在批斥现代艺术时,也不把他自己所作的戏剧作为例外,他批评道“缺少未来戏剧所应作为基础的宗教观念”。那么,他愿望什么,他所提议的宗教理想对于艺术又有什么价值?

这理想是美妙的。“宗教艺术”这名辞,在含义的广博上容易令人误会。其实,托尔斯泰并没限制艺术,而是把艺术扩大了。艺术,他说,到处皆是。

“艺术渗透我们全部的生活,我们所称为艺术的:戏剧,音乐会，书籍，展览会，只是极微小的部分而已。我们的生活充满了各色各种的艺术表白，自儿童的游戏直至宗教仪式。艺术与言语是人类进步的两大机能。一是沟通心灵的，一是交换思想的。如果其中有一个误入歧途，社会便要发生病态。今日的艺术即已走入了歧途。”

自文艺复兴以来，我们再不能谈起基督教诸国的一种艺术。各阶级是互相分离了。富人，享有特权者，僭越了艺术的专利权；他们依了自己的欢喜，立下艺术的水准。在远离穷人的时候，艺术变得贫弱了。

“不靠工作而生活的人所感到的种种情操，较之工作的人所感到的情操要狭隘得多。现代社会的情操可以概括为三：骄傲，肉感，生活的困倦。这三种情操及其分枝，差不多造成了富人阶级的全部艺术题材。”

它使世界腐化，使民众颓废。助长淫欲，它成为实现人类福利的最大障碍。而且它也没有真正的美，不自然，不真诚，——是一种造作的、肉的艺术。

在这些美学者的谎言与富人的消遣品前面，我们来建立起活的，人间的，联合人类，联合阶级，团结国家的艺术。过去便有光荣的榜样。

“我们所认为最崇高的艺术：永远为大多数的人类懂得并爱好的，创世纪的史诗，福音书的寓言，传说，童话，民间歌谣。”

最伟大的艺术是传达时代的宗教意识的作品。在此不要以为是一种教会的主义。“每个社会有一种对于人生的宗教观：这是整个社会都向往的一种幸福的理想。”大家都有一种情操，不论感觉得明显些或暗晦些；若干前锋的人便明白确切地表现出来。

“永远有一种宗教意识。这是河床。”或更确切地说：“这是河流的方向。”

我们这时代的宗教意识，是对于由人类友爱造成的幸福的企望。只有为了这种结合而工作的才是真正的艺术。最崇高的艺术，是以爱的力量来直接完成这事业的艺术。但以愤激与轻蔑的手段攻击一切反博爱原则的事物，也是一种参加这事业的艺术。例如，狄更斯的小说，陀思妥耶夫斯基的作品，雨果的《悲惨世界》，米勒的绘画。即是不达到这高峰的，一切以同情与真理来表现日常生活的艺术亦能促进人类的团结。例如《堂吉诃德》，与莫里哀的戏剧。当然，这最后一种艺术往往因为它的过于琐碎的写实主义与题材的贫弱而犯有错误，“如果我们把它和古代的模范，如《约瑟行述》来相比的时候”。过于真切的枝节会妨害作品，使它不能成为普遍的。

“现代作品常为写实主义所累，我们更应当指斥这艺术上狭隘的情调。”

这样，托尔斯泰毫无犹豫地批判他自己的天才的要素。对于他，把他自己整个的为了未来而牺牲，使他自己什么也不再存留，也是毫无关系的。

“未来的艺术定不会承继现在的艺术，它将建筑于别的基础之上。它将不复是一个阶级的所有物。艺术不是一种技艺，它是真实情操的表白。可是，艺术家唯有不孤独，唯有度着人类自然生活的时候，才能感到真实的情操。故凡受到人生的庇护的人，在创造上，是处于最坏的环境中。”

在将来，“将是一切有天职的人成为艺术家的”。“由于初级学校中便有音乐与绘画的课程和文法同时教授儿童”，使大家都有达到艺术活动的机会。而且，艺术更不用复杂的技巧，如现在这样，它将走上简洁、单纯、明白的路，这是古典的、健全的、荷马的艺术的要素。一八七三年，托尔斯泰写道：“你可以任意思想，但你作品中每个字，必须为一个把书籍从印刷所运出的推车夫也能懂得。在一种完全明白与质朴的文字中决不会写出坏的东西。”在这线条明净的艺术中表现这普遍的情操，将是何等的美妙！为了千万的人类去写一篇童话或一曲歌，画一幅像，比较写一部小说或交响曲重要而且难得多。托尔斯泰自己做出例子。他的“读本四种”为全俄罗斯所有的小学校——不论是教内或教外的——采用。他的《通俗短篇》成为无数民众的读物。斯捷潘·阿尼金于一九一〇年十二月七日在日内瓦大学演讲《纪念托尔斯泰》词中有言：“在下层民众中，托尔斯泰的名字和‘书籍’的概念联在一起了。”我们可以听到一个俄国乡人在图书馆中向管理员说：“给我一个好书，一本托尔斯泰式的！”（他的意思是要一部厚厚的书。）这是一片广大的、几乎还是未经开发的园地。由于这些作品，人类将懂得友爱的团结的幸福。

“艺术应当铲除强暴，而且唯有它才能做到。它的使命是要使天国，即爱，来统治一切。”这人类间友爱的联合，对于托尔斯泰还不是人类活动的终极；他的不知足的心魂使他怀着超过爱的一种渺茫的理想，他说：“也许有一天科学将发现一种更高的艺术理想，由艺术来加以实现。”

我们之中谁又不赞同这些慷慨的言辞呢？且谁又不看到，含有多少理想与稚气的托尔斯泰的观念，是生动的与丰富的！是的，我们的艺术，全部只是一个阶级的表白，在这一个国家与别一个国家的界域上，又分化为若干敌对的领土。在欧洲没有一个艺术家的心魂能实现各种党派各个种族的团结。在我们的时代，最普遍的，即是托尔斯泰的心魂。在他的心灵上，我们相爱了，一切阶级一切民族中的人都联合一致了。他，如我们一样，体味过了这伟大的爱，再不能以欧洲狭小团体的艺术所给予我们的人类伟大心魂的残余为满足了。

《通俗故事》、《黑暗的力量》、《伊万·伊里奇之死》、《克勒策奏鸣曲》

最美的理论只有在作品中表现出来时才有价值。对于托尔斯泰,理论与创作永远是相连的,有如信仰与行动一般。正当他构成他的艺术批评时,他同时拿出他所希求的新艺术的模型。这模型包括两种艺术形式,一是崇高的,一是通俗的,在最富人间性的意义上,都是"宗教的",——一是努力以爱情来团结人类,一是对爱情的仇敌宣战。他写成了下列几部杰作:《伊万·伊里奇之死》(一八八四—八六),《民间故事与童话》(一八八一—八六),《黑暗的力量》(一八八六),《克勒策奏鸣曲》(一八八九),和《主与仆》(一八九五)。同时代还有一部描写一匹马的美丽的小说,实际上是在他订婚至婚后最初几年的幸福的光阴中写的。这一个艺术时期仿如一座有两个塔尖的大寺,一个象征永恒的爱,一个象征世间的仇恨;在这个时间的终极与最高峰诞生了《复活》(一八九九)。

这一切作品,在新的艺术性格上,都和以前的大不相同。托尔斯泰不特对于艺术的目的,且对于艺术的形式也改变了见解。在《我们应当做什么?》或《莎士比亚论》中,我们读到他所说的趣味与表现的原则觉得奇怪。它们大半都和他以前的大作抵触的。“清楚，质朴，含蓄”，我们在《我们应当做什么？》中读到这些标语。他蔑视一切物质的效果，批斥细磨细琢的写实主义。——在《莎士比亚论》中，他又发表关于完美与节度的纯古典派的理想。“没有节度观念，没有真正的艺术家。”——而在他的新作品中，《克勒策奏鸣曲》，《黑暗的力量》。即使这老人不能把他自己，把他的分析天才与天生的犷野完全抹煞，(在若干方面，这些天禀反而更明显)但线条变得更明显更强烈，心魂蓄藏着更多的曲折，内心变化更为集中，宛如一头被囚的动物集中力量准备飞腾一般，更为普遍的感情从一种固有色彩的写实主义与短时间的枝节中解脱出来，末了，他的言语也更富形象，更有韵味，令人感到大地的气息：总之他的艺术是深深地改变了。

他对于民众的爱情，好久以来已使他体味通俗言语之美。童时他受过行乞说书者所讲的故事的熏陶。成人而变了名作家之后，他在和乡人的谈话中感到一种艺术的乐趣。

“这些人，”以后他和保尔·布瓦耶说，“是创造的名手。当我从前和他们，或和这些背了粮袋在我们田野中乱跑的流浪者谈话时，我曾把为我是第一次听到的言辞，为我们现代文学语言所遗忘，但老是为若干古老的俄国乡间所铸造出来的言辞，详细记录下来……是啊，言语的天才存在于这等人身上……”见一九〇一年八月二十九日巴黎《时报》。

他对于这种语言的感觉更为敏锐，尤其因为他的思想没有被文学窒息。他的友人德鲁日宁于一八五六年时对他说：“在文学的风格上，你是极不雕琢的，有时如一个革新者，有时如一个大诗人，有时好似一个军官写给他的同伴的信。你用了爱情所写的是美妙无比。只要你稍为变得淡漠，你的作风立刻模糊了，甚至可怕。”远离着城市，混在乡人中间过生活，久而久之，他思想的方式渐渐变得如农人一般。他和他们一样，具有冗长的辩证法，理解力进行极缓，有时混杂着令人不快的激动，老是重复说尽人皆知的事情，而且用了同样的语句。

但这些却是民间语言的缺陷而非长处。只是年深月久之后，他才领会到其中隐藏着的天才，如生动的形象，狂放的诗情，传说式的智慧。自《战争与和平》那时代始，他已在受着它的影响。一八七二年三月，他写信给斯特拉科夫说：

“我改变了我的语言与文体。民众的语言具有表现诗人所能说的一切的声音。它是诗歌上最好的调节器。即使人们要说什么过分或夸大的话，这种语言也不能容受。不像我们的文学语言般没有骨干，可以随心所欲地受人支配，完全是舞文弄墨的事情。”见《生活与作品》。——一八七九年夏天，托尔斯泰与农人交往甚密，斯特拉科夫告诉我们，除了宗教之外，“他对于言语极感兴趣。他开始明白地感到平民言语的美，每天，他发现新字，每天，他更蔑视文言的言语”。

他不独在风格上采取民众语言的模型；他的许多感应亦是受它之赐。一八七七年，一个流浪的说书者到亚斯纳亚·波利亚纳来，托尔斯泰把他所讲的故事记录了好几桩。如几年之后托尔斯泰所发表的最美的《民间故事与童话》中《人靠了什么生活？》与《三老人》两篇即是渊源于此。在他读书札记中（一八六〇—一八七〇），托尔斯泰记着：“bylines故事……极大的印象。”

近代艺术中独一无二之作。比艺术更崇高的作品：在读它的时候，谁还想起文学这东西？福音书的精神，同胞一般的人类的贞洁的爱，更杂着民间智慧的微笑般的欢悦，单纯，质朴，明净，无可磨灭的心的慈悲，——和有时那么自然地照耀着作品的超自然的光彩！在一道金光中它笼罩着一个中心人物爱里赛老人，见《二老人》。（一八八五）或是鞋匠马丁，——那个从与地一样平的天窗中看见行人的脚和上帝装作穷人去访问他的人。见《爱与上帝永远一致》。（一八八五）这些故事，除了福音书中的寓言之外，更杂有东方传说的香味，如他童时起便爱好的《天方夜谭》中的。见《人靠了什么生活?》(一八八一)；《三老人》(一八八四)；《义子》(一八八六)。有时是一道神怪的光芒闪耀着，使故事具有骇人的伟大。有如《农奴巴霍姆》，这篇故事又名《一个人需要许多土地吗?》(一八八六)。拚命收买土地，收买在一天中所走到的全部土地。而他在走到的时候死了。

“在山岗上，斯塔尔希纳坐在地下，看他奔跑。巴霍姆倒下了。

——‘啊！勇敢的人，壮士，你获得了许多土地。’

斯塔尔希纳站起，把一把铲掷给巴霍姆的仆人！

——‘哦，把他瘗埋吧。’

仆人一个子，为巴霍姆掘了一个墓穴，恰如他从头到脚的长度，——他把他瘗了。”

这些故事，在诗的气氛中，几都含有福音书中的道德教训，关于退让与宽恕的：

“不要报复得罪你的人。”见《熊熊之火不复熄》(一八八五)。

“不要抵抗损害你的人。”见《大蜡烛》(一八八五)；《蠢货伊万的故事》。

“报复是属于我的。”上帝说。见《义子》。(这些短篇故事刊于全集第十九卷)

无论何处，结论永远是爱。愿建立一种为一切人类的艺术的托尔斯泰一下子获得了普遍性。在全世界，他的作品获得永无终止的成功：因为它从艺术的一切朽腐的原子中升华出来；在此只有永恒。

《黑暗的力量》一书，并不建筑于心的严肃的单纯的基础上；它绝无这种口实：这是另外的一方面。一面是神明的博爱之梦。一面是残酷的现实。在读这部戏剧时，我们可以看到托尔斯泰是否果能把民众理想化而揭穿真理！

托尔斯泰在他大半的戏剧试作中是那么笨拙，在此却达到了指挥如意的境界。他对于戏剧发生兴趣已是相当迟晚的事。这是一八六九—一八七〇年间冬天的发现；依着他素来的脾气，他立刻有了戏剧狂。“这个冬天，我完全用于研究戏剧；好似那些直到五十岁才突然发现一向忽略的题材的人们，在其中看到许多新事物……我读了莎士比亚，歌德，普希金，果戈理，莫里哀……我愿读索福克勒斯与欧里庇得斯……我卧病甚久，那时候，戏剧中的人物在我心中一一映现……”（见一八七〇年二月十七—二十一日致费特书）性格与行动布置得颇为自然：刚愎自用的尼基塔，阿尼西娅的狂乱与纵欲的热情，老马特廖娜的无耻的纯朴，养成她儿子的奸情，老阿基姆的圣洁，——不啻是一个外似可笑而内是神明的人。——接着是尼基塔的溃灭，并不凶恶的弱者，虽然自己努力要悬崖勒马，但终于被他的母与妻诱入堕落与犯罪之途。

“农奴是不值钱的。但她们这些野兽！什么都不怕……你们，其他的姊妹们，你们是几千几万的俄国人，而你们竟如土龙一样盲目，你们什么都不知道，什么都不知道！……农奴他至少还能在酒店里，或者在牢狱里——谁知道？——军营里学习什么东西，可是野兽……什么？她什么也不看见，不听得。她如何生长，便如何死去。完了……她们如一群盲目的小犬，东奔西窜，只把头往垃圾堆里乱撞。她们只知道她们愚蠢的歌曲：‘呜——呜！呜——呜！’什么！……呜——呜？她们不知道。”见第四幕。

以后是谋害新生婴儿的可怕的一场。尼基塔不愿杀。但阿尼西娅，为了他而谋害了她的丈夫的女人，她的神经一直为了这件罪案而拗执着痛苦着，她变得如野兽一般，发疯了，威吓着要告发他；她喊道：

“至少，我不复是孤独的了。他也将是一个杀人犯。让他知道什么叫做凶犯！”

尼基塔在两块木板中把孩子压死。在他犯罪的中间，他吓呆了，逃，他威吓着要杀阿尼西娅与他的母亲，他嚎啕，他哀求：

“我的小母亲，我不能再支持下去了！”

他以为听见了被压死的孩子的叫喊。

“我逃到哪里去？”

这是莎士比亚式的场面。——没有上一场那样的犷野，但更惨痛的，是小女孩与老仆的对话。他们在夜里听到，猜到在外面展演的惨案。

末了是自愿的惩罚。尼基塔，由他的父亲阿基姆陪着，赤着足，走入一个正在举行结婚礼的人群中。他跪着，他向全体请求宽恕，他自己供认他的罪状。老人阿基姆用痛苦的目光注视着他鼓励他：

“上帝！噢！他在这里，上帝！”

这部剧作所以具有一种特殊的艺术韵味者，更因为它采用乡人的语言。

“我搜遍我的笔记夹以写成《黑暗的力量》。”这是托尔斯泰和保尔·布瓦耶所说的话。

这些突兀的形象，完全是从俄国民众的讽刺与抒情的灵魂中涌现出来的，自有一种强烈鲜明的色彩，使一切文学的形象都为之黯然无色。我们感到作者在艺术家身份上，以记录这些表白与思想为乐，可笑之处也没有逃过他的手法；一八八七年正月托尔斯泰致书捷涅罗莫有言：“我生活得很好，且很快乐。这一向我为了我的剧本《黑暗的力量》而工作。它已完工了。”而在热情的使徒身份上，却在为了灵魂的黑暗而痛惜。

在观察着民众，从高处放一道光彩透破他们的黑夜的时候，托尔斯泰对于资产与中产阶级的更黑暗的长夜，又写了两部悲壮的小说。我们可以感到，在这时代，戏剧的形式统制着他的艺术思想。《伊万·伊里奇之死》与《克勒策奏鸣曲》两部小说都是紧凑的、集中的内心悲剧；在《克勒策奏鸣曲》中，又是悲剧的主人翁自己讲述的。

《伊万·伊里奇之死》(一八八四—八六)是激动法国民众最剧烈的俄国作品之一。本书之首,我曾说过我亲自见到法国外省的中产者,平日最不关心艺术的人,对于这部作品也受着极大的感动。这是因为这部作品是以骇人的写实手腕,描写这些中等人物中的一个典型,尽职的公务员,没有宗教,没有理想,差不多也没有思想,埋没在他的职务中,在他的机械生活中,直到临死的时光方才懔然发觉自己虚度了一世。伊万·伊里奇是一八八〇年时代的欧洲中产阶级的代表,他们读着左拉的作品,听着萨拉·伯恩哈特的演唱,毫无信仰,甚至也不是非宗教者:因为他们既不愿费心去信仰,也不愿费心去不信仰,——他们从来不想这些。

由于对人世尤其对婚姻的暴烈的攻击与挖苦,《伊万·伊里奇之死》是一组新作品的开始;它是《克勒策奏鸣曲》与《复活》的更为深刻与惨痛的描写的预告。它描写这种人生(这种人生何止千万)的可怜的空虚,无聊的野心,狭隘的自满,——"至多是每天晚上和他的妻子面对面坐着,"——职业方面的烦恼,想像着真正的幸福,玩玩"非斯脱"纸牌。而这种可笑的人生为了一个更可笑的原因而丧失,当伊万·伊里奇有一天要在客厅的窗上悬挂一条窗帘而从扶梯上滑跌下来之后。人生的虚伪。疾病的虚伪。只顾自己的强健的医生的虚伪。为了疾病感到厌恶的家庭的虚伪。妻子的虚伪,她只筹划着丈夫死后她将如何生活。一切都是虚伪,只有富有同情的仆人,对于垂死的人并不隐瞒他的病状而友爱地看护着他。伊万·伊里奇"对自己感觉无穷的痛惜",为了自己的孤独与人类的自私而痛哭;他受着极残酷的痛苦,直到他发觉他过去的生活只是一场骗局的那天,但这骗局,他还可补救。立刻,一切都变得清明了,——这是在他逝世的一小时之前。他不复想到他自己,他想着他的家族,他矜怜他们;他应当死,使他们摆脱他。

——痛苦,你在哪里?——啊,在这里……那么,你顽强执拗下去罢。——死,它在那里?——他已找不到它了。没有死,只有光明。——“完了。”有人说。——他听到这些话,把它们重复地说。——“死不复存在了。”他自言自语说。

在《克勒策奏鸣曲》中,简直没有这种光明的显露。这部作品的第一种法译本刊行于一九一二年。这是一部攻击社会的狞恶可怖的作品,有如一头受创的野兽,要向他的伤害者报复。我们不要忘记,这是杀了人,为嫉妒的毒素侵蚀着的凶横的人类的忏悔录。托尔斯泰在他的人物后面隐避了。无疑的,我们在对于一般的伪善的攻击中可以找到他的思想,他的语气,他所深恶痛恨的是:女子教育,恋爱,婚姻——“这日常的卖淫”;社会,科学,医生——这些“罪恶的播种者”……等等的虚伪。但书中的主人翁驱使作者采用粗犷的表辞,强烈的肉感的描绘——画出一个淫逸的人的全部狂热,——而且因为反动之故,更表示极端的禁欲与对于情欲的又恨又惧,并如受着肉欲煎熬的中世纪僧侣般诅咒人生。写完了,托尔斯泰自己也为之惊愕:

“我绝对没有料到,”他在《克勒策奏鸣曲》的跋文中说,“一种严密的论理会把我在写作这部小说的时候,引我到我现在所到达的地步。我自己的结论最初使我非常惊骇,我愿不相信我的结论,但我不能……我不得不接受。”

他在凶犯波斯德尼舍夫口中说出攻击爱情与婚姻的激烈的言论:

“一个人用肉感的眼光注视女人——尤其是他自己的妻子时,他已经对她犯了奸情。”

“当情欲绝灭的时候,人类将没有存在的理由,他已完成自然的律令;生灵的团结将可实现。”

他更依据了圣马太派的福音书论调,说:“基督教的理想不是婚姻，无所谓基督教的婚姻，在基督教的观点上，婚姻不是一种进步，而是一种堕落，爱情与爱情前前后后所经历的程序是人类真正的理想的阻碍”。注意托尔斯泰从未天真地相信独身与贞洁的理想对于现在的人类是可以实现的。但依他的意思，一种理想在定义上是不能实现的，但它是唤引人类的英雄的力量的一种教训。

但在波斯德尼舍夫口中没有流露出这些议论之前，这些思想从没有在托尔斯泰脑中显得这样明白确切。好似伟大的创造家一样，作品推进作家；艺术家走在思想家之前。——可是艺术并未在其中有何损失。在效果的力量上，在热情的集中上，在视觉的鲜明与犷野上，在形式的丰满与成熟上，没有一部托尔斯泰的作品可和《克勒策奏鸣曲》相比。

现在我得解释它的题目了。——实在说，它是不切的。这令人误会作品的内容。音乐在此只有一种副作用。取消了奏鸣曲，什么也不会改变。托尔斯泰把他念念不忘的两个问题混在一起——他认为音乐与恋爱都具有使人堕落的力量——这是错误的。关于音乐的魔力，须由另一部专书讨论；托尔斯泰在此所给予它的地位，不是证实他所判断的危险。在涉及本问题时，我不得不有几句赘言：因为我不相信有人完全了解托尔斯泰对音乐的态度。

要说他不爱音乐是绝对不可能的。一个人只怕他所爱的事物。我们当能记忆音乐的回忆在《童年时代》中，尤其在《夫妇的幸福》中所占的地位，本书中所描写的爱情的周圈，自春至秋，完全是在贝多芬的Quasi una fantasia奏鸣曲即俗称月光曲的各个阶段中展演的。我们也能记忆涅赫留多夫在《一个绅士的早晨》的终端与小彼佳见《战争与和平》。——在此我且不说那《阿尔贝》（一八五七）讲一个天才音乐家的故事；那短篇且是极弱的作品在临终的前夜在内心听到的美妙的交响曲。参看《青年时代》中述及他学钢琴的一段。——“钢琴于我是一种以感伤情调来迷醉小姐们工具。”托尔斯泰所学的音乐或许并不高妙，但音乐确把他感动至于下泪；一八七六—七七年事。且在他一生的某几个时代，他曾纵情于音乐。一八五八年，他在莫斯科组织一个音乐会，即是以后莫斯科音乐院的前身。他的内倩别尔斯在《关于托尔斯泰的回忆》中写道：

“他酷好音乐。他能奏钢琴，极爱古典派大师。他往往在工作之前弹一会琴。他从未中止对于音乐的爱好。他年老时的朋友，一个是音乐家戈登魏泽，于一九一〇年时在亚斯亚纳避暑。在托尔斯泰最后一次病中，他几乎每天来为他弄音乐。很可能他要在音乐中寻求灵感。他老是为他最小的妹妹伴奏，因为他欢喜她的歌喉。我留意到他被音乐所引动的感觉，脸色微微显得苍白，而且有一种难于辨出的怪相，似乎是表现他的恐怖。”

这的确是和这震撼他心灵深处的无名的力接触后的恐怖！在这音乐的世界中，似乎他的意志，理性，一切人生的现实都溶解了。我们只要读《战争与和平》中描写尼古拉·罗斯托夫赌输了钱，绝望着回家的那段。他听见他的妹妹娜塔莎在歌唱。他忘记了一切：

他不耐烦地等待着应该连续下去的一个音，一刹那间世界上只有那段三拍子的节奏：Oh！mio crudele affetto！

——“我们的生活真是多么无聊，”他想，“灾祸，金钱，恨，荣誉，这一切都是空的……瞧，这才是真实的！……娜塔莎，我的小鸽！我们且看她能否唱出 B 音……她已唱出了，谢上帝！”

他，不知不觉地唱起来了，为增强这 B 音起见，他唱和着她的三度音程。

——“喔！吾主，这真是多么美！是我给予她的么？何等的幸福！”他想；而这三度音程的颤动，把他所有的精纯与善性一齐唤醒了。在这超人的感觉旁边，他赌输的钱与他允诺的言语又算得什么！……疯狂啊！一个人可以杀人，盗窃，而仍不失为幸福。

事实上，尼古拉既不杀人，也不偷盗，音乐于他亦只是暂时的激动；但娜塔莎已经到了完全迷失的顶点。这是在歌剧院某次夜会之后，"在这奇怪的、狂乱的艺术世界中，远离着现实，一切善与恶，诱惑与理性混和在一起的世界中"，她听到阿纳托里·库拉金的倾诉而答应他把她带走的。

托尔斯泰年纪愈大，愈害怕音乐。一八六一年四月二十一日书。一八六〇年时在德累斯顿见过他而对他有影响的人，奥尔巴赫，一定更加增他对于音乐的防范。"他讲起音乐仿佛是一种颓废的享乐。据他的见解，音乐是倾向于堕落的涡流。"见卡米耶·贝莱格著《托尔斯泰与音乐》。（一九一一年正月四日《高卢人》日报）

卡米耶·贝莱格问：在那么多的令人颓废的音乐家中，为何要选择一个最纯粹最贞洁的贝多芬？在此不独是指贝多芬后期的作品。即是他认为是"艺术的"若干早期的作品，托尔斯泰也指摘"它们的造作的形式"。——在一封给柴可夫斯基的信中他亦以莫扎特与海顿和"贝多芬，舒曼，柏辽兹等的计较效果的造作的形式"对比。——因为他是最强的缘故。托尔斯泰曾经爱他，他永远爱他。他的最辽远的童年回忆是和《悲怆奏鸣曲》有关联的；在《复活》的终局，当涅赫留多夫听见奏着《C小调交响曲》的"行板"时，他禁不住流下泪来；"他哀怜自己，"——可是，在《艺术论》中，托尔斯泰论及"聋子贝多芬的病态的作品"时，表现何等激烈的怨恨；一八七六年时，他已经努力要"摧毁贝多芬，使人怀疑他的天才"，使柴可夫斯基大为不平，而他对于托尔斯泰的佩服之心也为之冷却了。《克勒策奏鸣曲》更使我们彻底看到这种热狂的不公平。托尔斯泰所责备贝多芬的是什么呢？他的力强。他如歌德一样，听着《C小调交响曲》，受着它的震撼，忿怒地对着这权威的大师表示反对。据保尔·布瓦耶所述："托尔斯泰请人为他奏肖邦。在《第四叙事曲》之终，他的眼睛中饱和了泪

水。”——“啊！畜生！”他喊道。他突然站起身来，走了。（一九〇二年十一月二日巴黎《时报》所载）

“这音乐，”托尔斯泰说，“把我立刻转移到和写作这音乐的人同样的精神境界内……音乐应该是国家的事业，如在中国一样。我们不能任令无论何人具有这魔术般的可怕的机能。……这些东西，（《克勒策奏鸣曲》中的第一个急板，）只能在若干重要的场合中许它奏演……”

但在这种反动之后，我们看到他为贝多芬的大力所屈服，而且他亦承认这力量是令人兴起高尚与纯洁之情！在听这曲子时，波斯德尼舍夫堕入一种不可确定的无从分析的境地内，这种境地的意识使他快乐；嫉妒匿迹了。女人也同样地被感化了。她在演奏的时候，“有一种壮严的表情”，接着浮现出“微弱的、动人怜爱的、幸福的笑容，当她演奏完了时”……在这一切之中，有何腐败堕落之处——只有精神被拘囚了，受着声音的无名的力量的支配。精神简直可以被它毁灭，如果它愿意。

这是真的；但托尔斯泰忘记一点：听音乐或奏音乐的人，大半都是缺少生命或生命极庸俗的。音乐对于一般没有感觉的人是不会变得危险的。一般感觉麻木的群众，决不会受着歌剧院中所表现的《莎乐美》的病态的情感所鼓动。必得要生活富丽的人，如托尔斯泰般，方有为了这种情绪而受苦的可能。——实际是，虽然他对于贝多芬是那么不公平，托尔斯泰比今日大半崇拜贝多芬的人更深切地感到贝多芬的音乐。至少他是熟识充满在“老聋子”作品中的这些狂乱的热情，这种犷野的强暴，为今日的演奏家与乐队所茫然不解的。贝多芬对于他的恨意比着对于别人的爱戴或许更为满意呢。

《复活》

《复活》与《克勒策》相隔十年，十年之中，日益专心于道德宣传。《主与仆》（一八九五）是《复活》以前的暗淡的作品，与放射着慈祥的神光的《复活》中间的过渡之作。但我们觉得它更接近《伊万·伊里奇之死》与《民间故事》。本书大部分是叙述一个没有善心的主人与一个百事忍耐的仆役中间的故事，手法是非常写实的：他们两人在雪夜的西伯利亚草原中迷失了；主人，最初想放弃了他的同伴而逃走，又重新回来，发现他冻僵了，他全身覆着他，温暖他；这是本能地动作的，他自己亦不知为了什么，但他眼睛里充满着泪水：似乎他变成了他所救的人，尼基塔，他的生命也不在他自身而在尼基塔了——"尼基塔生；因此我还是生存的，我。"——他，瓦西里，他差不多忘掉了他是谁。他想："瓦西里不知道他应当做什么……而我，我此刻却知道了！……"他听到他所企待的声音，那个刚才命令他睡在尼基塔身上的人的声音。他快乐地喊："主，我来了！"他感到他是自由了，什么也羁留不了他了……他死了。《复活》与这渴慕永恒的生命所期望着的终极也是相隔十年。《复活》可说是托尔斯泰艺术上的一种遗嘱，它威临着他的暮年，仿如《战争与和平》威临着他的成熟时期。这是最后的一峰或者是最高的一峰，——如果不是最威严的，——不可见的峰巅在雾氛中消失了。托尔斯泰预定要写第四部，实际是没有写。托尔斯泰正是七十岁。他注视着世界，他的生活，他的过去的错误，他的信仰，他的圣洁的忿怒。他从高处注视一切。这是如在以前的作品中同样的思想，同样对于虚伪的战争，但艺术家的精神，如在《战争与和平》中一样，统制着作品；在《克勒策奏鸣曲》与《伊万·伊里奇》的骚动的精神与阴沉的讥讽之中，他又混入一种宗教式的静谧，这是在他内心反映着的世界中超脱出来的，我们可以说有时竟是基督徒式的歌德。

我们在最后一时期内的作品中所注意到的艺术性格，在此重复遇到，尤其是叙事的集中，在一部长篇小说中较之在短篇故事中更为明显。作品是一致的，在这一点上和《战争与和平》与《安娜小史》完全不同。几乎没有小故事的穿插。唯一的动作，在全部作品中十分紧凑地进展，而且各种枝节都搜罗净尽。如在《奏鸣曲》中一样，同样淋漓尽致的人物描绘。愈来愈明彻愈坚实并且毫无顾忌的写实，使他在人性中看到兽性，——"人类的可怕的顽强的兽性，而当这兽性没有发现，掩藏在所谓诗意的外表下面时更加可怕。"据法译本第三七九页。这些沙龙中的谈话，只是以满足肉体的需要为目的："在播动口腔与舌头的筋肉时，可以帮助消化。"本书第一二九页。犀利的视觉，对于任何人都不稍假借，即是美丽的科尔夏金女郎也不能免，"肱骨的前突，大拇指甲的宽阔"，她裸裼袒裎的情态使涅赫留多夫感到"羞耻与厌恶，厌恶与羞耻"，书中的女主人，玛斯洛娃也不能被视为例外，她的沦落的征象丝毫不加隐匿，她的早衰，她的猥亵卑下的谈吐，她的诱人的微笑，她的酒气熏人的气味，她的满是火焰的红红的脸。枝节的描写有如自然派作家的犷野：女人踞坐在垃圾箱上讲话。诗意的想像与青春的气韵完全消失了，只有初恋的回忆，还能在我们心中引起强烈的颤动，又如那复活节前的星期六晚上，白雾浓厚到"屋外五步之处，只看见一个黑块，其中隐现着一星灯火”，午夜中的鸡鸣，冰冻的河在剥裂作响，好似玻璃杯在破碎，一个青年在玻璃窗中偷窥一个看不见他的少女，坐在桌子旁边，在黝暗的灯光之下，这是卡秋莎在沉思，微笑，幻梦。

作者的抒情成分占着极少的地位。他的艺术面目变得更独立，更摆脱他自己的个人生活。托尔斯泰曾努力要革新他的观察领域。他在此所研究的犯罪与革命的领域，于他一向是不认识的；相反，他曾混入他在《战争与和平》，《安娜小史》，《高加索人》，《塞瓦斯托波尔》中所描绘的各种社会：贵族沙龙，军队，街头生活。他只要回忆一下便是。他只赖着自愿的同情透入这些世界中去；他甚至承认在没有仔细观察他们之前，革命者是为他所极端厌恶的。本书第二卷第二十页。尤其令人惊佩的是他的真切的观察，不啻是一面光明无瑕的镜子。典型的人物多么丰富，枝节的描写多么确切！卑劣与德性，一切都以不宽不猛的态度，镇静的智慧与博爱的怜悯去观察。……妇女们在牢狱里，可哀的景象！她们毫无互相矜怜之意；但艺术家是一个温良的上帝：他在每个女人心中看到隐在卑贱以内的苦痛，在无耻的面具下看到涕泗纵横的脸。纯洁的，惨白的微光，在玛斯洛娃的下贱的心魂中渐渐地透露出来，终于变成一朵牺牲的火焰鲜明地照耀着它，这微光的动人的美，有如照在伦勃朗微贱的画面上的几道阳光。毫无严厉的态度，即是对于刽子手们也不。“请宽恕他们，吾主，他们不知道他们所做的事情”，……最糟的是，他们明白自己所做的事，并且为之痛悔，但他们无法禁阻自己不做。书中特别表出一种无可支撑的宿命的情调，这宿命压迫着受苦的人与使人受苦的人——例如这典狱官，充满着天然的慈善，对于这狱吏生活，和对于他的羸弱失神的女儿一天到晚在钢琴上学习李斯特的《匈牙利狂想曲》，同样的厌恶；——这西伯利亚城的聪明善良的统治官，在所欲行的善与不得不作的恶之间发生了无可解决的争斗，于是，三十五年以来，他拼命喝酒，可是即在酒醉的时候，仍不失他的自主力，仍不失他的庄重，——更有这些人物对于家庭满怀着温情，但他们的职业逼使他们对于别人毫无心肝。

在各种人物的性格中，缺乏客观真实性的，唯有主人翁涅赫留多夫的，其故由于托尔斯泰把自己的思想完全寄托在他身上。这已经是《战争与和平》与《安娜小史》中最著名的人物，如安德烈亲王，皮埃尔·别祖霍夫，列文等的缺点，——或可说是危险。但他们的缺点比较的不严重：因为那些人物，在地位与年龄上，与托尔斯泰的精神状态更为接近。不像在此，作者在主人翁三十五岁的身体中，纳入一个格格不入的七十老翁的灵魂。我不说涅赫留多夫的精神错乱缺少真实性，也并非说这精神病不能发生得如此突兀。托尔斯泰也许想起他的弟弟德米特里，他也是娶了一个玛斯洛娃般的女人。但德米特里的暴烈而失掉平衡的性格是和涅赫留多夫的气质不同的。但在托尔斯泰所表现的那人物的性情秉赋上，在他过去的生活上，绝无预示或解释这精神病发生的原因：而当它一朝触发之后，便什么也阻挡不住了；无疑的，对于涅赫留多夫的不道德的混合与牺牲思想的交错，自怜自叹与以后在现实前面感到的惊惧憎厌，托尔斯泰曾深切的加以标明。但他的决心绝不屈服。只是以前那些虽然剧烈究属一时的精神错乱，和这一次的实在毫无关联。见本书第一卷第一三八页。什么也阻不住这优柔寡断的人了。这位亲王家里颇富有，自己也受人尊重，对于社会的舆论颇知顾虑，正在娶一位爱他而他亦并不讨厌的女子，突然决意放弃一切，财富，朋友，地位，而去娶一个娼妓，为的是要补赎他的旧愆：他的狂乱支持了几个月之久，无论受到何种磨炼，甚至听到他所要娶为妻子的人继续她的放浪生活，也不能使他气馁。当涅赫留多夫知道了玛斯洛娃仍和一个男护士犯奸，他更坚决地要“牺牲他的自由以补赎这个女人的罪恶”。——在此有一种圣洁，为陀思妥耶夫斯基的心理分析能在暗晦的意识深处，能在他的主人翁的机构中，发露出它的来源的。但涅赫留多夫绝无陀思妥耶夫斯基式人物的气质。他是普通人物的典型，庸碌而健全的，这是托尔斯泰所惯于选择的人物。实际上，我们明白感到，一个十分现实主义的人托尔斯泰描绘人物的手法从没如此有力，如此稳健；可参看涅赫留多夫在第一次出席法院以前的各幕和属于另一个人的精神错乱并立着；——而这另一个人，即是托尔斯泰老翁。本书末了，在严格写实的第三部分中更杂有不必要的福音书般的结论：在此又予人以双重原素对立着的印象——因为这个人信仰的行为显然不是这主人翁的生活的论理的结果。且托尔斯泰把他的宗教搀入他的写实主义亦非初次；但在以前的作品中，两种原素混和得较为完满。在此，它们同时存在，并不混合；而因为托尔斯泰的信心更离开实证，他的写实主义却逐渐鲜明而尖锐，故它们的对照愈显得强烈。这是年纪的——而非衰弱的——关系，故在连续的关节上缺少婉转自如。宗教的结论决非作品在结构上自然的结果。我确信在托尔斯泰的心灵深处，虽然他自己那么肯定，但他的艺术家的真理与他的信仰者的真理决没有完满的调和。

然而即使《复活》没有他早年作品的和谐的丰满，即使我个人更爱《战争与和平》，它仍不失为歌颂人类同情的最美的诗，——最真实的诗，也许，我在本书中比在他别的任何作品中更清楚地看到托尔斯泰的清明的目光，淡灰色的，深沉的，“深入人的灵魂的目光”，一八八四年托尔斯泰伯爵夫人信中语。它在每颗灵魂中都看到神的存在。

托尔斯泰的社会思想

托尔斯泰永远不委弃艺术。一个大艺术家,即是他愿欲,也不能舍弃他自己借以存在的理由。为了宗教的原由,他可以不发表;但他不能不写作。托尔斯泰从未中辍他的艺术创作。在亚斯纳亚·波利亚纳地方在最后几年中见到他的保尔·布瓦耶说他埋首于宣道或笔战的工作与纯属幻想的事业;他把这几种工作作为调剂。当他完成了什么关于社会的论著,什么《告统治者书》或《告被统治者书》时,他便再来写一部他想像了好久的美丽的故事,——如他的《哈吉·穆拉特》那部军队的史诗,歌咏高加索战争与山民的抵抗的作品,便是在这种情形下产生的。见一九〇二年十一月二日巴黎《时报》。艺术不失为他的乐趣,他的宽弛。但他以为把艺术作为点缀未免是虚荣了。一九〇三年正月二十六日,他致书姑母,亚历山德拉·托尔斯泰娅女伯爵,有言:"请不要责备我在行将就木之年还在做那无聊的事情!这些无聊的事情填塞我空闲的时间,而且使我装满了严肃的思想的头脑可以获得休息。"他曾编了一部《每日必读文选》(一九〇四—〇五),这部文选,托尔斯泰视为他的主要作品之一:"《每日必读文选》,是我作品中很经意的东西,我非常重视它……"(一九〇九年八月九日致扬·斯季卡书)其中收集了许多作家对于人生与真理的思想,——可说是一部真正的关于世界观的文选,从东方的圣书起到现代的艺术家无不包罗净尽,——但除了这本书以外,他在一九〇〇年起所写的作品几乎全部是没有印行的手写稿。这些作品到托尔斯泰死后才陆续印行。那张目录是很长的,我们可举其中重要的几部如:《库兹米奇老人的遗著——日记》,《谢尔盖老人》,《哈吉·穆拉特》,《魔鬼》,《活尸》(十二场剧),《伪票》,《疯人日记》,《黑暗中的光明》(五幕剧),《一切品性的来源》(通俗小剧),若干美丽的短篇:《舞会之后》,《梦中所见》,《霍登卡》等等。参看本书末托尔斯泰遗著书目。但主要作品还是托尔斯泰的《日记》。它包罗他一生中四十年的时间,从高加索参战时起直到他逝世时止;它是一个伟人所能写的最赤裸裸的忏悔录。

反之,他大胆地、热情地发表他关于社会论战的含有攻击性的与神秘的文字。在一九〇〇年至一九一〇年间,他的最坚强的精力都消耗在社会问题的论战中,俄罗斯经历着空前的恐慌,帝国的基础显得动摇了,到了快要分崩离析的地步。日俄战争,战败以后的损失,革命的骚乱。海陆军队的叛变,屠杀,农村的暴动,似乎是"世纪末"的征兆,——好似托尔斯泰的一部著作的题目所示的那般。——这大恐慌,在一九〇四与一九〇五年间达到了顶点。那时期,托尔斯泰印行了一组引起回响的作品《战争与革命》,本书的俄文名是《唯一的必需品》。《大罪恶》,《世纪末》。大部分在他生前都被检查委员会删节不少,或竟完全禁止发行。直到大革命为止,在俄国流行的他的作品是以手抄本的形式藏在读者的大衣袋里的。即在今日,当一切都印行了的时候,共产党的检查并不较帝国时代的检查为宽大。在这最后的十年间,他占据着唯一的地位,不独在俄罗斯,而且在全世界,唯有他,不加入任何党派,不染任何国家色彩,脱离了把他开除教籍的教会。他的被除教籍,是一九〇一年二月二十二日的事。起因是《复活》中有一章讲起弥撒祭的事情。这一章,在法译本中可惜被译者删掉了。他的理智的逻辑，他的信仰的坚决，逼得他“在离开别人或离开真理的二途中择一而行”。他想起俄国的一句谚语：“一个老人说谎，无异一个富人窃盗”；于是他和别人分离了，为的要说出真理。真理，他完全说给大家听了。这扑灭谎言的老人继续勇敢地抨击一切宗教的与社会的迷信，一切偶像。他不独对于古代的虐政、教会的横暴与皇室权贵为然；在这大家向他们掷石的时候，他对于他们的愤怒也许反而稍稍平静了。人家已经认识他们，他们便不会如何可怕！而且，他们做他的职务并不欺骗人。托尔斯泰致俄皇尼古拉二世书，关于土地国有问题，参看《大罪恶》(一九〇五年印行)。在毫无对于帝皇应有的恭顺之中，却充满着对于人的温情，他称俄皇为“亲爱的兄弟”，他请他“原谅他，如果他在无意中使他不快”；他的署名是：“祝你有真正的幸福的你的兄弟”。

但托尔斯泰所最不能原谅的，所最刻毒地抨击的，是新的谎言，因为旧的谎言已经暴露了真面目。他痛恨的并非是奴隶主义，而是自由的幻象。但在新偶像的崇拜者中间，我们不知托尔斯泰更恨哪一种人：社会主义者或“自由党人”。

他对于自由党人的反感已经是年深月久的事。当他在塞瓦斯托波尔一役中当军官，和处在圣彼得堡的文人团体中的时候，他已具有这反感。这曾经是他和屠格涅夫不和的主要原因之一。这骄傲的贵族，世家出身的人物，不能忍受这些知识分子和他们的幻梦，说是不论出于自愿与否，依了他们的理想，可使国家获得真正的幸福。俄罗斯人的本色很浓，且是渊源旧族，勒鲁瓦·博利厄说他是“纯粹的莫斯科土著，斯拉夫血统的伟大的俄国人，芬兰的混血种，在体格上，他是更近于平民而较远于贵族”。(见一九一〇年十二月十五日法国《两球杂志》)他对于自由党的新理论，这些从西方传来的立宪思想，素来抱着轻蔑的态度，而他的两次欧洲旅行也只加强了他的信念。在第一次旅行回来时，他写道：

“要避免自由主义的野心。”一八五七年。

第二次旅行回来，他认为“特权社会”绝无权利可用它的方式去教育它所不认识的民众。……一八六二年。

在《安娜小史》中，他对于自由党人的蔑视，表现得淋漓尽致。列文拒绝加入内地的民众教育与举办新政的事业。外省绅士的选举大会表出种种欺罔的组织，使一个地方从旧的保守的行政中脱换到新的自由的行政。什么也没有变，只是多了一桩谎骗，这谎骗既不能加以原谅也不值得为之而耗费几个世纪。

“我们也许真是没有什么价值，”旧制度的代表者说，“但我们的存在已不下千余年了。”

而自由党人滥用“民众，民众的意志……”这些辞句，益增托尔斯泰的愤懑。唉！他们知道些关于民众的什么事情？民众是什么？

尤其在自由主义获得相当的成功，将促成第一次国会的召集的时候，托尔斯泰对于立宪思想表示剧烈的反对。

“晚近以来，基督教义的变形促成了一种新的欺诈的诞生，它使我们的民众更陷于奴仆的状态。用了一种繁复的议会选举制度，使我们的民众想像在直接选出他们的代表时，他们已参与了政权，而在服从他们的代表时，他们无异服从自己的意志，他们是自由的。这是一种欺罔。民众不能表白他们的意志，即是以普选的方法也是不可能：第一，因为在一个有数百万人口的国家中，集团意志是不存在的；第二，即是有这种意志的存在，大多数的选举票也不会是这种意志的表白。不必说被选举人的立法与行政不是为了公众的福利而是为了维护自己的政权，——也不必说民众的堕落往往是由于选举的压迫与违法，——这谎言尤其可以致人死命，因为服从这种制度的人会堕入一种沾沾自满的奴隶状态……这些自由人不啻那些囚犯，因为可以选举执掌狱中警政的狱吏而自以为享受了自由……专制国家的人民可以完全自由，即是在暴政苛敛之时。但立宪国家的人民永远是奴隶，因为他承认对他施行的强暴是合法的……瞧，人们竟欲驱使俄国人民和其他的欧洲民众同样入于奴隶状态！”见《世界之末日》。（一九〇五年）托尔斯泰在致美国某日报的电报中有言：“各个省议会的活动，其目的在于限制专制政府的威权，建立一个代议政府。不论他们成功与否，它必然的结果，将使社会真正的改进益为迟缓。政治的骚动，令人感到以外表的方法所做的改进工作是可怕的，把真正的进步反而停止了，这是我们可以根据一切立宪国家而断定的，如法国，英国，美国。”在答复一位请他加入平民教育推进委员会的妇人的信中，托尔斯泰对于自由党人尚有其他的指摘：他们永远做着欺诈的勾当；他们因了害怕而为独裁政制的共谋犯，他们的参政使政府获得道德上的权威，使他们习于妥协，被政府作为工具。亚历山大二世曾言一切自由党人是为了名誉而卖身，如果不是为了金钱。亚历山大三世曾经毫无危险地销毁他的父亲的自由主义的事业；自由主义者互相耳语说这使他们不快，但他们仍旧参预司法，为国家服务，为舆论效力；在舆论方面，他们对于一切可以隐喻的事物作种种隐喻；但对于禁止谈论的事情便谨守缄默，他们在报纸上发表人们命令他们发表的文字。在尼古拉二世治下，他们亦是如此。“当这青年的君主一无所知，什么也不懂，无耻而冒昧地回答人民代表时，自由主义者会不会抗议？绝对不……从种种方面，人们向这年轻的帝皇表示卑鄙无耻的谄媚与恭维。”

在对于自由主义的离弃中，轻蔑统制着一切。对于社会主义，如果托尔斯泰不是禁止自己去憎恨一切，那他定会加以痛恨。他加倍地蔑视社会主义，因为它集两种谎言于一身：自由与科学。它的根据不是某种经济学，而它的绝对的定律握着世界进步的机捩的吗？

托尔斯泰对于科学是非常严厉的。对这现代的迷信，“这些无用的问题：种族起源论，七色研究，镭锭原质的探讨，数目的理论，化石动物，与其他一切无益的论辩，为今日的人们和中世纪人对于圣母怀胎与物体双重性同样重视的”,托尔斯泰写着连篇累牍的文字,充满着尖利的讽刺。——他嘲弄“这些科学的奴仆,和教会的奴仆一般,自信并令人信他们是人类的教主,相信他们的颠扑不破性,但他们中间永远不能一致,分成许多小派,和教会一样,这些派别变成鄙俗不知道德的主因,且更使痛苦的人类不能早日解除痛苦,因为他们摒弃了唯一能团结人类的成分:宗教意识”。见《战争与革命》。

当他看到这新的热狂的危险的武器落在一般自命为促使人类再生的人手中时,他不安更甚,而愤怒之情亦更加剧了。他采用强暴手段时,他无异是一个革命的艺术家。然而革命的知识分子与理论家是他痛恨的:这是害人的迂儒,骄傲而枯索的灵魂,不爱人类而只爱自己的思想的人。这类人物的典型,在《复活》中有诺沃德沃罗夫,那个革命煽动者,极度的虚荣与自私窒塞了他的智慧。绝无想像,毫无怀疑。在他后面,跟随着一个由工人转变成的革命家马尔克尔,他的要革命是为了受人压迫,心存报复,他崇拜科学,但他根本不知何谓科学,他盲目地反对教会。在《又是三个死者》或《神与人》中,还有若干新革命青年的典型。

思想,且还是卑下的思想。

“社会主义的目的是要满足人类最低级的需求:他的物质的舒适。而即是这目的,还不能以它所拟的方法达到。”一九〇四年终,致日本人阿部畏三书。参看《亚洲对托尔斯泰的回响》。

实际上,它是没有爱的。它只痛恨压迫者,并“艳羡富人们的安定而甜蜜的生活,它们有如簇拥在秽物周围的苍蝇”。见捷涅罗莫著:《托尔斯泰名言录》(社会主义章)。当社会主义获得胜利时,世界的面目将变得异样的可怕。欧罗巴的游民将以加倍的力量猛扑在弱小民众身上,他们将他们变成奴隶,使欧罗巴以前的无产者能够舒适地、悠闲地享乐,如罗马帝国时代的人一样。同前。

幸而,社会主义的最精华的力量,在烟雾中在演说中耗费

了,——如饶勒斯那般:

“多么可惊的雄辩家!在他的演辞中什么都有,——而什么也没有……社会主义有些像俄国的正教:你尽管追究它,你以为抓住它了,而它突然转过来和你说:‘然而不!我并非是如你所信的,我是别一样东西。’它把你玩于手掌之间……耐心啊!让时间来磨炼罢。社会主义的理论将如妇人的时装一般,会很快地从客厅里撤到下室中去的。”托尔斯泰与保尔·布瓦耶谈话。(见一九〇二年十二月四日巴黎《时报》)

然而托尔斯泰这样地向自由党人与社会主义者宣战,究非为独裁政治张目;相反,这是为在队伍中消除了一切捣乱的与危险的分子之后,他的战斗方能在新旧两世界间竭尽伟大的气势。因为他亦是相信革命的。但他的革命较之一般革命家的另有一种理解:这是如中世纪神秘的信徒一般的,企待圣灵来统治未来:

“我相信在这确定的时候,大革命开始了,它在基督教的世界内已经酝酿了二千年,——这革命将代替已经残破的基督教义和从真正的基督教义衍出的统治制度,这革命将是人类的平等与真正的自由的基础,——平等与自由原是一切赋有理智的生灵所希冀的。”见《世界之末日》。

这预言家选择哪一个时间来宣告幸福与爱的新时代呢?是俄罗斯最阴沉的时间,破灭与耻辱时间。啊!具有创造力的信心的美妙的机能啊!在它周围,一切都是光明,——甚至黑夜也是。托尔斯泰在死灭中窥见再生的先机,——在满洲战祸中,在俄国军队的瓦解中,在可怕的无政府状态与流血的阶级斗争中。他的美梦的逻辑使他在日本的胜利中获得这奇特的结论,说是俄罗斯应当弃绝一切战争:因为非基督徒的民众,在战争中往往较“曾经经历奴仆阶级的”基督徒民众占优。——这是不是教他的民族退让?——不,这是至高的骄傲。俄罗斯应当放弃一切战争,因为他应当完成“大革命”。

瞧，这亚斯纳亚·波利亚纳的宣道者，反对暴力的老人，于不知不觉中预言着共产主义革命了！一八六五年始，托尔斯泰已有关于社会大混乱的预告的言语：“产业便是窃盗，这真理，只要世界上有人类存在，将比英国宪法更为真确……俄国在历史上的使命是要使世界具有土地社会公有的概念。俄国的革命只能以此原则为根据。它将不是反对帝王反对专制政治，而是反对土地私有。”

“一九〇五年的革命，将把人类从强暴的压迫中解放出来的革命，应当在俄国开始。——它开始了。”

为什么俄罗斯要扮演这特选民族的角色？——因为新的革命首先要补救“大罪恶”，少数富人的独占土地，数百万人民的奴隶生活，最残忍的奴隶生活。“最残忍的奴隶制度是令人没有土地。因为一个主人的奴隶是做一个人的奴隶；但没有土地权的人却是众人的奴隶。”（见《世界之末日》第七章）且因为没有一个民族对于这种褊枉的情况有俄罗斯民族所感的那般亲切明白。那时代，俄罗斯的确处于一种特殊的环境中，即令托尔斯泰把俄国的特殊情形认为是欧洲全部的情形是一种错误的行为，我们可不能惊异他对于就近所见的痛苦具有特别的敏感——在《大罪恶》中，有一段他和乡人的谈话，描写那些人缺乏面包，因为他们没有土地，而他们心中都在期望能重新获得土地。俄罗斯的农民在全部人口中占有百分之八十的比例。托尔斯泰说在大地主制度之下，致千万的人都闹着饥荒。当人们和他谈起补救这些惨状问题，言论自由问题，政教分离问题，甚至八小时工作制等等时，他便嘲笑他们：“一切装做在到处探寻拯救大众疾苦的方法的人们令人想起舞台的情况，当全部观众看见一个演员隐藏着的时候，配角的演员也同样清楚地看到的同伴，却装做完全不看见，而努力想转移大家的注意。”除了把土地还给耕种的人以外更无别的挽救方法。为解决这土地问题起见，托尔斯泰赞成亨利·乔治的主张，实行征收地价税，而废除一切杂税。这是托氏的经济的圣经，他永远提及它，甚至在他的作品中，有时采用乔治整句的文字。

但尤其是因为俄罗斯民族是一切民族中最感染真正的基督教义的民族，而那时爆发的革命应当以基督的名义，实现团结与博爱的律令。但这爱的律令决不能完成，如果它不是依据了无抵抗那条律令。“无抵抗主义是最重要的原则。徒有互助而不知无抵抗是永远没有结果的。”（见《世界之末日》）而无抵抗一向是俄罗斯民族的主要性格。

“俄罗斯民族对于当局，老是和欧洲别的国家抱着不同的态度。他从来不和当局争斗；也从来不参与政柄，因此他亦不能为政治玷污。他认为参政是应当避免的一桩罪恶。一个古代的传说，相传俄国人祈求瓦兰人来统治他们。大多数的俄国人素来宁愿忍受强暴的行为而不加报复。他们永远是屈服的……”

自愿的屈服与奴颜婢膝的服从是绝然不同的。在一九〇〇年他致友人书中，他怨人家误会他的无抵抗主义。他说：人家把“勿以怨报怨”和“勿抵抗加在你身上的恶”相混。后者的意思是对于身受的恶处以无关心的态度……“实在是：抵抗罪恶是基督教义的唯一的目的，而不抵抗罪恶是对于罪恶最有力量的斗争。”关于这一点，人们很可以把它和甘地的主义相比，——这亦是为了爱为了牺牲而抵抗！这亦是心魂的勇武刚毅，和淡漠的无关心是完全相反的。只是甘地更增强了英雄的力量罢了。

“真正的基督徒能够屈服，而且他只能无抵抗地屈服于强暴，但他不能够服从，即不能承认强暴的合法。”见《世界之末日》。

当托尔斯泰写这几行的时候，他正因为目睹着一个民族的无抵抗主义的最悲壮的榜样而激动着，——这是一九〇五年一月二十二日圣彼得堡的流血的示威运动，一群手无寸铁的民众，由教士加蓬领导着，任人枪决，没有一声仇恨的呼喊，没有一个自卫的姿势。

长久以来，俄国的老信徒，为人们称做“皈依者”的，不顾一切压迫，顽强地对于国家坚持着他们的和平抵抗，并不承认政府威权为合法。托尔斯泰曾描绘了两个“盲从者”的典型：一个在《复活》的终端，另一个在《又是三个死者》中间。在日俄战争这场祸变以后，这种思想更迅速地传布到乡间的民众中去。拒绝军役的事情一天一天地增多；他们愈是受到残忍的压迫，反抗的心情愈是增强。——此外，各行省，各民族，并不认识托尔斯泰的，也对于国家实行绝对的和平抵抗：一八九八年开始的高加索的杜霍博尔人，一九〇五年左右的古里的格鲁吉亚人，托尔斯泰对于这些运动的影响远没有这些运动对于他的影响重大；而他的作品的意义，正和革命党的作家（如高尔基）所说的相反，确是俄罗斯旧民族的呼声。在托尔斯泰指摘各省议会的骚动以后，高尔基表示大不满意，写道：“这个人变成他的思想的奴隶了。长久以来，他已离开了俄罗斯的实生活而不听见民众的呼声了。他所处的地位已超临俄罗斯太远。”

他对于冒着生命的危险去实行他所宣传的主张的那般人，抱着很谦虚很严肃的态度。对于他，不受到官厅的虐待是一种剧烈的痛苦。他渴望殉道，但政府很乖，不肯使他满足。“在我周围，人们凌虐我的朋友，却不及于我，虽然我是唯一可算作有害的人。显然是因为我还不值得加以凌虐，我真为此觉得羞耻。”（一八九二年五月十六日致捷涅罗莫书）“我处在自由的境地中真是难堪。”（一八九四年六月一日致捷涅罗莫书）为何他做了那些事情还是那么太平无事？只有上帝知道！他侮辱皇帝，他攻击国家，斥为“这可恶的偶像，人们为了它牺牲了生命，自由和理智”。（见《世界之末日》；参看《战争与革命》中他节述的俄国史）这是魔鬼展览会：“疯狂的魔王伊万，酒鬼彼得一世，愚昧的厨役叶卡捷琳娜一世，淫乱的伊丽莎白，堕落的保尔，弑亲的亚历山大一世”，（可是他是唯一博得托尔斯泰的幽密的好感的君主，）“残忍而愚昧的尼古拉一世，不聪明的亚历山大二世，恶的亚历山大三世，傻子、犷野而昏昧的尼古拉二世……”对于杜霍博尔人、格鲁吉亚人，与对于逃避军役的人一样，他全没有教训的神气。

“凡不能忍受任何试炼的人什么也不能教导忍受试炼的人。”一九〇五年一月十九日致逃兵贡恰连科书。

他向"一切为他的言论与文字所能导向痛苦的人"请求宽恕。一八九七年致杜霍博尔人书。他从来不鼓励一个人拒绝军役。这是由各人自己决定的。如果他和一个正在犹豫的人有何交涉时,"他老是劝他接受军役,不要反抗,只要在道德上于他不是不可能的话"。因为,如果一个人犹豫,这是因为他还未成熟;"多一个军人究竟比多一个伪善者或变节者要好一些,这伪善与变节是做力不胜任的事的人们所容易陷入的境界"。一九〇〇年致友人书。他怀疑那逃避军役的贡恰连科的决心。他怕这青年受了自尊心与虚荣心的驱使,而不是"为了爱慕上帝之故"。一九〇五年二月十二日致贡恰连科书。对于杜霍博尔人他写信给他们,教他们不要为了骄傲为了人类的自尊心而坚持他们的抵抗,但是要"如果可能的话,把他们的孱弱的妻儿从痛苦中拯救出来。没有人会因此而责备他们"。他们只"应当在基督的精神降临在他们心中的时候坚持,因为这样,他们才会因了痛苦而感到幸福"。一八九七年致杜霍博尔人书。在普通情形中,他总请求一切受着虐待的人,"无论如何不要断绝了他们和虐待他们的人中间的感情"。一九〇五年一月十九日致贡恰连科书。即是对于最残忍的古代的希律王,也要爱他,好似他在致一个友人书中所写的那般:

"你说:'人们不能爱希律王。'——我不懂,但我感到,你也感到,我们应当爱希律王。我知道你也知道,如果我不爱他,我会受苦,我将没有生命。"一九〇五年十一月致友人书。托尔斯泰的关于国家问题的最重要的著作是:《基督教精神与爱国主义》(一八九四年);《爱国主义与政府》(一九〇〇年);《军人杂记册》(一九〇二年);《日俄战争》(一九〇四年);《向逃避军役的人们致敬》(一九〇九年)。

神明的纯洁,爱的热烈,终于连福音书上的"爱你的邻人如你自己一般"那句名言也不能使他满足了,因为这还是自私的变相!他以为原文有误,"十诫"中的第二条应当是"爱你的同胞如他一样",即如上

帝一样。(见和捷涅罗莫谈话)

有些人认为这爱情是太广泛了,把人类自私的情绪摆脱得那么干净之后,爱不将变成空洞么?——可是,还有谁比托尔斯泰更厌恶“抽象的爱”?

“今日最大的罪过,是人类的抽象的爱,对于一个离得很远的人的爱……爱我们所不认识的所永远遇不到的人,是多么容易的事!我们用不到牺牲什么。而同时我们已很自满!良心已经受到揶揄。——不。应当要爱你的近邻,——爱和你一起生活而障碍你的人。”出处同前。

大部分研究托尔斯泰的著作都说他的哲学与他的信仰并非是独创的:这是对的,这些思想的美是太永久了,决不能显得如一时代流行的风气那般……也有人说他的哲学与信仰是乌托邦式的。这亦不错:它们是乌托邦式的,如福音书一般。一个预言家是一个理想者;他的永恒的生活,在尘世即已开始。既然他在我们前面出现了,既然我们看到这预言家中的最后一个,在艺术家中唯一的额上戴有金光的人,——我觉得这个事实比世界上多一个宗教多一派哲学更为特殊更为重要。要是有人看不见这伟大的心魂的奇迹,看不见这疮痍满目的世界中的无边的博爱,真可说是盲人了!

“他的面目确定了”

他的面貌有了确定了的特点，由于这特点，他的面貌永远铭刻于人类记忆中：宽广的额上划着双重的皱痕，浓厚的雪白的眉毛，美丽的长须，令人想起第戎城中的摩西像。苍老的脸容变得温和了；它留着疾病，忧苦，与无边的慈爱的痕迹。从他二十岁时的粗暴犷野，塞瓦斯托波尔从军时的呆板严肃起，他有了多少的变化！但清明的眼神仍保有它锐利逼人的光芒，表示无限的坦白，自己什么也不掩藏，什么也不能对他有何隐蔽。

在他逝世前九年，在致神圣宗教会议的答复（一九〇一年四月十七日）中，托尔斯泰说过：

“我的信心使我生活在和平与欢乐之中，使我能在和平与欢乐之中走向生命的终局。”

述到他这两句时，我不禁想起古代的谚语：“我们在一个人未死之前决不能称他为幸福的人。”

那时候，他所引以自豪的和平与欢乐，对他是否能永远忠实？

一九〇五年“大革命”的希望消散了。在已经拨开云雾的黑暗中，期待着的光明没有来到。革命的兴奋过去之后，接着是精力的耗竭。从前种种苛政暴行丝毫没有改变，只有人民陷于更悲惨的水深火热中。一九〇六年时，托尔斯泰对于俄国斯拉夫民族所负的历史的使命已经起了怀疑；他的坚强的信心远远地在搜寻别的足以负起这使命的民族。他想起“伟大的睿智的中国人”。他相信“西方的民族所无可挽救地丧失的自由，将由东方民族去重行觅得”。他相信，中国领导着亚洲，将从“道”的修养上完成人类的转变大业。一九〇六年十月致一个中国人书。

但这是消失得很快的希望：老子与孔子的中国如日本一样，否定了它过去的智慧，为的要模仿欧洲。在他一九〇六年的信中，托尔斯泰已经表示这种恐惧。被凌虐的杜霍博尔人移民到加拿大去了；在那里，他们立刻占有了土地，使托尔斯泰大为不满。“既然要容忍私有产业制度，那么，以前的拒绝军役与警役是无谓的举动了，因为私有产业制全赖军警制予以维持的，尽了军役警役而沾着私有产业制之惠的人，比较拒绝军役警役而享受私有产业制的人还较胜一筹。”（一八九九年致旅居加拿大的杜霍博尔人书）格鲁吉亚人，刚才脱离了国家的羁绊，便开始袭击和他们意见不同的人；而俄国的军队，被召唤着去把一切都镇压平了。即是那些犹太人，——“他们的国家即是圣经，是人的理想中最美的国家，”——亦不能不沾染着这虚伪的国家主义，“为现代欧罗巴主义的皮毛之皮毛，为它的畸形的产物”。

托尔斯泰很悲哀，可不失望。他信奉上帝，他相信未来：以后的事实证明他是不差的，上帝对于他的恩惠完全报答了。在他逝世前数月，在非洲的极端，甘地的救世的声音传到了。（参看本书《亚洲对托尔斯泰的回响》）

“这将是完满之至了，如果人们能够在一霎间设法长成一个森林。不幸，这是不可能的，应当要等待种子发芽，长成，生出绿叶，最后才由树干长成一棵树。”一九〇五年，《告政治家书》。

但要长成一个森林必须要许多树；而托尔斯泰只有一个人。

光荣的，但是孤独的。全世界到处都有人写信给他：伊斯兰教国家，中国，日本，人们翻译他的《复活》，到处流传着他关于"授田于民"的主义。在《大罪恶》的篇末，我们可以找到《告被统治者书》。美国的记者来访问他；法国人来征询他对于艺术或对于政教分离的意见。一九〇六年十一月七日致保尔·萨巴捷尔书。但他的信徒不到三百，他自己亦知道。且他也不筹思去获得信徒。他拒绝朋友们组织"托尔斯泰派"的企图。

"不应该互相迎合，而应当全体去皈依上帝……你说：团结了，将更易为力……——什么？——为工作，刈割，是的。但是接近上帝，人们却只有孤独才能达到……我眼中的世界，仿如一座巨大的庙堂，光明从高处射到正中。为互相联合起见，大家都应当走向光明。那里，我们全体，从各方面来，我们和并未期待的许多人相遇：欢乐便在于此。"一八九二年六月与一九〇一年十一月致一个朋友书。

在穹窿中射下的光明之下，他们究竟有多少人聚集在一处呢？——没有关系，只要和上帝在一起有一个也够了。

"唯有在燃烧的物质方能燃着别的物质，同样，唯有一个人的真正的信仰与真正的生活方能感染他人而宣扬真理。"《战争与革命》。

这也许是的；但这孤独的信仰究竟能为托尔斯泰的幸福保证到如何程度？——在他最后几年中，他真和歌德苦心孤诣所达到的清明宁静，相差得多少远？可说他是逃避清明宁静，他对于它满怀反感。

"能够对自己不满是应当感谢上帝的。希望永远能如此！生命和它的理想的不调和正是生的标识，是从小到伟大，从恶到善的向上的动作。而这不调和是成为善的必要条件。当一个人平安而自满的时候，便是一种恶了。"致一个友人书。

而他幻想着这小说的题材，这小说证明列文或皮埃尔·别祖霍夫的烦闷在心中还未熄灭：

“我时常想像着一个在革命团体中教养长大的人，最初是革命党，继而平民主义者，社会主义者，正教徒，阿多山上的僧侣，以后又成为无神论者，家庭中的好父亲，终于变成高加索的杜霍博尔人。他什么都尝试，样样都放弃，人们嘲笑他，他什么也没有做，在一座收留所中默默无闻地死了。在死的时候，他想他糟蹋了他的人生。可是，这是一个圣者啊。”也许这里是在涉及《一个杜霍博尔人的故事》。

那么，他，信心那么丰满的他，心中还有怀疑么？——谁知道？对于一个到老身体与精神依然壮健的人，生命是决不能停留在某一点思想的上的。生命还须前进。

“动，便是生。”“想像一切人类完全懂得真理而集合在一起住在岛上。这是不是生活？”（一九〇一年三月致一个友人书）

在他生命的最后几年中，他多少事情都改变了。他对于革命党人的意见转变了没有呢？谁又能说他对于无抵抗主义的信心丝毫没有动摇？——在《复活》中，涅赫留多夫和政治犯们的交往证明他对于俄国革命党的意见已经变易了。

至此为止，他所一向反对他们的，是他们的残忍，罪恶的隐蔽，行凶，自满，虚荣。但当他更迫近地看他们时，当他看到当局如何对待他们时，他懂得他们是不得不如此的。

他佩服他们对于义务具有高卓的观念，整个的牺牲都包括在这观念中了。

但自一九〇〇年起，革命的潮流开始传布扩大了，从知识分子出发，它侵入民众阶级，它暗中震撼着整千整万的不幸者。他们军队中的前锋，在亚斯纳亚·波利亚纳托尔斯泰住所窗下列队而过。《法兰西水星》杂志所发表的三短篇，一九一〇年十二月一日。为托尔斯泰暮年最后的作品的一部分,令人窥见这种情景在他精神上引起多少痛苦多少凄惶。在图拉田野,走过一队队质朴虔敬的巡礼者的时间,如今在哪里。此刻是无数的饥荒者在彷徨流浪。他们每天都有得来。托尔斯泰和他们谈过话,发现他们胸中的愤恨为之骇然;他们不复如从前般把富人当为“以施舍作为修炼灵魂的人,而是视为强盗,喝着劳动民众的鲜血的暴徒”。其中不少是受过教育的,破产了,铤而走险地出此一途。

“将来在现代文明上做下如匈奴与汪达尔族在古代文明上所做的事的野蛮人,并非在沙漠与森林中而是在都会近旁的村落中与大路上养成的了。”

亨利·乔治曾经这样说过。托尔斯泰更加以补充,说:

“汪达尔人在俄罗斯已经准备好了,在那么富于宗教情绪的我们的民族中,他们将格外显得可怕,因为我们不知道限度,如在欧洲已经大为发达的舆论与法度等等。”

托尔斯泰时常收到这些反叛者的书信,抗议他的无抵抗主义,说对于一切政府与富人向民众所施的暴行只能报以“复仇!复仇!复仇!”之声。——托尔斯泰还指摘他们不是吗?我们不知道。但当他在几天之后,看见在他的村庄中,在对着无情的役吏哀哀啼哭的穷人家中,牛羊釜锅被掠去的时候,他亦不禁对着那些冷酷的官吏喊起复仇的口号来了,那些刽子手,“那些官僚与助手,只知道贩酒取利,教人屠杀,判罚流刑,下狱,苦役,或绞死,——这些家伙,一致认为在穷人家抓去的牛羊布匹,更宜于用来蒸馏毒害民众的酒精,制造杀人的军火,建造监狱,而尤其是和他们的助手们分赃花用”。

这真是悲苦的事:当一个人整整的一生都在期待爱的世界来临,而在这些可怕的景象之前又不得不闭着眼睛,满怀只是惶惑。——这将更为惨痛,当一个人具有托尔斯泰般真切的意识,而要承认自己的生活还不曾和他的主张一致。

在此，我们触及他最后几年——当说他的最后三十年吧？——的最苦痛的一点，而这一点，我们只应当以虔诚的手轻轻地加以抚摩：因为这痛苦，托尔斯泰曾努力想保守秘密，而且这痛苦不只属于死者，而亦属于其他的生者，他所爱的，爱他的人们了。

他始终不能把他的信心感染给他最亲爱的人，他的夫人，他的儿女。我们已见到这忠实的伴侣，勇敢地分担他的生活与他的艺术工作，对于他的放弃艺术信仰而去换一个为她不了解的道德信仰，感有深切的苦痛。托尔斯泰看到自己不被他最好的女友懂得，痛苦亦不下于她。

“我全个心魂都感到，”他写信给捷涅罗莫说，“感到下列几句话的真切：丈夫与妻子不是两个分离着的生物，而是结合为一的；我热愿把我能有时借以超脱人生之苦恼的宗教意识，传递一部分给我的妻子。我希望这意识能够，当然不是由我，而是由上帝传递给她，虽然这意识是女人们所不大能达到的。”一八九二年五月十六日。托尔斯泰那时看见他的夫人为了一个男孩的死亡而痛苦着，他不知如何安慰她。

这个志愿似乎没有被接纳。托尔斯泰伯爵夫人爱“和她结合为一的”伟大的心魂的仁慈，爱他心地的纯洁，爱他坦白的英雄气；她窥见“他走在群众之前，指示人类应取的途径”；一八八三年一月书。当神圣宗教会议开除他的教籍时，她勇敢地为他辩护，声称她将分任她的丈夫所能遭逢的危险。但她对于她不相信的事情不能佯为相信；而托尔斯泰亦是那么真诚，不愿强令她佯为信从——因为他恨虚伪的信仰与爱，更甚于完全的不信仰与不爱。“我从来不责备人没有宗教。最坏的是当人们说谎时，佯作信奉宗教。”此外又言：“如果上帝假做爱我们，这是比恨我们更糟。”因此，他怎么能强迫不相信的她改变她的生活，牺牲她和她的儿女们的财产呢？

和他的儿女们，龃龉似乎更深。勒鲁瓦·博利厄氏曾在亚斯纳亚·波利亚纳见过托尔斯泰，说"在食桌上，当父亲说话时，儿子们竟不大遮掩他们的烦恼与不信任"。见一九一〇年十二月十五日巴黎《两球杂志》。他的信仰只稍稍感染了他的三位女儿，其中一个，他最爱的玛丽亚，那时已经死了。保尔·比鲁科夫最近在德译本中发表一部托尔斯泰与他的女儿玛丽亚的通信。他在家人中间，精神上是完全孤独的。懂得他的"仅有他的幼女和他的医生"。见一九一〇年十二月十五日巴黎《两球杂志》。

他为了这思想上的距离而苦恼，他为了不得不敷衍的世俗的交际而苦恼，世界上到处有人来访问他，那些美国人，那些趋尚时髦的轻浮之士使他非常厌倦；他亦为了他的家庭生活所强迫他享受的"奢侈"而苦恼。其实亦是最低限度的奢侈，如果我们相信在他家里见过他的人的叙述的话，严肃冷峻的家具，他的小卧室内，放着一张铁床，四壁秃露无一物！但这种舒适已使他难堪：这是他永远的苦恼。在《法兰西水星》的第二短篇中，他悲苦地把周围的惨状和他自己家中的享用作对比。

一九〇三年时，他已写道："我的活动，不论对于若干人士显得是如何有益，已经丧失了它大半的重要性，因为我的生活不能和我所宣传的主张完全一致。"一九〇三年十二月十日致一个友人书。

他真是如何的不能实现这一致！他既不能强迫他的家族弃绝人世，也不能和他们与他们的生活分离，——使他得以摆脱他的敌人们的攻击，说他是伪善，说他言行不一致！

他曾有过思念。长久以来，他已下了决心。人们已觅得并发表了他于一八九七年六月八日写给他的妻子的信。见一九一〇年十二月二十七日《费加罗》日报，这封信，在他死后，由他们的女婿奥博连斯基亲王交给托尔斯泰伯爵夫人。这是数年之前，托氏把这封信付托给女婿的。这封信之外更附有另一封信，涉及他们夫妇生活的私事的。此信为托尔斯泰伯爵夫人阅后毁去。(见托尔斯泰的长女塔佳娜·苏霍京夫人的叙述)应当在此全部转录出来。再没有比这封信更能抉发他的热爱与苦痛的心魂的了:

“长久以来,亲爱的索菲娅,我为了我的生活与我的信仰的不一致而痛苦。我不能迫使你改变你的生活与习惯。迄今为止,我也不能离开你,因为我想我离开之后,我将失掉我能给与你的还很年轻的孩子们的小小的影响,而我将使你们大家非常难过。但我不能继续如过去的十六年般的生活,这种痛苦的情况自一八八一年,即在莫斯科所度的那个冬天起即已开始,那时候即托尔斯泰初次发现社会惨状。有时是对你们抗争使你们不快,有时我自己陷于我所习惯的周围的诱惑与影响中间不能振作。我此刻决心要实行我已想了好久的计划:走……如印度人一般,到了六十岁的时候到森林中去隐居,如一切信教的老人一般,愿将他的残年奉献给上帝,而非奉献给玩笑,说幽默话,胡闹,打网球,我亦是,在这七十岁左右的时节,我在全个心魂的力量上愿静穆,孤独,即非完满的一致,至少亦不要有在我一生与良心之间争斗的不一致。如果我公开地走,一定会引起你们的祈求,辩论,我将退让,或者就在我应当实行我的决心的时候就没有实行。因此我请你们宽恕我,如果我的行动使你们难过。尤其是你,索菲娅,让我走罢,不要寻找我,不要恨我,不要责备我。我离开你这个事实并不证明我对你有何不慊……我知道你不能,你不能如我一样地思想与观察,故你不能改变你的生活,不能为了你所不承认的对象作何牺牲。因此,我一些也不埋怨你;相反,我满怀着爱与感激来回忆我们三十五年的冗长的共同生活,尤其是这时期的前半期,你用你天赋的母性中的勇敢与忠诚,来负起你所承认的你的使命。你对于我,对于世界,你所能给予的已经给予了。你富有母爱,尽了极大的牺牲……但在我们的生活的后半部,在这最近的十五年间,我们是分道扬镳了。我不能相信这是我的错误;我知道我改变了,可这既非为了享乐,亦非为了别人,而是为了我不得不如此之故。我不能责备你丝毫没有跟从我,我感谢你,且我将永远怀着真挚的爱想起你对于我的赐与。——别了,我亲爱的索菲娅。我爱你。"

"我离开你这事实……"实在他并未离开她。——可怜的信!对于他,写了这信似乎已足够,似乎已经完成了他的决心……写完了,他的决断的力量已经用尽了。——"如果我公开地走,一定会引起你们的祈求,辩论,我将退让……"可是于他不需什么"祈求"、"辩论",他只要一刻之后,看到他要离开的一切时,他便感到他不能,他不能离开他们了;他衣袋中的信,就此藏在一件家具内,外面注着:

"我死后,将此交给我的妻,索菲娅·安德烈耶芙娜。"

他的出亡的计划至此为止。

这是他的力的表现么?他不能为了他的上帝而牺牲他的温情么?——当然,在基督教名人录中,不乏更坚决的圣者,会毫不踌躇地摈弃他们的与别人的感情……怎么办呢?他决非是这等人。他是弱者。他是人。为了这,我们才爱他。

十五年前,在极端怆痛的一页中,他自问:

"那么,列夫·托尔斯泰,你是否依照你所宣扬的主义而生活?"

他痛苦地答道:

"我羞愧欲死,我是罪人,我应当被人蔑视。……可是,请把我过去的生活和现在的比一比罢。你可以看到我在寻求依了上帝的律令而生活的方法。我没有做到我应做的千分之一,我为此而惶愧,但我的没有做到并非因为我不愿而是因为我不能……指斥我罢,可不要指斥我所遵循的道路。如果我认识引领到我家里去的道路而我如醉人一般踉踉跄跄地走着,这便可说是我所取的路是坏路吗？不是请你指点我另一条路，就是请支持我去遵循真理的路，而我已完全准备受你支持了。可不要冷落我，不要把我的破灭引为乐事，不要高兴地喊：‘瞧啊！他说他要走到家里，而他堕入泥洼中去了！’不，不要幸灾乐祸，但请助我，支持我！……助我啊！我为了我们大家都彷徨失措而心碎；而当我竭尽全力想超脱地狱时，当我每次堕入歧途时，你们却不予我同情，反指着我说：‘看罢，他亦和我们一起跌入泥洼了’！”在托尔斯泰的最后几年，尤其在最后几个月中，他似乎受着弗拉季米尔-格雷戈里奇·切尔特科夫的影响。这是一个忠诚的朋友，久居英国，出资刊行并流通托尔斯泰的著作。他曾受到托尔斯泰一个儿子，名叫列夫的攻击。但即是他的思想的固执不无可议之处，可没有人能够怀疑他的绝对的忠诚。有人说托尔斯泰在遗嘱中丝毫没有把他的著作权赠给他的妻子的，这种无情的举动，是受着这位朋友的感应；但究竟我们无从证实，所能确实知道的，是他对于托尔斯泰的荣名比着托氏本人更为关心。自一九一〇年六月二十三日起到托氏逝世间的六个月中的情况，托尔斯泰的最后一个秘书瓦连京·布尔加科夫知道得最清楚，他的日记便是这时期托氏生活的最忠实的记录。

离他的死更近的时候，他又重复着说：

“我不是一个圣者，我从来不自命为这样的人物。我是一个任人驱使的人，有时候不完全说出他所思想他所感觉着的东西；并非因为他不愿，而是因为他不能，因为他时常要夸大或彷徨。在我的行为中，这更糟了。我是一个完全怯弱的人，具有恶习，愿侍奉真理之神，但永远在颠蹶，如果人们把我当作一个不会有何错误的人，那么，我的每项错误皆将显得是谎言或虚伪。但若人们视我为一个弱者，那么，我的本来面目可以完全显露，这是一个可怜的生物，但是真诚的，他一直要而且诚心诚意地愿成为一个好人，上帝的一个忠仆。”

这样的，他为良心的责备所苦，为他的更坚毅的但缺少人间性的信徒们的无声的埋怨所抨击，为了他的怯弱，他的踟蹰不决而痛心，老是在家族之爱与上帝之爱间徘徊，——直到一天，一时间的绝望，或是他临死前的狂热的旋风，迫他离开了家，在路上，一面彷徨，一面奔逃，去叩一所修院的门，随后又重新启程，终于在途中病倒了，在一个无名的小城中一病不起。一九一〇年十月二十八日的清晨五时许，托尔斯泰突然离开了亚斯纳亚·波利亚纳。他由马科维茨基医生陪随着；他的女儿亚历山德拉，为切尔特科夫称为"他的亲切的合作者"的，知道他动身的秘密。当日晚六时，他到达奥普塔修院，俄国最著名的修院之一，他以前曾经到过好几次。他在此宿了一晚，翌晨，他写了一篇论死刑的长文。在十月二十九日晚上，他到他的姊妹玛亚丽出家的沙莫尔金诺修院。他和她一同晚餐，他告诉她他欲在奥普塔修院中度他的余年，"可以做任何低下的工作，唯一的条件是人家不强迫他到教堂里去"。他留宿在沙莫尔金诺，翌日清晨，他在邻近的村落中散步了一回，他又想在那里租一个住处，下午再去看他的姊妹。五时，他的女儿亚历山德拉不凑巧地赶来了。无疑的，她是来通知他说他走后，人家已开始在寻访他了：他们在夜里立刻动身。托尔斯泰，亚历山德拉，马科维茨基向着克谢尔斯克车站出发，也许是要从此走入南方各省，再到巴尔干，布尔加列，塞尔别各地的斯拉夫民族居留地。途中，托尔斯泰在阿斯塔波沃站上病倒了，不得不在那里卧床休养。他便在那里去世了。——关于他最后几天的情景，在《托尔斯泰的出走与去世》(柏林，一九二五年版)中可以找到最完全的记载，作者勒内·菲洛埃普-米勒与弗里德里希·埃克施泰因搜集托尔斯泰的夫人，女儿，医生，及在场的友人的记载，和政府秘密文件中的记载。这最后一部分，一九一七年时被苏维埃政府发现，暴露了当时不少的阴谋，政府与教会包围着垂死的老人，想逼他取消他以前对于教会的攻击而表示翻悔。政府，尤其是俄皇个人，极力威逼神圣宗教会议要他办到这件事。但结果是完全失败。这批文件亦证明了政府的烦虑。列下省总督，奥博连斯基亲王，莫斯科宪兵总监洛夫将军间的警务通讯，对于在阿斯塔波沃发生的事故每小时都有报告，下了最严重的命令守护车站。使护丧的人完全与外间隔绝。这是因为最高的当局深恐托氏之死会引起俄罗斯政治大示威运动之故。——托尔斯泰与世长辞的那所屋子周围，拥满了警察，间谍，新闻记者，与电影摄影师，窥伺着托尔斯泰伯爵夫人对于垂死者所表示的爱情、痛苦与忏悔。在他弥留的床上，他哭泣着，并非为了自己，而是为了不幸的人们；而在嚎啕的哭声中说：

"大地上千百万的生灵在受苦；你们为何大家都在这里只照顾一个列夫·托尔斯泰？"

于是，"解脱"来了——这是一九一〇年十一月二十日，清晨六时余，——"解脱"，他所称为"死，该祝福的死……"来了。

“战斗告终了”

战斗告终了,以八十二年的生命作为战场的战斗告终了。悲剧的光荣的争战,一切生的力量,一切缺陷一切德性都参预着。——一切缺陷,除了一项,他不息地抨击的谎言。

最初是醉人的自由,在远远里电光闪闪的风雨之夜互相摸索冲撞的情欲,——爱情与幻梦的狂乱,永恒的幻象。高加索,塞瓦斯托波尔,这骚乱烦闷的青春时代……接着,婚后最初几年中的恬静。爱情,艺术,自然的幸福,《战争与和平》。天才的最高期,笼罩了整个人类的境界,还有在心魂上已经成为过去的,这些争斗的景象。他统制着这一切,他是主宰;而这,于他已不足够了。如安德烈亲王一样,他的目光转向奥斯特利茨无垠的青天。是这青天在吸引他:

“有的人具有强大的翅翼,为了对于世俗的恋念堕在人间,翅翼折断了:例如我。以后,他鼓着残破的翅翼奋力冲飞,又堕下了。翅翼将会痊愈变成完好的。我将飞翔到极高。上帝助我!”见一八七九年十月二十八日《日记》。那一页是最美丽的一页,我们把它转录于下:“在这个世界上有没有翅翼的笨重的人。他们在下层,骚扰着。他们中间亦有极强的，如拿破仑。他们在人间留下可怕的痕迹，播下不和的种子。——有让他的翅翼推动的人，慢慢地向前，翱翔着，如僧侣。——有轻浮的人，极容易上升而下坠，如那些好心的理想家。——有具有强大的翅翼的人……——有天国的人，为了人间的爱，藏起翅翼而降到地上，教人飞翔。以后，当他们不再成为必要时，他们称为'基督'。"

这是他在最惊心动魄的暴风雨时代所写的句子，《忏悔录》便是这时期的回忆与回声。托尔斯泰曾屡次堕在地下折断了翅翼。而他永远坚持着。他重新启程。他居然"遨翔于无垠与深沉的天空中了"，两张巨大的翅翼，一是理智一是信仰。但他在那里并未找到他所探求的静谧。天并不在我们之外而在我们之内。托尔斯泰在天上仍旧激起他热情的风波，在这一点上他和一切舍弃人世的使徒有别：他在他的舍弃中灌注着与他在人生中同样的热情。他所抓握着的永远是"生"，而且他抓握得如爱人般的强烈。他"为了生而疯狂"。他"为了生而陶醉"。没有这醉意，他不能生存。"一个人只有在醉于生命的时候方能生活。"（《忏悔录》一八七九年）"我为了人生而癫狂……这是夏天，美妙的夏天。今年，我奋斗了长久；但自然的美把我征服了。我感着生的乐趣。"（一八八〇年七月致费特书）这几行正在他为了宗教而狂乱的时候写的。为了幸福，同时亦为了苦难而陶醉，醉心于死，亦醉心于永生。一八六五年十月《日记》："死的念头……""我愿，我爱永生。"他对于个人生活的舍弃，只是他对于永恒生活的企慕的呼声而已。不，他所达到的平和，他所唤引的灵魂的平和，并非是死的平和。这是那些在无穷的空间中热烈地向前趱奔的人们的平和。在于他，愤怒是沉静的，"我对于愤怒感到陶醉，我爱它，当我感到时我且刺激它，因为它于我是一种镇静的方法，使我，至少在若干时内，具有非常的弹性、精力与火焰，使我在精神上肉体上都能有所作为。"（见《涅赫留多夫亲王日记》一八五七年）而沉静却是沸热的。信心给予他新的武器，使他把从初期作品起便开始的对于现代社会的谎言的战斗，更愤激地继续下去。他不再限于几个小说中的人物，而向一切巨大的偶像施行攻击了：宗教，国家，科学，艺术，自由主义，社会主义，平民教育，慈善事业，和平运动……他为了一八九一年在伦敦举行的世界和平会议所写的关于战争的论文，是对于一般相信仲裁主义的和平主义者的一个尖锐的讥刺："这无异于把一粒谷放在鸟的尾巴上而捕获它的故事。要捕获它是那么容易的事。和人们谈着什么仲裁与国家容许的裁军实在是开玩笑。这一切真是些无谓的空谈！当然，各国政府会承认：那些好使徒！他们明明知道这决不能阻止他们在欢喜的时候驱使千百万的生灵去相杀。"（见《天国在我们内心》第六章）他痛骂它们，把他们攻击得毫无余地。

世界上曾时常看见那些伟大的思想反叛者出现，他们如先驱者约翰般诅咒堕落的文明。其中的最后一个是卢梭。在他对于自然的爱慕，自然一向是托尔斯泰的"最好的朋友"，好似他自己所说的一样："一个朋友，这很好；但他将死，他要到什么地方去，我们不能跟随他。至于自然，我们和它的关系是那么密切，不啻是买来的，承继得来的，这当然更好。我的自然是冷酷的，累赘的；但这是一个终身的朋友；当一个人死后，他便进到自然中去。"（致费特书，一八六一年五月十九日）他参预自然的生命，他在春天再生，（"三月四日是我工作最好的月份，"——一八七七年三月二十三日致费特书，）他到了暮秋开始沉闷。（"这于我是死的一季，我不思想，不写，我舒服地感到自己蠢然。"——一八六九年十月二十一日致费特书）在他对于现代社会的痛恨，在他极端的独立性，在他对于圣书与基督教道德的崇拜，卢梭可说是预告了托尔斯泰的来临，托尔斯泰自己即承认，说："他的文字中直有许多地方打动我的心坎，我想我自己便会写出这些句子。"见和保尔·布瓦耶的谈话。（一九〇一年八月二十八日巴黎《时报》）实在，人们时常会分不清楚，例如卢梭的朱莉（＊朱莉是卢梭著《新爱洛伊丝》小说中的女主人翁）在临终时的说话："凡我所不能相信的，我不能说我相信，我永远说我所相信的。属于我的，唯此而已。"和托尔斯泰《答圣西诺德书》中的："我的信仰使人厌恶或阻碍别人，这是可能的。但要更改它却不在我能力范围以内，好似我不能更变我的肉体一样。我除了我所相信的以外不能相信别的，尤其在这个我将回到我所从来的神那边去的时候。”或卢梭的《答特博蒙书》似乎完全出之于托尔斯泰的手笔：“我是耶稣基督的信徒。我主告我凡是爱他的同胞的人已经完成了律令。”或如：“星期日的全部祷文又以归纳在下列这几个字中：“愿你的意志实现！”（卢梭《山中杂书》第三）与下面一段相比：“我把主祷文代替了一切祷文。我所能向上帝祈求的在下列一句中表现得最完满了：‘愿你的意志实现！’”（一八五二—五三年间在高加索时代的《日记》）两人思想的肖似不独在宗教方面为然，即在艺术方面亦是如此。卢梭有言：“现代艺术的第一条规则，是说得明明白白，准确地表出他的思想。”托尔斯泰说：“你爱怎么想便怎么想罢，只要你的每一个字都能为大家懂得。在完全通畅明白的文字中决不会写出不好的东西。”此外我亦说过，卢梭在《新爱洛伊丝》中对于巴黎歌剧院的讽刺的描写，和托尔斯泰在《艺术论》中的批评极有关连。

但这两颗心魂毕竟有极大的差别，托尔斯泰的是更纯粹的基督徒的灵魂！且举两个例子以见这位日内瓦人的《忏悔录》中含有多么傲慢，不逊，伪善的气氛：

“永恒的生灵！有人能和你说——只要他敢：我曾比此人更好！”

“我敢毫无顾忌地说：谁敢当我是不诚实的人，他自己便是该死。”

托尔斯泰却为了他过去生命中的罪恶而痛哭流涕：

“我感到地狱般的痛苦。我回想起我一切以往的卑怯，这些卑怯的回忆不离我，它们毒害了我的生命。人们通常抱憾死后不能保有回忆。这样将多么幸福啊！如果在这另一个生命中，我能回忆到我在此世所犯的一切罪恶，将是怎样的痛苦啊！……”见一九〇三年一月六日《日记》。

他不会如卢梭一般写他的《忏悔录》，因为卢梭曾言：“因为感到我的善胜过恶，故我认为有说出一切的利益。”见卢梭《一个孤独的散步者的幻想录》中《第四次散步》。托尔斯泰试着写他的《回忆录》，终于放弃了；笔在他手中堕下，他不愿人们将来读了之后说：

“人们认为那么崇高的人原来如此！他曾经是何等卑怯！至于我们，却是上帝自己令我们成为卑怯的。”致比鲁科夫书。

基督教信仰中的美丽而道德的贞洁，和使托尔斯泰具有悫直之风的谦虚，卢梭都从未认识。隐在卢梭之后，——在鹭鸶岛的铜像周围，——我们看到一个日内瓦的圣皮埃尔，罗马的加尔文。在托尔斯泰身上，我们却看到那些巡礼者，无邪的教徒，曾以天真的忏悔与流泪感动过他的童年的。

对于世界的奋战，是他和卢梭共同的争斗，此外尚另有一种更甚于此的争斗充塞着托尔斯泰最后三十年的生命，这是他心魂中两种最高的力量的肉搏：真理与爱。

真理，——“这直透入心魂的目光，”——透入你内心的灰色的眼珠中的深刻的光明……它是他的最早的信仰，是他的艺术之后。

“成为我作品中的女英雄的，为我以整个心魂的力量所爱的，在过去，现在，将来，永远是美的，这便是真理。”《一八五五年五月之塞瓦斯托波尔》。

真理，是在他兄弟死后一切都毁灭了的时候所仅存的东西。“真理……在我道德观念中唯一存留的东西，我将崇拜的唯一的对象。”（一八六〇年十月十七日）真理，是他生命的中枢，是大海中的岩石。……

但不久之后，“残酷的真理”同前于他已不够了。爱占夺了它的地位。这是他童年时代的活泼的泉源，“他的心魂的自然的境界”。“纯粹的爱人类之情是心灵的天然状态，而我们竟没有注意到。”（当他在卡赞当学生时代的《日记》）一八八〇年发生精神错乱时，他绝未舍弃真理，他把它导向爱的境界。“真理会导向爱情……”（《忏悔录》一八七九至八一年）“我把真理放在爱的一个单位上……”（同前）

爱是“力的基础”。“你永远在提及力量？但力的基础是爱。”（见《安娜小史》第二卷安娜的话）爱是“生存的意义”，唯一的意义，当然，美亦是的。“美与爱，生存的两大意义。”（《战争与和平》第二卷）爱是由生活磨炼成熟后的托尔斯泰的精髓，是《战争与和平》、《答神圣宗教会议书》的作者的生命的精髓。“我信上帝，上帝于我即是‘爱’。”（一九〇一年《答圣西诺德书》）“是的，爱！……不是自私的爱，但是我生平第一次感到的爱，当我看到，在我身旁的垂死的敌人，我爱他……这是灵魂的原素。爱他的邻人，爱他的敌人，爱大家，爱每个，这是在各方面去爱上帝！……爱一个我们亲爱的人，这是人的爱，但爱他的敌人简直是神明的爱！……”（这是《战争与和平》中安德烈临终时所说的话）

爱深入于真理这一点，成为他在中年所写的杰作的独有的价值，他的写实主义所以和福楼拜式的写实主义有别者亦为此。福楼拜竭力要不爱他书中的人物。故无论这种态度是如何伟大，它总缺少光明的存在！太阳的光明全然不够，必须要有心的光明。托尔斯泰的写实主义现身在每个生灵的内部，且用他们的目光去观察他们时，在最下贱的人中，他亦会找到爱他的理由，使我们感到这恶人与我们中间亦有兄弟般的情谊联系着。“艺术家对于他的作品的爱是艺术的心灵。没有爱，没有艺术品。”（一八八九年九月书）由了爱，他参透生命的根源。

但这种博爱的联系是难于维持的。有时候，人生的现象与痛苦是那么悲惨，对于我们的爱显得是一种打击，那时，为了拯救这爱，拯救这信念，我们不得不把它超临人世之上，以至它有和人世脱离一切关系的危险。而那秉有看到真理，且绝对不能不看到真理的这美妙而又可畏的天赋的人，将怎么办呢？托尔斯泰最后数年中，锐利的慧眼看到现实的残酷，热烈的心永远期待着锻炼着爱，他为了心与目的不断的矛盾所感到的痛苦，谁又能说出来呢？

我们大家都体验过这悲剧的争斗。我们屡次陷入或不忍睹或痛恨的轮回中！一个艺术家，——一个名副其实的艺术家，一个认识文字的美妙而又可怕的力量的作家，——在写出某项某项真理的时候，感得为惨痛的情绪所拗苦：此种情形何可胜数！“我写了这些书，所以我知道它们所能产生的罪过……？”（一八九七年十一月二十一日，托尔斯泰致杜霍博尔人的领袖韦里金书）。在现代的谎言中，在文明的谎言中，这健全而严重的真理，有如我们赖以呼吸的空气一般需要……而我们发现这空气，为多少肺所不能忍受，多少为文明所磨成，或只为他们心地的慈悲而变成怯弱的人所不堪忍受！这使人骇而却走的真理，我们可毫不顾虑这些弱者而在他们眼前暴露么？有没有在高处如托尔斯泰所说的一般，一种“导向爱的”真理？——可是什么？我们能不能容忍以令人安慰的谎言去欺骗人，如皮尔·金特把他的童话来麻醉他的垂死的母亲？……社会永远处在这两条路的中间：真理；或爱。它通常的解决，往往是把真理与爱两者一齐牺牲了。

托尔斯泰从未欺妄过他两种信心中的任何一种。在他成熟期的作品中，爱是真理的火焰。在他晚年的作品中，这是一种从高处射下的光明，一道神恩普照的光彩烛照在人生上，可是不复与人生融和了。我们在《复活》中看到信仰统制着现实，但仍站在现实之外。托尔斯泰所描写的人物。每当他隔别观察他们的面目时，显得是弱的，无用的，但一等到他以抽象的方式加以思索时，这些人物立刻具有神明般的圣洁了。参看《一个绅士的早晨》，——或在《忏悔录》中理想的描写，那些人是多么质朴，多么善良，满足自己的命运，安分守己，博得人生的意义，——或在《复活》第二编末，当涅赫留多夫遇见放工回来的工人时，眼前显出“这人类，这新世界”。——在他日常生活中，和他的艺术同样有这种矛盾的表现，而且更为残酷的。他虽然知道爱所支使他的任务，他的行动却总不一致；他不依了神而生活，他依了世俗而生活。即是爱，到哪里去抓握它呢？在它不同的面目与矛盾的系统中如何加以辨别？是他的家庭之爱，抑是全人类之爱？……直到最后一天，他还是在这两者中间彷徨。

如何解决？——他不知道。让那些骄傲的知识分子去轻蔑地批判他罢。当然，他们找到了解决方法，找到了真理，他们具有确信。在这些人看来，托尔斯泰是一个弱者，一个感伤的人，不足为训的。无疑的，他不是一个他们所能追随的榜样：他们没有相当的生命力。托尔斯泰不属于富有虚荣心的优秀阶级，他亦不属于任何教派，——他既非伪善者，亦非如他所称谓的犹太僧侣。他是自由基督徒中最高的一个典型，他的一生都在倾向于一个愈趋愈远的理想。“一个基督徒在精神上决不会比别人高或低；但他能在完满的道上，活动得更快，这便使他成为更纯粹的基督徒。因此，那些伪善者的停滞不进的德行较之和基督同时钉死的强盗更少基督教意味，因为这些强盗的心魂，永远向着理想而活动，且他们在十字架上也已后悔了。”（见《残忍的乐趣》）

托尔斯泰并不向那些思想上的特权者说话，他只说给普通人听。——他是我们的良知。他说出我们这些普通人所共有的思想，为我们不敢在自己心中加以正视的。而他之于我们，亦非一个骄傲的大师，如那些坐在他们的艺术与智慧的宝座上，威临着人类的高傲的天才一般。他是——如他在信中自称的，那个在一切名称中最美，最甜蜜的一个，——“我们的弟兄”。

一九一一年一月

托尔斯泰遗著论

托尔斯泰死后,遗下不少未曾发表的作品。其中大部分在他死后已经陆续印行,在比安斯托克氏的法译本(纳尔逊书店丛书版)中合成三卷。另一部更完全的版本,是一九二五年出版的乔治·特奥斯托亚与居斯塔夫·马松的合译本。巴黎博萨尔书店。这些作品分属于他一生的各个时代。有的还是一八八三年的作品(如《一个疯人的日记》)。有的是他在最后几年中写的。它们的种类有短篇小说,长篇小说,剧本,独白。许多是未完之作。我敢把它们分成两类:一是托尔斯泰依了道德意志而写的,一是依了艺术本能而写的。还有一小部分是这两种趋向融和得非常美满的。

所可惜的,是他对于文学的光荣的淡漠——或者是为了他的禁欲思想——使他不能把应该是作品中最美的一部分杰作继续下去。例如《费奥多尔·库兹米奇老人的遗著——日记》。这是俄皇亚历山大一世的有名的传说,说他决心舍弃一切,托着假名出走,在西伯利亚终老。我们感到托尔斯泰对此题材非常热情,他和他的英雄在思想上结合为一。但这部《日记》只存留了最初几章;即在这残缺的部分中,已可令人看得叙述的紧凑与清新,足和《复活》中最好的部分媲美。在此有多少令人不能遗忘的肖像（如老后叶卡捷琳娜二世），尤其是这位神秘的暴烈的俄皇的描绘，他的倨傲的性格，在平静的老人心中还不时地激醒兴奋。

《谢尔盖老人》（一八九一——一九〇四）亦是波澜壮阔的托尔斯泰式的作品之一；但故事的叙述被裁剪得太短了。一个老人在孤独与苦行中追求上帝，终于他在为了人群而生活时找到了神。有几处犷野的情调直可令人骇愕。书中的主人翁发现他所爱者的丑恶的那幕描写，（他的未婚妻，为他崇拜如圣女一般的女人，竟是他所敬爱的俄皇的情妇，）真是又质朴又悲壮。即是那个修士在精神狂乱之夜为要重觅和平而斫落自己的手指那幕，亦是动人心魂的描写。与这些犷野可怖的穿插对立着的，有书末描述与可怜的童年的女友那段凄恻的谈话，和最后几页的淡漠、清明、急转直下的文字。

《母亲》亦是一部动人之作。一个慈爱的有理性的母亲，四十年中整个的为了她的家人服务，终于孤独着，不活动，亦没有活动的意义，虽然是自由思想者，她竟隐居于一个修院中去写她的日记。但本书只有首部还存留着。

另一组短篇故事，在艺术上是更完满的作品。

《傻瓜阿列克谢》可以归入美丽的通俗故事类，事情是讲一个质直朴讷的人，永远被牺牲，永远甜蜜地感到满足，以至于死。——《舞会之后》（一九〇三年八月二十日）是：一个老人讲他曾如何的爱一个青年女郎，如何的突然不爱她，因为他看见女子的父亲，一个当大佐的军官，鞭笞他的兵士之故。这是完满之作，先是少年时代的回忆，美丽动人，接着是十分激动的真切的描写。——《梦中所见》（一九〇六年十一月十三日）是：一个亲王为了他所钟爱的女儿，任人诱惑逃出家庭，而不能宽恕她。但他一看见她时，却是他立刻去请求她的宽恕。然而（在此可见托尔斯泰的温情与理想主义从来没有枯竭的时候),他无论如何不能克制自己见了女儿的私生子所生的厌恶之情。——《霍登卡》是极短的短篇,叙述一八九三年时,一个年轻的俄国公主,想加入莫斯科的一个平民节庆,突然被人众拥挤得大为狼狈,被人在脚下践踏,人家以为她是死了,一个工人,亦是被人挤得不堪的人,救醒了她。一霎间,友爱的情操把两人联合了。以后他们分别了,从此不复相见。

局面伟大,开始便似一部史诗式的长篇小说的,有《哈吉·穆拉特》(一九〇二年十二月),叙述一八五一年高加索战争时的杂事。托尔斯泰写道,“其中一部分是我亲历的”。在写本书的时候,托尔斯泰正在最能把握他的艺术能力的阶段。视觉(眼睛的与心灵的)是非常完满。但可怪的是人家对于故事并不真正感到兴趣。因为读者觉得托尔斯泰亦并不对此故事真有什么兴趣。在故事中显现的每个人物,正好获得他恰当的同情;而作者对于每个人物,即是在我们眼前显露一下并不有何长久的动作的,亦给他一个完满的肖像描写。但为了要爱全体,他终于没有什么偏爱。他写这作品,似乎并无内心的需要,而只是为了肉体的需求。如别人需要舒展他的肌肉一般,他需要使用他的智的机能。他需要创作,他便创作了。

别的具有个人气质的作品,往往达到了悲怆的境界。自传式的作品即属此类,如《一个疯人的日记》(一八八三年十月二十日),追写一八六九年托尔斯泰精神困乱时最初几夜的恐怖。参看前文中论《安娜小史》章。又如《魔鬼》(一八八九年十一月十九日),这部最后的最长的短篇小说,好几部分含有一切最优的特点,不幸它的结局极无聊。一个乡下的地主,和他的农人的一个女儿有了关系,却另外结了婚,和乡女离开了。(因为他是诚实的,他又爱他的年轻的妻子。)但这乡女“留在他的血液里”,他见了她不能不生占有她的思念。她追寻他。她终于重新和他结合;他感到自己不复能离开她:他自杀了。书中各个人物的肖像——如男子是一个善良的,懦弱的,壮实的,短视的,聪明的,真诚的,勤奋的,烦闷的人,——他的年轻的妻子是传奇式的,多情的,——美丽的健全的乡女,热烈而不知贞操的,——都是杰作。可惜托尔斯泰在他的小说的终局放入在实事中没有的道德思想:因为作者实在有过同类的艳史。

五幕剧《黑暗中的光明》,确表现了艺术方面的弱点。但当我们知道了托尔斯泰暮年时的悲剧时,这部在别的人名下隐藏着托尔斯泰及其家人的作品将何等动人!尼古拉·伊万诺维奇·萨林特泽夫和《我们应当做什么?》的作者到了具有同样信心的地步,他试着要把它实行。但这于他是绝端不可能。他的妻子的哭泣(真诚的呢还是假装的?)阻止他离开他的家族。他留在家中,如穷人般过活,作着木工。他的夫人与儿女继续着奢侈的享用与豪华的宴会。虽然他绝对没有参加,人家却指摘他是虚伪。然而,由于他的精神的影响,由于他的人格的光辉,他在周围造成了不少信徒——与不幸者。一个教堂司祭,信服了他的主义,放弃了他的职位。一个世家子弟为了人的主义而拒绝军役,以致被罚入纠正纪律的队伍中。而这可怜的托尔斯泰的化身,萨林特泽夫为怀疑所苦。他是不是犯了错误?他是否无谓地陷别人于痛苦或死地?末了,他对于他的悲苦的解决,唯有让那为他无意中置于绝路的青年的母亲杀死。

在另一短篇《无所谓罪人》(一九一〇年九月)中,我们还可找到托尔斯泰最后几年的生活,同样是一个因了无可自拔的境遇而受苦的人的忏悔录。在闲豫的富人之前,有被压迫的穷人:可是他们双方都不觉察这种社会状态的可怕与不合理。

两部剧本具有真实的价值：一是农村小剧，攻击酒精的为害的：《一切品性之所从来》（很可能是一九一〇年作）。人物的个性极强：他们的典型的体格，他们的言语的可笑，都是描绘逼真。那个在末了宽恕他的窃贼的乡人，在他无意识的伟大与天真的自尊心上，是又高尚又滑稽的。——第二部却另有一种重要，是十二景的剧本，名：《活尸》。它表露为社会荒谬的现象所压迫着的善良而懦弱之士。剧中的主人翁费佳为了自己的善性与道德情操而断送了一生，他的这些情操隐藏在放浪不羁的生活之下：他为了人类的卑下与对于自己的蔑视而痛苦到不堪忍受；但他无力反抗。他有一个妻子，爱他，秉性善良，安分守己，极有理性，但“缺少这使苹果汁发沫的一颗小小的葡萄”，缺少这令人遗忘一切的“在生活中的跳跃”。而他正需要遗忘。

“我们都处于我们的环境中，”他说，“我们前面有三条途径，只有三条。做一个公务员，挣得钱来加增你生活的卑劣。这使我厌恶；也许是我不能这样做……第二条路，是和这卑下奋斗：这必得是一个英雄，我却不是。剩下第三条：忘记自己，喝酒，玩，唱歌；这是我所选择的路，你们看这条路已引我到什么地步……”《活尸》第五幕第一场。

在另一段中：

“我怎样会陷于绝境的呢？第一是酒。并非我感到喝酒的乐趣。但我永远怀着这种情操：在我周围的一切都不应当的，我为此羞耻……至于要成为贵族的领袖，或银行的行长，这是那么可耻，那么可耻！……喝过了酒，我们不复感到羞耻了……而且，音乐，不是歌剧或贝多芬，多少精力……还有美丽的黑眼睛，微笑……但这些东西愈是魅人，事后愈令人羞耻……”第三幕第二场。

他离开了他的妻子，因为他觉得她不幸而她亦不使他快乐。他把她留给一个友人，他爱她，她亦爱他，虽然没有明言，且这友人与他亦有相似之处。他自己隐避在下层阶级中;这样,一切都好:他们两个是幸福了,他呢,——尽他所能地使自己幸福。但社会绝对不允许人家不征求它的同意而行事;它强迫费佳自杀,如果他不愿他的两位朋友被判重婚罪。——这部奇特的作品,含有那么深刻的俄罗斯色彩,反映出一般优秀人士在革命所给予的巨大的希望消失以后,如何的失望与消沉,这是一部朴实无华的作品。其中的性格完全是真的,生动的,即是次要的角色亦是如此:(年轻的妹子对于恋爱与婚姻问题的道德观念;勇敢的卡列宁娜的面目,她的老母,保守派的贵族,在言语上非常强硬,在行为上非常迁就的人;)甚至那些酒店中的舞女,律师,都是如实有的人物一般。

我所搁置不论的,是那些道德的与宗教的作用占了首位的作品,在此,作品的自由的生命被阻抑了,虽然这于托尔斯泰心理上的清明状态并无损害:

《伪票》:长篇的叙述,差不多是一部长篇小说,它要表现世界上一切行为——不论是善是恶——的连锁。两个中学生犯了一桩伪票罪,由此发现出许多的罪恶,愈来愈可怕,——直到由一个被害的可怜的女人的圣洁的退让,对于凶手发生了影响,更由这凶手一步一步追溯到造成罪恶的最初的人犯。题材是壮丽无比,简直近于史诗一般的题材,作品可以达到古代悲剧中那种定命的伟大。但本书的叙述太冗长了,太琐碎了,没有宏伟的气概;而且虽然每个人物都有特点,他们全体是类似的。

《儿童的智慧》是儿童之间的一组语录,(共有二十一条对白,)题材的范围极广,涉及宗教、艺术、科学、教育、国家等等。辞藻固然极为丰富;但那种方法令人厌倦,同样的意见已经重复说过多少次!

《年轻的俄皇》幻想着他不由自主地所给予人的痛苦,是集子中最弱的一篇作品。

末了,我只列举若干断片的东西:《两个巡礼者》、《祭司瓦西里》、《谁为凶手?》,等等。

在这些作品的大体上言,我们很感到托尔斯泰直到逝世为止,一直保有他的智的精力。这种精神上的健康,有他的朋友切尔特科夫与他最后病倒时的医生的叙述为证。差不多直到最后,他每天继续写或读出他的日记令人笔录。当他陈述他的社会思想的时候,他显得是徒托空言;但每当他在一件行为,一个生人之前,他的人道主义的幻想消失之时,便只有一副如鹰目般的目光,一下子便参透你的衷心。他从没有丧失这清明境界。我认为他在艺术上唯一的贫弱,是在于热情方面。除了极短暂的时间以外,我们有一种印象,似乎艺术之于托尔斯泰不复是他生命的要素;它是一种必须的消遣,或者是行动的工具。但是他的真正的目的却是行动而非艺术。当他任令这热情的幻想把他激动时,他似乎感到羞惭;他斩钉截铁地结束了,或如《费奥多尔·库兹米奇老人的日记》般,他完全放弃作品,因为它颇有把他重行和艺术结合的危险……正在创造力丰富的时候,他竟为了这创造力而痛苦,终于把它为了上帝而牺牲,这不能不算是一个艺术家的独一无二的例子。

一九一三年四月

亚洲对托尔斯泰的回响

在本书最初几版刊行的时候,我们还不能度量托尔斯泰的思想在世界上的影响。种子还埋在泥土中。应当等待夏天。

今日,秋收已毕。从托尔斯泰身上长出整个的支裔。他的言语见诸行动。在亚斯纳亚·波利亚纳的先驱者圣约翰之后,接踵而来的有印度的救主——圣雄甘地。

人类史上毕竟不乏令人叹赏的事迹,伟大的思想努力虽然表面上是归于消灭了,但它的原素毫未丧失,而种种回响与反应的推移形成了一条长流不尽的潮流,灌溉土地使其肥沃。

一八四七,年轻的托尔斯泰十九岁,卧病在卡赞医院,邻近的病床上,有一个喇嘛僧,面部被强盗刺伤很重,托尔斯泰从他那里第一次获得无抵抗主义的启示,为他将来在一生最后的三十年中奉为圭臬,锲而不舍的。

六十二年之后,一九〇九年,年轻的印度人甘地,从垂死的托尔斯泰手中受到这圣洁的光明,为俄罗斯的老使徒把他的爱情与痛苦来培养成的;他把这光明放出鲜明的火焰,照射着印度:它的万丈光芒更遍映于全球各部。

但在涉及甘地与托尔斯泰关系以前，我们愿将托尔斯泰与亚洲的关系大体上说一个梗概；没有这篇论文，一部托尔斯泰传在今日将成为残缺之作。因为托尔斯泰对于欧洲的行动，也许在历史上将较对于亚洲的行动更为重要。他是第一个思想上的“大道”，自东至西，结合古老的大陆上的一切的分子。如今，东西两方的巡礼者，都在这“大道”上来来往往。

此刻我们已具有一切为认识本题所必需的方法：因为托尔斯泰的虔诚的信徒，保尔·比鲁科夫把所有的材料都搜集在《托尔斯泰与东方》一书中。《托尔斯泰与东方：有关托尔斯泰与东方宗教代表人物关系的通信及其他文件》，一九二五年。

东方永远吸引着他。极年轻的时候，在卡赞当大学生，他便选了东方语言科中的阿拉伯—土耳其语言组。在高加索从军的几年中，他和伊斯兰教文化有过长久的接触，使他获有深刻的印象。一八七〇年后，在他所编的《初级学校读本》中，发现不少阿拉伯与印度的童话。他患着宗教苦闷时，《圣经》已不能满足他；他开始参考东方的宗教。他对于此方面的书籍浏览极多。比鲁科夫在他的书末，把托尔斯泰浏览与参考的关于东方的书籍作了一张表。不久，他即有把他的读物介绍给欧洲的思念，《圣贤思想》集便是这个思想的结晶，其中包括着圣经，佛，老子，克里希纳的言论。他早就相信人类一切的宗教都建筑于同一个单位之上。

但他所寻求的，尤其是和亚洲人士的直接的关系。在他一生最后十年中，亚斯纳亚与东方各国间的通信是非常密切的。

在亚洲各国中，他感到在思想上与他最接近的是中国。但中国思想却最少表白出来。一八八四年时，他已研究孔子与老子；后者尤为他在古代圣贤中所最爱戴。似乎一部分中国人也承认这类似性。往中国旅行的一个俄国人，于一九二二年时说中国的无政府主义充满了托氏的思想，而他们的共同的先驱者却是老子。但托尔斯泰一直要等一九〇五年方能和老子的国人交换第一次通讯，而且似乎他的中国通信者只有两人。当然他们都是出众的人物。一个是学者 Tsien Huang-t'ung，＊此人不知何指。一个是大文豪辜鸿铭，他的名字在欧洲是很熟知的，北京大学教授，革命后亡命日本。最近斯托克书店出版了他的《中国民族的精神》的法译本。（一九二七年）

在他与这两位中国的优秀之士的通信中，尤其在他致辜鸿铭的长信中，托尔斯泰表示他对于中国民族所感到的爱恋与钦佩。近年来中国人以高贵的温厚态度去忍受欧洲各国对他们所施的暴行这事实尤其加强了托尔斯泰的情操。他鼓励中国坚持它的这种清明的忍耐，预言它必能获得最后的胜利。中国割让给俄国的旅顺这一个例子，（这件事情使俄国在日俄战争中付了极大的代价）肯定了德国之于胶州湾，英国之于威海卫，必将归于同样的结局。那些盗贼终于要在他们中间互盗。——但当托尔斯泰知道不久以来，暴力与战争的思想，在中国人心中亦觉醒起来时，不禁表示惶虑，他坚求他们要抗拒这种思想。如果他们亦为这种传染病征服了，那么必将临着空前的大劫，不独是在“西方最犷野最愚昧的代表者德皇”所恐怖的黄祸这意义上，而尤在人类至高的福利这观点上。因为，古老的中国一旦消灭之后，它的真正的，大众的，和平的，勤勉的，实用的智慧，本应当从中国渐渐地展布到全人类的智慧，必将随之俱灭。托尔斯泰相信必有一日，人类生活将完全改变；而他深信在这递嬗中，中国将在东方各民族之首，居于最重要的地位。亚洲的任务在于向世界上其余的人类指示一条导向真正的自由的大路，这条路，托尔斯泰说，即是“道”。他尤其希望中国不要依了西方的方案与榜样而改革，——即不要把立宪制度代替它的君主政治，不要建设国家军队与大工业！它得把欧洲作为前车之鉴，那种地狱一般残酷的现状，那些可怜的无产者，那种阶级斗争,无穷尽的军备竞争,他们的殖民地侵夺政策,——整个文明的破产,欧洲是一个先例,——是的!——是不应当做的事情的先例。固然中国不能长此保持它的现状,受各种暴行的侵犯,它只有一条路应当走:便是对于它的政府与一切政府的绝对的无抵抗。它只要无动于衷地继续耕它的田,只服从神的律令!亚洲将在这四万万人的英雄的清明的无抵抗前面降服。在田野中平和地工作,依了中国的三教行事:儒家,教人排脱暴力;道教,教人“己所不欲,勿施于人”;佛教,则是牺牲与爱:人生的智慧与幸福的秘密尽于此矣。

在托尔斯泰的忠告之后,我们试观今日中国所做的事;第一他的博学的通讯者,辜鸿铭,似乎并未如何领悟:因为他的传统主义是很狭隘的,他所提出的补救现代世界狂热的万能药,只是对于由过去造成的法统,加以绝对忠诚的拥护。在致辜鸿铭书中,托尔斯泰猛烈地批评中国的传统教训,服从君主这信念:他认为这和强力是神明的权利一语同样无根据。——但我们不应当以表面的波涛来判断无边的大海。虽然那些旋起旋灭的党争与革命,不能令人想到托尔斯泰的思想,与中国圣贤的数千年的传统如何一致,然而谁能说中国民族竟不是与托尔斯泰的思想十分接近呢?

日本人,由于他的热狂的生命力,由于他对于世界上一切新事物的饥渴的好奇心,和中国人正相反,他是在全亚洲和托尔斯泰发生关系最早的民族(约于一八九〇年左右)。托尔斯泰对之却取着猜疑的态度,他提防他们的国家主义与好战天性的执著,尤其猜疑他们那么柔顺地容纳欧洲文明,而且立刻学全了这种文明的害处。我们不能说他的猜疑是全无根据:因为他和他们的相当密切的通讯使他遭了好几次暗算。如年轻的 Jokai, Didaitschoo-lu 日报主笔,自称为他的信徒,同时又自命为把他的主义与爱国情操联合一致的折衷派，在一九〇四年日俄战争爆发时，他竟公然指摘托尔斯泰。更令人失望的是那个青年田村，最初读了托尔斯泰的一篇关于日俄战争的文字，这篇论文载于一九〇〇年六月《泰晤士报》；田村于十二月中在东京读到它。而感动得下泪，全身颤抖着，大声疾呼地喊说“托尔斯泰是今世唯一的先知者”，几星期之后，当日本海军在对马岛击破了俄国舰队时，一下子卷入爱国狂的漩涡，终于写了一部攻击托尔斯泰的无聊的书。

更为坚实更为真诚的——但与托氏真正的思想距离很远的——是这些日本的社会民主党，反对战争的，英雄的奋斗者，阿部畏三，《平民报》经理。在托尔斯泰的复信寄到之前，他们已下狱，报纸也被封了。一九〇四年九月致书托尔斯泰；托尔斯泰在复书中感谢他们的盛意，但表示他痛恶战争，同时亦痛恶社会主义。这复信的内容，我在前文中已引述过一段。

可是无论如何，托尔斯泰的精神已深入日本，把它彻底垦殖了。一九〇八年，正值他八秩诞辰，他的俄国友人向全世界托尔斯泰的朋友征文，预备印行一部纪念册，加藤寄去一篇颇有意义的论文，指明托尔斯泰给予日本的影响。他的宗教作品，大部分在日本都有译本；这些作品据加藤说在一九〇二——一九〇三年间，产生了一种精神革命，不独日本的基督徒为然，即是日本的佛教徒亦莫不如此；且由此发生了佛教刷新的运动。宗教素来是一种已成法统，是外界的律令。那时起它才具有内心的性质。“宗教意识”从此成为一个时髦名辞。当然，这“自我”的觉醒并非是全无危险的。它在许多情形中可以引人到达和牺牲与博爱精神全然相反的终局，——如引人入于自私的享乐，麻木，绝望，甚至自杀：这易于震动的民族，在他热情的狂乱之中，往往把一切主义推之极端。但在西京附近，好几个托尔斯泰研究者的团体，竟这样地形成了，他们耕田度日，并宣扬博爱的教义。一九〇六年十月三日，德富写信给他道：

“你不是孤独的，大师，你可自慰了！你在此有许多思想上的孩子……”以一般情形而言，可说日本的心灵生活，一部分深深地受托尔斯泰的人格的感应。即在今日，日本还有一个“托尔斯泰社”发行一种每期七十面的颇有意义而浸淫甚深的月刊。Tolstoi Kenkyu（意为托尔斯泰研究）。

这些日本信徒中最可爱的模范，是年轻的德富健次郎，他亦参加一九〇八年的祝寿文集，一九〇六年初，他自东京写了一封热烈的信致托尔斯泰，托尔斯泰立刻答复了他。但德富健次郎等不得收到复信，便搭了最近期出口的船去访他。他不懂一句俄文，连英文也懂得极少。七月中他到了亚斯纳亚，住了五天，托尔斯泰以父辈的慈爱接待他，他回到日本，这一星期的回忆与老人的光辉四射的微笑，使他终身不能忘怀。

他在一九〇八年的祝寿文中提起此事，他的单纯洁白的心倾诉着：

“在别后七百三十日与距离一万里的雾氛中间，我还依稀看到他的微笑。”

“现在我和妻和犬生活在小小的乡间，在一座简陋的房屋中。我种着蔬菜，刈着滋生不已的败草。我的精力与我的光阴完全消磨在刈草，刈草，刈草，……也许这是我的思想的本质使然，也许是这困阨的时代使然。但我很幸福……只是个人在这情境中只能提笔弄文，亦是太可怜了！……”

这个日本青年，在他的卑微纯朴幸福的生活状态上，在他的人生的智慧与勤劳的工作上，较诸参与祝寿文集的一切托氏的信徒都更能实现托氏的理想，而触及托氏的内心。德富记得一九〇六年时托尔斯泰问他道：“你知道我的年纪么？”“七十八岁。”我回答。“不，二十八岁。”我思索了一会说道：“啊！是的，从你成为新人的那天算起。”他领首称是。

俄罗斯帝国的伊斯兰教徒共有二百万人，故托尔斯泰在他俄国人的地位上，颇有认识他们的机会。而他们在他的通信中亦占据了重要的地位，但在一九〇一年前，这种通信尚属少见。是年春天，托尔斯泰的被除教籍与致神圣宗教会议书感服了他们。卓越的坚决的言辞对于伊斯兰教徒们不啻是古犹太先知爱里升天时的嘱言。俄罗斯的巴什基尔人，印度的伊斯兰教僧侣，君士坦丁堡的伊斯兰教徒写信给他，说他们读到他斥责整个基督教的宣言，使他们"快乐至于流泪"；他们祝贺他从"三位一体的黑暗的信仰"中解脱出来。他们称他为他们的"弟兄"，竭力使他改宗。一个印度伊斯兰教僧，竟天真地告诉他说一个新的救世主（名叫哈兹拉特·米尔扎·古拉姆·阿赫迈德）方在克什米尔觅得耶稣的坟墓，打破了基督教中"复活"的谎言；他并且寄给他一张所谓耶稣墓的照相，和这所谓新救世主的肖像。

托尔斯泰对于这些奇特的友谊，怎样地报以可爱的镇静，几乎没有讥讽（或悲哀）的表示，这是我们难以想像的。不曾看到托尔斯泰在这些论辩中所取的态度的人，不能知道他刚愎的天性，涵养到如何绝端温和的地步。他从来不放弃他的殷勤的情意与好意的镇静。倒是那些与他通讯的伊斯兰教徒愤愤然斥他为"中古时代的基督教偏见的余孽"。阿芬迪阿尔·沃伊索夫在君士坦丁堡。或是那个因为托尔斯泰不承认他的新的伊斯兰教救主，以种种说话威吓他，说这位圣人将把受着真理的光辉的人分作三类：

"……有些人靠了他们自己的理智而受到的。有些人由于有形的信号与奇迹而受到的。第三种人是由于剑的力量而受到的。（例如法老，摩西逼得要使他喝尽了红海的水方能使他信仰上帝。）因为上帝所遣的先知者应当教导全人类……"一九〇三年七月二十二日穆罕默德·萨迪克书。

托尔斯泰从不以斗争的态度对付他的含有挑战性的通讯者。

他的高贵的原则是无论何人，受了真理，永远不可把各种宗教的不同与缺点作准，而是应当注意沟通各种宗教与造成宗教的价值的特点。——“我对于一切宗教，努力抱着这种态度，尤其是对于伊斯兰教。”一九〇八年六月十日埃尔基巴热夫书。——他对于那个暴怒的伊斯兰教僧，只答道：“一个具有真正宗教情操的人的责任，在于以身作则，实践道德。”我们所需要的尽在于此。一九〇三年八月二十日致穆罕默德·萨迪克书。他佩服穆罕默德，他的若干言论使他感服。托尔斯泰极佩服穆罕默德关于贫穷的祈祷：“吾主，使我在贫穷中生存，在贫穷中死去！”但穆罕默德只是一个人，如基督一样。欲使穆罕默德主义与基督主义成为一种正当的宗教，必须放弃对于一个人或一部书的盲目的信仰；只要他们容纳一切与全部人类的良心与理智符合的东西。——即在包容他的思想的适当的形式中，托尔斯泰也永远留神着不拂逆他的对手的信仰：

“如果我得罪你，那么请你原谅我。我们不能说一半的真理，应当说全部，或者完全不说。”一九〇二年十一月十一日致阿芬迪阿尔·沃伊索夫书。

他的丝毫不能说服他的质问者。自是毋容提及的事。

至少，他遇到别的伊斯兰教徒，明白的，自由的，和他表示完满的同情：——第一流中有著名的宗教改革者，埃及的大教士穆罕默德·阿卜杜勒，一九〇四年四月八日从开罗写信给他，祝贺他的被除教籍：因为这是贤圣之士的神明的报酬。他说托尔斯泰的光辉温暖了聚合了一切真理的探求者，他们的心永远期待着他的作品。托尔斯泰诚恳地答复了他。——他又受到驻君士坦丁堡波斯大使米尔扎·里扎·钱亲王（一九〇一年海牙和平会议波斯首席代表）的敬礼。

但他尤其受着巴布主义运动的吸引，他常和这派人物通声气。其中如神秘的加布里埃勒·塞西于一九〇一年自埃及致书于他，这是一个阿拉伯人,改信了基督教以后又转入波斯的巴布主义。塞西向托尔斯泰陈述他的主张。托尔斯泰答言(一九〇一年八月十日)"长久以来巴布主义已使他感到兴趣,关于本问题的书籍,他已读过不少";他对于它的神秘的根据及其理论认为毫无重要,但他相信在东方可以成为重要的道德律:"巴布主义迟早将和基督教的无政府主义融和。"他曾写信给一个寄给他一部巴布主义书的俄国人,说他确信"从现在各种教派——婆罗门教,佛教,犹太教,基督教——中产生的一切合理化的宗教箴规必能获得胜利"。他看到它们全体的倾向是"会合到普遍地合于人间性的唯一的宗教"方面去。——他得悉巴布主义流入俄国感染了卡赞地方的鞑靼人,大为喜悦,他邀请他们的领袖沃伊索夫到他家里和他谈了很久,这件事故有古谢夫的记载(一九〇九年二月)可考。

一九〇八年的祝寿文集中,一个加尔各答地方的法学家,名叫阿卜杜拉-阿勒-迈蒙-苏赫拉瓦尔迪,代表了伊斯兰教国家,作了一篇称颂备至的纪念文。他称他为尤吉,*此系印度的苦修士。他承认他的无抵抗主义并不与穆罕默德的主义相抵触;但"应当如托尔斯泰读《圣经》一般,在真理的光辉中而非在迷信的云雾中读《可兰经》"。他称颂托尔斯泰之不为超人,而是大家的兄弟,不是西方或东方的光明,而是神的光明,大众的光明。随后他预言托尔斯泰的无抵抗主义与"印度圣哲的教训混合之后,或能为我们这时代产生出若干新的救世主"。

这确是在印度出现了托尔斯泰所预告的活动的人格。

在十九世纪末,二十世纪初,印度是在完全警醒的状态中。除了一部分博学之士——他们是不以向大众传布他们的学问为急务的,他们只醉心于他们的语言学中,自以为与众隔绝,除了极少的例外,如马克斯·缪勒那大思想家,心地宏伟的人。——以外,欧洲尚未认识这种状态,它亦毫没想到在一八三〇年发端的印度民族心魂在一九〇〇年竟有如此庄严伟大的开展。这是一切在精神领域中突然发生的繁荣。在艺术上,科学上,思想上,无处不显出这灿烂的光华。只要一个泰戈尔的名字,便在他的光荣的星座下,照耀着全世界。差不多在同时,吠檀多派教义受过雅利安社(一八七五)达耶难陀·娑罗室伐底辈的改革,盖沙布·钱德尔·森并把梵社作为一种社会改革的工具,藉为调和基督教思想与东方思想的出发点。但印度的宗教界上,尤其照耀着两颗光芒万丈的巨星,突然显现的——或如印度的说法,是隔了数世纪而重新显现的——两件思想界的奇迹:一个是罗摩克里希纳(一八三六——一八八六),在他的热爱中抓住了一切神明的形体,一个是他的信徒辨喜(一八六三——一九〇二),比他的宗师尤为强毅,对于他的疲惫已久的民众唤醒了那个行动的神,Gitâ 的神。

托尔斯泰的广博的知识自然知道他们。他读过达耶难陀的论文。一八九六年始,他已醉心辨喜的作品,体味罗摩克里希纳的语录。辨喜于一九〇〇年漫游欧洲的时候没有到亚斯纳亚·波利亚纳去,真是人类的大不幸。作者对于这两个欧亚二洲的伟大的宗教心魂没有尽联合之责,认为是一件无可补赎的憾事。

如印度的斯瓦米一样,托尔斯泰受过"爱之主"克利希纳的熏陶,且在印度不少人敬礼他如同一个"圣者",如一个再生的古哲人。《新改革》杂志的经理戈帕尔·切蒂在印度是一个崇奉托尔斯泰思想的人,他在一九〇八年的祝寿文集中把托氏和出家的王子释迦牟尼相比;且说如果托尔斯泰生于印度,他定能被视为一个 Avatara(毗湿奴的化身),一个 Purusha(宇宙心魂的化身),一个斯里-克里希纳。

但是历史的无可移易的潮流已把托尔斯泰从苦修士对于神的梦想中转移到辨喜,或甘地的伟大的行动中了。

命运的奇特的迂回！第一个导引托尔斯泰到这方面去，而以后又成为印度圣雄的左右手的人，这时候当和去大马士革以前的圣保罗一般，是反对托氏思想最猛烈的一员，他是达斯，达斯最近已经去世。他成为甘地的好友，印度和平抵抗运动的首领。我们能否假想是托尔斯泰的呼声，把他引入他的真正的使命？——一九〇八年终，达斯处在革命的立场上。他写信给托尔斯泰，毫不隐蔽他的强项的信心；他公然指摘托尔斯泰的无抵抗主义；可是他向他要求为他的报纸《自由印度斯坦》作同情的表示。托尔斯泰答了一封长信给他，差不多是一篇论文，在《致一个印度人书》（一九〇八年二十月十四日）的题目下，散布于全世界。他坚决地宣传他的无抵抗主义与博爱主义，每一部分都引用克里希纳的言论作为他的论证。他对于科学的新迷信和对于古代的宗教迷信同样痛加抨击。他责备印度人，不应当否认他古代的智慧而去承袭西方的错误。

“我们可以希望，”他说，“在这佛教与孔子主义的广大的世界内，这新的科学偏见将无立足之地，而中国人，日本人，印度人，彻悟了承认暴力的宗教谎言之后，立刻可具有爱的律令的概念，适合于人类的，为东方的大师以那么雄伟的力宣示于世界的。但科学的迷信代替了宗教迷信来慢慢地侵吞东方诸民族了，它已征服日本，为它摆布着最不幸的前途。在中国，在印度，一般自命为民众领袖的人全受了科学迷信的魅惑。你在你的报纸上提出你所认为应当指导印度的动向的基本原则如下：

“抵抗暴力不单是合理的，且是必需的；不抵抗既无补于自私主义亦有害于利他主义。”

“……什么！你，宗教情绪最深刻的民族的一员，竟相信了你的科学教育而敢把你的民族自远古以来即已主张的爱的律令，遽行弃绝么？暴力的首领，真理的敌人，最初是神学的囚犯，继而是科学的奴隶，——你的欧罗巴老师，感应给你那些荒谬的言论，你竟反复地说个不厌吗？

“你说英国人的制服印度，是因为印度不以武力来抵抗暴行？——但这完全是相反！英国人所以制服印度人，正因为印度人曾承认而现在还承认武力是他们的社会组织的基本原则之故；依了这个原则，他们服从他们各邦的君主；依了这个原则，他们向这些君主，向欧洲人，向英国人争斗……一个商务公司——三万人，而且是最无用的人——竟制服了二千万人的一个民族！把这个情形说给一个毫无成见的人听罢！他将不能懂得这些说话的意义……依数字而论，制服印度人的不是英国人而是印度人自己，这论断岂非是很明白确切的么？……

“印度人所以被暴力所制服，即因为他们就生存于暴力之中，现在还是依了暴力生活而不认识切合人类的永恒的爱的律令。

“凡是追寻他的所有物而不知他已占有的人，是愚昧而值得怜悯的！是的，不认识包围着他们的，所给予他们的爱的福利的人是愚昧而可怜的！（克里希纳言）

“人只要度着与爱的律令协和的生活，这是切合他的良心而含有无抵抗与不参加暴力的原则的。那么，不独一百人不能制服数百万人，即使数百万人也不能制服一个人。不要抵抗恶，不参加恶，不加入行政司法，纳税，尤其是军队！——那时，无论何物，无论何人也不能制服你了！”

一段克里希纳名言的申引，结束了这俄国教导印度的无抵抗主义宣道：

“孩子们，把你们被蒙蔽的目光望着更高远之处罢，一个新的世界，充满着欢乐与爱的世界将在你们面前显现，一个理智的世界，为‘我的智慧’所创造的，唯一的实在的世界。那么，你们会认识爱对于你们的赐与，爱向你们提出的条件。”

托尔斯泰此书落到一个年轻的印度人手里，他在南非洲约翰内斯堡地方当律师。他名叫甘地。他被这封书大大地感动了。一九〇九年终，他致书托尔斯泰。他告诉他，十年以来，他在托尔斯泰的宗教精神中所作的奋斗。他请求他允许他把他的致达斯书译成印度文。

托尔斯泰对于他的"温和与强暴之战，谦卑与博爱和骄傲与暴力之战"表示祝福。他读到了《印度自治》的英文本，为甘地寄给他的；他立刻领悟这种宗教的与社会的经验的价值：

"你所讨论的，和平抵抗这问题，具有最高的价值，不独对于印度，且对于全人类亦是如此。"他读了约瑟夫·多克著的甘地传，为之神往。虽然病着，他还是写了几行动人的言辞寄给他（一九一〇年五月八日），当他病愈时，一九一〇年九月七日，在科特谢特——他出家逃亡以至病殁前一个月，——他又写给他一封长信，这封信是那么重要，虽然冗长，我决意把它差不多全部附录在本文后面。它是，它将是，在未来人士的眼中，是无抵抗主义的经典，托尔斯泰思想上的遗嘱。南非洲的印度人于一九一四年在《印度评论》金刊上发表了，那是一册研究南非洲和平抵抗运动的杂志。它的成功同时亦是无抵抗政策的首次胜利。

同时，欧罗巴大战爆发了，互相屠杀：这不能不说是一种奇特的对照。

但当暴风雨过去，野蛮的骚扰渐渐地平息时，在废墟残迹之外，人们听到甘地的精纯坚决的呼声，如一头云雀一般。这声音，在一个更响亮更和谐的音调上，重新说出了托尔斯泰的名言，表明新时代人类希望的颂曲。

罗曼·罗兰

一九二七年五月

托尔斯泰逝世前二月致甘地书

致南非洲约翰内斯堡，德兰士瓦省，M. K. 甘地：

我接到你的《印度评论》报，读悉关于绝对无抵抗主义的论见，不胜欣慰。我不禁要表示我的读后感。

我阅世愈久，——尤其在此刻我明白感到日近死亡的时候——我愈需要表白我心中最强烈的感触，我认为重要无比的东西：这是说无抵抗主义，实在只是爱的法则的教训，尚未被骗人的诠释所变形的学说。爱，或者以别的名辞来沟通人类心魂的渴望，是人生的唯一的、最高的法则。……这是每个人知道，在心底里感到的。（在儿童心中尤其明显。）他只要没有受世俗思想的谎言所蒙蔽，他便会知道这点。

这条法则曾被人间一切圣哲之士宣扬过：印度人，中国人，希伯莱人，希腊人，罗马人。基督尤其把它表白得明显，他以确切的辞句说这条法则包括一切法则与一切先知者。而且，基督预料到这条法则有被变形的可能，故他特别暴露那种危险，说那些生活在物质的利益中的人要改变它的性质。所谓危险者，是那些人自以为应以暴力来保护他们的利益，或如他们的说法，以暴力来夺回被人以暴力夺去的一切。基督知道(好似一切有理性的人所知道的一般)暴力的运用,与人生最高的法则,爱,是不相容的。他知道只要在一种情境中容受了暴力,这法则便全盘摧毁了。全部的基督教文明,在表面上虽然似乎非常灿烂,其实它时常在推进这种显而易见的、奇特的矛盾与误会,有时是故意的,但多半是无意识的。

实际上,只要武力抵抗被容受,爱的法则便没有价值而且也不能有价值了。如果爱的法则没有价值,那么除了强权之外,任何法则都无价值了。十九个世纪以来的基督教即是如此。而且,在一切时间内,人类常把力作为主持社会组织的原则。基督教国家与别的国家中间的异点便是在基督教中,爱的法则是表白得很明显确切的,为任何宗教所不及;而基督徒们虽然把暴力的运用认为是合法的,把他们的生活建立于暴力之上,但他们仍旧庄严地接受这法则。因此,基督教民族的生活是他们的信仰与生活基础之间的矛盾,是应当成为行动的法则的爱,与在种种形式下的暴力之间的矛盾。(所谓暴力的种种形式是:政府,法院,军队,被认为必需而受人拥护的机关。)这矛盾随了内生活的开展而增强,在最近以来达到了顶点。

今日,问题是这样:是或否;应当选择其一!或者我们否定一切宗教的与道德的教训而在立身处世之中任令强权支使我们。或者把一切强迫的纳税,司法与警务权,尤其是军队,加以摧毁。

本年春天,莫斯科某女校举行宗教试验,那时除了宗教科教员之外,还有主教也亲自参与;他们考问女学生,关于十诫的问题,尤皆是第五诫:“戒杀!”当学生的答语正确的时候,主教往往追问另外一句:“依了上帝的律令,是否在无论何种情形下永远禁止杀戮?”可怜的女郎为教员们预先教唆好了的,应当答道:“不,不永远如此。因为在战争与死刑中,杀戮是允许的。”——但其中一个不幸的女郎(这是由一个在场目睹的证人讲给我听的)听到这照例的问句“杀人永远是一件罪恶么?”之后,红着脸,感动着,下了决心,答道:“永远是的!”对于主教的一切诡辩,年轻的女郎毫不动心地回答,说在无论何种情形中,杀戮是永远禁止的,而这在《旧约》中已经如此:至于基督,他不独禁止杀戮,并且禁止加害他的邻人。虽然主教是那么庄严,那么善于说辞,他终竟辞穷,为少女战败了。

是的,我们尽可在我们的报纸上唠叨着谈航空进步,外交阴谋,俱乐部,新发现,和自称为艺术品等等的问题,而对于这少女所说的缄口不言!但我们决不能就此阻塞了思想,因为一切基督徒如这女郎一样地感觉到,虽然感觉的程度或有明晦之别。社会主义,无政府主义,救世军,日有增加的罪案,失业,富人们的穷奢极侈天天在膨胀,穷人们的可怕的灾祸,惊人地增多的自杀事件,这一切情形证明了内心的矛盾,应当解决而将会解决的矛盾。承认爱的法则,排斥一切暴力的运用。这是近似的解决方法。因此,你在德兰士瓦的活动,于你似乎显得限于世界的一隅,而实在是处于我们的利益的中心;它是今日世界上最重要的活动之一;不独是基督教民族,世界上一切的民族都将参预。

在俄罗斯,也有同样的运动在迅速地发展,拒绝军役的事件一年一年的增加,这个消息定会使你快慰。虽然你们的无抵抗主义者与我们的拒绝军役者的数目是那么少,他们毕竟可以说:“神和我们一起,而神是比人更强。”

在基督教信仰的宣传中,即在人们教给我们的变形的基督教义形式中,即在同时相信战时屠杀的军备与军队是必须的情形中,也存在着一种那么剧烈的矛盾,迟早会,很可能是极早地,赤裸裸地表白出来。那么,我们必得或者消灭基督教,——可是没有它,国家的权威是无从维持的,——或者是消灭军队,放弃武力,——这对于国家亦是同样重要的。这矛盾已为一切政府所感到,尤其是你们的不列颠政府与我们的俄罗斯政府；而由于一种保守的思想，他们处罚一切揭破这矛盾的人，比着对于国家的其他的敌人，处置得更严厉。在俄国我们看到这种情形。各国政府明知威胁他们的最严重的危险之由来，他们所极力护卫的亦不止是他们的利益。他们知道他们是为了生或死而奋斗。

列夫·托尔斯泰于一九一〇年九月七日于科特谢特

托尔斯泰著作年表

一八五二年	童年时代（一八五一—八二）——侵略——哥萨克（一八六二年完成）
一八五三年	记数人日记
一八五四年	少年时代——森林采伐
一八五五年	一八五四年十二月之塞瓦斯托波尔——一八五五年五月之塞瓦斯托波尔——一八五五年八月之塞瓦斯托波尔
一八五六年	两个骑兵——下雪——支队中的相遇——一个绅士的早晨——少年时代。
一八五七年	阿尔贝——琉森
一八五八年	三个死者
一八五九年	夫妇间的幸福
一八六〇年	波利库什卡
一八六一年	纺亚麻的人
一八六二年	民众教育论——写读教授法——建设初等学校计划草案——教化与教育——教育之定义与进步——师

资论——十一、十二两月中的亚斯纳亚·波利亚纳学校——民众学校之自由创设与发展论——民众教育范围内的社会活动论——吉洪与马拉尼娅(遗著)——田园诗歌

一八六三年　十二月党人(预定的长篇小说中的断片)

一八六四年—一八六九年　战争与和平

一八七二年　启蒙读本(包含伊索、印度、美国……等寓言之翻译,神话,物理,动物,植物,历史各科讲话,短篇故事〔高加索之囚犯,神见真理〕,史诗,数学,教员参考资料)——二旅客(遗著)

一八七三年　萨马拉饥荒感言(致莫斯科夫·韦多莫斯特主编书)

一八七四年　论民众教育(致J. U. 沙季洛夫书——提出莫斯科文学委员会之报告书)

一八七五年　启蒙新读本俄罗斯读本四种——斯拉夫古书四种

一八七六年　安娜小史(一八七三—一八七六年)

一八七八年　初年回想录(断片)——十二月党人(断片之二)——十二月党人(断片之三)

一八七九年　我是谁(切尔特科夫藏件)——忏悔录(一八八二年增订)

一八八〇年　教义神学批判——彼得一世(短篇小说中之一章)——幼女之自卫——随笔——爱之死灭——神怪故事之始端——卢梭论——沙漠中的湿地——哥萨克逃兵

一八八一年　四福音书之索引与翻译——福音书缩本——人类之生存要素

一八八二年　教会与国家——无抵抗主义——关于调查之论文

一八八四年　我的信仰的内容（我的宗教）——邦达列夫著《农夫之胜利或劳作与懒惰》序——一个疯人的日记

一八八五年　通俗传说（两兄弟与黄金；比老人更乖的幼女；敌人抵抗而上帝坚持；三隐士；基督之诱惑；基督之痛苦；伊利亚特；一个饿鬼；忏悔的罪人；上帝之子；一幅最后之晚餐的画；蠢货伊万的故事）——通俗故事（二老人；烛；爱之所在即神之所在；无从熄灭的火焰）——十二使徒之教诲——苏格拉底——彼得传——面包师彼得

一八八六年　黑暗的力量——伊万·伊里奇之死——我们应当做什么？——我们是什么——通俗传说——（一个人需要许多土地吗？一颗大如鸡卵的谷子）——尼古拉·帕尔金——成语日历——慈悲论——信仰论——论抗拒罪害之斗争（致一个革命党书）——宗教论——妇女论——告青年——神之国（断片）——爱琴海

一八八七年　人生论——论人生之意义（在莫斯科心理学会中宣读的报告）——论生与死（致切尔特科夫书）——在光明中前进——有闲者的谈话录——工人埃米利亚与空鼓——三个儿子（寓言）——手工工作与知识活动（致罗曼·罗兰书）

一八八八年　论果戈理（未完成）

一八八九年　鬼魔（遗著）——蜂房故事——克勒策奏鸣曲——爱神与爱邻论——告同胞书——论艺术（听了戈尔采夫演讲“艺术中之美”后的感想）——教育之果实（喜剧）——振作——一月十二月的光明节

一八九〇年　为何人类如此昏愦——“四十年”（地方传说）——

克勒策奏鸣曲跋——论邦达列夫——论性的交际——论亨利·乔治之计划——一个基督徒的回忆录——圣徒传——圣约翰——“我们的兄弟”——中国的生的智慧(《道德经》)——大众的福利——尼古拉——自杀论(论这怪现象的意义)

一八九一年　一个母亲的回忆录(遗著)——“高的代价”(引莫泊桑语)——饥馑论——论艺术与非艺术及艺术之重要性与无聊性(断片)——法院论(遗著)——第一个阶段——一个钟表匠——一个可怕的问题——“舒拉德咖啡店”(引贝尔纳丹·德·圣皮埃尔语)——论荒歉时对于平民的补救方法。

一八九二年　拯救饥民论——困难中的人(论文两篇)——拯救饥民报告书——论理智与宗教(致罗森男爵书)——论卡尔马书——“Françoise”(引莫泊桑语)

一八九三年　拯救饥民报告书——灵魂得救在你自己(天国在你心中)(一八九一—九三)——基督教义与军役(前书中被检查会删去的一章)——宗教与道德——无为论——爱情之所欲——基督教精神与爱国主义——自由思想论

一八九四年　卡尔马(佛教童话)——年轻的俄皇(遗著)——论与国家之关系——论不朽——莫泊桑著作序——致印度人书

一八九五年　主与仆——寓言三种——羞耻——致一个波兰人书——论狂妄的梦

一八九六年　四福音书读法——告中国民众(未完成)——无抵抗主义论——论教会之欺诈——爱国主义与和平——致自由主义者书——与政府现存法统之关系——终

局之迫近——基督教之训

一八九七年　艺术论(何为艺术?)——为要求将诺贝尔奖金赠与杜霍博尔人事致瑞典某日报主笔书——我的五十余年有意识的生活

一八九八年　为援救杜霍博尔人事宣言——饥荒——谢尔盖老人(遗著)——嘉本特论现代科学文序——致库斯基亚·韦多莫斯特书

一八九九年　复活——论宗教教育——致一个军官书——为海牙和平会议问题致一个瑞典人书

一九〇〇年　出路在那里——这时代的奴性——活尸——绝对戒杀——致移民于加拿大的杜霍博尔人书——应否如此——爱国主义与政府——蜂房童话(以上皆为遗著)——“贫穷之解剖”序

一九〇一年　唯一的方法——谁为有理——告有闲的青年——告俄国劳动者书——论宗教之容忍——理智,信仰,祈祷(论文三篇)——答神圣宗教会议书——军官的杂记簿——论俄国同盟(信)——致俄皇及其参赞(其一)——论教育(致比鲁科夫书)——致《布尔加雷日报》书。

一九〇二年　告僧侣书——黑暗中的光明(剧本,遗著)——何为宗教何为宗教的要素——地狱之毁灭与重建——告劳动者

一九〇三年　莎士比亚与戏剧论——舞会之后(遗著)——亚叙王——劳作——死于疾病——三问题——告政治改革者——灵智的来源观(一九〇八年修正)——论劳力

一九〇四年　童年回忆(一九〇三—〇四,一小部分在一九〇六年

写成)——哈吉·穆拉特(一八九六—一八,一九〇一—〇四)(遗著)——伪票(一九〇三—〇四)——哈里逊与无抵抗主义——我是谁?——圣哲的思想录——振作起来!(一九〇六—〇七修正)

一九〇五年　文选——释迦牟尼——神与人——拉梅内——帕斯卡尔——皮埃尔·赫尔切茨基——苏格拉底案——科尔尼·瓦西里耶夫——祈祷——唯一的必需品——傻瓜阿列克谢(遗著)——世界的末日——大罪恶——论俄罗斯的社会运动——我们当怎样生活?——绿竿——真的自由(致一个乡人书)

一九〇六年　瓦西里老人(遗著)——论俄罗斯革命之意义——告俄国民众(政府,革命党,大众)——论军役——论战争——土地问题之唯一的解决法——论基督教规条(致保尔·萨巴捷尔书)——致一个中国人书——亨利·乔治"社会问题"序——费奥多尔·库兹米奇老人的日记(遗著)——梦中所见(遗著)——有什么可以做——致俄皇及其参赞书(其二)

一九〇七年　与儿童谈道德问题——拉布吕耶尔与拉罗什福科等思想选录序——你们相爱么——戒杀——论人生的了解——与埃内斯特·格罗斯比的初次会晤——为何基督教国家特别是俄国现在处于可悲的情形

一九〇八年　我不复能缄默了——文选(修正及增订本)———爱的福利——狼(儿童故事)——一个兵士的诸案——暴力的律令与爱的律令——谁是凶手(遗著)——答八秩祝寿文集书——致一个印度人书

一九〇九年　世上无罪人——教育家的首要任务——儿童的智慧(遗著)——致和平会议书——唯一的诫条——古谢

夫被捕感言——论教育——无可避免的责任——论戈果理——论国家——论科学——论法学——答一个波兰女子书——为了爱上帝之故停着想一想吧——致一个老信徒书——致一个革命党人书——是了解的时候了——向为了爱真理而受难的人致敬——路人与农人——乡村之歌——父与子的谈话——与一个旅人的谈话

一九一〇年　村中三日——人生大道——霍登卡——一切优点之由来(喜剧)——论疯狂——致斯拉夫大会书——肥沃的土地——致和平会议书——儿童故事——哲学与宗教——论社会主义(未完成)——有效的方法

中学生怎么读整本书

曹勇军

以整本书为单位的阅读，具有悠久传统，至今被认为是最有效的阅读方式。首先，它可以克服我们今天生活学习中碎片化存在和学习的不足，由此而培养出来的阅读视野、阅读策略、阅读能力和阅读气象，是读几篇课文、做几道练习远远达不到的。其次，它可以让我们发现自我，认识人生，让自己的人生觉醒，推动我们的生命和心智的成长，为未来的发展奠定基础。因此，我们应该学会整本书阅读，掌握整本书阅读的技能，切实提高语文素养。

整本书阅读首先要解决几个难题。

难题之一：怎样找到读书的时间。现在中学生学习压力大，课业负担重，即便是学校安排了读书课，真正享受阅读的时间少之又少，所以要自己去寻找读书时间。我在学校经常看到有学生中午一放学就抱着篮球，饭也不吃，驰骋在篮球场上，脸上写满了满足。我自问："是谁给了这些孩子打球的时间？"是热爱让他们宁愿不吃饭也要打球。这给人启示：读书时间是找来的、挤来的、挪来的，甚至是与父母、老师摩擦博弈、讨价还价争取来的。午饭后，读上三五页；睡觉前，给自己下个任务，多读三五页……你把读书看成是生命中最重要的事，就会克服一切困难，找到读书的时间。

因此，极端地说，寻找读书的时间就是阅读能力的一部分，找不到就是阅读能力不强。没有这样的能力，一辈子都没有时间读书。

难题之二：怎样找到适合自己的书。什么是适合自己的书？就是让你通过阅读增长知识、得到快乐、发现自我、锻造人生的那些书。它们往往是你生命中的伯乐之书、智慧之书。我们中学生读书是为了发现自我，寻找生命中更好的可能。因此，你的阅读就是不断地寻觅的旅程。找到适合你的书，让那些伟大的作品中所包含着的丰富的精神价值引领你、伴随你一步一步成长。在寻觅的过程中，你可以参考同学、朋友们选择的书目，但不必亦步亦趋、人云亦云，要有自己独立的标准和清醒的判断：我是谁？我想成为什么样的人？这样的书能否帮助我抵达心目中理想的人生境界？这样的追问会变成阅读中的强大的推动力。选择的过程也包括放弃。有的书可以采用跳读、略读的方式读几十页、上百页才知道适不适合自己，适合就读下去，不适合就果断放弃。这是一个成熟的阅读者的正常阅读习惯，不必因一本书没有读完而负疚自责。

难题之三：读什么样的书对自己帮助大。整本书有易有难，完全看不懂和一看就懂对我们的阅读帮助提升都不大，阅读中最有价值的是半懂不懂的书。对于这样的书，你有兴趣但又有很多困惑和挑战，读完一本就提升一步，抵达全新的境界。阅读中，有一个自我监控的核心指标：就是读完一本书怎样才算读懂了。怎么算读懂呢？这里引用朱光潜先生一段话来回答：“我读一本书，必用自己的话把它表达出来，才觉得真的把这本书消化了。”读的过程中，不断地用自己的语言去筛选、组织书中的核心内容，能用自己的话表述出来，就可以说基本读懂了。整本书阅读要纠正我们在语文课上养成的追求唯一标准答案的不良习惯，用自己的话表达阅读后丰富的个性化的理解。这一点很重要。迈不过这个坎，就无法进行整本书阅读。

难题之四：怎么面对和处理阅读中的困惑和疑难。整本书体量大、篇幅长，阅读中总会有各种各样的疑难和困惑。这并非坏事，而是阅读中促进思考的一个积极的活跃的因素，随着阅读思考的加深，疑难会自然消解，不是吗？第一页的问题，到了第十页就不再是问题；开头的问题，到了结尾就明白了；这本书遇到的问题，下一本书可以帮助你解答；十五岁阅读中遇到的问题，十八岁的时候或者二十八岁的时候总会有答案。要克服课堂教科书式语文学习的不足：抓住一两点细碎的问题死抠，把自己弄得紧张、焦虑，无法有效地推进整本书阅读。阅读就是伴随着疑难和问题而展开的，阅读中要善于把问题“悬置”起来，使之既不影响阅读的推进，又暗中牵引着你的思考，观其大略，走向文本的深处。

解决了这些难题后，接下来就是怎样具体地开展整本书的阅读。各人的方法不同，这里只能提供一些建议。

首先，可以根据自己的时间做一个规划，大致要用多长时间读完这本书。整本书都有一定的厚度，受条件限制无法一口气读完，读的过程中要规划用多长时间读完并保持持续性。持续性是整本书阅读的关键所在。

其次，还应该在书上做适当的批注、评点。让原文中的那些深刻的语句和思想浮现出来，化繁为简，便于自己理解思考。

再次，有些好的句子还应该摘抄下来，反复地咀嚼消化。这样既有流畅的情节的线的感知，又有关键词句段的点的深入，点面结合，容易取得比较好的效果。

最后，培养批判思维能力。阅读不能只关注书本的原意，更要重视自己在阅读中的感想、体验、争辩，获得对作品的深入理解，尤其要培养自己的批判性思维能力。不迷信权威，不迷信标准答案，实事求是，有好说好，有不足说不足，批判性思维就是这样的一种思维品质。它可以帮助我们强化阅读中的个性和思考。阅读中特别需要培养批判性思维能力，请看下面一段话：

“体面的，要强的，好梦想的，利己的，个人的，健壮的，伟大的，祥子，不知陪着人家送了多少回殡；不知道何时何地会埋起他自己来，埋起这堕落的，自私的，不幸的，社会病态里的产儿，个人主义的末路鬼！”

我先不告诉你作者和作品的名字，只问你这段话表达得好不好。估计多数同学可能会不喜欢甚至不认可这种叠床架屋式的、充满书生气的书面表达。我告诉你，这是《骆驼祥子》的最后一段，作者是大名鼎鼎的老舍先生。估计你听到就会默不作声。为什么？因为你怀疑起自己来：这样的著名作家，他的作品中的表达怎么会不好呢？告诉你，你现在丧失的就是批判性思维的品质。你不是依据作品本身的表达，而是依据作者的名气、地位、权威性，不敢对它进行质疑，表达自己的真实感受和理解。阅读中一定要保持敏锐的批判思维，这样才能让自己成为一个真正的成熟的读者，甚至是一个优秀的读者。

要想顺利地进行整本书阅读，既需要“实招”告诉自己怎么做，也需要“虚招”纠正自己的不恰当的想法和不良习惯，虚实结合，构建健康的阅读观，让自己在读书的道路上走得更稳更远。

译林社的这套名著，精选统编《语文》教材“名著导读”和“自主阅读”书目，这些对于初中学生来说，都是必读之书。为名著阅读配备相关辅导材料的做法近来也有不少，但在名著中插入所谓的辅助材料，在扫除阅读障碍的同时，却也于无形中干扰了阅读的节奏。这套书把名著与导读导练分开，保护了书本身的完整性，保障了整本书阅读的畅快感，实际操作起来也非常方便，对于初中生整本书阅读功莫大焉。

目　录

写在阅读前

名人传记很多。如《名人传》一样产生巨大而广泛的世界性影响的不多。

名人传记大多为个人单传，很少合传；而《名人传》则是贝多芬、米开朗琪罗、托尔斯泰三位艺术巨匠传记的合称。

名人传记大多对传主一生进行详细记述，并做相关评价；而《名人传》更像是一部记叙、议论、抒情相结合的长篇散文。阅读时，你会觉得作者饱含感情的文字如滔滔江水不断流淌，甚至如“黄河之水天上来”一般汹涌澎湃不可遏抑。

——文字因情感人，以情动人。缺乏感情的文字注定不会流传久远。

名人为名人写传记难得，名人同时为多位名人写传记更为难得。《名人传》的作者为诺贝尔文学奖得主罗曼·罗兰。瑞典文学院高度评价了他“文学创作中高度的理想主义以及在描写各种不同典型时所表现出来的同情心和真实性”。

《名人传》发表的同时，罗曼·罗兰先生还发表了长篇小说杰作《约翰·克利斯朵夫》。正是凭借这部伟大的作品，1915 年，罗曼·罗兰先生荣获了诺贝尔文学奖。但事实证明，《名人传》在某种程度上比《约翰·克利斯朵夫》流传更广，影响更大，更深入人心。

——名著《名人传》，名副其实，实在是一部值得反复阅读的好书。

罗曼·罗兰先生出生于1866年，法国著名思想家、文学家、音乐评论家、社会活动家、人道主义作家。1903年，罗兰为了让世人“呼吸英雄的气息”，替具有巨大精神力量的英雄树碑立传，连续创作了几部名人传记：《贝多芬传》(1903)、《米开朗琪罗传》(1906)和《托尔斯泰传》(1911)，三部传记合称《名人传》。《名人传》一经问世，立即在文坛产生了广泛的影响。正如罗曼·罗兰在《贝多芬传》原序中所说，“这小册子，由一个无名的人写的，从一家无名的店铺里出来，几天之内在大众手里传播开去，它已不再属于我了”。的确，这部作品早已成为世界文学宝库中一颗璀璨耀眼、熠熠生辉的明珠。

此外，罗曼·罗兰一生还为争取人类自由、民主与光明进行着不屈不挠的斗争。他积极投身进步的政治活动，声援西班牙人民的反法西斯斗争，并出席巴黎保卫和平大会，对人类进步事业做出了巨大贡献。美学家卢那察尔斯基更是称誉他为“和平主义教皇”。

我国著名翻译家傅雷先生年轻时“神经亦复衰弱，不知如何遣此人生”。游学期间，他先后到过瑞士、比利时、意大利等国家，但“均未能平复狂躁之情绪”。后来，傅雷先生来到法国，一次偶然机会，他读到了罗曼·罗兰先生的《贝多芬传》，立刻产生了巨大的心灵震撼。傅雷先生在1934年致罗曼·罗兰先生的信中有这样的记载：“偶读尊作《贝多芬传》，读罢不禁号啕大哭，如受神光烛照，顿获新生之力，自此奇迹般突然振作。此实余性灵生活中之大事。尔后，又得拜读《米开朗琪罗传》与《托尔斯泰传》，受益良多。”一部篇幅不长的作品居然对一个人产生如此大的影响，其艺术魅力、感染力可见一斑。

奥地利著名作家茨威格先生曾经在《昨日的世界》写到他与罗曼·罗兰先生初次见面的情景：“我在他房间里感觉到一种人性的、道义上的优势；一种不带骄傲情绪的、发自内心的自由，这种自由对于一个坚强的人来说是不言而喻的。我一眼就看出，他在关键性时刻将代表欧洲的良知。”茨威格还评价说，“诗歌、音乐、科学的三位一体与法、德、意文化三位一体的交融在罗兰身上得到了完美的体现”，他“成为时代精神的代言人、世界的良心”。

名著初体验

著名翻译家傅雷先生说，你只要打开它，“生命的烈火就会扑面而来”。

它是“人类有史以来的三十部好书”之一。

它在世界传记文学中分外耀眼夺目。

它就是法国作家罗曼·罗兰先生的代表作《名人传》。

1886 年，罗曼·罗兰先生怀着崇高的社会理想和热情，考取了巴黎高等师范学校。但是，当时社会现实却让他苦闷困惑。于是，他试着给俄国伟大作家列夫·托尔斯泰写信，寻求生活的答案。托尔斯泰很快就热情地写了一封长达二三十页的回信，信中说：“一切使人们团结的，是善与美。一切使人们分裂的，是恶与丑。”托尔斯泰的话对罗兰的一生产生了不可磨灭的影响。托尔斯泰也由此成为罗曼·罗兰终生的启示者、引路人与指引人。

20 世纪初，在物质利益决定一切、恃强凌弱和暴力成为国际秩序的时代，罗曼·罗兰先生制订了详细的创作计划，先后写成《贝多芬传》《米开朗琪罗传》《托尔斯泰传》等名人传记，这就是后世著名的合传《名人传》。

传记中写了三位伟大的艺术大师：德国音乐家贝多芬，意大利雕塑家、画家、诗人米开朗琪罗和俄国思想家、文学家列夫·托尔斯泰。三位传主虽然各自专业不同，所处时代和国家也不同，但他们都是伟大的天才，都是各自领域里出类拔萃的伟人。他们有其共同之处：肉体与精神上都经历了多重磨难，却贡献了毕生精力创造不朽杰作，为后世留下了极为宝贵的精神财富。

三篇传记中，《贝多芬传》最早完成，篇幅最短，但产生的影响最大。在这篇传记中，作者热情讴歌了贝多芬极其伟大的艺术成就。贝多芬出身贫寒。他十岁丧母，独自一人外出谋生。十七岁，他成为一家之主，挣钱养活父亲和两个弟弟。二十多岁，恋爱失败。更为雪上加霜的是，他患上了耳聋，这对作为音乐家的他来说，无疑是无法弥补的灾难。因为这不仅影响了他的生活与创作，还使他可能受到敌人的污蔑，以及满怀敌意的城市维也纳的攻击，使他的心灵充溢着别人无法理解的苦闷。因此，天性高傲的贝多芬一直小心翼翼地对所有人隐瞒自己耳聋的病症，直到再也无法隐瞒，才不得不告知他的朋友——韦格勒医生和阿曼达牧师。在他给两位朋友的信中，我们可以清晰地了解、感受他的痛苦与绝望。当然，厄运并没有打倒他，更永远不会让他因此而放弃他挚爱的、为之奉献终生的音乐。即使在生命的最后时刻，他还坐在钢琴前，创作了不朽的《欢乐颂》。因此，贝多芬不仅是一个被命运作弄、饱受痛苦折磨的音乐家，更是一位用坚强意志战胜痛苦、用痛苦给别人带来欢乐的伟大英雄。

《名人传》中有许多影响深远、脍炙人口的名句。例如："我愿证明，凡是行为善良与高尚的人，定能因之而担当患难。""竭力为善，爱自由甚于一切，即使为了王座，也永勿欺妄真理。""我要扼住命运的咽喉。它决不能使我完全屈服。""世界上只有一种英雄主义：便是注视世界的真面目——并且爱世界。""信仰，往往只是对于人生对于前途的不信仰，只是对于自己的不信仰，只是缺乏勇气与欢乐!”“最坏的并非是成为孤独,却是对自己亦孤独了,和自己也不能生活,不能为自己的主宰,而且否认自己,与自己斗争,毁坏自己。”

时光不断流逝。经典却永远在历史的长河中熠熠生辉。

这,就是《名人传》。

我有好方法

每个人都有自己独到的读书方式和习惯。在这些不同的读书方式和习惯中，有一点却得到许多名家的认同，乃至成为一种共识。那就是近代著名教育家徐特立先生的名言：“不动笔墨不读书。”的确，读书要想取得事半功倍的成效，离不开笔墨功夫。

如何动笔墨？至少有四种方式可以尝试。即，画、摘、写、评。

画，即画线。这种方法最简单，也最容易操作。在阅读的过程中，遇到“于我心有戚戚焉”的佳词、佳句、佳段，就可以随手在书上画下来。可以用直线（____），也可以用波浪线（____）或其他线，只要习惯就好。比如：

没有伟大的品格，就没有伟大的人，甚至也没有伟大的艺术家，伟大的行动者；所有的只是些空虚的偶像，匹配下贱的群众的：时间会把他们一齐摧毁。成败又有什么相干？主要是成为伟大，而非显得伟大。

将文中的好文字画出来，不仅有利于深刻记忆，同时也便于需要的时候快速查找，有利于丰富自己的知识积累。

摘，即摘抄。也就是把自己阅读过程遇到的佳词、佳句、佳段，甚至佳篇，摘抄在自己准备的卡片或者笔记本上。近代著名的清华国学四大导师之一梁启超先生谈到读书做学问时，有这样一段耐人寻味的经典论断："若问读书方法，我想向诸君上一个条陈。这方法是极陈旧的，极笨极麻烦的，然而实在是极必要的。什么方法呢？是抄录或笔记。大抵凡一个大学者平日用功总是有无数小册子或单纸片，读书看见一段资料觉其有用者即刻抄下（短的抄全文，长的摘要，记书名卷数页数）。资料渐渐积得丰富，再用眼光来整理分析他，便成为一篇名著。"摘抄，可以说是丰富自身素材积累的最有效的方式之一。无论是普通的学子，还是知识渊博的学者，往往都需要从摘抄开始积累素材，积淀学问。

《名人传》中值得摘抄的文字可以说比比皆是。比如：

——那里，满是阴沉的宫殿，矗立着崇高的塔尖如长矛一般，柔和而又枯索的山岗细腻地映在无际，岗上摇曳着杉树的圆盖形的峰巅，和闪闪作银色、波动如水浪似的橄榄林；

——那里，一切都讲究极端的典雅。

作者用文采斐然的诗意语言，描绘了米开朗琪罗生活的城市——翡冷翠，独具特色的自然环境和优美风景，给人身临其境之感，令人神往。就是这样神奇秀美的土地，滋养着伟大的艺术大师米开朗琪罗。

当然，文章内容繁复驳杂的时候，也可以做摘要，而非原本不动地摘录。马克思在谈到他的学习方法时就曾说过："从所有我读过的书籍中做出提要，已经成为我的习惯。"

摘抄也好，摘要也罢，都不是最终目的。摘好后贵在加工整理，消化吸收，为我所用。明末清初思想家顾炎武，在大量阅读的同时，按"经文、吏治、诗赋、史地"的标准分门别类地进行摘录、编写、增改；几十年读书不辍，动笔不断，一部见解深刻、考证翔实的《日知录》也就随之问世了。其他如《书香信》《耕堂读书记》等多部关于读书的书，也都是他边读书边动笔墨的成果。

写，即写作、札记。就是把自己的读书感受写下来，也就是通常所说的读后感。许多善读书的人，往往都善于做札记，写感受。清代著名史学家、文学家章学诚在《文史通义》中说："札记之功，必不可少；如不札记，则无穷妙绪，皆如雨珠落大海矣！"比喻形象生动，其大意是说，读书做笔记，非常必要。如果读书不做笔记，那么，书中蕴含的无穷妙处，就会像雨珠落入茫无际涯的大海，瞬间便会消失得无影无踪。可见，读书过程中如有所思、所感、所悟，最好能随时写下来。这样的感想，可以是片段式的，也可以是完整的一篇，甚至是连续多篇。

评，即评注、评点。评点、批注是对作品的写作技巧和思想内容进行画龙点睛式的评论、评点。可以议论立意选材、布局谋篇的优劣，也可以评点遣词造句、技法风格的长短，这种方法有助于培养鉴赏能力和写作能力。评点可以在字里行间，也可在书眉页脚。评点有眉批（亦称"眉评"）、旁批等多种形式。许多古典名著都有评点本。著名的例如脂砚斋评点《石头记》，金圣叹评点《水浒传》、《西厢记》，毛宗岗评点《三国演义》等。可以说，评点是一种易操作、方式灵活的高效读书方式。常用的批注符号有：（1）·生字、难字；（2）____总括句、重要句；（3）～～～佳妙句；（4）○段序（圈内写数字，放在句首）；（5）△要注意处，发表感想处。下面以《米开朗琪罗传》中的一段为例：

①"不相信天才，不知天才为何物的人，请看一看米开朗琪罗吧！从没有人这样为天才所拘囚的了。这天才的气质似乎和他的气质完全不同；这是一个征服者投入他的怀中而把他制服了。他的意志简直是一无所能；甚至可说他的精神与他的心也是一无所能。这是一种狂乱的爆发，一种骇人的生命，为他太弱的肉体与灵魂所不能胜任的。（旁批：作者用饱含激情，甚至有些夸张的语言，高度概括了米开朗琪罗的天才特质，称

赞了米开朗琪罗无与伦比的艺术成就。)

②“他在继续不断的兴奋中过生活。他的过分的力量使他感到痛苦，这痛苦逼迫他行动，不息地行动，一小时也不得休息。”(**旁批：这句话不仅深刻揭示了米开朗琪罗生命痛苦的性格因素，同时也说明了他能够取得异于常人的杰出成就的重要原因。**)

③ 他写道:“我为了工作而筋疲力尽，从没有一个人像我这样地工作过，我除了夜以继日地工作之外，什么都不想。”

④ 这种病态的需要活动不特使他的业务天天积聚起来，不特使他接受他所不能实行的工作，而且也使他堕入偏执的僻性中去。△(**旁批：恰如《礼记》中所说:“爱而知其恶，憎而知其善。”**)他要雕琢整个的山头。当他要建造什么纪念物时，他会费掉几年的光阴到石厂中去挑选石块，建筑搬运石块的大路；他要成为一切：工程师、手工人、斫(音 zhuó)石工人；他要独个子干完一切；建造宫邸、教堂，由他一个人来。这是一种判罚苦役的生活。他甚至不愿分出时间去饮食睡眠。在他信札内，随处看得到同样可怜的语句：

“我几乎没有用餐的时间……我没有时间吃东西……十二年以来，我的肉体被疲倦所毁坏了，我缺乏一切必需品……我没有一个铜子，我是裸体了，我感受无数的痛苦……我在悲惨与痛苦中讨生活……我和患难争斗……”

阅读进度表

《名人传》作为人物传记，主要包括三部分。整体篇幅不长，字数不多，阅读难度不大。为了让同学们的阅读更有效、更高效，老师初步规划了阅读进度表。当然，阅读速度因人而异，阅读过程中也可能会有其他因素的影响，所以每个人都可以根据自己的实际情况进行合理的调整，从而有所收获。

<table>
<tr><th>时　间</th><th>篇　　目</th><th>读　书　妙　招</th></tr>
<tr><td>第一天</td><td>《贝多芬传》</td><td rowspan="7">（1）读书过程中随时勾画出文中佳词佳句佳段及有疑惑的语句、语段。
（2）与老师或同学交流、解决遇到的疑难问题。
（3）边读边进行适当评点。根据实际，不求数量。
（4）尝试为其中一篇传记写一篇读后感。</td></tr>
<tr><td>第二天</td><td>《贝多芬传》</td></tr>
<tr><td>第三天</td><td>《米开朗琪罗传》</td></tr>
<tr><td>第四天</td><td>《米开朗琪罗传》</td></tr>
<tr><td>第五天</td><td>《托尔斯泰传》</td></tr>
<tr><td>第六天</td><td>《托尔斯泰传》</td></tr>
<tr><td>第七天</td><td>《托尔斯泰传》</td></tr>
</table>

上面是老师对同学们的阅读进度的建议，仅供参考。下面是几道配套检测题，同学们可以检测一下自己的阅读情况。

周检测

一、选择题

1. 读《名人传》,不属于贝多芬失聪原因的猜测有(　　)

A. 肠炎　　B. 冷水浴　　C. 心脏病　　D. 仰面跌倒

2. “脑袋滚圆,额头方方,凸出,布满皱纹,头发呈黑色……又小又忧伤但有很敏锐的眼睛,颜色深褐,但有点蓝褐和黄褐的斑点,色彩常常变化。”这是对(　　)的外貌描写。

A. 贝多芬　　B. 米开朗琪罗

C. 托尔斯泰　　D. 歌德

3. 有一座先知雕像,草图很早就画出来,但一直无人敢接手,米开朗琪罗成功地完成了这伟大的作品,它是(　　)

A. 大卫　　B. 米涅瓦基督

C. 胜利者　　D. 洪水

4. 贝多芬第一首真正为革命而创作的音乐是(　　)

A.《第一交响曲》　　B.《第三交响曲》

C.《第四交响曲》　　D.《第五交响曲》

5. 托尔斯泰最喜欢的中国古代哲人是(　　)

A. 孔子　　B. 老子　　C. 荀子　　D. 墨子

二、判断题

1. 贝多芬 1801 年写下了著名的《第一交响曲》献给他的第一个恋爱对象伯爵小姐朱丽叶·吉米尔迪。(　　)

2. 米开朗琪罗至死还留在翡冷翠画室里的唯一作品是《胜利者》。(　　)

3. 在《贝多芬传》后,作者附了《海林根施塔特遗嘱》的目的是增加传记引文的真实性,同时也是贝多芬痛苦生活和读者心灵的

一次撞击。(　　)

4.《名人传》叙述了意大利音乐家贝多芬、德国画家和雕塑家米开朗琪罗、俄国作家列夫·托尔斯泰三位名人充满苦难和坎坷的一生,赞美了他们的崇高品格和顽强奋斗的精神。(　　)

5. 托尔斯泰认为艺术不是一个阶级的所有物,只有为了团结而工作才是真正的艺术。(　　)

专题探究课

通过阅读，每个人都或多或少会有所收获。为了更深入地理解作品的丰富内涵，拉近与作者的心灵距离，提升自身的阅读素养，我们可以在阅读之后进行一些专题性的探究学习。具体探究的，可以是阅读中遇到的疑难问题，可以是自己感兴趣的话题，也可以是由作品推而广之的作家作品研究等。这样的探究非常有助于深入解读文本，培养理性思维和文学素养。就《名人传》而言，以下几个探究专题可供参考。读书贵在有所思，有所悟，有所得。同学们可以一试。具体开展探究时可以独立进行，也可以小组合作进行。

序　号	探究的专题	专题探究的方法
专题1	贝多芬、米开朗琪罗、托尔斯泰三位传主的异同点	（1）画出文中相关内容，并进行归类。 （2）对相关内容进行具体分析。 （3）知人论世。
专题2	贝多芬、米开朗琪罗、托尔斯泰（也可以选择一位或两位）的性格与命运	
专题3	贝多芬的音乐作品赏析	
专题4	米开朗琪罗的雕塑艺术探究	

下面，以“托尔斯泰的文学思想”为例，试做探究。

托尔斯泰的文学思想

步骤一：画出文中相关内容，并进行归类。

罗曼·罗兰致译者书（代序）：为骄傲为荣誉而成为伟大，未足也；必当为公众服务而成为伟大。最伟大之领袖必为一民族乃至全人类之忠仆。昔之孙逸仙、列宁，今之甘地，皆是也。至凡天才不表于行动而发为思想与艺术者，则贝多芬、托尔斯泰是已。吾人在艺术与行动上所应唤醒者，盖亦此崇高之社会意义与深刻之人道观念耳。

“最近消失的光明”：我们的著名批评家曾有一种论见，说托尔斯泰思想中的精华都是汲取于我们的浪漫派作家：乔治·桑，维克多·雨果。不必说乔治·桑对于托尔斯泰的影响说之不伦，托尔斯泰是决不能忍受乔治·桑的思想的，也不必否认卢梭与司汤达对于托尔斯泰的实在的影响，总之不把他的伟大与魅力认为是由于他的思想而加以怀疑，是不应当的。艺术所赖以活跃的思想圈子是最狭隘的。他的力强并不在于思想本身，而是在于他所给予思想的表情，在于个人的调子，在于艺术家的特征，在于他的生命的气息。

“最近消失的光明”：我们的，由于他热烈的生命，由于他的心的青春。我们的，由于他苦笑的幻灭，由于他毫无怜惜的明察，由于他们与死的纠缠。我们的，由于他对于博爱与和平的梦想。我们的，由于他对于文明的谎骗，加以剧烈的攻击。且也由于他的现实主义，由于他的神秘主义。由于他具有大自然的气息，由于他对于无形的力的感觉，由于他对于无穷的眩惑。

我的童年、《高加索纪事》、《哥萨克》：虽然托尔斯泰自己因为富于热情之故，往往在他相信，在他爱的时候，以为是他第一次相信，第一次爱，而认为这才是他的生命的开始。开始。重新开始。同样的转变，同样的争斗，曾在他心中发生过多少次！他的思想的统一性是无从讨论的，——他的思想从来不统一的——但可注意到他种种不同的因素，在他思想上具有时而妥协时而敌对的永续性。

我的童年、**《高加索纪事》**、**《哥萨克》**：在这如此美丽的世界上，在这广大无垠、星辰密布的天空之下，人们难道不能安适地生活么？在此他们怎能保留着恶毒、仇恨和毁灭同类的情操？人类心中一切恶的成分，一经和自然接触便应消灭，因为自然是美与善的最直接的表现。（……）我竭尽我灵魂的力量寻找，我哭泣，我痛苦，我只是欲求真理……

《塞瓦斯托波尔纪事》、**《三个死者》**：我已归结到一个伟大的思想，在实现这思想上，我感到可以把我整个的生涯奉献给它。这思想，是创立一种新宗教，基督的宗教，但其教义与神秘意味是经过澄清的……用极明白的意识来行动，以便把宗教来结合人类。

《塞瓦斯托波尔纪事》、**《三个死者》**：托尔斯泰犀利的目光在他同伴们的心底探索；在他们心中如在他自己心中一样，他看到骄傲，恐惧，死在临头尚在不断地演变的世间的喜剧。尤其是恐惧被他确切认明了，被他揭除了面幕，赤裸裸地发露了。这无穷的危惧，这畏死的情操，被他毫无顾忌、毫无怜惜地剖解了，他的真诚竟至可怕的地步。

《塞瓦斯托波尔纪事》、**《三个死者》**：我这短篇小说中的英雄，为我全个心魂所爱的，为我努力表现他全部的美的，他不论在过去，现在或将来，永远是美的，这即是真理本身。（……）在每个人的灵魂中，潜伏着高贵的火焰，有一天会使他成为一个英雄。

《安娜小史》、**《战争与和平》**：在本书中，已屡次以一种讽刺的或剧烈的形式批评当时的俄国社会，这社会是为他在将来的著作中所不住地攻击的。攻击谎言，攻击一切谎言，对于道德的谎言，和对于罪恶的谎言同样看待，指斥自由论调，抨击世俗的虚浮的慈悲，沙龙中的宗教，和博爱主义！向整个社会宣战，因为它魅惑一切真实的情操，灭杀心灵的活力！

《忏悔录》与宗教狂乱：信仰是生命的力量。人没有信仰，不能生活。宗教思想在最初的人类思想中已经酝酿成熟了。信仰所给予人生之谜的答复含有人类的最深刻的智慧。(……)劳动民众的人生即是人生本体，而这种人生的意义方是真理。

《忏悔录》与宗教狂乱：爱是人类唯一的有理性的活动，爱是最合理最光明的精神境界。它所需的，便是什么也不掩蔽理智的光芒，因为唯有理智的光芒方能助长爱。……爱是真实的善，至高的善，能解决人生一切的矛盾，不独使死的恐怖会消灭，且能鼓舞人为别人牺牲：因为除了把生命给予所爱者之外，无所谓别的爱了；只有它是自己牺牲时，爱才配称为爱。因此，只有当人懂得要获得个人的幸福之不可能时，真正的爱方能实现。

……

步骤二：结合以上内容，分析托尔斯泰的文学观。

1. 追求真理。

2. 相信爱，热爱和平。

3. 以真诚之心，对现实进行解剖和批判。

4. 表现英雄之美，展现高贵灵魂。

5. 崇尚信仰，关注民众生活。

步骤三：查找资料，丰富探究成果。

1. 托尔斯泰是“俄国革命的镜子”，是具有“最清醒的现实主义”的“天才艺术家”。(列宁)

2. 托尔斯泰的艺术力量是真实的，它突出表现在性格塑造上。如实地描写人物内心的多面性、丰富性和复杂性，不只写其实出的一面或占优势的一种精神状态。不隐讳心爱人物的缺点，也不窒息所揭露的人物心中闪现的微光。

3. 托尔斯泰的作品中有着乌托邦思想，主要表现为反抗暴力与奴役，反对土地私有制度，反对崇尚资本主义物质文明和“进化论”，要求奉行合法的生活义务和合理的生命法则，回返健康的农耕生活，通过人人的劳动和道德实践建立起充满兄弟情谊，平等、和谐、友爱的属于全人类的人间“天国”。（赵宁《托尔斯泰的乌托邦思想》）

以上只是一个初步的探究。如果深入探究，可以分得更细致一些。比如，可以按照传记中托尔斯泰的不同年龄阶段以及作品，分层、分阶段探究其不同时期的不同文学观。这些观点中，有些是贯穿其一生的，有些则是特定年龄段出现的。此外，同学们还可以进一步阅读文中提到的托尔斯泰的文学作品，直接感受、体悟其文学思想。

名著读后感

[老师示例]

名传之名

连云港高级中学　吴海军

《名人传》，是一部名人为名人所做的传记，可谓名传。名在作者，名在传主。当然，更重要的，名在作品，名在内涵。综观《名人传》，就作品内容而言，情怀、情感、情理也是成就这部作品之名的关键要素。在此，重点以《贝多芬传》为例，谈点看法。

名在情怀

从这部书的第一部《贝多芬传》的原序及初版序中，我们可以约略了解到作者创作的历史背景和崇高的情怀。作者当时“正经历着一个骚乱不宁的时期，充满着兼有毁灭与更新作用的雷雨”。他“逃出了巴黎，来到童年的伴侣，曾经在人生的战场上屡次撑持自己的贝多芬那边，寻觅十天的休息”，并重新找回了贝多芬的影子和他的老朋友们。作者和贝多芬单独相对，向他倾吐衷曲。在多雾的莱茵河畔，在那些潮湿而灰色的四月天，浸淫着贝多芬的苦难、勇气、欢乐和悲哀。贝多芬强有力的鼓励与支持，让跪着的罗曼·罗兰重新站起来，找回了生活的勇气和生命的意义。同时，也给作者的新生儿《约翰·克利斯朵夫》进行了洗礼，让作者有了重回巴黎的信心与勇气。不仅如此，作为“受伤而窒息的心灵的一支歌”，《贝多芬传》更为法国几百万焦灼地等待生灵、被压迫的理想主义者的一代，带来了一声解放的讯号。当时的时代，正如作者所说：“我们周围的空气多沉重。老大的欧罗巴在重浊与腐败的气氛中昏迷不醒。鄙俗的物质主义镇压着思想，阻挠着政府与个人的行动。社会在乖巧卑下的自私自利中窒息以死。人类喘不过气来。”所以，人们强烈地希望打开窗子，迫切渴望自由的空气重新进来。作为一个有着强烈正义感、责任感和使命感的作家，罗曼·罗兰深感羞愧，他觉得应该唤醒世人，这就需要高贵的精神，甘愿自我牺牲、以痛苦为人类献祭的榜样。罗曼·罗兰把社会变革与进步的希望寄托在英雄人物的身上，他要为他心中理想的精神巨子立传，让人们呼吸到英雄的气息，为人们的精神世界创造光辉夺目的太阳，于是创作了《名人传》。

名在情感

《毛诗序》有言：“情动于中而形于言。”刘勰《文心雕龙》则云：“登山则情满于山，观海则意溢于海。”情感是文学创作的动力源和催化剂。作品融入了作者的情感，语言就会灵动起来，人物形象就会鲜活起来，作品就会充满感人的力量。

《名人传》中，罗曼·罗兰先生以饱含激情的笔墨，表达对贝多芬、米开朗琪罗、托尔斯泰三位艺术巨匠的热情赞美，展现了三位大师超越世俗的崇高理想、坚强意志、高尚情操和伟大心灵。

《名人传》给人最直观的感觉便是作品自始至终都流淌着作者深挚浓郁的情感。很多的时候，不像是在读固定的文字，更像是坐在舞台下，看着台上的演讲者慷慨激昂地发表演说。这种演说率性任情，直击心灵，让读者、让听众不断地产生着心灵的震动与共鸣，从而在不知不觉中随着作者的情感变化而变化，不能自已。感情是串起《名人传》的一条线。这在《贝多芬传》中表现得尤为突出。

“我们周围的空气多沉重。老大的欧罗巴在重浊与腐败的气氛中昏迷不醒。鄙俗的物质主义镇压着思想，阻挠着政府与个人的行动。社会在乖巧卑下的自私自利中窒息以死。人类喘不过气来。——打开窗子罢！让自由的空气重新进来！呼吸一下英雄们的气息。”开篇，作者便用简短的几句话，形象生动地表现了当时沉闷压抑、混沌鄙俗的社会背景，瞬间便将读者带入了当时的社会情境，抒发了作者追求自由美好理想的情感，发出了振聋发聩、不可遏抑的呼声，与鲁迅先生“救救孩子”的呐喊一样，令人警醒，引人深思。

贝多芬承受爱情痛苦的时候，作者这样写道：“贝多芬的心灵里多少有些清教徒气息；粗野的谈吐与思想，他是厌恶的：他对于爱情的神圣抱着毫无假借的观念。(……)他的密友申德勒确言‘他一生保着童贞，从未有何缺德需要忏悔’。这样的一个人是生来受爱情的欺骗，做爱情的牺牲品的。他的确如此。他不断地钟情，如醉如狂般颠倒，他不断地梦想着幸福，然而立刻幻灭，随后是悲苦的煎熬。贝多芬最丰满的灵感，就当在这种时而热爱、时而骄傲地反抗的轮回中去探寻根源；直到相当的年龄，他的激昂的性格，才在凄恻的隐忍中趋于平静。”作者毫不掩饰自己对贝多芬高尚心灵的礼赞，以及对他不幸爱情遭遇的深深同情。而当表现贝多芬音乐作品魅力的时候，作者直呼“巨人的巨著终于战胜了群众的庸俗。维也纳轻浮的风气，被它震撼了一刹那”。当贝多芬人生悲剧终场的时候，作者用饱含悲怆与礼赞的语言表现其内心复杂的情感："亲爱的贝多芬！多少人已颂赞过他艺术上的伟大。但他远不止是音乐家中的第一人，而是近代艺术的最英勇的力。对于一般受苦而奋斗的人，他是最大而最好的朋友。当我们对着世界的劫难感到忧伤时，他会到我们身旁来，好似坐在一个穿着丧服的母亲旁边，一言不发，在琴上唱着他隐忍的悲歌，安慰那哭泣的人。当我们对德与善的庸俗，斗争到疲惫的辰光，到此意志与信仰的海洋中浸润一下，将获得无可言喻的裨益。"这，就是作者排山倒海式饱含激情的文字所塑造的贝多芬，让人赞叹、让人敬佩，让人倍感畅快，让人觉得淋漓尽致。

名在情理

如果情是一种发自内心的自然流露，那么，理可以说是来自大脑的冷静思考。只有情，显得浅；只有理，显得冷。情理交融，方才相谐。

罗曼·罗兰先生对贝多芬充满钦佩之情，行文中一直毫不吝惜地表露自己对大师的赞美。当然，作者并非感情毫无节制，一味无原则地吹捧。而是该情则情，该理则理，闪耀着理性的光辉。在描写贝多芬外貌的时候，有这样一段文字："他的脸色时常变化，或是在钢琴上被人无意中撞见的时候，或是突然有所感应的时候，有时甚至在街上，便路人大为出惊。(……)尤利乌斯·贝内迪克特说他无异于'李尔王'。"这都有些面目吓人的味道了。但这才是真实的贝多芬，有血有肉的人而不是神。同样的，文中作者还把他与大诗人歌德进行对比。同样遇到皇室，歌德"深深地弯着腰，帽子拿在手里，"静静地等候着皇室成员的经过，表现了足够的谦卑与彬彬有礼。而贝多芬则"按了一按帽子，扣上外衣的钮子，背着手，往最密的人丛中撞去"。不仅如此，他还毫不客气地把歌德教训了一番，并在歌德面前炫耀自己的高尚与伟大，藐视王公贵族的世俗与渺小。自信甚而自大、张扬的贝多芬形象表露无遗。

贝多芬的音乐享誉当时,震撼维也纳。演奏会的现场异常热烈。贝多芬入场时,观众有五次为他长时间地鼓掌。而在奥地利这个非常讲究礼节的国家,即使皇家成员出场,人们最多也不过鼓掌三次。演出中,现场一度异常、狂热骚动,许多人甚至哭了起来,贝多芬也在终场结束时感动得昏厥过去。对此,作者冷静地指出,“可是胜利是暂时的,对贝多芬毫无盈利”。贝多芬依然要面临窘迫的生活。当然,生活的困难绝不会打倒贝多芬。他以超乎常人的毅力与意志、高尚的道德,以及终身为之奋斗、奉献的音乐,迎接、战胜疾病的折磨、世俗的平庸、命运的苦难。

鲁迅先生曾誉《史记》为“史家之绝唱,无韵之离骚”,高度评价了《史记》的史学、文学双重成就。达到如此高度,显示了作者司马迁高超的创作能力。他秉持“不虚美,不隐恶”的理念,对历史人物进行客观公正的记述,适当寓个人褒贬于其中。这样的文字既有深度又有温度,自然也就容易感染读者。就这一点来说,罗曼·罗兰先生的《名人传》与司马迁的《史记》可谓异曲同工。

[学生范文]

愿做他们的影子

连云港高级中学　胡可可

三毛说:“心,若没有栖息的地方,到哪里都是流浪。”当我拿到厚重的《名人传》时,罗曼·罗兰细腻形象的语言使我感受到了震撼。我慢慢地读着,每一个字都好像变成了一滴泉水,从字到行,从行到页,再从页到整本书,最后化成了一汪泉水,我的灵魂受到了洗礼,心得以有栖息的地方。

在这三部传记中，我原本最喜欢《托尔斯泰传》，因为读完后我发现他是一个非常多面的人，是作家，是军人，更是觉醒的思想家。在入伍高加索时，他创作了《童年》；塞瓦斯托波尔围城战中，他又写成《少年》、《青年》和《塞瓦斯托波尔纪事》。在他身上，我感受到了军人的热血澎湃和作家跳跃的思维和才华。他的一生比贝多芬、米开朗琪罗要幸运点，他未受疾病折磨，也不受宫廷教派的摧残，幸福的家庭使他更好地创作《战争与和平》《安娜·卡列尼娜》等传世之作。他思想觉醒，但精神孤独，他有着资本家最奢侈的同情心，但却无法与农民思想达到一致，生活和思想的苦闷使他出走，不料天使却在一个火车站接走了他。但正如他自己所说，英雄主义在于为信仰和真理而牺牲自己。他是一个很伟大的人，但是越长大越渴望勇敢坚强，于是我发现自己更喜欢贝多芬。

“我要扼住命运的咽喉。它决不能使我完全屈服……”贝多芬如是说。这也是我最喜欢的名言。贝多芬这一生就好比黑夜中的星子，张扬极致的光。家境贫寒，父母虐待，被爱情抛弃两次，一生未婚，亲朋死散，无依无靠，耳疾愈加严重，最终失聪。这些游离的挫折飞入了他的人生，几经闭合，让他肝肠寸断。但他注定不会是匍匐于命运脚下的奴隶。虽只在人世间停留了五十七年，却完成了一百多部作品。贝多芬无疑是个“世界不给他欢乐，他却创造了欢乐给予世界”的音乐天才和自己命运的扼喉者。我相信罗曼·罗兰对贝多芬也是崇拜的。因为在《约翰·克利斯朵夫》这本书中，主人公的原型就是贝多芬。它与《贝多芬传》一样，深层次剖析了贝多芬的一生，让读者被贝多芬钢铁般的精神意志所折服，让他们满耳朵灌着天才少年怪鸟查克的爵士小号。

我曾经读过一首诗，名叫《一路书香，一生阳光》，其中写道：“没有任何一艘快艇像一本书，把我们带到遥远的地方。也没有任何一匹骏马，能像一页欢悦的诗篇，即使最贫穷的人也可以如此跨越旅行。”《名人传》就如同这样，它会是你心灵栖息的地方，让你愿做书中人物的影子。

考点模拟题

一、选择题

1. 下列哪一句不是《名人传》中的名言？(　　)

A. 幸福的灵魂，时间在其中不再流逝！

B. 不能忍受考验的人是无法教点什么给能忍受考验的人的。

C. 我要扼住命运的咽喉。

D. 时间是一切财富中最宝贵的财富。

2. 下列哪一部不是托尔斯泰的作品？(　　)

A.《安娜·卡列尼娜》　　B.《苦难的历程》

C.《复活》　　D.《战争与和平》

3. 罗兰获得诺贝尔文学奖后，将奖金全部赠送给法国难民组织和(　　)

A. 世界自然保护联盟　　B. 国际绿色和平组织

C. 国际红十字会　　D. 国际爱护动物基金会

4. 贝多芬一八二四年在维也纳举行《D调弥撒曲》与(　　)第一次演奏会，获得了巨大的成功。

A.《第九交响曲》　　B.《合唱交响曲》

C.《热情奏鸣曲》　　D.《德意志的再生》

5. 被称为是托尔斯泰艺术上的遗嘱，也是他整个创作生涯中最后的高峰的是(　　)

A.《哥萨克》　　B.《安娜·卡列尼娜》

C.《复活》　　D.《战争与和平》

二、判断题

1. 意大利文艺复兴时期三杰分别是米开朗琪罗、波提切利、贝多芬。(　　)

2. 幼年时期，贝多芬的母亲非常注重开发他的音乐天才。(　　)

3.《第九交响曲》是贝多芬作品中最为深刻和雄伟的，凝聚着他毕生的心血。(　　)

4. 托尔斯泰认为俄国应在小农经济基础上建立自己的理想社会，农民是最高道德理想的化身，贵族应保持贵族化。(　　)

5. 米开朗琪罗有句名言：一千次欢乐也抵不上一次痛苦。(　　)

三、材料简答题

1. (1)"脸又长又厚又粗犷，头发很短，向前盖着，使额头显低，两只小眼睛深陷在阴暗的眼眶里，严峻地盯着别人，鼻子扁阔，嘴唇厚而前伸，耳朵大大的。"

(2)"脑袋滚圆，额头方方，凸出，布满皱纹，头发呈黑色……又小又忧伤但有很敏锐的眼睛，颜色深褐，但有点蓝褐和黄褐的斑点，色彩常常变化。"

(3)"矮小粗壮，一副运动员的结实骨架。一张土黄色的阔脸庞……额头凸起、宽大……双眼闪烁着一种神奇的力量，使所有看到他的人都为之震慑。"

这三段外貌描写，分别写的是谁？

2. 贝多芬在致艾尔多迪夫人的信中有两句话非常有感染力，激励着后世万千读者，成为许多人的座右铭，这两句话分别是什么？

____

____

3. 阅读下面语段，回答问题。

他一口气跑回家里去；进去，一动一动地倒在便榻上，双手捧着他的脸；他这样一直到晚饭时分。用餐时他一言不发，保持着最深刻的痛苦的表情。晚饭以后，当我想告别时，他留着我，表示不愿独自在家。

(1) 材料中所写的人物是谁？

____

(2) 致使他如此痛苦的原因是什么？

____

4. 阅读下面语段，回答问题。

两人原不相契。他们都是孤独的，在这一点上，他们应该互相接近了。但他们觉得离开一般的人群固然很远，他们两人却离得更远。两人中更孤独的是莱奥纳多。他那时是五十二岁，长米开朗琪罗二十岁。从三十岁起，他离开了翡冷翠，那里的狂乱与热情使他不耐；他的天性是细腻精密的，微微有些胆怯，他的清明宁静与带着怀疑色彩的智慧，和翡冷翠人的性格都是不相投契的。

(1) 文中"两人"是__________和__________。

(2) 文中写"两人原不相契"，试举一例。

____

5. 阅读材料，回答问题。

"他在继续不断的兴奋中过生活。他的过分的力量使他感到痛苦，这痛苦逼迫他行动，不息地行动，一小时也不得休息。”

他写道：“我为了工作而筋疲力尽，从没有一个人像我这样地工作过，我除了夜以继日地工作之外，什么都不想。”

这种病态的需要活动不特使他的业务天天积聚起来，不特使他接受他所不能实行的工作，而且也使他堕入偏执的僻性中去。他要雕琢整个的山头。当他要建造什么纪念物时，他会费掉几年的光阴到石厂中去挑选石块，建筑搬运石块的大路；他要成为一切：工程师、手工人、斫石工人；他要独个子干完一切；建造宫邸教堂，由他一个人来。这是一种判罚苦役的生活。他甚至不愿分出时间去饮食睡眠。在他信札内，随处看得到同样可怜的语句：“我几乎没有用餐的时间……我没有时间吃东西……十二年以来，我的肉体被疲倦所毁坏了，我缺乏一切必需品……我没有一个铜子，我是裸体了，我感受无数的痛苦……我在悲惨与痛苦中讨生活……我和患难争斗……”

这患难其实是虚幻的。

（1）作者为什么说“这患难其实是虚幻的”？

______

（2）米开朗琪罗为何会虚构自己的“患难”？

______

6. 阅读下面语段，回答问题。

在这如此美丽的世界上，在这广大无垠、星辰密布的天空之下，人们难道不能安适地生活么？在此他们怎能保留着恶毒、仇恨和毁灭同类的情操？人类心中一切恶的成分，一经和自然接触便应消灭，因为自然是美与善的最直接的表现。

（1）这段文字选自托尔斯泰的哪部作品？

(2) 选文表现了托尔斯泰怎样的感情？

7.《名人传》中三位名人在生命的末日都做了什么？表现了他们什么精神？

8. 阅读名著片段，回答问题。(2018 年　潍坊)

我身边的人都听见了远处的笛声，听到了牧童的歌唱，而我什么也听不见，这对我是何等的羞辱啊！为此，我痛苦不堪，陷入了绝望之中，甚至想到了自杀。可是，我没有去死，是艺术最终留住了我的生命。我想在还没有把艺术使命完成之前，我还不能离开这个世界。于是，我就开始忍耐这种悲惨的生活。尽管，身体的一点变化都有可能损坏我的健康，我还是要坚持下去，直到死神最终割断我的生命线为止。

片段中的“我”是指________。

9. 名著阅读。(2018 年　白银)

“君主与公卿尽可造就教授与机要参赞，尽可赏赐他们头衔与勋章；但他们不可能造就伟大的人物，不能造成超临庸俗社会的心灵……而当像我和歌德这样两个人在一起时，这般君侯贵胄应当感到我们的伟大。昨天，我们在归路上遇见全体的皇族。我们远远地就已看见。歌德挣脱了我的手臂，站在大路一旁。我徒然对他说尽我所有的话，不能使他再走一步。于是我按了一按帽子，扣上外衣的钮子，背着手，往最密的人丛中撞去。亲王与近臣密密层层，太子鲁道尔夫对我脱帽，皇后先对我打招呼——那些大人先生是认得我的。为了好玩起见，我看着这队人马在歌德面前经过。他站在路边上，深深地弯着腰，帽子拿在手里。事后我大大地教训了他一顿，毫不同他客气……”

(1) ____国(国籍)作家________(人名)痛感19世纪与20世纪之交的欧洲是一个骚动不安、弥漫着腐败风气的社会,是一个需要伟人的社会。他为此写作了《名人传》。

(2) 这段话描写的是贝多芬与歌德一起散步遇到皇亲国戚时的情景。由此来看,贝多芬对待皇亲国戚的态度是怎样的?

____

____

10. 请以《朝花夕拾》和《名人传》为例,探究回忆性散文和传记的不同特点。(可以从选材、人称、写作目的、表达方式等角度思考)(2018年 衢州)

____

____

____

参考答案

周检测

一、1—5　CBADB

二、1—5　×√√×√

考点模拟题

一、1—5　DBCAC

二、1—5　××√×√

三、1.（1）托尔斯泰；（2）米开朗琪罗；（3）贝多芬。

2. 用苦痛换来欢乐。

我要扼住命运的咽喉。它决不能使我完全屈服……（大意对即可）

3.（1）贝多芬；（2）贝多芬在《菲岱里奥》预奏会指挥时，因为耳聋，听不见歌声。现场混乱。

4.（1）米开朗琪罗　莱奥纳多·达·芬奇（或“莱奥纳多”或“达·芬奇”）

（2）几位中产者在翡冷翠街上谈论但丁诗歌，并请莱奥纳多辨明其意。莱奥纳多请路过的米开朗琪罗解释，遭到米开朗琪罗的嘲讽。

5.（1）米开朗琪罗十分富有。他死后，人家在他罗马寓所发现他的藏金有七千至八千金币。他在翡冷翠亦有大批存款。翡冷翠及附近各地置有房产六处，田产七处。只是他的储蓄与置产并非为了他自己，而是为别人花去，他自己却什么都不舍得享用。

（2）无暇享受生活；偏执的僻性和需要造成他自苦的性格。

6.（1）《高加索纪事》

（2）表现了托尔斯泰对自然与和平的热爱，以及对战争的痛恨与厌弃。

7. 贝多芬在生命的末日写出了不朽的《欢乐颂》；米开朗琪罗直到临终前几天还整天站着塑像，终于留下了传世的杰作；托尔斯泰则在生命的最后一刻，下定了摆脱贵族生活的决心。

表现了一个遭受家庭生活不幸和社会排斥的人，在孤独和痛苦中不屈不挠地抗争，顽强奋斗的精神。

8. 贝多芬

9.（1）法　罗曼·罗兰

（2）贝多芬对权贵满不在乎（不谄媚、不奉承）。

10. 示例：

选材不同。回忆性散文选材自由，如《藤野先生》不仅写了藤野先生的事迹，也写了中国留学生看樱花、学跳舞等事件；传记必须围绕传主选材。散文的材料是经过作者过滤的事实，带有主观色彩；传记的材料基于书信、日记等，比较客观。

人称不同。回忆性散文用第一人称“我”讲述故事，有双重叙述视角，如《五猖会》既有童年的“我”对五猖会的热切期盼，也有成年的“我”对封建教育的理性批判。传记有自传和他传，他传采用第三人称叙述。

写作目的不同。回忆性散文的写作目的是表达作者自己的情思，如通过对藤野先生的回忆，鲁迅表达了对藤野先生的情感以及对祖国的忧思。传记的目的是表现传主的性格品质，如《名人传》彰显的是三个传主的精神品质，而不是罗曼·罗兰的态度或思考。

表达方式不同。回忆性散文可以根据需要，自由运用记叙、描写、抒情、议论等多种表达方式。传记主要是用事实本身表现传主形象，所用描写有限，很少抒情或议论，如对贝多芬最后一次演奏的描写，只用了寥寥数笔。

想象的空间不同。回忆性散文想象自由。传记中也有想象但传记中的想象只用于填补事实的空隙，如贝多芬的一生主要事件源自书信、对话录等原始材料，想象只局限于一些小细节。